【北京社科名家文库·纪念辑】

FEIXIAOTONG ZIXUANJI

费孝通自选集

BEIJING SHEKE MINGJIA WENKU JINIANJI

费孝通◎著

图书在版编目(CIP)数据

费孝通自选集/费孝通著．—北京：首都师范大学出版社，2008.11(2014.04重印)

(北京社科名家文库)

ISBN 978-7-81119-424-1

Ⅰ.费…　Ⅱ.费…　Ⅲ.社会科学—文集　Ⅳ.C53

中国版本图书馆CIP数据核字(2008)第166331号

北京社科名家文库
FEI XIAOTONG ZIXUANJI
费孝通自选集
费孝通　著

项目统筹：杨小兵　　责任编辑：李　荣
责任设计：王征发　　封面绘画：王征发
责任校对：王亚利　　责任印制：何景贤
首都师范大学出版社出版发行
地　址　北京西三环北路105号
邮　编　100048
电　话　68418523(总编室)　68982468(发行部)
网　址　www.cnupn.com.cn
印　刷　三河市博文印刷厂
全国新华书店发行
版　次　2008年11月第2版
印　次　2014年4月第2次印刷
开　本　710mm×1 000mm　1/16
印　张　39.5　　插　页　1
字　数　472千
定　价　80.00元

《北京社科名家文库》编委会

出版说明

1978年，中国改革开放的元年。自那一年开始，中国已经走过了波澜壮阔的30年。这是伟大的30年，是改变中国的30年，是震惊世界的30年，也是哲学社会科学蓬勃发展的30年。

在哲学社会科学这30年的辉煌成就里，浸透着为新中国哲学社会科学奠基的老一辈专家呕心沥血的求索，也镌刻着寻着他们足迹的后来者追求真理的步伐。“学之大者，国之重器”。我们有责任将这些“大者”潜心研究的成果，重新编辑出版以飨读者。为此，北京市社会科学界联合会和首都师范大学出版社将这一套《北京社科名家文库》奉献给读者。她以自选集的体例形式，每年推出一批，争取在几年内达到百种以上。《北京社科名家文库》将系统展示当代哲学社会科学名家学者30年来的学思精华，展示他们的学术探索历程和风采。同时，为使这套《北京社科名家文库》更加丰富，编委会决定在首都师范大学出版社已出版的《当代著名学者自选集》中挑选符合体例的图书10种，编辑成《北京社科名家文库·纪念辑》，这将更完整地反映北京学人在学术风范和学术使命上的历史延续。

我们相信，《北京社科名家文库》将能够成为具有文化传承价值的经典性大型出版工程，成为集中展示首都哲学社会科学重要成果的一个窗口。由于我们水平所限，定有不足之处，希望读者和同仁给予批评指正。

编　委　会

2008年11月

目录

北京社科
名家文库

北京社科
名家文库

北京社科
名家文库

第1版自序

北京师范学院出版社（现首都师范大学出版社）要我自选一些发表过的学术文章编成一集，收入他们出版的《中国当代社会科学名家自选学术精华丛书》。我受宠若惊，不敢承允。我固然写过不少文章，也自认为是从事社会科学工作的人，但是“当代名家”的称号实在当不起。我的作品内容很杂，挑来挑去也选不出可称得“精华”之作。这点自知之明，我是有的，原不应滥竽充数，但还是拗不过出版社执意之约，多次辞谢不果。编成之后，心里还是不安，想在书前略表衷思。

为了要我自选，我不得不把曾发表过的作品，凡是手边能找到的，翻阅一遍。我看到我写作的时期实在不短，前后已有六十四年。最早的作品是1924年发表在商务印书馆发行的《少年》杂志的“少年文艺”，后来还写过一些童话。我又看到我虽没有走上文艺这条路，但早年的写作却养成了我写杂文的爱好。

1930年我才进入社会科学的园地。可是我并不是一个循规蹈矩的学生，安心在划定的学科的范围里活动。按传统的学术分科来说，我是脚踏了两条船，一是所谓社会学，一是所谓人类学。人类学实际上已越出了所谓社会科学的界限。我不管这一套，认菩萨不认庙。我这五十多年来认定一个主要课题，就是认识中国社会情况。这个“越界”问题在国内并没有引起什么麻烦，在十年前曾有一段时期反正都是一窝里的货，全被端走了。最近这些学科恢复了名誉，界线何在颇费周章。有些出版社想出版我的文集，由于跨界，只能把我的作品掰成两半，一属东家，一属西家。一家出了我的《民族研究文集》，另一家出了我的《社会学文集》，使我很为难。这本书以社会科学为范围，免遭此劫。

但是问题还是有。我这些作品里哪些够得上“学术”的规格？在当前我们这个什么都要讲“规格”的社会里，这个问题要丢都不易丢得开。我所发表过的文章里有不少是社会调查。社会调查算不算学术论文想不到曾经成为一个有争论的问题。甚至有一家自称是社会科学的专门杂志认为，社会调查“没有理论”，不应闯进“学术”的堂奥。幸亏我老了，不求什么职称，否则我也就会轮不到提升了。

其实怀疑我那些作品能不能进学术庙堂的，并非今日始有。原因是像我这样“做学问”的人在中国历来是不多的。一不善于引经据典，排列数字，二没有深奥难懂的行话专词，三不说教立说。我主张要写看得到的事实，多想想这些事实的意义，有什么体会就说什么体会。所以我下笔不讲求形式，也不愿受格律限制。这些使道貌岸然的学者看不入眼是可以理解的。

我那种有话就写、即兴成章的习惯当然有它的缺点。没有经过反复考虑的思想，总容易有片面、失实，甚至错误的地方。但这已成了我的积疾，几十年来还是难改。这种习惯很可能和我的性格有关，形成了我写作的风格。说是和性格有关，因为我记得在小学里，为了考试时抢交头卷，常看到老师对我无可奈何地摇头。交头卷有什么好，自己也不明白，但只要看见有人在我前面交了卷，我就急了，从来就是个宁可少得分数，也捺不住多看几遍，改正些错字。不仅幼年如此，到了中年，听到人家说我“快手”，心里就得意。我也明白这不一定是褒词，快不一定好，甚至一定会在好字上打折扣。但积重难返，老来还是没有耐心，不写手痒。

我说这段话，是想为我只能写短文，长篇写不好的风格找个理由。我回头看我所发表的作品，除了几本调查报告外，没有写过大部头的书。即使像《生育制度》、《乡土中国》这类需要较长篇幅才能把自己思想发挥清楚的书，我也是长篇短写，分成许多小题目，一篇一篇地写成的，有点像现在电视里流行的连续剧。至于访问记一类的作品，更是如此了。甚至近年来有关小城镇和边区开发的研究还是采取了系列化的形式来发表的。我写文章已习惯于一气呵成，过去年轻时是文章不过夜的。这样写，也有好处，文思连贯，笔调畅顺，坏处就是难于周到求全，失之于偏畸。

养成这种习惯也有我处境的客观条件。我写作旺盛时期是在三十岁前后，正是抗战年头。那时我在后方云南昆明，一面在学校里教书，另一面由于收入太少不够养家，不能不另谋第二职业。而我除了一支秃笔之外，并无所长。所以从四十年代开始，直到解放，我不能不靠卖文为生。我不会写小说，只能写短文过日子。最困难时，我在云大校门口的茶馆里摆过摊子，等人来约稿。昆明报纸是我的顾客。我只把住一条，按自己要说的话写，愿买者不拒，稿出不留底，很多不具名，现在已难收集了。

我又和若干刊物有长期供稿的特约。比如，从1947年起，《观察》几乎每期有我的文章。那时伦敦援华会的朋友每周寄我重要报刊的航空版。我掌握的信息比别人灵快，每周写不署名的译稿，反映国际舆论。还写过《炉边天下》，引起国际新闻界的注意，称我作中国的专栏作家。其实这只是我的副业。当时我除了需要稿费补贴家用外，我也发生了政治上的兴趣，因而得到了“民主教授”的称号。我这里要问的，这些算不算学术文章呢？答案并不那么容易。如果不算，那么我的“中国士绅”那一系列文章，经人翻成英文，至今在国外的某些大学里还在用作课本，这又怎么说呢？如果这一系列算，凭什么说“炉边天下”不算呢？这些还不是当时的国际政治的分析？

话又说回来，我这些作品反正和当时甚至目前被认为是学术论文的是有区别，不仅形式不同，本质也不能一样。究竟应当怎样评估，我想还是留待后人去说的好。我反正已经年迈，要改变已经不容易了。我还是本着说真话，写容易读的东西就是了。我行我素。

本来我可以不必去牵出这些问题来麻烦自己。我的时间已经不够用了，哪里还有工夫去花那些口舌。只是因为要“自选学术精华”，不想明白了，难于取舍。想明白是困难的。我只好这样办：那些我自认为比较写得分量重的调查报告，由于篇幅太长，不合丛书规格，就不去考虑了。还有那些游记体裁的杂写，抒情甚于载道，离一般所谓学术看来是远了些，不妨割爱。这两头一切，留下的我自己看来都是平平的，说是“精华”实在有点寒酸。但是我有什么其他选择呢？既要成全出版社的善意，我只能担当敝帚自珍之嫌了。

当我把这本稿子送出门时，心里并不怿然，总觉得做了件不太惬意的事。就让我把这心情写在纸上来结束这篇前言吧。

1988年1月7日于香山饭店

学历自述

我姓费名孝通，除少年时期写作外，一向不用字号和笔名。江苏省吴江县人。1910年11月2日出生于该县县城。汉族。政治面貌是爱国民主人士。1945年参加中国民主同盟。

我早年从蒙养院(即今幼儿园)、小学、中学、大学、研究院到留学得博士学位——受过当时的正规教育的全部过程，经过按季按年的考试，逐级循序地熬过来的。

我出生在一个重视学校教育的家庭。我父亲曾是由吴江县的公费到日本去学教育的留学生。返国后即提倡新学，闹革命。在吴江县城开办第一所中学，我母亲创办了蒙养院。这些在清末民初是开风气之先的新事物。大约四岁，我就在这所蒙养院里开始接受正规教育。

六岁入吴江县城的第一小学，俗名雷震殿小学，因为利用这个庙宇作校舍的。这个小学曾培养出一些人材，现在北京大学的著名生物学家沈同教授，就是其中之一。我在小学里常因病缺课，成绩不好，没有毕业就随家迁居苏州城。由于体弱，我母亲怕我在学校里受同学们的欺侮，把我送到她的友人王季玉女士主办的振华女学校里去附读，一直读完初中一年。在20年代，我们国内确有许多热心教育的人，开办私学。王季玉先生是留美的生物学家，继承她母亲的事业，主持这个女校，几十年如一日，始终坚持岗位，直到衰老，是值得我们敬爱的人。这个学校在苏州是有名的。现在我国著名的女物理学家何怡贞、何泽慧姊妹，就是我在振华女校时的上下两班的同学。女作家杨绛是我的同班同学。由于我在女校不能久留，1923 年转入东吴大学附属一中。1928 年高中毕业后升东吴大学，入医预科，想学成个医生为人治病。

读完了两年医预科，我的思想有了改变，那是受当时革命思想的影响，我决定不再继续学医，而去学社会科学，因为我当时想学好医也只能治一人之病，学好社会科学才能治万人之病。于是我没有像其他医预科的同学一样去投考协和，而转学到燕京大学，而且进了社会学系。1930 年秋季我离开家乡来到北平。

燕京大学的社会学系并不能满足我的愿望。在课堂上，很少讲到中国的社会。到了快毕业的那年，美国芝加哥大学的社会学教授派克到燕京大学来讲学，我们听到他讲怎样在都市里实地调查，于是我们班上的同学如杨庆堃、林耀华、黄迪、廖太初等就开始商量要用同样方法去研究中国社会。同时我们了解到这种研究方法是从社会人类学里学来的，我就想去学人类学。1933 年我在燕京大学毕业后，在老师吴文藻教授支持下，考入清华大学，在社会学及人类学系当研究生，跟一位名叫史禄国的俄籍教授学人类学。这位导师来自欧洲大陆，他所谓的人类学范围包括得很广。他为我订出了个六年计划，分三个阶段：一是学体质人类学，二是学语言学，三是学民族学。他打算收我这个徒弟，要我从头学起。由于我有医预科的基础，所以还能跟得上补习动物学、解剖学和人体测量学。1935 年我学完第一阶段，写了两篇论文：一篇是根据一个日本体质人类学者所发表的朝鲜人的人体测量资料，进行分析朝鲜人的体质类型。一篇是用我自己在北京监狱及北京某部队里得到的人体测量资料，分析中国人的体质类型。这两篇论文没有出版，不知道清华大学是否还保存。体质人类学在中国是一门没有机会发展的学科。这些初步尝试，如果还没有毁掉的话，将来有人学这门学科时还是可以参考的。

1935年由于史禄国教授要出国休假，而且休假之后他也不准备再回清华，所以他主张在我的学习计划第一阶段结束告一段落，即提出论文要求毕业考试。如果我考试成绩符合清华资送出国深造的条件，后两个阶段的学习可以在国外补足。我听他的话，取得了公费留学的机会，他又为我出了个主意，就是在出国前到中国少数民族地区进行一次实地调查，然后携带调查资料到国外去分析研究。1935年暑假我又遵照他的指导，偕同我新婚的爱人王同惠前往广西大瑶山(今金秀瑶族自治县)进行调查。我主要是进行人体测量，她调查社会情况。是年12月16日，在我们转移调查地点时迷失道路，我误踏虎阱，腰腿受伤，前妻出外觅援，溺水身亡。后来我遇救背回村寨，一尸一伤由瑶族同胞护送出山。我这次调查所得到的人体测量资料，经久没有分析，带出国又带回来，最后在1946年李、闻事件中仓促离滇时，遗失在云南，是一大损失。我在广州治伤期间，根据前妻的调查资料，编成《花蓝瑶社会组织》一报告，1936年在商务出版。

我伤愈后，回家乡一个农村里休养，利用这机会进行了一次社会调查。1936年夏携带这项调查资料去英国留学，入伦敦经济学院，在马林诺斯基教授指导下学习社会人类学，并根据农村调查的资料写了一篇论文。1938年得伦敦大学博士学位。这篇论文1939年在伦敦出版，书名 *Peasant Life in China*，中文名《江村经济》。这书后来流传颇广，曾被国外的许多大学的社会人类学系列为学生必读参考书之一。因为这个缘故，我后来尽管和国外学术界隔离了几十年，新的一代各国社会人类学者大多还知道我这个人，近年来我重又在国外出现时，他们对我也分外亲热。

1938年暑假，从英国返国，沿海诸省均已沦陷。我从西贡登陆，径入云南。这时吴文藻先生已先我到达昆明，并在云南大学开办社会学系。我即在该系担任教授，接受中英庚款资助在内地农村开展社会调查，并在云大成立与燕京大学协作的社会学研究室。参加研究室工作的前后有张之毅、史国衡、谷苞、田汝康、李有义、胡庆钧等同志。我们采取社会人类学的实地调查方法，研究农村、工厂、少数民族地区的各种不同类型的社区。出版了调查报告若干种，我自己写的是《禄村农田》。

1943年美国政府以同盟国的身份邀请中国各大学派遣教授赴美访问。云南大学派我应邀。这是我初访美国，时历一载，由太平洋学会资助，编译云大社会学研究室研究成果。在芝加哥大学得到雷德斐尔德夫人的协助编译成 *Earthbound China* 一书，在哈佛大学得到梅岳教授指导编译成 *China Enters the Machine Age* 一书，均在美出版。

访美归来，国内政局日趋紧张。我忧心国事，1945年由潘光旦先生介绍参加中国民主同盟，投身爱国民主运动。同时，转入西南联大，为清华大学教授。1946年因李、闻事件被迫离滇，并于该年冬重访英伦。1947年回返北平，继续在清华任教，直到解放。在这段时期里在学术工作方面，主要是整理讲稿，有1948年出版的《生育制度》、《乡土中国》等，翻译方面有马林诺斯基的《文化论》、斐斯的《人文类型》、梅岳的《工业文明的社会问题》等。此外还写了许多结合时事的文章在国内各刊物发表，收集成小册子出版的有《初访美国》、《重访英伦》、《内地农村》、《乡土重建》、《美国人的性格》、《皇权和绅权》、《民主、宪法、人权》等。其中一部分文章，曾于1949年在北平口授雷德斐尔德夫人，她回国后编成 *China's Gentry* 一书，1952 年在美国出版。

新中国成立后，我于 1950 年起参加国内的民族工作。曾随同中央访问团在贵州和广西少数民族地区进行访问和调查。1952 年调到中央民族学院工作。1955 年到贵州进行民族识别，1956 年参加人大常委组织的少数民族社会历史调查，到云南进行工作。这段时期行政组织任务较重，写作不多。成书出版的有《我这一年》、《大学的改造》、《兄弟民族在贵州》、《话说呼伦贝尔》。

1957 年在反右斗争中我被错划为右派，1959 年摘帽后，配合当时中印、中阿、中巴划界工作，从事搜集有关地区的民族、地理等英文资料，供有关部门参考，后来编成八册《资料汇编》，历经浩劫，近年来经吴泽霖先生译成中文，但尚未出版。

1966 年起十年浩劫中，我首当其冲，经历了林彪、江青反革命集团对知识分子迫害的全部过程，住牛棚、下干校，1972 年回到中央民族学院，才重握笔杆，从事翻译。我和吴文藻、谢冰心诸前辈一起翻译了两部世界史。其一是我在大学里的课本，海斯及穆恩著的《世界史》，一是我平生很爱读的韦尔斯的《世界史纲》。前者已由三联出版，后者还不知何时能与世见面。

1978 年我调到中国社会科学院民族研究所工作。原有意集中力量搞民族研究。是年，我参加了庆祝宁夏和广西两个民族自治区的纪念活动，又重访金秀瑶山，提高了我对民族研究的兴趣。我在政协民族组的一次关于民族识别问题的发言里也流露了我当时想进行调查的线索。11 月去日本京都参加联合国大学召开的东亚学者的学术讨论会，我的发言的题目是“对中国少数民族社会改革的体会”。

1979 年春节后不久，社会科学院胡乔木同志给我们提出了重建中国社会学的任务，而且要我把工作重点转移到这个新任务上。这自然是我义不容辞的事。想到50年前决心学社会学以来所走的道路是够崎岖曲折的了。现在有此机会为实现早年宿愿又怎能不全力以赴呢？而且我一向认为社会学和社会人类学是不应当分的，它们都是研究人类社会的学科，在国外之所以分成两门学科，实在是出于它们特殊的历史原因，在我们中国没有分科的必要。在我个人来说，我所想进行的民族研究也就是在少数民族地区进行社会学的研究。我接受新任务并不是改行，只是因为社会学停顿了30年，现在要重建这门学科，就必须从头做起，培养新的一代，那就有很多准备工作要做。要培训教员，要编教材，要筹备研究机构和教育机构，这里有大量的行政组织工作。我原本打算自己去搞几项研究的设想一时落空了。当时我年纪已快到70，再花几年在这一类的工作上，这一辈子可能也就谈不上实地调查了。

为了重建社会学，我1979年春季参加中国社会科学院代表团去美国访问，去了解国外社会学的情况。访问回来我写了一本《访美掠影》，这固然是一本通俗的旅游笔记，但目的是在为美国社会作一速写，并通过这种尝试使一般读者接触到社会学的分析方法。是年秋季又去访问加拿大，利用该国麦吉尔大学邀请我作柯明斯演讲的机会，从东到西地访问了10个重点大学，接触了该国的社会学人类学者。我这次演讲的题目是“中国的现代化和少数民族”。1980年春，我参加在美国丹佛召开的应用人类学会年会，在这次年会上我接受该会的马林诺斯基纪念奖，为此我宣读了《迈向人民的人类学》的讲话。在这篇讲话里，我发表了我对社会人类学发展前景的意见。我这些讲话并不能说是专题性的研究论文，而是介绍我们新中国在民族研究方面的成果和对今后发展的看法。

这几年我在国内，主要参与重建社会学的具体工作。1979年成立社会学研究会，目的是在为社会学恢复名誉，并联系过去学过社会学和愿意参加重建社会学的人。在成立大会上我发表了“为社会学再说几句话”。我被选为该会会长。1980年在中国社会科学院成立社会学研究所，我被任命为该所所长。我们在该年暑期开办了为期两个月的讲习班，帮助各大学在1981年开办社会学课程，准备教员及教材。同时，在北京市宣武区试办社会调查基地，通过实践培养研究人员。为了广泛宣传社会学的应用价值，我在全国机械学会召开的思想政治工作会议上讲了“社会学和企业管理”，在中国心理学会医学心理学进修班上讲了“与医学心理学者谈社会学”，目的在促进各应用学科间的协作。

白驹易逝，去日难追，弹指间已是齿摇发落。旷学日久，偶一回首，不寒而栗。前程遥远，任务艰巨，驽钝供驱，不敢言志。应《文献》丛刊之约，略述学历如上。

1981年4月8日写

为社会学再说几句话*

中国社会科学院规划局为了要开展社会学的研究工作，去年春天曾召开过一次座谈会，由于当时很多参加座谈的人对社会学还是心有余悸，没有谈出结果来。今年春节期间又谈起要成立社会学研究会的问题，并约定开一次成立大会，在会上要我作一次发言，为社会学再说几句话，讲一讲为什么我们还得搞社会学？怎样着手搞社会学？我同意这确实是当前应当提出来讨论的问题，并且觉得有责任发表我对这个问题的意见。

可是，当我打算下笔写发言时，却很为难。20多年来，我没有提过这门学科，国内也没有人敢再提了。对这门解放初期就被撤消、1957年又被打入禁区的社会学，叫我从何说起呢？

我正在握笔发愁，一位多年不见的老同学找到了我的门上。他一见我伏在床边的小桌上写稿，床上堆满了杂乱

---

* 1979年3月在社会学研究会成立大会上的发言。原载《社会科学战线》，1980年第1期。

的书籍纸张，就想起了几十年前我们在中学时宿舍的情景，不禁哑然失笑，说："你怎么还在闹住宅问题?"我告诉他说："实不相瞒，这是被我的第三代挤得这样的。老伴有病，把女儿一家调回来照顾她，人多了，空间就少了，还不该让点地方给新生的接班人!"他点头就说："人口问题，还是不容情的吧。"突然他问起我以前写的《生育制度》那本书，能不能借给他重新看看。接着他又讲了一段家常。他原来同儿子住在一起，可是老伴和儿媳相处不好。后来儿子调往外地，他和老伴跟女儿一家同住，才算解决了"家庭问题"。但最近他儿媳生了个娃娃，夫妇双职工收入有限，当地托儿条件不便，雇人又雇不起，急得没办法，来信求援，看来还得把娃娃送回来，今后麻烦事可又少不了。所以他想起我那本旧著来了。

最后，他很有感触地说："这不是我们一两个人的问题，是社会上很多人的共同问题呀！看来都是些小事，我们这些书生过去都不愿谈论的生活琐事，现在却成了四个现代化的不小的障碍。这些啰嗦事拖住了不少人的后腿啦!"似乎这些问题该我负责似的，他盯着我的眼睛说："你不是搞过社会学的么？你得说说这些社会问题究竟应该怎样处理才是。"我顺口说："没有调查，哪里有发言权呢?"他紧接着似乎在责备我说："你们为什么不去调查调查呢?"

这位老同学的责难开了我的窍。为什么还得搞社会学和怎样着手搞社会学这两个问题的答案，不是已经给他一语道破了么！

社会问题是客观存在的。任何社会，任何时候，都存在着各式各样的问题。人和人在一起生活，总免不了有矛盾。这些矛盾有不同的性质，有不同的原因，也应当采取不同的办法去处理。生活在这些社会里的人，感到问题存在，需要解决，但不一定都明白这些问题属于哪种矛盾，怎样对付才是。

在悠久的历史时期里，人们是在“试验—错误—再试验”这个公式里进行生活，付出很大代价，从正反的经验教训里积累一些比较妥善的解决社会问题的办法，然后作为传统保存下来。社会又不依人们的意志继续在发展，旧的传统解决不了新的问题，需要不断付出代价积累经验。总之，人类的社会生活曾经长期在必然王国里翻腾，演出了多少悲欢离合的动人故事，而没有觉察到社会的变化和自然界一样也有它的客观规律。人类终于逐步认识到了这一点，要按照客观规律处理社会生活的各种矛盾。这是人类发展史上的大事，是人类从必然王国走向自由王国的道路上的重要步骤。我那位老同学责备我为什么不通过调查研究提供人们解决社会问题的客观依据，实质上就是这种自觉的表现，要求我们用科学态度来对待社会问题。

好事多磨，道路曲折。我不由得不想起一些往事。解放前，我们这些学过社会学的人虽然有志于用科学态度来对待社会问题，但由于受各自阶级和教育的影响，又缺少马列主义的学习，实际上缺乏真正的科学态度。在旧中国反动统治下，开展社会学的研究是很困难的，要受到许多意想不到的限制，我自己在从事社会调查时就经受过重大的创伤。那时候即或有的人或有的学校做过某些社会调查研究，对当时社会上存在的问题提出过一些看法，总不免受到立场、观点、方法上的局限。解放后，绝大多数从旧社会来的搞过社会学这门学科的人都衷心地希望在党的领导下，学习马列主义来改造自己的思想和改造这门学科，以达到能开展适应新中国需要的社会学研究，进行一些社会调查，反映一些实际情况，提供有关领导部门作为解决这些社会问题时的依据，以便自己能通过学术工作为人民做一些有益的事。

但是，1952 年高等教育院系调整时，各大学撤消了社会学这门课程和停办了这个学系，社会学这门学科实际上从此就被否定了。

1957年，一部分过去学过社会学的人认为，我国社会主义革命的胜利，带来了社会根本性的巨变，在社会的生产力、生产关系、上层建筑和意识形态等方面都存在着需要相互适应的问题；要在各方面进行社会主义改造，就有必要进行有领导的、有计划的、以马列主义为指导的社会调查研究，建立我国自己的社会学。他们的这些意见当时竟被曲解为企图复辟资产阶级社会学，更被无限上纲成为反党反社会主义的政治阴谋，很多人在这种罪名下被打成资产阶级右派分子，作为敌我矛盾处理，许多老前辈竟含冤逝世。于是社会学这门学科在社会上成了谈虎色变的禁区，时至今日许多人还是余悸犹存。真相已经大白的今天重提往事，无非是为了澄清是非，消除余悸。

我们应当承认，社会学和其他社会科学一样是有阶级性的，因此对世界各国不同时期的社会学进行具体的阶级分析和批判是必要的。但是，对这门学科扣帽子，打棍子，把学术问题作为政治问题来处理，从而使许多建议搞社会学的人遭受迫害，这样做是错误的。

现代的社会科学从历史上说都是在西方资产阶级上升时期产生的。当时资产阶级作为新兴和进步的阶级在同落后的封建阶级斗争中，需要掌握一定的社会发展的客观规律的知识为它服务。它之所以能战胜腐朽的阶级，也多少是由于它拥有在一定程度上反映了当时社会实际的知识。在资产阶级本身日益腐化、没落的过程中，为资产阶级服务的社会科学才日益表现出他们的阶级局限性，甚至堕落成为歪曲客观现实的帮凶，表现出它们的反动性。因此我们首先应当从历史观点区别对待资本主义国家的包括社会学在内的社会科学。

产生社会科学的资本主义社会是存在着对立的阶级的。各个阶级都有它自己的立场和观点，分别形成它们的思想体系。所以，从本质上说，资本主义社会里的社会科学的各门学科都包含着不同阶级属性的派别，比如既有资产阶级社会学又有无产阶级社会学。至于某一个学者，或某一个学说，或某一个学派的阶级性，必须进行具体分析，才能得出适当结论。把它们一股脑儿加以否定，既不分别他们所根据的资料和从中引申的理论，又不区别其理论的局限性和反动性，那就是缺乏实事求是的科学态度，是不足为训的。

对于半殖民地半封建中国的社会学，全盘加以否定，实际上是不符合毛主席关于中国社会各阶级的分析，因为正如中国资产阶级有两面性一样，中国解放前资产阶级社会学者也具有两面性。他们当时所做的社会学研究，有落后、反动的一面，也多少有反帝反封建的一面，即进步的一面。对他们一概否定，恐怕是缺乏分析态度的。即使旧中国所有的社会学一无是处，都是些毒草，这也不应当作为把社会学这门学科连根拔掉的理由。恰恰相反，因为过去有人用了不正确的立场、观点、方法来研究中国社会，得出了有害于人民的论点，我们就更有必要用正确的立场、观点、方法来研究中国社会，建设一门有利于社会主义建设的社会学。不应当因噎废食，如倒浴盆里的脏水时连孩子一起抛掉一样。

过去的事已经过去了，是非也已得到昭明。但从这一段不平常的往事里我觉得应当得到一条教训。任何社会都有它自己的矛盾，都存在着社会问题，都应当科学地对待。掩盖矛盾，对国家、对人民都是极为有害的。现在我们应当清醒地看到，即使在社会主义的社会里，社会问题还是客观存在的。以当前中国来说，其中大量是属于社会前进中出现的人民内部的矛盾，正确处理这些矛盾将有助于推动社会向前发展。我们正在进行社会主义革命和建设，并开始向四个现代化进行新的长征。这个根本性的社会巨变必然要求生产关系、上层建筑和意识形态各方面的适应，也就是要在各方面相应地进行社会主义改造。在改造过程中出现这样或那样的社会问题并不奇怪，也不一定就是坏事，之所以成为坏事，恰恰在于有了问题不去正确处理，而让它放任自流。社会主义不去解决这些问题，必然会使非社会主义的因素得到滋生。

不妨就我那位老同学提到的那个问题来说，双职工的年轻夫妇抚育儿童的困难，已经成为当前一个相当普遍的社会问题。本来夫妇都参加社会工作是社会主义社会里实现了男女平等的表现。儿童获得充分抚育的条件，也是社会主义社会应当实现而且可以实现的事。这两件事在当前却发生了矛盾。怎样使一对双职工夫妇生了孩子后，既能维持夫妇的正常工作，又能使孩子得到良好的抚育，这就成了一个社会问题。这个问题如果能得到充分反映和具体分析，在我们的社会主义社会里，应当是可以比较顺利地解决的，那就是依靠国家和社会的力量，办好集体的托儿事业。如果不这么办，而是听之任之，表面上似乎也能得过且过，实际上却出现了许多和社会主义背道而驰的事情。父母生了孩子，总要千方百计地把孩子抚育成长。如果他们不能从社会主义的集体福利事业中找到可以放心托儿之所，势必乞求于其他的办法，有如夫妇轮流请假，或是托故旷工，或是付出相当高价找私人照顾，或者像我老同学所说的那样把孩子送回老家。这样必然影响社会生产，妨害工作纪律和社会风气，增加家庭负担和发生家庭问题。如果算一笔总账，把社会生产的损失、委托私人抚育的代价等等统统加在一起，这数目一定远远超过由国家和集体办好托儿事业的费用。更值得我们注意的是，由于幼儿抚育问题没有得到正确的解决，不仅女职工的负担加重，而且在有些方面，我们已经获得的男女平等会不声不响地被损害。

这里我就那位老同学所提到的问题多说了几句。这是因为这类问题比较普遍，比较容易理解。在现实生活中，这类的问题实在不少，像住宅问题、人口问题、婚姻问题、城市服务问题以及犯罪问题等等，都是大家经常遇到的，也不得不关心的。可以设想，随着我国四个现代化事业的飞快发展，社会生活各方面发展速度不容易取得平衡，人民内部矛盾必然会不断发生。如果我们对已经存在的社会问题，能有领导有计划地进行调查研究，寻求比较切合实际的解决办法；对可能出现的新的社会问题，较早地有所觉察、有所准备，也就有可能减少或避免一些社会损失。

我们需要对当前现实的社会生活进行科学的调查研究，以便帮助党和国家解决一些急迫的社会问题，为社会主义建设减少一些前进中的障碍，使社会的各方面都能沿着社会主义道路顺利地向前发展。这是我们在这时候急切需要开展社会学研究的主要原因。在我们党和国家工作着重点转移到社会主义现代化建设上来的时刻，提出开展社会学研究的任务，是完全必要的和及时的。

上面的一些话不仅回答了为什么我们还得搞社会学的问题，同时也提出了我们对怎样着手搞社会学这个问题的意见，那就是，不妨从当前存在的为广大人民群众所关心的社会问题进行科学的调查入手。通过社会调查，我们才能有系统地、比较全面地反映客观存在的社会情况。这是我们对社会问题进行分析的必要材料。通过在马列主义毛泽东思想指导下对具体社会情况进行具体分析，我们才能搞清楚这些社会问题属于什么性质的社会矛盾，然后才能正确地采取恰当的方式来对待这些矛盾，以达到解决这些问题的目的。从了解社会和改造社会的实践中，我们才能总结出社会生活中的一些规律，使我们能更好地按规律来处理我们社会生活各方面不断发生的变化。社会学的理论就是从实践里总结出来的那些具有规律性的认识。社会调查是社会学研究的基本工作。

重视社会调查本是我们党的优良传统。毛主席早为我们立下了社会调查的榜样，就是要满腔热情地以同志的态度取得群众的信任，使他们知无不言、言无不尽地把社会情况如实地、生动地反映出来。我们只要老老实实地、实事求是地，虚心向群众学习，就可以搞好社会调查。当前群众的觉悟和调查工作所需的物质设备，远非当年的条件可比，这使我们进行的社会调查，在范围上和内容上都可以比过去的大为扩大和丰富。

当然，我们也必须承认，自从毛主席提出向社会作调查的号召以来，我们在这方面所做出的成绩固然不小，但也远远不能令人满意。对于我国社会的情况，在许多方面还是停留在毛主席当年指出的“一知半解”的状态。由于我国社会科学的底子本来就薄，加上长期不被重视，后来又遭到林彪、“四人帮”的破坏，我们至今并没有较完备的关于社会情况的材料。所以要在我国建立社会学，还必须从搜集材料工作做起不可。从社会调查入手也是符合实际的办法。

对当前的社会问题进行科学的调查，其实是整个社会科学都应当做的事。所以我们还得说明一下哪些社会问题的研究才属于社会学的范围。这就牵涉到了社会科学内部的分科问题。这是个聚讼纷纭的题目。我个人的看法是，与其从理论上区划各学科的范围、研究对象，不如就当前具体情况来检查一下，有哪些社会问题已经有了研究它的学科，有哪些社会问题还没有专门的学科承担起研究它的任务。比如说有关商品的生产、流通等问题已经有经济学去研究了，有关阶级矛盾、阶级斗争、国家的作用、民主与专政等问题已经有政治学去研究了，有关民族的问题已经有民族学去研究了，有关人们信仰的问题已经有宗教学去研究了，等等。如果像这样开一笔清账，就可以看到当前还有不少社会问题并没有专门学科去研究。我国社会科学各学科之间留有不少空白点。现存的和今后还会有的社会问题也很多，例如我在本文开始时说到那位老同学随口提出的住宅问题、人口问题、家庭问题、儿童问题等等。这些问题看来也是应当及早进行研究的。在它们没有成长为专门学科如人口学、家庭学、儿童学之前，不妨先包括在社会学的研究范围之内。采取这样实事求是的态度来规定当前社会学的研究范围，社会学研究工作有着广阔的领域。至于社会学前途怎样发展的问题，还可以进一步探讨。

在建立我们中国自己的社会学的时候，应当清醒地估计到的是当前的困难和广阔的前景。当前的困难中主要是缺乏这一门学科的研究人员。社会学由于中断了近 30 年，教研工作全部取消，如果说社会科学中别的学科是“青黄不接”，那么，社会学则早就无以为继了。过去学过社会学的人，最年轻的也已经五十岁上下，而且都已长期改行转业，业务生疏。要建立起一个研究队伍，固然还要借重一些留存下来，业务还没有全丢的原来学习过社会学的人，我看主要还得依靠马列主义修养较高的社会科学工作者来参加新建的工作，同时及时开始吸收新的一代进行培养。怎样培养出这个队伍是我们面临的一个严重任务。

当前的困难是压不倒我们的，因为有广阔的前景鼓舞着我们。我们全国人民万众一心在党的领导下正在做着前人没有做过的一项历史性的伟大创举，就是要在我们这个具有几千年文明史的伟大祖国，按照历史发展的规律，建立起一个没有阶级、没有剥削的共产主义社会。我们正在向这个目标进行新的长征。在这长征路上，中华民族的好儿女正在用他们的智慧和血汗去创造这一阶段人类社会发展的新经验，这些经验将是今后人类最宝贵的财富，而我们社会学工作者和其他社会科学工作者一样，肩负着把这些经验记录、整理、提高形成指导人类前进的理论的责任。我们相信由于我们有马克思列宁主义毛泽东思想的指导，有久经考验的党的领导，又有社会主义社会的优越性，只要世代相继，坚持努力，我们一定能做出成绩。千里之行，始于足下。让我们用我们的余生，竭尽全力，响应党的号召，在开展社会学研究这件工作上，作出应有的贡献。

建立我国社会学的一些意见*

中国社会学研究会成立于1979年3月，迄今已有三年。在这三年里，我们按照乔木同志在成立大会上的讲话精神进行工作，推动我国社会学的建设。到目前为止，全国已有七个地方成立了社会学会或社会学研究会。中国社会科学院已设立社会学研究所，各地方设立的社会学研究专业机构已有十一处。为了培养新的一代社会学工作者，复旦大学分校、中山大学、北京大学先后成立了社会学系，南开大学曾开办一期专业班。今年，北大、南开、中山、华东师大等校均招收了研究生。

回顾三年前，由于社会学在我国各大学已停顿了近30年，作为一门学科又曾受到否定和批判，许多从事社会学工作的学者曾遭到打击，多年来社会上对这门学科存在着严重的误会，从事过这门学科的人大多心有余悸。乔木同志的讲话恢复了社会学在我国社会科学领域里的地位，开始扭转了上述情况，为在新中国开展社会学工作创造了

* 1982年5月22日在中国社会学会年会上的报告。

条件。

恢复社会学这门学科在中国社会科学里的地位和重新在大学里设立社会学课程和社会学系并不等于恢复这门学科旧有的内容。就这门学科的内容来说，还有待于努力、创建，使之成为一门以马列主义、毛泽东思想为指导，密切结合中国的实际，为社会主义建设服务的社会学。这是在本质上有别于中国旧时代的社会学和西方各国的社会学的。

我们说在中国社会学作为一门学科已经停顿了近30年，并不是说我国对中国社会进行科学的认识的工作已经中断了这样长的时期。相反的，真正科学地了解中国社会是在中国共产党领导下、在全国各地进行的社会调查开始的。理论结合实际的社会调查一直是党的优良传统，毛主席亲自做出了榜样。这是我国社会学最宝贵的基础。在长期的革命和建设过程中，在我国培养造就了大批马列主义、毛泽东思想的理论工作者和实际工作干部。这样一批既有理论又有实践经验的马克思主义队伍，是今后我国社会学赖以开展的主力和骨干。

对于西方社会学和旧中国的社会学我们也要认真地研究，不仅对它积累的大量知识要认真研究，就是对它使用的方法也要认真研究。这不妨碍在研究后经过深思熟虑，进行一种马克思主义的批判，现在的危险是我们不知道或知道得太少，只有认真地研究，才能有分析、有批判地吸取对我们有用的东西。我国具有几千年的优秀文化，其中包含丰富的社会学思想，有待于我们用马克思主义观点加以分析整理批判地继承。总之，我们要用马克思主义作指导，在党的优良传统的基础上，贯彻双百方针，古为今用，洋为中用，要为建立我国社会学而努力利用一切可能利用的条件。

我们所以要建立这个学科，乃是出于当前我国社会经济发展的需要。为了有计划地建设我们社会主义的现代化国家，为了对我国社会经济的实际情况作出系统的科学认识，我国先后设立了许多社会科学学科，各种学科分别就其各自专业领域承担了研究任务。但有些对国计民生有关的社会现象和社会问题，却不是已有各个学科所能承担的，特别是一些带综合性的问题，缺乏相应的学科进行研究。社会学是一门综合性较强的学科，它把社会作为一个整体，综合研究社会现象各方面的关系和其发展变化。为了适应上述客观需要，因而有设立社会学的必要。

为了我国社会主义建设的需要，党和政府各部门都进行过许多社会调查。但是许多调查资料分散各处，未加充分利用，特别是对这些资料缺乏系统的分析研究以上升到理论的高度。这对实际工作和理论工作都是一种损失。在目前需要开展为四化建设服务的较大规模的社会调查时，专业队伍的缺少更成了个严重的问题，所以我们必须迅速恢复社会学这门学科。

我国的社会学既以结合中国社会实际，为建设社会主义现代化国家服务为其目标，这就决定了我们的社会学必须在我们自己的国土上成长起来。社会科学是在一定历史条件下的一定社会的上层建筑，构成社会科学的种种概念是发生和应用于一定具体的社会实际的。当前世界上还存在着不同性质的社会和不同文化的民族，各国的社会学都不可避免地具有它们各自的特点。我国的社会学必须是反映具有社会主义性质和中华民族特点的中国社会的社会学。它的内容既不可能是中国解放前的社会学的简单恢复，也不可能是任何外国社会学的直接引进，我们虽要批判地继承所有过去社会学的成果和批判地吸收西方社会学的成果，但必须以立足于当前中国社会实际为主，通过实践的考验逐步发展我国自己的社会学。这是一项艰巨的任务，需要几代人的努力才能实现，但是千里之行，始于足下。我们有马列主义、毛泽东思想的指导，我们有社会主义制度的保证，我们的目标一定能够实现。

以上讲的是我们当前所要建立的社会学的目标和任务，接下去想谈一谈这三年在工作上所采取的步骤。

要实现上述的目标，必须有一个能为此努力的工作队伍。科学工作是老老实实细致的专业性工作，没有具备科学训练的队伍，经过长期的艰苦劳动，是不可能取得成就的。而我国由于高等学校多年来没有培养社会学工作者，过去学过社会学的人为数不多，而且多已年老，业务荒疏，知识老化，所以在开展社会学的事业上首先遇到的困难是人力不足。

乔木同志在他的讲话中曾经指出：我们除了集中可以集中起来的年老的社会学者并且设法充分发挥他们的作用之外，还必须着手培养新的一代社会学者。他曾建议教育部门从速在高等学校中恢复这门学科，开出社会学的课程和设立社会学的专业和学系。

为了落实这个指示，我们把培养新的一代社会学者作为当前建设这门学科的首要任务。但是这里存在着一个难题，就是在这门学科的内容还没有建立起来之前，由谁和用什么来培养新的一代呢？要在学校里开课和设系，教师在哪里呢？教材又在哪里呢？如果按着正常的办法来进行，似乎应当是先开展社会学的实地调查，掌握当前的社会情况，运用马列主义的理论，编写各门社会学的教材，然后成立学系，招收学生，开班授课，培养新的一代。这样做需要较长的时间，决不能满足当前正在迅速开展的社会主义现代化建设的需要。为了争取时间，除了鼓励一部分人按着上述的道路进行外，我们还必须打破常规，采取边学边教的办法。那就是吸收有马列主义修养的其他学科的中年教师和有社会工作经验的各有关部门的干部，对社会学进行短期的学习，然后组织他们进行社会调查和试编社会学各门课程的教材，在实践中培养他们成为各机关的社会学研究人员及各学校的社会学教师。

中国社会科学院社会学研究所和中国社会学研究会为了培养社会学工作者及编写教材于 1980 和 1981 年办了两期短期学习班，参加人员共有 100 多人。南开大学在 1981 年办了一期专业班，由各大学四年级学生参加，现在已经结业，共约 40 多人。他们已成为各社会学学会成员、各社会学研究机关工作人员、各校教师中的骨干力量，对建设我国社会学起了推动作用。与此同时复旦大学分校以原有政治学系改为社会学系，于 1978 年起即招收学生，今年即将有大学毕业生。今年起又有四个高等院校招收了研究生。

从这段工作中我们认识到，我们中国在过去 30 多年中，着重马列主义的学习，在中年一代中确已培养出一大批对马克思主义理论有修养又在社会的实际工作中取得了丰富经验的人才。他们中很多人愿意有机会采用现代的社会调查方法，以马克思主义理论结合中国社会的实际，来加强和加深对中国社会各方面的认识，并提高到理论水平，为促进中国社会主义现代化作出贡献。我们必须通过各地社会学会的工作，使他们团结起来成为建设社会学的重要力量。

在培养从事新中国社会学工作的新的一代的过程中，我们深切体会到必须坚持理论联系实际、教学联系科研的原则。自然科学离不开实验，社会科学离不开社会调查。社会调查是对社会现象有目的的和有系统的观察，为探索社会运动规律提供资料。人生活在社会中，不可能对社会毫无知识的。但是这样从生活实践中得到的知识不仅是局部和片面的，而且常常是知其然而不知其所以然的。要取得对社会的科学的知识，必须要针对一定的问题，在一定的范围内，进行系统的观察，经过分析整理，提高到理论的认识。因之，立足于中国社会实际的社会学必须从科学地调查中国社会入手。

提倡社会调查是我党的优良传统。但是在早年限于战时环境，只能采取选择典型，进行短时间的，面对面的直接谈话、讨论的调查会方式，即所谓“解剖麻雀”的方法，也可以称之为重点社会调查，这是科学的社会调查最基本的方式方法，也是行之有效取得辉煌成果的方式方法。

这种重点社会调查固然是行之有效的方式方法，我们不仅应当坚持下去，而且还应当发扬光大，但是也应当看到它的局限性。这种方式方法不适用于范围较大、面积较广的研究对象。它可以通过解剖一个“麻雀”，检视一个社会类型的各方面的内容，作出细致的描述，取得定性的效果，但是不容易正确地用数量来表明属于这种性质的类型在较大社会里的地位和比重。因此，进一步发展我国的社会调查还得以适用于较大面积的调查方法加以补充，就是要做到点面结合。面上的调查方法一般是从一定的问题出发，采用一系列能用数量来衡量的指标，编成问卷，按被调查者的情况按表填写，据此进行统计，取得定量的效果。采取这种方法，被调查者的数量可以很大，不受调查者个人能力的限制，尤其是由于现代计算工具的改进，巨大的数字都能处理，这是过去手工业方式所不可能想象的。这种调查方法能否做到如实反映社会实际决定于怎样制定调查的问题和衡量的指标，编定问卷，问卷编定后怎样抽样发放和填写，最后经过统计怎样对数量进行解释。要能正确地解决这些问题以符合科学的要求，必须依赖事前的重点调查和事后的重点核查。所以点与面必须结合，定性与定量必须结合，它们不仅并不矛盾，而且是互为补充的。

点上和面上的社会调查都需要扎实的基本训练。重点调查必须深入群众，实行三同，参预他们的生活，不仅要访问、观察，而且要能通过共同的生活实践才能体会他们的思想态度。善于与群众相处，善于观察分析，能在纷纭复杂的具体生活中理出脉络，看出其间的关系，综合比较，提高到理论高度，不是普通人不学而能的。把这种调查研究工作看成简单易行的走马观花是不对的。必须有充分准备和基本训练，而且还得不怕苦，不怕累，不怕麻烦，从实践中锲而不舍地锻炼自己，才能真正做到一个名副其实的社会调查者。面上的社会调查也并不是随意编写问卷，拿回来统计一下就可以完成的。对要调查的问题没有深入的理解，就不可能做出恰当的问卷，至于怎样抽样才能正确反映全面，怎样使被调查者如实地填写问卷。这些问题都必须因地制宜予以解决。汇集问卷后进行分析统计，就得采取各种计算的工具和方法。对于统计所得的数字，更必须联系有关情况加以反复研究才能明白它们的意义。为了做好调查研究，我们切不可忽视了基本训练。

社会的变动有它的历史过程，我们要了解今天的社会必须和昨天的社会相比较。所以对一个地区的社会调查最好能经常进行观察，至少要能在相隔不久的时期反复调查，观察它的变动。我们过去的社会调查，常常配合一定的政治任务，运动一过，这些调查资料就被丢弃了，很少能把对一个地区的历次调查积累起来，进行比较研究，看出其中变动的规律。而且由于没有积累资料，即使在同一地区进行调查常常要从基本情况重新开始。这样做法不易使调查做得深入，而且还要耗费许多不必要的精力。因此，我们认为今后的社会调查应当可以更有计划地在已经调查过而且掌握了基本情况的地区，反复进行，使得历次调查能相互比较，以观察社会变动；使不同方面的调查能相互补充，观察它们之间的联系。这样进行反复调查的社区我们称之为社会调查基地，也就是社会的科学观察站。可以设想：在全国不同地区不同类型的社区设立了许多可以经常观察的社会调查基地，当我们需要了解国家的某些社会情况时，就能在较短时期内取得较正确的资料，比起西方某些国家所进行的“民意测验”在科学性上可以高得多。目前来说，这仅仅是一种设想，离实现还有一段距离。

社会调查的方式方法我们也应当采取不拘一格的方针。在目前初创的阶段，我们只能要求坚持理论联系实际的原则，发挥社会学工作者的创造性，鼓励大家进行多种多样的社会调查，在实践中逐步提高。过去的三年里，各地的社会学工作者已经写出许多社会调查的报告，我们已收到300多篇。这充分表现了大家的积极性。通过这次年会，我们可以就这些调查报告进行讨论，取长补短，加以提高。在实践中学习也许是最有效的办法。不通过比较难于看到长短，自己没有参预过调查也难于明白其中的甘苦和吸收别人的经验。经过这一段各地分别地进行社会调查之后，我们希望这次年会能总结出一些经验教训，逐步进入比较有计划的阶段。我们不妨根据各地具体条件提出今后一段时期里调查研究的重点。如果能提出一些设想和具体计划当然更好，但在初创时期一切还是属于尝试和摸索的性质，社会调查的主要作用还是在通过实践培养干部，是我们社会学工作者自己教育自己的过程。在这个阶段，要求像其他有基础的学科那样做出高水平的成果和重大的贡献是不现实的。

在各自考虑调查研究的重点时，不仅要发挥各自的优势，比如在农村社区已经有调查基础的地方可以继续进行农村调查，进一步研究有关发展农村社会经济的各项问题；在城市里已经进行过街道调查的地方可以继续发展城市居民社会问题的调查研究等等。与此同时，我们也应当逐步地与当前我们社会主义经济发展的实际情况和问题密切结合起来。不仅要着眼于当前社会上关心的一些社会病态问题，比如青少年犯罪、待业、失学等，也许更需要我们去研究一些较基本的现象，比如当前的城乡关系，家庭结构，城市规划，人口质量，工厂管理等等。特别应当注意到目前精神文明的建设，当前我国社会的上层建筑和意识形态里存在着许多问题，在我们建设社会主义社会的过程中，这些问题的妥善解决是十分重要的。在我们中国这方面的问题中许多还没有对口的学科去进行研究，正需要我们社会学承担。我们的社会学还可以和其他学科的研究工作相结合，发展跨学科的调查研究，如教育社会学、工业社会学、民族社会学、公安社会学等等。社会学原是一门领域广阔的学科，我们正可以有重点的发展起来，做到百花齐放，满园春色。

我们要在中国土地上生长出反映中国的社会实际，具有中国特点的社会学。我们中国是社会主义的国家，为社会主义建设服务的中国社会学必然是要在马克思主义思想的指导下，对我们中国社会进行实际的调查研究才能发展的。但是，为了这株新苗的茁长，我们不仅要古为今用，还要洋为中用，从旧中国和从世界各国吸收一切有益的养分。这就需要我们实事求是地对过去的和外国的各种社会学成果进行去伪存真的批判接受。乔木同志在《讲话》里已经指出怎样去吸收国外社会学有益部分的方针。对于它们首先要学懂，然后再进行批判。乔木同志说社会学也需要成为社会学研究的对象。这包括用历史唯物主义去分析各时期各国的社会学理论的历史背景，检视它们对当时社会起了什么作用，还要研究它们对我们当前社会主义建设有什么用处。这项研究我们也应当开始了。为了培养下一代我们也必须有这一门介绍西方社会学的课程。比较现实的办法是在西方社会学家中选择一些有代表性的人物。一个一个人地进行研究。先把这些人的著作读通，即使不能全部读过，重要的代表作的原文必须一字一字地读，千万不要依靠二手材料来立论。原本还得翻译出来，太长太多的可以摘要译出。这样才能说是认真的介绍工作。在这基础上才有条件发表自己的意见。这样做是个很好的自己学习和帮助别人学习的过程。我们希望能及早地多出版一些这样的译著。我们也希望我国年老的社会学者能多多地把过去的研究和心得写出来。已经故去的社会学者的遗稿，我们有责任收集、整理、出版。我们渴望出版机关多给我们协助。

我们还希望继续开展与国外的学术交流。过去三年中我们已经和日本、美国、加拿大、澳大利亚、英国、西德、南斯拉夫、法国等国家的社会学组织或个人建立了关系，进行了交流。我们是一个开放的国家，闭关自守的时期已经过去。为了互相学习，组织之间及个人之间的互访是相互促进的有益行动。尽管我们和一些国家社会制度不同，但是友好地交流是必要的。

这次年会，我们向我国台湾省的社会学社发出了邀请。我们获悉台湾省的社会学者受到很大鼓舞。我们深切体谅他们在目前还不能出席这次年会的苦衷。我们相信阻碍我们正常往来的因素一定会消除。我们将继续为台湾省的社会学者保留理事的席位。什么时候能来祖国大陆就什么时候参预我们学会的活动。

在这次年会上，我们除了共同检阅我们这三年各地社会学工作者所取得学术上的成就外，还要对本会的组织怎样适应当前的形势的问题进行讨论并修改章程，选举领导机构和工作机构的人员，并且希望能共同商讨今后具体的工作规划。希望我们能开成一个团结的会议，一个向前看的会议，大家协力同心完成党交给我们建立以马克思主义为指导，结合中国实际，为社会主义服务的新中国社会学的任务。

重建社会学的又一阶段*

自从1979年重建社会学以来已经有六个年头了。至此，初建的第一阶段可以告一结束，开始进入第二阶段。形象化地说，戏台已给搭好，班子已初步组成，现在是要演员们把戏唱好了。在这个转折点上，大家碰碰头，议论一下，总结一些经验，商量商量下一步怎么走，很有必要。教育委员会召开这次讨论会是十分及时的。在会上我有机会了解许多情况，向大家学习到很多东西，现在轮到我发言，谈谈我的感想。

说来很巧，50年前的昨天(12月16日)，我在进行大瑶山调查中，跌伤在山顶，50年前现在这个时候，我正负着伤向山下爬行，生死未卜。以后我总算获救。那时下了一个决心，从事社会调查将是我终生的事业。一转眼已是半个世纪，其间风风雨雨，一言难尽。足以自慰的，我那时下的决心并没有落空，特别是最近这几年，确是我一生中收获最多的几年。我虽然最近工作单位有了变化，从中

* 1985年12月17日在社会学专业教改研讨会上的讲话。

国社会科学院调到了北京大学，但是矢志不移，最后的冲刺尚未结束，愿意和大家一起为重振社会学这门学科贡献我的余生。

回顾一下社会学这门学科的重建过程，总的说来，由于党的正确领导，一路基本上是顺利的。经过六个年头能有今天这样的状况，实在出于我个人的逆料。社会学作为一门学科在我国是 1952 年停顿的，到 1979 年恢复，其间出现了 27 年的断层，而且经历了多次批判。停下来，彻底批判一下也有好处。古为今用必须经过批判接受。但批判过了头，成了整个否定，现在看来是不利的，甚至是错误的。全盘否定前人所做的事，决不是历史唯物主义者的态度。

社会学作为一门学科的复杂性，我心中有底。1978 年乔木同志要我牵头恢复这一门学科时，我是犹豫的，倒不是怕再当“右派”，而是自知能力不够。在答青年报记者问时，我曾老实说明：我在大学里学过社会学，也在云南、西南联大、清华等大学开过社会学的课程，但是并没有对全学科做过概括的认识。我给自己规定的任务是用我学得的社会学知识去研究中国社会，通过实地观察把中国社会的一些情况和我对这些情况的认识，比较有系统地写下来，值得留下的就留下去。这些可以说是社会学的研究，但不能说是社会学的全部，要我出来为重建中国社会学出点力是可以的，要牵头则水平不够。我明白如果接受这个任务，那会吃力不讨好。用同样的时间和精力，让我去做些社会调查，也许对国家、对人民贡献可以大一些。但当时我又想到很多老师，为了社会学这门学科，含冤而没，没有机会看到有重建这一天。乔木同志既然点名要我来做这工作，不接受不仅对不起党的信任，又对不起老前辈对我的培育。我硬了头皮应承了下来。

当时我就考虑到两个问题，一是怎样对待过去的社会学，一是怎样对待外国的社会学。前一个问题，使我回想起解放前的情况。30

年代我是学习社会学的学生，以后又当了老师。当时我们确实已不满于课堂上所讲的社会学，所讲的很少联系中国社会实际，不能帮助学生认识中国自己的社会问题。我们的老师中不少也同情和理解我们青年们的要求，因而共同提出社会学中国化的目标。现在回想起来，我的前辈在这个方面确已做出了不少成绩，比如在定县，邹平、清河等地方的社会调查，抗战时期的国情普查。我这一辈在抗战时期也进行民族调查和农村调查。这些都是想走社会学中国化的道路。但是由于当时的历史条件，各大学里的社会学一般缺乏马克思主义的指导，不可能为反映中国社会实际的社会学打下结实的基础。与此同时，伟大的革命实践却为我们留下了丰富的反映中国社会实际的文献和理论。这些宝贵的遗产要吸收进社会学这门学科里还需要大量的整理和阐述的工作。由于社会学的停顿，这项工作长期没有开始。所以总的说来，在着手重建社会学时，我们的底子是十分单薄的。

在对待西方社会学的问题上，我一贯主张洋为中用的原则，反对全盘照搬的办法，我和西方社会学者曾就社会学有没有国家特点的问题争辩过。他们中间有人认为社会学既然是一门科学就不应有国界。我则主张社会科学是社会意识形态的一部分，世界上存在不同国家不同制度的时代，社会科学所反映的实际是有界限的。中国的社会学具有中国的特色。这个问题牵涉到对社会科学的基本看法，所以尽管经过一番讨论谁也没有说服谁。

怎样建立具有中国特色的社会学？这是一个我一直在探索的问题。经过这几年的实践，我现在可以用具体的实例来作说明，怎样在中国泥土里培植中国的社会学。我想说的就是我在开展小城镇研究中的体会。乡镇企业的发展和小城镇的兴起是当前中国的社会事实，是客观存在的。我们作为一个社会学工作者的任务就是要去科学地认识这一事实，它是怎样发生的，怎样发展的，对农村经济和社会发生什么作用，在当前我们现代化的大业上有什么意义。社会学对这新生事物的调查和分析研究，不仅看到了这是中国社会主义工业化的一条具有特色的渠道，在理论上提出了农工关系和城乡关系的新模式，而且这些理论也为当前体制改革提供了依据，鼓舞了广大农民兴办乡镇工业的积极性。

乡镇企业和小城镇的社会学研究不过是可以开展的这类科学研究工作的一个例子。我们国家正处在空前的大变革的过程中，像乡镇企业和小城镇一样的新生事物层出不穷，只要我们从实际出发，到处可以发现值得研究的问题。如果能抓住问题，群策群力，全力深入，不懈努力，一定能逐步积累反映中国社会的科学知识，建立起具有中国特色的社会学。这种社会学是从群众中来到群众中去的，理论联系实际的，为人民事业服务的社会学。我们社会主义国家有条件可以发展这种社会学，我认为也只有发展这种社会学才能在世界的学术讲台上取得我国的地位。

今天我能说上面这一段话是六年来很多为重建社会学而工作的同志们共同努力的结果。我们看到这六岁的孩子能开始用自己的腿走路，心中确有无比的喜悦。但是话要说回来，六岁的孩子究竟还是幼稚的孩子，走路时自不免跌跌撞撞，何况这几年来社会上各方面对它的要求却越来越高，竟然忘记了它还是个六岁的孩子了。如果从事社会学的人自己忘记了这一点，那就更危险了，非跌跤不行。

我们必须记住，这个孩子先天不足。老一代的社会学者已经没有几个了，下一代赶上抗战、内战，学术的底子也是虚弱的，加上了27年的停顿，历次的批判打击，没有条件积累实力，现在即使不说从零做起，比零也多不了多少。本来学术最忌速成，而当前的形势又不能不采取一些速成的做法。要总括这门学科当前的情况，应当说是：水平低，队伍既小又差，设备更谈不上，但是要求高，任务重。这是令人担心的局面。

在这种局面里，特别值得提出要警惕两种倾向，一是庸俗化，一是中心外倾。第一种倾向就是不严肃地把社会学作为一门科学来对待，认为人人可以讲社会学，不具备专业训练的人也可以上台讲社会学，甚至指导社会学的研究工作。我在社会学初创阶段曾经一再鼓励从事其他学科的学者转到社会学这门学科来。这样确实壮大了我们的队伍。但转行入社会学的学者必须经过一段严肃的业务学习之后才能真正地从事社会学的教学及研究工作。由于社会学的被庸俗化，引起了原来对社会学怀有热情的人感到不满和惋惜。

第二个倾向现在也在社会学队伍里露头，那就是认为要学社会学一定要出国留学，对在本国的泥土里才生长得出中国的社会学的看法发生怀疑。我一向拥护洋为中用的开放政策。我们必须研究外国的社会和他们的社会学。但是中心不可外倾，更不可外移。办第一期社会学讲习班时，我是主张邀请国外社会学者来讲学的。我请他们讲的题目是他们怎样研究他们的社会。听课的学员都是有一定马列主义理论基础的中青年，很多是马列主义课程的教员。他们在洋为中用的原则上一直是头脑清醒的。但是我对于一些没有准备好，还缺乏鉴别能力，为了追求学位而出国的青年人却有一点担心。这个倾向的恶果现在还没有显露出来，但早一点注意是有好处的。

这些倾向的发生固然有种种原因，其中最主要的是由于我国社会学本身的虚弱。真正要防止这些倾向需要我们认真想方设法提高社会学的水平。戏台搭起了，如果戏唱不好，自会给人印象，不练练嗓门也能上台演唱，也就会有人把眼睛转到国外去了。所以我认为当务之急是在提高我们自己的业务水平，特别是社会学师资的质量。

我们现在各大学里已有近100个教社会学的各级教师。在开创初期，对业务水平提出较高的要求是不现实的。当我主持编写《社会学概论》时曾说过：不求水平一致，只讲积极努力。那时水平不高的人有些经过多次反复讨论，加强学习，有了提高；也有尽管努力，质量还是较差的，但经人帮助修改原稿，书还是出来了。现在教师要上台讲课，必须向学生负责，水平不高会贻误青年，所以不能不严格讲求师资水平。我们必须为教师提供进修的机会。这是社会学在中国能不能继续存在并进一步发展的要害所在。我希望这次会议能讨论出一些切实可行的办法来。

提高社会学师资素质的基本办法，我认为是在贯彻理论与实际相结合，教学与研究相结合的原则。具体地说，教书的老师每过一段时间要去做一次社会调查，在和实际社会生活的接触中去提高所讲的课程，用观察到的具体社会事实来丰富教材的内容。有一些教师告诉我，这样做教学的效果就比较好，受到学生的欢迎。我自己的经验也告诉我，在实地社会调查中才能不断提高自己的认识。理论和实际结合了，自己的思想才不致僵化。

我因为考虑到自己的年龄，在世的时间不可能太长，身体也日益衰老，为了要好好利用我剩余的这段生命，多做一点为社会学积累知识的工作，所以想在自己尚能跑得动的今后几年里，集中力量多做一点社会调查，因而取得领导上的谅解，摆脱了社会科学院的任务，在北京大学成立一个小小的研究站，把我这几年已开始的研究课题继续搞下去。我并愿意接受培养博士生的任务，用来充实社会学师资队伍。培养的方法是同我一起做实地调查，进行专题研究。

社会学是一门范围相当广大的学科，当前我国正值大变革的时代，需要社会学者研究的课题很多很多。我所从事研究的课题只是其中很小的一部分。我所擅长的研究方法也只是许多社会学研究方法中的一种。必须强调百家争鸣、百花齐放的精神，鼓励老、中、青社会学者在这广阔的舞台上各显神通。我更希望老一辈的学者能起一些带路作用。是不是可以组织一些老中青结合的研究梯队？老一代究竟基础好一些，见识多一些，他们也许对新事物的敏感力差一些，和中青年结合正好取长补短。我必须说这几年如果没有中青年学者的协助和合作，我绝不可能取得现有的收获的。同时我也相信，和我一起做研究工作的中青年学者或多或少是得到我的启发和帮助的。这个培养下一代的行之有效的经验，我愿意继续做下去。

提高师资水平看来主要是要靠教师们之间的互学互长。我记得开办了第一期讲习班之后，班上各大学来的教师主动提出集体备课，合作编写《社会学概论》的倡议，后来得到教育部的支持，得以实现。这个经验还是值得吸收的。现在具体条件已与前五年不同。许多社会学的基本课程在各大学都已开设，都有教师讲授，都有自己的讲稿。这次会上我了解到有些已在排印。这是说现在已有较好的基础。但是我听来现在还是各讲各的。这固然有各显神通的好处。为了大家的提高是否可以一起讨论，取长补短地集各家之长在一起呢？我们得承认中国的社会学还在初创之期，独立作战不如集体合作。因此，我建议教委组织各大学分课程召开教材讨论会，由讲授过这门课程的教师参加，讨论结果可以合作出版一本教材，也可以分别去修改自己原有的教材。我是不赞成通过行政手段编写统一教材的，各个教师都可以发展自己的长处。我也相信，多听听别人的意见总是有益的。

最后我想提一提社会学系学生的培养目标。这就是说学了社会学在社会上能担负什么工作。这问题在前四年说不具体，现在情形已不同了，因为社会上对这门学科已有了一些了解，各大学也已有一些毕业生走上了工作岗位，作出了榜样。总的说来是供不应求，社会学系毕业生一抢而光。这也反映了我们前面所说的社会上对社会学的要求大大超过了社会学现有的实力。这种形势确是对我们很大的鼓励。这是说，如果我们做得好，社会学是大有前途的。

大体说来，社会学可以满足社会上几个层次的需要。最基层的是可以为社会主义社会的公民提供必要的社会基本知识来充实社会主义的精神文明。社会主义社会要求它的成员有自觉的调节人和人正当社会关系的能力。社会主义社会的伦理规范必须建立在实事求是的对社会的正确认识上。现在确有许多青年根本不了解家庭的功能、父母的责任，而盲目地结婚成家。以此类推，我们有责任广泛地传播社会的基本知识。社会学有责任在这件极基本也极重要的工作上作出贡献。具体说，我料想在不太久的将来，各级学校会设置包括这种基本社会知识的公民课。社会学系要为这种课程培养师资。宣传这种知识的不限于学校，其他如刊物、电视等等社会信息系统都要起作用，严肃的科学的社会学是提供教材和师资的来源。

第二层次是有关社会管理工作的政府部门及人民团体需要的专业人才。现在已经向各大学社会学系提出要求的有民政部、劳动人事部、公安部等行政部门，各地方党政的政策研究部门和工、青、妇等人民团体。它们首先需要掌握科学地反映社会情况方法和技术的人才，接着是处理人与人关系的管理人才。社会管理是现代化社会的一项重要工作。在西方称作“社会工作”，有些国家已经从“社会学”里分出来成为一门独立的学科，看来我们也会逐步设立这门专业的。

最高的一层是发挥社会学作为一门综合性社会科学的特点，对国家社会经济发展的重要问题进行综合性的研究，为国家制定政策作出咨询。比如国家的人口问题，就需要从数量、增长速度、分布情况、地区流动、职业流动等各方面来进行分析研究，才能得到因地因时制宜的人口政策，避免各种片面性引起不良的社会及政治后果。培养这种研究和策划人才，社会学应当起它应有的作用。

从上面这几个层次的社会发展中的需要来看，重建社会学这门学科是有重大意义的。以当前的任务来说，最重要的还是为培养上述所需人才搞出个建全、有效的教育研究机构，就是培养有水平能培养上述人才的人才，也就是学科建设的人才。即社会学的教师和研究人员。

我们必须看到社会学会有一个大发展的时期，但能不能及早到来以满足我们国家发展的形势，有赖于我们能不能抓住当前培养和提高社会学师资这一个关键。在没有做好这一步工作之前，被形势所迫，仓促地发展，带来的不是真正的发展，而是曲折和后退。对此我们应有充分的警惕。社会的要求超过了我们现有的实力，已经有一些不良的倾向在滋长，滋长下去有可能使中国社会学的发展再度发生挫折。

我认为教委提出我国社会学当前应采取积极稳进的方针是适合当前形势的。当我们进入重建中国社会学的第二阶段时，头脑必须清醒，少说空话，多做实事，一步一个脚印地踏稳了前进。我虽已年老，能力日衰，而决心未改，但愿落红不是无情物，化作春泥更护花。

同社会学界朋友们的谈话*

这次会我自始至终都参加了，觉得开得很好。好在哪里？我想有这么三点：

第一，这是一个团结的开始，为今后搞好团结走了很大一步。大家都知道，什么是团结，团结一定要有一个共同认识的基础，有一个共同的方向。这次中国社会科学院院长胡绳同志又一次肯定了中国社会学发展的方针，无疑我们社会学界要在这个方针下团结一致努力工作。虽然大家的认识不一定完全一致，那也不要紧。很多问题是需要通过实践和探索逐步取得共同认识的。但我相信，道路虽有曲折，中国的社会学总会健康地发展的。

第二，会上提出了学会应如何改革的问题。胡绳同志还建议由我们社会学学会创一下新。虽然这个问题不是一次会议就能解决的，但提出了一个重要问题。人们容易习惯于老一套做法。开始时，各种学会的建立推动了我们学

---

* 在1986年4月26～28日中国社会学会常务理事扩大会议上的讲话。原载《光明日报》，1986年6月22日。

术工作的开展，活跃了学术空气。现在有些做法已不适应新形势的需要，应该做点调查工作，认真研究一下，如何改革和做好学会工作。

首先要明确学会的任务和性质。学会是一个由学者组成的学术团体。开会是为了推动学术发展。成立理事会、干事会也是为大家服务的，不是封官封衔的场所。何况“学者”或什么“家”是不能自封也不能受封的，只有辛勤劳动，有了扎实的学术成果，才会得到社会和学术界的承认。到那时候，有人要推要砍的也是搞不掉的，因为学术价值和社会影响是客观存在的。所以我们要防止那种利用学会争地位，乱花钱，出无价值的东西的坏风气。我们全国的学会要简化层次，搞一个真正为学者服务的机构，在这方面尽力做出个样子。

第三，我们在这次会上交流了情况。现在群众对社会学的要求很高。这是一件好事，说明人们懂得了参与社会生活应该是一个自觉的活动。为什么不少人说：学了社会学觉得自己对工作或周围的事情看得明白了，好像“开了窍”。这正是人从“不问为什么”发展到“要问一个为什么”了。

我认为社会学最根本的任务是要解决一个生在社会里的人怎样学会做人的问题。人人生活在社会中，他的行为要适应社会的发展变化，就要懂得社会的发展规律。我们生活在中国，当然要立足于自己的社会。但中国又与世界不可分割，所以外国的东西不能不懂，不能不要。这样看，主次自然就清楚了。社会科学的学科很多，能分的或必要分出去的就分出去，但总有分不出去的，而且必须有综合性的看法。因此我们的社会对社会学有客观的需要。

我自己做研究，也不是为社会学而搞社会学，是把社会学当做工具去认识在变革中的中国社会。认识客观事物，主观上必须有一套概念作工具。我就是用社会学的概念来帮助自己分析和认识社会的。中国过去有几千年的历史，还将几千年几千年不断地发展下去。我们目前正处在一个伟大的变革的时代。我们的社会将从一个封闭的、乡土的、传统的社会转变为一个开放的、现代化的社会。它正在发生些什么变化？怎样变的？为什么这样变？这些都需要探索。我们要勇于探索。现在还没有现成的解释和认识。新的事物要有新的认识。不怕发生错误，有错误，改正就是了。我就是本着这么一个想法，在逐步深入地进行调查研究工作。

有些人认为社会调查不是学术工作。可是没有资料，学术从哪里谈起呢？马克思在当时如果没有那么多实际调查资料，哪来的《资本论》呢？我们这些同志应当懂得马克思曾经一再强调要做科学工作一定要充分掌握资料，这是做学术工作的起码条件。

有些人认为调查没有理论。他们没有真正懂得什么是理论。简单举例说，“工农相辅”、“一国两制”都是理论。从实践中总结出一套看法，形成一些概念，并在反复的实践、认识、再实践的过程中，不断深化和丰富这些概念，使之体系化，这就是理论。现在我们用马列主义理论来做指导，这是因为马列主义是从实践中总结出来的。我们用这些理论作工具去认识新事物，通过实践去检验这些理论，这就是我们所说以马列主义作指导的含义。正是因为马列主义理论能够经受实践的检验，所以它才能指导我们去认识新的事物。

我们绝不是为理论而理论。要弄清楚理论来源于实践，认识要在实践中不断提高、不断深化。有了正确的认识才能总结出理论来。这点对于我们这个重建中的学科尤为重要。我通过这几年研究工作的亲身实践，对这方面体会较深。例如我曾三论我国的家庭结构。其中就记下了我怎样结合实际来修正我的概念。在研究乡镇企业过程中，从苏南、苏北和温州地区去比较不同的特点，使我对乡镇企业的认识逐步深入，深入的过程中也不断修正我的看法。理论工作决不能离开实际。只有自己亲自到实际中去跑、去看、去想，学问才能永葆青春。我想这是正确的治学之道，我努力这么去做。这几年，确是我一生中收获最多的几年。也希望我们的社会学者为创建具有中国特色的社会学，坚持在马列主义指导下，在理论联系实践的道路上，做出更多的成绩，来为社会主义建设服务。

我现在有一点着急，76 岁了，老了。一个普通人到了 80 岁，脑力劳动就不太行了。我过去耽误了那么多年，这一生总想留下些东西。为了报答养育我的人民，总要有所奉献。70 岁那年，我开始恢复学术生活，我曾说过要好好利用以后的 10 年时间，在学术研究上认真地做一些工作。有我这样条件的人已经不多了。我希望能代表我们这一代人最后做点事。在我过去的研究工作的基础上，为认识和分析中国社会做点扎扎实实的调查研究工作，留下一些记录给后代作参考。

这几年条件很好，我有可能常常回到 50 年前调查过的“江村”，不断“再访”，看它的变化。各级组织热情地和我合作，尽力为我提供资料。因此近年来我能够从江苏省的一个村子做起，调查了几个镇，又发展到对几个地区的调查和比较，使自己的认识随着客观的发展而不断深化。去年年底和今年年初到了福建和温州，对沿海地区的发展，眼界更开阔了。今年打算再去淮阴调查，做进一步的比较。

在调查实践中，看到了地区发展的不平衡问题。沿海发达地区的开放和发展，势必拉大和边远地区的差距。因而想到了差距的扩大会产生什么问题，特别是我国的广大西部地区前景如何。这些想法促使我开始了“边远地区开发”的研究，提出了“以东支西，以西资东，互惠互利，共同繁荣”的思想。做研究工作一定要把自己放在发展的社会实际中去，吸收群众的智慧作自己的营养，丰富自己的认识，形成一个系统的看法。

我虽然想用10年时间来搞研究工作，实际上三年多时间是用在为社会学这门学科建学会、研究所和学系这些“搭戏台”的事务上。“戏台”算是搭起来了，现在是要有人在台上“唱戏”，唱得好不好还是问题。但群众对社会学的要求是很高的，各级领导也很欢迎。我们的力量却很薄弱。为了培养人才，还得做不少基础工作，如办班培养师资，组织编写教材，开得了课才能招收学生，再扩大培养队伍。这个任务真难为了我，比如说《社会学概论》非我所长，在当时条件下搞出来水平也不会高。这些我都是心中有数的。实际上也不出所料，我在国外的朋友看到我主编这样水平的教材大失所望，也不懂我为什么要去做对我个人名誉有损无益的工作。但为重建中国社会学这个事业，这些工作不能不做。

今后怎么办？对我来说还有4年。我要把《江村50年》写出来。在上海大学、复旦大学的同志们帮助下，运用历史的纪录、群众的口述和现场的调查，描述和分析“江村”50年的变化，力求客观地认识我们农村社会的发展和变化。

同时，还要接通“村—城镇—中等城市—大城市”的系列调查，进一步做区域性城乡关系的研究。还要在开展边远地区各类型典型调查的基础上，联接东西关系，做不同的比较研究，包括国际性的比较研究。当然在我个人计划中，不能完成这么多的项目。但我希望能给大家开条路，开个头，做个样子。我现在欠账已经不少，很多地方要我去，我也很想多看些地方，但的确时间不够用，调查面不能铺得太大了，这要请大家谅解。云南内地农村，我们在40年前做了不少调查，再去看看变化是很有价值的，一直打算去，也未如愿。只能排个号，尽量争取去。人老了也还要有个壮志，一生机会难得，我们又生逢盛世，处在这个大变革的时代，要放开眼界，给后来人搭桥开路。叫什么“学”无关紧要，也不要称什么“家”，当“什么官”，希望能保持学者的布衣本色，为后人留下些有用的东西。为此希望大家多关照，多帮助，允许我按照自己的设想，完成这点任务，搞点扎实的东西。

顺便说一下，也是这几年的一点经验教训。现在确有不少人，常常追求当“名家”，靠“名”办事，装门面，争势力。这种风气很不好。此风要煞一煞为好。因此我宣布“闭门盘货”，对什么“顾问”和名誉头衔，以及题名题词，一律谢绝。如果说用我们的名字，能为人民、为社会主义事业做成一点实事，倒还可以，要是为了达到个人的什么目的，拿我们去当牌子，我实在感到痛苦。

今后的几年时间十分宝贵，要很好地用，要保证做好几件事。我得到中央领导同志和有关部门的支持和关照，也得到很多中青年同志的具体帮助，虽然精力不如过去，写作也潦草了些，还是要尽心做点事。这次又提出编写大百科全书社会学卷的任务。这是客观实际对我们的要求，大家也认为应该承担，我主观上也愿意牵头；但困难不少，必须等待条件具备后，我才敢于和出版社签合同。

作为老一代，我诚恳地奉劝社会学界的年轻同志，要认真对待学术工作，扎扎实实地钻进去、沉下去，埋头打好基础。科学工作是要不得花腔、骗不了人的。不要图虚名，搞形式，要希望人家搞好，不要希望人家搞不好；不要互相拆台，也不要互相捧场。中国的社会学今后要靠你们。任重道远，要认清方向，端正学风。为适应今后更大的发展，现在就要做好基础工作，积极而稳步地前进。

团结有了个新的开始，还要看今后怎么去做。现在方向很明确，要求也很清楚，希望我们真正同心协力，少说空话，多做实事，为中国社会学发展贡献一份力量。

最后我重复一下去年在广州会议上讲过的话：我虽已年老，精力日衰，而决心未改，但愿做到“落红不是无情物，化作春泥更护花”。

《社会学文选》序

天津人民出版社要出版我的《社会学文选》，并建议由我自选。趁我头脑尚清醒时，让我自己看看过去所发表的文章里有哪些值得重印，并留给后人阅读。在旁人看来，我的学术生涯已接近尾声了。

说实话，我过去没有想到会活到这年纪的。30 年代我应该死而没有死，40 年代人要我死而没有死，60 年代我想死而没有死。每次没有死都是出于偶然的机遇。多次出生入死，对自己个人的荣辱看得不那么认真了，但是想到身后的事却还不能无动于衷。

文章千古事，并非虚语。一个人的思想一旦写下，通过文字的媒介，送入了别人的头脑，也就成了社会事实，发生社会影响，因而有功罪可论。自编文选，总是希望给后人留下一些美好的印象。这就带出了自我许佑之意，真难为了我。

我对自己的作品估价是不高的。1982 年答复为我写传的阿古什先生的信里曾说："长得不那么好看的人，不大愿意常常照镜子。"对他给我勾画的形象作了如下的自宥："我这一生所处的时代是个伟大的时代，对每个人提出了很高的要求，而又给人很苛刻的条件，像一个严格的老师在考验一个学生。我到目前为止，取得的分数是不高的。当然我还有不太多的时间，可以争取再增加几分。”说了这话又是五年，究竟增加了几分也很难说。真是“笑我此生多短促，白发垂年犹栖栖。”

说这是个伟大的时代是不错的。我们这个国家从来没有经历过像这几十年那样激烈的变动。重大的社会改革理应在思想领域里引起相应的激荡，孕育一代文章。“一介书生逢盛世”，我多少自觉到不应辜负这个时代。但是主观努力总是抵不过严峻的客观条件，以致到这时候还是不得不自己承认，“分数不高”。

论我得之于社会的投入，应当说是优裕的。像我一样“受过当时正规教育全部过程”的人，在我同辈的青年中屈指可数，比我年轻的几代人更不用说了。我依靠家庭的支持完成了大学的教育，这笔费用全部是由我母亲从我父亲为数不多的工资里节约出来的。我出国留学是国家公费，实际上是取之于退回的庚子赔款，是人民的血汗。这样的投入跟我其后交给社会的产出看来是很不相称。我总是有一种自责的心情，“应当做得更好一些”。

为自己作估价不可能很客观。我从别人对我的评论中常体会到他们总带着一些原谅我的口气：在这样的条件下能做到这个程度是不太容易的。那不是对作品实有价值作出的评语。其实只是说这个人应当可以写出更好的作品来，但是并没有，原因则推给了客观条件。我固然可以用以安慰自己，但是天下哪有一个杰出的作家不是从重重困难的条件里挣扎出来的？“文章憎命达”，说出了历史的真实。我不够格。

伟大的时代必然会出现伟大的作品，也许正是因为激烈的社会变革为生长在其时的人，提供了平时难于发生的形形色色、丰富多彩的生活实际，成了一切思想领域里的杰出作品的宝贵泉源。激烈的社会变革同时也一定会给所有的人带来坎坷不平的实际生活。像在急湍中游泳，一路淘汰着顶不住漩涡的人。如果对这些人说，只要水流里没有漩涡，你是能游到终点的，那有什么意思呢！

在自编文选的过程中，除了“愧赧对旧作”之外，也有得到聊以自慰的一面。我想不到还能在临近终点时有几年的时间在学术跑道上作出最后的冲刺。我猜不透老天的用意，但必须老实说，这机会是得之意外的。

社会学在中国是1952年中断的，到1979年才重建。我是在1957年被打入另册，到1980年才正式“改正”，重被别人作为正常的人对待。在这样长的一段时间里，我在时代的急流里抬不起头来。更可怕的是失去了精神支柱，对自己矢志要在这生中追求的目标从模糊直到幻灭。“士不可以夺志”，而我的志被夺走了。从四面八方来的，年复一年对我过去所写的文章的批判，使我丧失了对自己的信心。起初不得不“向人民伏罪”，随后也确是觉得“毒草害人，罪该万死”，甚至也学会了用别人批判我的词汇和逻辑去批判别人。哀莫大于心死。这场“触及灵魂的革命”真的挫伤了一个个人的心。似梦如魇地过了不明不白的20年。如果不是在历史上发生了“拨乱反正”这一大转折，我一定会像我许多老师和朋友一样在莫名其妙或全盘否定了自己的心情中离开这个世界。我怎么会活着过来的呢？自己也说不明白。我厌恶我自己这20多年的生活和言行，除了在梦里，还常常来干扰我，我再也不愿回想这段情节了。我想把这一切推出记忆的领域之外。说我懦怯无能也好，说我宽容大量也好，事实上我连电视屏幕上的悲剧都看不下去。看来是创伤难愈，余悸犹存。

无论如何，20多年的阴影我是把它埋在心底里了。在这本文选里，读者可以看到我最后几年冲刺的面貌。人的心理原本是复杂的，多面的，矛盾的。在这段时间里有一点看来占了上风，那就是我下定决心，要用最后的10年追回失去的20年。身子是过得有点紧张，但我不能再辜负生命的最后一段了。人称晚节，人叫它最后的机会，是表白自己究竟是怎样一个人的最后机会，是回偿一生得之于亲人，得之于社会的最后机会。我的确自觉地深深爱惜这得之匪易的机会，难是难在挥之即去的学术工作却不能呼之即来。我心里希望还能在这几年里多得几分，事实上怎样就很难说了。在人家眼里我是已快来到尽头的人了，是自编文选的时候了。“芳草茵茵年年绿，往事重重阵阵烟。皓首低徊有所思，纸尽才疏诗半篇。”

我一生的学历已附入这本选集，毋须在这里多说。但是便于读者理解我个人学术上发展的经过，不妨让我自己勾画出一个轮廓：我的行文格调20年代末已经形成，为学方法30年代中期已经奠定，基本概念30年代后期到40年代前期大体建立。40年代后期是写作上第一个丰收期，对当时中国的知识界有一定影响。50年代早期是“学习适应新社会”的时期，看来没有学好，从后期起到70年代末只能说是个可悲的空白。80年代重新投入学术工作，写作上出现了第二个丰收期，在行文格调、为学方法、基本概念上则只能说是得到了继续和展开，并没有什么新的突破。但是通过这几年的工作，由于坚持立论不脱离实际，有些论点在历史的实践中得到了证实，有些论点也推动了社会经济的发展。总的说来，可以说是进入了实用阶段，因而它的价值也容易得到由实践检验的机会，为社会所接受，使自己有所自慰。如果天假以年，我还能活到90年代，有一段写“余笔”的时间，通过多读些别人的著作，细嚼此生的经历，是否还能突破早年的格局，那就得由后人去评论了。

要理解一个人思想的来龙去脉，必须有个全局观点，要在这个人的全部著作中去寻找。而我这本《社会学文选》却不仅只是从过去已发表的文章中挑出来的一部分，而且人为地加上了一个《社会学》的框框。在天津人民出版社约定出版这本《文选》之前，民族出版社已先人一步，编定了一本我的“民族研究文集”。我所进行的民族研究和在边区开发这个课题下所写的文章，按我的学科分类也应当属于社会学的范围。这一部分有关中国少数民族的社会学的文章既然抽了出去，就不能再在这本《文选》里占用篇幅了。这是应当在这里声明的。

我一向不主张用学科的框架来限制自己向实际的探索。我认定我这一生的目标是了解中国的社会。这个目标固然具体，但中国之大，历史之久，如何下手呢？我相信科学研究必须有可靠的资料为根据，最可靠的资料是出自自己的观察，所以一开始就着重实地调查。研究社会，就得观察人的生活。到哪里去观察呢？我认为应当从基层入手。在中国就是到由许多家庭组成的农村里去全面观察农民的生活。要正确地认识中国，必须首先认识占人口80%的农民。这种看法奠定了我以农民为基本对象和以社会调查为基本方法的研究方向。当然，只看到农民，还是不能全面了解中国社会的，但认识全局只有从局部开始。我在前期只调查了农村，到80年代上升到小城镇，还没有跨出农民的大范围，所以离开了解中国社会的全貌还远。一代不成则继以二代、三代，这样去做研究工作看来比较扎实些。

这本《文选》内容的排列没有完全按文章发表的前后，而是分题处理。先交代清楚我对社会学这门学科的看法和这门学科在中国的遭遇。其次是提出我在40年代前期对于农村为基础的中国传统社会的基本认识，然后进入我以江村为主的农村调查。接着从农村调查基础上伸引出小城镇调查。我另一个超出农村调查范围的研究课题是知识分子问题。以上三部分都用 1984 年我在中国民主同盟开办的暑期多学科讲座所讲的《社会调查自白》中有关章节作为引导。最后一部分是我在几次国际学术会议上有关家庭问题的讲话。

我历来发表在各种报纸和刊物的作品包括不进学术文章范围的还有不少。我从 14 岁起就喜好写作。第一篇得到发表机会的是《少年》杂志 1924 年第一期“少年文艺”栏里的“秀才先生的恶作剧”。从此我的写作并没有长期间断过，就是在那可憎的 20 年里，我还是经常要写“交代”，写“思想汇报”，写批判别人的大字报。实在不能写作时，我就翻译，没有搁过笔。用传统的话来说是作了一生的孽。作孽是欠债，今生偿不了，来生还要清算。这次自编选集，我把旧账翻阅了一遍。编完了之后，似乎卸下了一些包袱，有一种轻松之感。让我引用《江村经济》自题诗里的一联：“毁誉在人口，沉浮意自扬”，作为这篇文章的结束。

1987 年 6 月 24 日

《江村经济》著者前言

本书是1939年英国Routledge书局出版我所写*Peasant Life in China*一书的中译本，原书扉页有《江村经济》中文书名，今译本即沿用此名。这书的翻译工作原应由我自己动笔，但在该书有条件翻译时，我一直忙于其它事务，无暇及此。今由戴可景同志译出，无任感激。应译者要求，我在书前说一说这书写作和翻译的经过。

这本书的写成可说是并非出于著者有意栽培的结果，而是由于一连串的客观的偶然因素促成的。话要从1935年我从清华大学研究院毕业时说起。我毕业后由该校社会学及人类学系推荐，取得该校公费留学资格。按惯例应于该年暑假出国，但出于指导我研究工作的导师史禄国教授的主张，在出国前应到少数民族地区实地调查一年，因偕前妻王同惠赴广西大瑶山。该年冬，在瑶山里迷路失事，妻亡我伤。经医治后，我于翌年暑期返乡休息，准备出国。在此期间，我接受家姊费达生的建议，去吴江县庙港乡开弦弓村参观访问，她在该村帮助农民建立的生丝精制运销合作社。我被这个合作社所吸引，在该村进行了一个多月的调查。在出国前夕才离开该村。这次调查并不是有计划的，是出于受到了当时社会新事物的启迪而产生的自发行动。

我去英国，乘坐一艘意大利的邮轮“白公爵”，从上海到威尼斯航程要两个多星期。我在船上无事，趁我记忆犹新，把开弦弓调查的资料整理成篇，并为该村提了个学名叫“江村”。到了英国，进入伦敦经济学院人类学系。最初见到该系 Raymond Firth 博士，他负责指导我选择论文题目。我原来打算以“花篮瑶社会组织”作底子编写论文。随后我谈到曾在江村进行过调查，他看了我已经整理出来的材料，主张编写“江村经济”这篇论文。不久该系教授 B. Malinowski 从美国讲学返英，我向他汇报了江村调查经过和内容，他决定直接指导我编写这篇论文的工作。该论文中主要的几章都在他主持的有名的“今天的人类学”讨论班上宣读、讨论、修改、重写过的。1938 年春季，我申请论文答辩，通过后，由伦敦大学授予我博士学位。博士证明书上所标明的论文题目是：“开弦弓，一个中国农村的经济生活”。

论文通过的那天晚上，由导师 Malinowski 把这篇论文介绍给 Routledge 书局出版。书局编辑阅后建议书名改为《中国农民的生活》。我看过该书清样后，离英返国，已是 1938 年的初秋。我记得，由于在轮船上得到广州沦陷的信息，所以临时决定在西贡登陆，直奔云南、昆明。到了云南，不久就开始我的内地农村调查。

该书是 1939 年出版的，其时欧洲已发生战事。全球战乱连年，我已把这书置之脑后。我仿佛记得直到战后我回到清华园，才接到书店寄给我的这本书。当时届解放前夕，时局紧张，我哪里有闲情来想到翻译此书。解放后，我参加民族调查工作，此书的译事提不到日程上来。1956 年英伦老同学 W. R. Geddes 博士，澳大利亚悉尼大学教授，参加该国文化代表团访华，得到周恩来总理的同意，访问了江村。他引起了我重访江村的兴趣。翌年成行，在调查工作进行过程中，有事返京，适逢反右斗争。在《新观察》发表的《重访江村》连载报告尚未结束，我已遭殃及，被错划右派。在被批判中，即使这本书并未译成中文发行，它还是作为一项“流毒深远”的“罪证”。

文革后期，我国对外开放，不断有西方学者来华访问，从他们的口上，我才知道，该书已重印了三次。在许多大学的人类学课程中把它列为必读参考书。还有不少现已成名的人类学者告诉我，这本书启发了他们研究人类学和研究中国社会的兴趣。我当时不免担心，深恐其“流毒”太广，增加我的“罪行”。这种历史条件排除了翻译该书的可能性。

这一页历史终于翻过去了。1981 年我得到老师 Raymond Firth 的来信，他告诉我：英国皇家人类学会将在 1981 年授我赫胥黎奖章。这是这门学科中最高的荣誉。他并说《中国农民的生活》又重印发行，建议我在接受奖章时要宣读的论文，最好是叙述江村在 40 多年中的变化。我因此又到江村进行了短期的访问，写了《三访江村》这篇文章。

从伦敦回国，我又回江村继续我的农村调查。1982 年就从江村作为起点“更上一层楼”开始研究作为农村政治、经济、文化中心的小城镇。从吴江县各镇入手，逐步扩大研究范围，包括苏州、无锡、常州、南通四个市。1984 年又扩大到苏北及南京、镇江两市。小城镇的研究，从我个人来说是江村研究的继续。在这段工作中，我已感到有需要把《江村经济》翻译出来给一起调查的同仁们作参考之用，而且江苏人民出版社已约定出版这个译本。但是我自己这几年恢复了学术活动，任务较重，实在抽不出时间和精力来做这项翻译工作。所以只能委托戴可景同志代劳。她在 1984 年就已经完成译稿，又请潘乃穆同志校阅过一遍。她把译稿交给了我，搁在我书架上，一搁几乎有一年。我应该对译者表示歉意。

屈指一算，离我最初在江村调查时，明年是整整半个世纪了。我自幸在今生能看到这项偶然形成的研究成果取得了国际上的承认，又在国内恢复了名誉。另一方面，经过这将近 50 年的阅历，自己对这本早年的著作，总觉得有许多不能惬意之处。作为我个人在人生道路上的一个脚印，自当珍惜；作为国家社会历史的一些历史记录，固然也有它存在的价值；但是我既然还活着，而且尚能工作，自觉有责任再把江村在这半个世纪里的变化写下来，作这本书的续编，并当尽力把这段时期自身的长进来补足早年的不足。因而，我决定和上海大学社会学系合作进行为期两年的江村再调查，编写一本《江村五十年》。在准备这项研究计划时，我才挤出时间，把译稿重读了一遍，做了些必要的修正后，交付出版。至于它的续编在两年之后是否能出世，目前还是难于预知之事，但是我自己是有决心去完成这个自己给自己规定的任务。

以上是本书中译本诞生的经过，就以此作为前言，写在译本的前面。

1985 年 4 月 15 日

《江村经济》前言

这是一本描述中国农民的消费、生产、分配和交易等体系的书，是根据对中国东部，太湖东南岸吴江县开弦弓村的实地考察写成的。它旨在说明这一经济体系与特定地理环境的关系，以及与这个社区的社会结构的关系。同大多数中国农村一样，这个村庄正经历着一个巨大的变迁过程。因此，本书将说明这个正在变化着的乡村经济的动力和问题。

这种小范围的深入实地的调查，对当前中国经济问题宏观的研究是一种必要的补充。在分析这些问题时，它将说明地区因素的重要性并提供实事的例子。

这种研究也将促使我们进一步了解传统经济背景的重要性及新的动力对人民日常生活的作用。

强调传统力量与新的动力具有同等重要性是必要的，因为中国经济生活变迁的真正过程，既不是从西方社会制度直接转渡的过程，也不仅是传统的平衡受到了干扰而已。目前形势中所发生的问题是这两种力量相互作用的结果。例如对我们观察的这个村庄的经济问题，只有在考虑到两方面的情况时才能有所理解，一方面是由于世界工业的发展，生丝价格下跌，另一方面是以传统土地占有制为基础的家庭副业在家庭经济预算中的重要性。对任何一方面的低估都将曲解真实的情况。此外，正如我们将在以后的描述中所看到的，这两种力量相互作用的产物不会是西方世界的复制品或者传统的复旧，其结果如何，将取决于人民如何去解决他们自己的问题。正确地了解当前存在的以实事为依据的情况，将有助于引导这种变迁趋向于我们所期望的结果。社会科学的功能就在于此。

文化是物质设备和各种知识的结合体。人使用设备和知识以便生存。为了一定的目的人要改变文化。一个人如果扔掉某一件工具，又去获取一件新的，他这样做，是因为他相信新的工具对他更加适用。所以，任何变迁过程必定是一种综合体，那就是：他过去的经验、他对目前形势的了解以及他对未来结果的期望。过去的经验并不总是过去实事的真实写照，因为过去的实事，经过记忆的选择已经起了变化。目前的形势也并不总是能得到准确的理解，因为它吸引注意力的程度常受到利害关系的影响。未来的结果不会总是像人们所期望的那样，因为它是希望和努力以外的其他许多力量的产物。所以，新工具最后也可能被证明是不适合于人们的目的。

对社会制度要完成一个成功的变革是更加困难了。当一种制度不能满足人民的需要时，可能还没有替代它的其他制度。困难在于社会制度是由人际关系构成的，只有通过一致行动才能改变它，而一致行动不是一下子就组织得起来的。另外，社会情况通常是复杂的，参与改革的一个个人，他们的期望也可以各不相同。所以在社会变革的过程中，为组织集体行动，对社会情况需要有一个多少为大家所接受的分析和定义以及一个系统的计划。这种准备活动一般都需要一种语言形式。最简单的形式如一个船长在指挥一条船航行时，对他的船员们发出命令。又如在议会或国会里进行一场有准备的辩论。对形势或情况的不同解释和关于结果的各种期望形成辩论的中心。无论如何，这样的准备活动总是会在有组织的革新活动中出现的。

对形势或情况的不准确的阐述或分析，不论是由于故意的过错或出于无知，对这个群体都是有害的。它可能导致令人失望的后果。本书有许多例子说明了对情况或形势的实事求是的阐述或分析的重要性。下面我想先提几个例子：在亲属组织中，目前财产继承的办法似已被法律认作是两性不平等的实例。由于这样的看法一旦男女平等的思想被接受，立法者就会采取一种修改单方亲属原则的行动。正如我要说明的，财产的继承是两代人之间相互关系的一部分。供养老人的义务，落在子女身上的社会里。在目前父居家庭的婚姻制度下，女儿和儿子不能分担同等的义务。因此，双系继承与单方立嗣相结合将形成两性的不平等。从这一点来看，立法的后果显然与期望是背道而驰的。(四章 6 节)

有时，对情况或形势的阐明或分析可能是正确的，但不完整。例如，在缫丝工业中，改革者主要从技术方面来分析情况，忽略了在丝价下降中国际贸易的因素，这就导致多年来，对村民许下的从工业中增加收入的诺言，未能实现。(十一章 8 节)

如果要组织有效果的行动并达到预期的目的，必须对社会制度的功能进行细致的分析，而且要同它们意欲满足的需要结合起来分析，也要同它们的运转所依赖的其它制度联系起来分析，以达到对情况的适当的阐述。这就是社会科学者的工作。所以社会科学应该在指导文化变迁中起重要的作用。

中国越来越迫切地需要这种知识，因为这个国家再也承担不起因失误而损耗任何财富和能量。我们的根本目的是明确的，这就是满足每个中国人共同的基本需要。大家都应该承认这一点。一个站在饥饿边缘上的村庄对谁都没有好处。从这个意义上说，对这些基本措施，在中国人中间应该没有政治上的分歧。分歧之处是由于对事实的误述或歪曲。对人民实际情况的系统反映将有助于使这个国家相信，现在迫切需要的是一些能恢复广大群众正常生活的政策。这不是一个哲学思考的问题，更不应该是各学派思想争论的问题。真正需要的是一种以可靠的情况为依据的常识性的判断。

目前的研究，仅仅是一群懂得了这一任务的重要性的中国青年学生们的初步尝试。在福建、山东、山西、河北和广西都开展了同样的研究。将来还会有更广泛的、组织得更好的力量，继续进行研究。我不太愿意把这本不成熟的书拿出来，它之所以不成熟，是因为日本人占领并破坏了我所描述的村庄，我被剥夺了在近期作进一步的实地调查的机会。但我还是要把本书贡献出来，希望它能为西方读者提供一幅现实的画面，这就是：我国的人民肩负重任，正在为当前的斗争付出沉痛的代价。我并不悲观，但肯定地说这是一场长期而严重的斗争。我们已做了最坏的准备，准备承受比日本的炸弹和毒气还会更坏的情况。然而我确信，不管过去的错误和当前的不幸，人民通过坚持不懈的努力，中国将再一次以一个伟大的国家屹立在世界上。本书并不是一本消逝了的历史的记录，而是将以亿万人民的鲜血写成的世界历史新篇章的序言。

1938 年于伦敦

三访江村*

从青年时代踏进这门学科，我就已经向往的荣誉，经过了半个世纪坎坷的道路，到了垂暮之年，突然落到自己身上的时候，欣慰愧赧可能是形容此时内心感受最适当的语词。去年英国皇家人类学会通知我要我在今年冬季到伦敦来接受赫胥黎纪念奖章是完全出乎我意料的。古人云，“人贵有自知之明。”以我学术上的成就来说，我决不敢妄想和从这个世纪开始时起接受这奖章的任何一位著名学者相提并论。但是我一想到这个光荣榜上开始列入中国人的姓名时，我感到衷心喜悦。这表明了英国皇家人类学会的学者们怎样重视这门学科今后的发展将有赖于全世界各国、各民族的学者们的共同努力。我在这个体会的驱策下，欣然就道，来到我的母校伦敦经济政治学院，经过了 35 年，再一次站到这个讲台上来，虽然使我不胜遗憾的是已经不能再见到主持我那次大学演讲的汤乃教授(R. H. Tawney)了。

---

* 英国皇家人类学会 1981 年赫胥黎纪念演讲。

提到汤姆斯·赫胥黎(Thomas H. Huxley)，这是我们中国知识界熟悉的名字。早在1895年，我出生前的15年，他的名著《进化与伦理》(*Evolution and Ethics*)已经由英国海军学校毕业的中国清代学者严复用当时优美的古文翻译出版，书名《天演论》。1976年，又有人改译成当前通行的白话文的版本行世。到今天来说，在中国至少已经有四代人受到这位英国学者的影响了。为纪念他而设的讲座名单上列入中国人的姓名，可以认为是对这位人类学的先驱者在全世界人民思想上所起的促进作用的历史肯定。荣誉属于这位先哲的本人。

坦率地说，使我发愁的倒是我自己能在这个庄严的讲台上讲些什么来报答同人们对我这样殷切的期待？在这里我不能不感谢今天在座的我的老师雷蒙德·弗思爵士(Sir Raymond Firth)。他在今年6月里，遥感到我的困难，伸出了援引的双手。他来信说："我看到你还没有决定在你的赫胥黎讲演里将对我们说些什么。……在我心中涌现的各种意见中，有一种也许更突出一些的是讲讲你对开弦弓村1938年以来所发生的变化的看法。"开弦弓村是我在1936年调查过的一个靠近我出生地江苏吴江县的农村，想用它来代表这一类型的农村，我给它一个"学名"叫"江村"。后来我到这个学校来上学，就在马林诺斯基教授(B. Malinonski)的指导下，根据这个农村的调查材料写成论文，1938年出版，书名 *Peasant Life in China*，中文称《江村经济》。

在我收到这位老师的来信之前，我早已有意想在我的余生中写一本书，叙述这个农村的新面貌。今年10月我有机会偕同我在上述书中提到的那位姊姊，现在已经78岁，一起去开弦弓村走了一趟，当然说不上什么实地调查，事实上只可以说是回乡探亲。乡亲们的热情是难于形容的。我完全沉浸在友谊的海洋里。这种感情的余波，也使我忘记了今天我是在一个学术的讲座上。我恳求你们的宽容，让我讲一些只适合于朋友间茶余酒后的谈话，为大家摆一摆这个已经为西方学者熟悉的开弦弓村半世纪来的变化，当前的问题和今后的前景。

莫里斯·弗里德曼(Maurice Freedman)教授在生前曾告诫进行微型调查的人类学者，不要以局部概论全体，或是满足于历史的切片，不求来龙去脉。所以我必须首先指出，开弦弓村只是中国几十万个农村中的一个。(全国有大约500万个生产队，江村现在包括两个生产队或两个村。)它是中国的农村，所以它具有和其他几十万个农村的共同性，它是几十万个中国农村中的一个，所以它同时具有和其他中国农村不同的特殊性。我认为只要把它在中国农村中所具的共性和个性实事求是地讲清楚，也就可以避免弗里德曼所指出的错误了。

开弦弓村处于苏杭之间，太湖之滨。古语有言："上有天堂，下有苏杭"，指出了在经济上这是中国的一个富饶地区。不仅因土地肥沃，水源充足，农产较高，而且以农产品为原料的副业和手工业也较为发达。这个特点已有很长的历史，一直维持至今。按1979年全国抽样调查了700000个生产大队，该年个人平均年收入不到100元。①而开弦弓村所在的苏州地区1980年个人平均年收入约250元。这地区在经济上占先的地位是明显的。开弦弓村在苏州地区却处于中级，个人平均年收入接近300元。略高于这个地区的平均数。我们抓这个在全国居上游，上游中又居中级的农村进行解剖，就可以和比它好的和比它坏的农村相比较，从而看到当前中国农村经济正在怎样变化，要致富上升应采取什么道路。

用开弦弓村作为一个观察中国农村变化的小窗口有一个好处，就是我们有近50年的比较资料。我本人在1936年夏季搜集过一些基本

① 《中国农业年鉴》，农业出版社，1980，5页及383页有关数字计算。

资料已如上述。1956年5月现在澳大利亚悉尼大学任教的威廉·格迪斯(W. R. Geddes)教授访问过这个农村，1963年出版了*Peasant Life in Communist China*(《共产党领导下的中国农民生活》)一本专刊。我本人在1957年夏季又去重访江村。这次调查的资料在过去动乱时期中已经散失，正在访求中。今年9月，美国马利兰州立大学的南希·冈萨勒斯教授(Nancie Gonzalez)访问了这个农村。我本来打算同她一起去的，因病延期到10月才去成。我的访问时期虽短，但还是搜集了一些基本资料。

开弦弓村在这近半个世纪中所经历的道路基本上是和中国的其他农村一致的，但是也有它的特点。我离开这村子以后两年，1938年日本侵略军占领了这个地区。我在1936年说当时中国的农民问题是个饥饿的问题，在经济方面如果确是如此的话，从1936年到1949年农民的生活不但没有改善而是更为贫困了。当时全村的土地已有56.5%被地主所占有，75%的人家靠租田和借高利贷过日子。水利无人关心，太湖洪水一发，这些滨湖地区立即受灾。农田的粮食产量逐年下降，亩产稻谷大约只有300斤，蚕丝副业几乎停顿，加上苛捐杂税，盗贼横行，真是民不聊生。造成这悲惨局面的根本原因，我在上述书中归结于土地制度和维持这种制度的政治权力。正如格迪斯教授书中所叙述的，1949年的解放，改变了政治权力的性质，1951年的土地改革改变了土地私有制，农民真正成了自己土地的主人，从此中国进入一个新的历史时期。我必须在这里指出，中国人民能取得政治权力和改变土地制度，没有中国共产党的领导是不可能的。

土地改革后，农民在自己的土地上耕种，积极性空前高涨。若以土改完成后的1952年和1949年相比，全国平均粮食生产增长了42.8%，农民购买力提高了一倍。以开弦弓村来说，1936年的粮食亩产量是 300 斤，1952 年据格迪斯教授的数字是 500 斤，增加了 66％。如格迪斯教授所记下的，这个村子完成了合作化后，粮食产量继续上升，到 1955 年已达亩产 560 斤。1956 年就是合作化后一年，当时农民给格迪斯教授的预算该年亩产量将达 700 斤，那就是比合作化前 1955 年增 28％；比 1952 年增加 42％。这年全国粮食产量比 1952 年只增加 14％，[①] 像现在一样，开弦弓村当时在全国范围内是属于上游的。

1958 年开弦弓村像中国的其他许多农村一样建立了人民公社。由于当时在生产上提出了过高的指标，经济上搞平调，挫伤了社员的积极性，使生产受到挫折，粮食反而减产，社员收入减少。到 1960 年加上了若干其他原因，全国陷入困难时期。在最严重的时刻，像开弦弓村这样的农村也发生了人口外流的情况。但是在开弦弓村这种情况扭转得比较快，1962 年已经纠正了一些过左的措施，规定了以生产队为核算单位，和实行了计件工分制。同时还开展了农田基本建设：平整土地，开通沟渠；又推广机电排灌，基本上消灭了我在上述书中所描写的那种用人力踏水车的传统方法。从 1962 年到 1966 年，全国大动乱开始前的四年中，开弦弓村粮食产量平均递增率是 8.25％，又因恢复和发展了蚕桑生产的传统副业，个人平均收入在 1966 年达到 119 元。社员们至今把 1962 年作为生活进入富裕的转折点，他们用最简单的话来表达说：“从那年起我们每天吃三顿干饭。”“三顿干饭”是说一个壮劳动力一天要吃两市斤粮食。

1966 年到 1976 年，这个全国大动乱时期，农村经济受到的破坏看来并没有城市里所受的那样严重。但是由于强调以粮为纲，集体副

① 《中国农业年鉴》，1980，34 页有关数字计算。

业和家庭副业都受到了限制，加上管理上强调统一指挥而不考虑各地区的差别，即所谓“一刀切”，和分配上的平均主义，所谓“吃大锅饭”，农村经济进入了停滞状态。以开弦弓村来说，1966 年到 1978 年的 12 年中，粮食总产平均递增率是 3.95%，不到大动乱前的一半。由于单打一抓粮食，忽视了工、副业生产，与粮食生产上忽视了节约成本开支的重要性，加上人口增长，个人平均年收入一直徘徊在 114 元上下，也就是停在 1966 年的水平上。

这次全国大动乱在农村中的消极影响到 1978 年底才得到全面纠正，中国的农村经济又进入了一个新的发展时期。在我继续讲到这几年在开弦弓村见到新气象和新问题之前，我想插进一段讲一讲影响着农村经济的另一个重要因素，它就是人口问题。

从 1949 年解放以来，中国的经济得到了空前的发展，人民生活得到了显著的改善，而同时人口也有较快的增长。1947 年，中国人口有 4.4 亿人，两三年后(1949 年)人口增加了 1 亿，达 5.4 亿。又经过了 32 年，1980 年末估计中国人口已近 10 亿，约占世界人口的 22%，在这段时期里，中国人口增加 81%，每年平均增长 1.9%。这样多的人口，分布又极不均匀，90%以上分布在中国的东南半壁，东南一半的人口密度 10 倍于西北半部，其中长江三角洲和珠江三角洲每平方公里平均有 400～500 人，是世界人口最密集地区之一。

开弦弓村就在这人口最密集地区。我在 1939 年得到当时这个村子的人口数字是 1458 人，格迪斯教授得到 1956 年的数字是 1440 人。虽则由于该村行政地区划分略有改变，在比较人口数字时还需要加以校正，但已有的数字可以说明在这一段时间里，开弦弓村在抗战时期可能由于战争的影响人口有所下降，而且解放后在全国人口开始暴涨的最初 8 年(1954～1957 全国出现第一次人口高潮，每年平均增长

24%)，开弦弓村人口却比较稳定。我至今还没有找到1957年到1965年这段时期的人口资料，而这正是它的人口开始上升的时节。1966年开弦弓村人口已达到1899人，比1956年增加459人，即31.9%，增加率甚至超过了全国的平均数，出现了人口暴涨。

对于开弦弓村这个特殊现象的解释还有待于今后的研究。但是现在可以提到的是，我在上述书中已经讲过的，这个村子的农民长期以来存在着人口控制的习惯。我在这次访问中曾追问他们为什么后来抛弃了这个习惯而让人口暴涨呢？他们给我的解释首先是政府禁止溺婴，所以儿童多了，后来群众有了节制生育的医学方法之后，儿童还是比较少。这种解释是否可靠还待调查。但是这表明这村的农民并没有改变对人口需要控制的传统观念。

当前开弦弓村的人口2308人，和1936年或1956年相比，只增加约60%，和全国在相同时间里的增加率相比应当说是比较低的。在这个增加率中除了出生数增加外，还有死亡数降低的一方面。这方面在我这次访问中印象很深，不仅是我还能找到许多30年代相识的老乡，而且从人口资料中看到在70岁以上的人数，1936年是17人，而现在却有114人。人民生活水平的提高和医疗卫生事业的改善改变了过去多生多死的控制人口的公式。在早就意识到人口压力的开弦弓村，用科学方法进行的计划生育正符合人民的需要，这使得这村的干部在答复我问到最近落实计划生育政策的情形时，很有把握地说："这在我们这里是没有多大困难的。"人口统计也证实了这一点，自从1977年以后不仅增长率已经降低，而且已出现过负号的年头。

我不敢说在开弦弓村所见到的人口现象在全中国有多大的代表性。从已有的资料看来，开弦弓村的历年人口的变化和中国全部的人口变化两者之间的差距是相当大的。但是即以开弦弓村的情况来看，中国的人口压力已经够严重的了。在一个发展中的国家，从个体经济进入集体经济的过程中由于社会安定，生活有了保障，人口激增如果不及早预防是不容易避免的。

由于人口增长过快，影响了个人平均占有农产品的数量。尽管解放以来，我国农业生产有相当大的增长，它的增长的速度也超过人口增长的速度，但是由于人口毕竟增长得过多，个人平均粮食配额就不容易提高。例如 1978 年全国粮食总产量达 6000 多亿斤，比 1949 年增长了 169.2%，但按人口平均，仅增长 52%。[①] 经过解放以来的 30 多年到 1980 年，中国谷类的个人平均配额仅约有 580 斤。一部分农业落后地区还不能自己解决粮食问题。然而，开弦弓村由于土地相对肥沃，人口相对增加得慢一些，情况就显然不同。1962 年已实现了“三餐干饭”，1980 年个人平均实际得到的粮食(包括口粮及副业的粮食津贴)已接近一千斤；除了自己充饥之外，已有余粮喂养猪、鸡等家畜，提高家庭收入。从这个小窗户里去看全国形势，且不论人口压力对教育和就业的影响，单是为了解决粮食问题，控制人口的必要性也是很显然的。

然而，无论我们现在采取任何有效办法来控制人口，以全国来说，十亿人口这个数目决不容易在短时期内有所减少。据最乐观的估计，到本世纪末，中国人口将达到 12 亿。此后，如果政策对头，也许可以开始稳定和下降。现在这 10 亿人口中有 80%住在农村里。因此，我们必须从这个基本事实出发来考虑今后中国社会经济的发展。

回想起我自己对中国农村问题的认识，《江村经济》确是一个重要的起点。在这本书里我注意到中国农村里农业、家庭副业、乡村工业

① 《中国农业年鉴》，1980，34 页有关数字计算。

的关系。我的姊姊用了她一生的岁月想从改进农村里的副业和工业，来帮助农民提高他们的生活。1938 年我从伦敦回国，在抗日战争时期，在中国云南省的内地农村进行社会调查，使我进一步看到在一个人口众多、土地有限的国家里，要进一步提高农民的生活水平，重点应当放在发展乡村工业上。我在 *Earthbound China*（《乡土中国》）一书里明确地提出了这个见解。1957 年我重访江村，看到当时农业上有了发展，我感到高兴，但是为那种忽视副业和没有恢复乡村工业的情况而忧心忡忡。现在，历史的事实已经证明我当时的忧虑并不是没有根据的。

这次短短的几天访问，由于激动人心的巨大进步以及令人陶醉的家乡情谊，使我担心我的观察是否会超越了科学的界限。中国有句谚语："旁观者清"，我高兴地知道在我回乡前大约 10 天，亲自到开弦弓村观察的冈萨勒斯教授将有机会用她所观察的事实来讲述她的见解。但是我也不愿意错过这个机会，把我在这次访问中得到的一些看法，在这里传达给关心中国农民生活的朋友们。

我在这个讲演开始说明开弦弓村在全国的地位时，已经说过 1980 年这个农村个人全年平均收入已接近 300 元，位于全国的前列，大约是全国平均水平的 3 倍，所以它在中国可以称作属于富裕的一类。但是开弦弓村达到这个水平还只有 3 年。3 年前，1978 年个人平均收入还只有 114 元。为什么在这几年里这个村子的农民会这样富裕了起来呢？

开弦弓村农民收入的增加主要是由于 1979 年以来贯彻了党的三中全会决定的政策，改变了农村经济的结构。那就是纠正了片面地发展粮食生产，而落实了多种经济的方针，大力发展多种多样的副业，不仅包括已纳入集体经济的养蚕业，而且扩大了各种家庭副业。在我

30 年代见到的养羊和 50 年代见到养兔，现在已成了家家户户经营的副业，并且已是家庭收入的重要部分。以养兔为例，养一只长毛兔，每年可以出售兔毛 10 元以上。而很多人家养 5、6 只甚至 10 只以上。全公社一共养兔 10 万只，一年总收入超过 100 万元。各种家庭副业合在一起，个人平均收入 1980 年约 120～150 元，占个人平均总收入的一半。

开弦弓村有一家，共 3 人，1980 年出售肉猪 9 头，养羊 2 只，养兔 8 只，加上卖给集体的肥料和自留地所种的能出售的油菜籽等等，一年得到 1087 元，他们从集体劳动工分(包括农业和集体副业)收入 660 元，每人平均收入是 582.3 元。这一家在开弦弓村还并不是突出富裕的人家，另一家，共 5 人，其中 4 个劳动力，1980 年收入 2429 元，人均 485.8 元。这家全年日常生活费用是 960 元，储蓄 1469 元，预备添盖房屋。

开弦弓村的老乡一致同意，吃和穿，也即是温饱，已经不成问题。现在主要的问题是住，也即是房屋和家具。冈萨勒斯教授能用她在农民家亲自吃过的伙食来说出他们的水平。她会告诉你们所尝到的使她称赏不已的饭菜并不是特地为她的访问而准备的。她常常在人家家里谈话到了吃饭的时候，主人按当地的习惯一定要留客共餐，那就可以吃到各家日常的饭菜了。

至于穿着，已经超过了保温的要求，对于年轻人来说，时行的式样成了主要的考虑。手表对他们计时的用处可能还不及装饰的功能；上一代的手镯已让位给上海牌的手表了。在这一方面还是让冈萨勒斯教授所摄的相片来替我说话为生动。

冈萨勒斯教授的相片也会告诉我们，我上述书中所附相片上的一些房屋至今还在，只是陈旧了一些。人口增加 60％而房屋的增建却远远落后。该村干部提供我们关于住房的数字从 1948 年到 1980 年每人平均增加不到一平方米，全村增建一共不到 100 间。我参观了一个生产队，10 多家，挤在 3 个大门内，在 30 年代这里只住 3 家人。建筑房屋的困难，比如土地少，建筑材料不容易买得到等等，我不在这里多说。要说的是这个村子的老乡手边有钱能想到建筑房屋，还是近几年来的事。建造一间房要 1000 元，一家至少要 3 间。在 1978 年前有多少农民的积蓄能达到 3000 多元呢？而这几年来，情况变了，农民现金收入多了，一年上千元的储蓄已经不希奇。这些钱怎样花呢？绝大多数的农民的答案是居住更新。

这次访问中特别引起我兴趣的是农村中居住更新的过程一般是通过青年一代结婚的机会进行的。新婚夫妇需要单独的卧室。在房屋紧张的情况下，不是延期结婚，就得把老房间分隔。在开弦弓村老一代中确有一生娶不起老婆的人。这几年农民具备了盖新房屋的经济条件时，凡是有儿子要结婚的就急于要扩建住所。过去一年中，靠河边大约有 250 户人家的几个生产队一共建造了 50 间新房子，几乎全是扩建旧宅的性质。因之，这村子房屋的布局更见凌乱。新建房屋内床柜箱桌等等用具也是大多在结婚过程中添置的。从订婚到结婚这段时间里，男女双方的家长忙于张罗。由于开弦弓村是父系父居社会，所以提供房屋是男家的责任。那些无力提供房屋的男方，也有采取入赘方式，住到女方提供的房屋里去。新房内的用具事实上是男女双方合凑的，比例以女方经济水平决定。名义上，男方要给女方一笔礼金，而这一笔礼金实际上是给女方准备嫁妆的津贴。这几年经济好转后，女方提供的嫁妆，一般说来都超过礼金所能购买的东西。我们曾参观过一家新房，凡是女方提供的嫁妆上都挂着一条红色丝棉，所以很容易看出男女双方贡献的比例。在这个新房里，双方的贡献几乎相等。我们得到的解释是这地区女儿少，特别疼爱，所以出嫁时总是要尽力准备一份丰盛的嫁妆。我们当场估计了一下全部用具和衣服的总值大约2000多元。这个数字曾经引起结婚费用太高的批评。过于讲究排场固然不好，但是也应当看到事实上这正是农村里生活资料更新的重要过程。至于为了取得对男女间新的夫妇关系的社会承认而采取宴请亲友的方式，由于传统的好客风尚，有时未免花费得过分一些。

如果容许我过早地做一个估计，这三年来开弦弓村农民收入的增加，其中相当大的一部分是通过结婚的过程而消费在家庭生活的物质更新上的。而这个更新过程又是从进入结婚年龄这一代开始的。就在我们参观的新房隔间是老一代的卧室。在这间卧室里我看到的是我幼时所熟悉的我祖母房里的陈设，我祖母是太平天国时嫁到我家的。我直觉地感到过去农村里生活物质基础更新率是这样缓慢，使两代卧室的对比如此之鲜明。

上面所叙述的这段话，当然还要在今后进一步核实，并用正确的数字来表达，现在还不能说是科学的观察，但是当我向老乡们指出了他们正在进行生活基础的物质更新时，却接触到了一个当前的实际问题。这几年农村经济从复苏到繁荣提出了许多新的问题，其中之一就是用普通的话来说，农民手上的钱怎样花法？从全国来看，每年流入农村的货币达到几百亿元。用什么商品去满足农民的需要呢？因此我们有必要去调查研究农民需要什么，怎样可以去指导他们的正当消费，这里社会主义制度可以发挥它的优越性。

就在我们参观新房的下一天，在一个和本村干部的座谈会上，大家提出了许多问题：怎样有计划地进行农民生活资料更新？怎样通过民主讨论的方式制定各种房屋的结构和布局？怎样根据本村农民的财力，分期分批的按大家同意的规划来有步骤地更新全村的面貌？人民自己的政府才能根据人民的需要来发动集体的智慧和力量来为人民群众办事。在这件事上，大家要我们人类学者帮助他们进行系统的社会学调查。我本人是心甘情愿做这种能直接满足人民需要的人类学工作的。

最后我想讲一讲中国农村中集体经济的发展的前景。自从中国农村建立集体经济以来，它一直是农村经济的主要部分，至今还是这样。1956年正当格迪斯教授去开弦弓村调查时，合作化运动已进入高级社阶段，提高了集体经济的地位。1958年成立人民公社，农村中的个体经济已微不足道。直到1978年开弦弓村和中国的其他农村一样，农民的收入几乎全部依赖集体分配所得，按各人在集体经济中所贡献的劳动折合成工分计算。但是一度在平均主义的“左倾”思想支配下，农民所得的工分并不能正确反映他所付出的劳动，所以出现了违犯社会主义按劳取酬的分配原则的所谓“吃大锅饭”的偏向。在这个时期，作为个体经济的家庭副业受到极大的限制，甚至遭到禁止。1978年才改变了这种抑制农民积极性的错误政策，恢复和发展了农民的家庭副业，因而使农民的收入有了显著的增加。

但是这种承认农民个体经济的作用并不是否定了或削弱了农村的集体经济；相反的，由于农民生活的改善，生产积极性的提高，同时也促进了集体经济的发展。中国的农业和乡村工业主要是属于集体经济的部分，它们的性质一直没有改变。1981年起所实行的责任制也只是在集体经济的基础上根据各地生产技术和群众的觉悟水平，改善经营方式和贯彻按劳分配的原则罢了，并不是经济制度性质的改变。

在这里应当说明的，上面所提到的农民收入中副业部分的增加并不反映这个农村结构的全部情况。列入农民收入中的副业部分只是指从个体经济中得到的副业收入，农民从例如开弦弓村的养蚕业等集体副业中所得到的收入是包括集体分配部分之内的。集体经济的总收入中只有一部分按劳分配给个人，还有相当大的一部分作为集体事业的经费、社区公益费用和用于更新、扩展生产的投资以及公共积累等。因此我们不能直接从农民个人收入中家庭副业和集体分配所得的比例得出在农村里个体经济和集体经济的比重。当然，总的看来，这三年农民家庭副业收入的增加是可以说明农村经济结构变化的一个方面，那就是个体经济的增长。至于集体经济和个体经济的相对比重，还需要进一步计算。

农村经济结构另一方面的变化是农村集体经济部分本身的结构变化，主要表现在农业比重下降，副业有所增加和工业激增。

开弦弓村自从抗日战争时期起，合作丝厂被毁，桑田被破坏之后，蚕丝业就一蹶不振。一直到 1966 年才恢复了集体养蚕的副业，使该村每人平均收入突破百元大关。但是农业和副业的比例还是悬殊，1966 年是 87.8%：11.9%。

1968 年开弦弓村开始重建缫丝厂，但是设备和技术由于条件太差还赶不上抗战前的合作丝厂。1975 年乡村工业受到重视后才扩充设备和技术。1978 年以后逐步发展，现在已成为一个有二百多工人的小型现代工厂，而且在出丝率上正在赶上日本的先进水平。1979 年开弦弓村开办了两个豆腐坊和一个丝织厂。乡村工业的发展使这个农村的集体经济结构发生了重大变化。以这村南部的那个大队来说，1979 年农业收入占 50%，副业收入占 23%，工业收入占 27%；1980 年农业占 41%，副业占 19%，工业占 40%。这个结构变化是农、副、工三方面都在增产中发生的。由于发展了乡村工业，这个农村的农民 1980 年每人平均集体分配达到了 150 元，比 1978 年前增加约 1/3。苏州地区农村中集体经济结构 1980 年是农业占 19.6%，副业占

13.2%，工业占 67.2%，[①] 所以开弦弓村在这地区乡村工业发展上还是比较落后的。

在开弦弓村所见到的农村经济结构的变化在中国并不是个别的特殊现象。即使不能说中国几十万个农村都已发生这样的变化，但是可以说这是中国农村的共同趋势。据了解，到 1979 年底为止，全国已有 98%的人民公社办起了集体企业，包括粮食生产之外的种植业、养殖业和工业。单以社队工业计算，估计产值已占全国工业总产值的 9.3%。

现在中国农村经济的发展仍然是不平衡的，穷队和富队之间相差的距离相当大。按人口平均最好的富队已超过 1000 元，而大约还有 1/4 的队不到 50 元。[②] 分析富队之所以能富，最普遍的原因是开展了副业和工业，凡是单打一种粮食的大多属于穷队。粮食价格过低固然是一个重要原因，而农业产量的提高在像开弦弓村这样地区已经感到成本太高，以致出现增产不增收的现象。中国粮食产量在过去 30 年中的不断增长，以占世界 7%的耕地，养活世界人口的 1/4，可以认为是人类历史的奇迹之一，但是还要继续增长，如果不改变经营方法至少是相当困难的了。开弦弓村在每人平均只有一点一亩水田的面积上，1980 年生产 1510 斤粮食，只留下 660 斤作自己的口粮，一半以上的产品提供给城市居民消费。这样的负担确实不轻。在耕地面积不能增加，单靠提高单位面积产量的办法来解决供应粮食的任务，就开弦弓村来说可供挖掘的潜力，在近期内似乎已经不大了。要使该村经

① 《中国农业年鉴》，1980，13 页。

② 《苏州地区选择适宜本地的生产责任制》，载《人民日报》，1981 年 10 月 22 日。

济继续繁荣起来就只有向副业和工业方向发展了。

开弦弓村副业的前途固然还很开阔，但是凡是要利用农业原料的副业，如猪与家禽的喂养需要粮食，养蚕需要桑叶，都已受到限制，而且这限制也将越来越大。开弦弓村蚕业的复兴和增长主要是由于利用电力排水把原来被水淹的和易潦的土地开辟成肥沃的桑田。比如从丝织厂楼房上一眼就看得到的那片桑田，1936 年我初访该村时是一块废地，总面积在百亩以上，现在这块桑田蚕茧收成每年达到 3 万斤。但是今天还要增加桑田面积至少将和粮食产量一样困难。

开弦弓村发展副业的前途看来是在尚没有大量利用的湖泊和河流，1936 年我见到的渔家现在已集中到太湖边上，和这公社的其他渔民一起组成了专业的渔业生产队。本村作为副业的渔业并没有发展。近年试殖产珠的蛤蚌，已告成功，但尚未推广。因此到目前为止开弦弓村副业增产的幅度并不大。

从农村经济新结构中农、副、工三个方面来看，发展前途最大显然是工业。乡村工业还可以分为两种，一种是用本地区所产的原料加工制造，例如从养蚕、制丝、织绸、刺绣到制成消费品，直接在市场上销售。这在中国称作“农工商一条龙”。另一种农村工业是为都市里的大工厂制造零件。例如上海有一些缝纫机厂，自行车厂把零件包给社队工厂。现在这种方式的乡村工业还只发生在大城市的附近，而且还只是个开始，但是发展的前途是很大的。由于乡村工业的发展，苏州地区有些突出的农村已经出现农村居民职业结构的重大变化，就是主要从事工业的人口在比例上超过了主要从事农业的人口，或是说在农村里用在工业上的劳动力已超过了用在农业上的劳动力。最高的记录已达到 4∶1 的比例。当然这种例子的社区还称它为农村显然不太合适了。

我觉得特别兴奋的是在这里看到了我几十年前所想象的目标已在现实中出现，而且为今后中国经济的特点显露了苗头。在人口这样众多的国家，多种多样的企业不应当都集中在少数都市里，而应当尽可能地分散到广大的农村里去，我称之为“工业下乡”。工业下乡同样可以在国家经济结构中增加工业的比重，但是在人口分布上却不致过分集中，甚至可以不产生大量完全脱离农业生产的劳动者。在这个意义上，为具体实现工农结合，或消除工农差距的社会开辟了道路。

雷蒙德爵士为我这次讲演出了这个题目，要我在短短的一个多小时里讲述开弦弓村近半个世纪的变化，我在时间的控制上和内容的选择上显然都没有能遵守我老师的指示。如果还能给我补救的机会，那将在离开我开始在开弦弓村调查之后的 50 年。到那时候(1986 年)即使我不能再在这个讲台上做一次补充演讲，希望一本《江村经济》的续篇可以在那个时候送到在座的朋友们的手上。我这个希望的根据是我们中国社会科学院的社会学研究所在我出发来伦敦之前已经作出决定，将在开弦弓村建立一个社会调查基地，一个可以进行继续不断地观察的社会科学实验室。如果这个社会调查基地能顺利地建成，通过年轻的研究工作者的集体努力，我相信刚才许下的愿是可以实现的。

我感谢皇家人类学会同人们对中国农民的关切，并给我机会就我自己所看到的事实，叙述他们怎样在 30 年里建成安定、繁荣的社会主义农村。开弦弓村的父老们知道我要来伦敦作这次演讲，特地叮嘱我，把他们向你们的问候亲自带给你们。谨祝我们两国人民的友谊不断增长。

九访江村

从农村到小城镇，再到小城镇群体和中等城市，三年前我们以吴江农村为基地，循着这条路线，把小城镇研究的范围在这几年里逐步扩展了开去。

去年年底，当我结束了第一个回合的探索，从扬州踏上归途时，觉得离开出发点的距离远了，时间久了，仿佛自己也成了一名离开土地的“农民工”。然而谈论中国的任何问题都离不开农村，离不得人数最多的农民，我盘算着应及时抽回身去，重返故土，从头做起，并在这再循环的过程中检验自己以往的看法。

这次回乡在吴江两周，跑了一个村、四个乡和三个镇。飞车往返，如蜻蜓点水。可到基层走一走，就多一点实际的感受。既然是家乡，对新的变化自然就比较敏感。乡亲之间也免了许多客套话，可以直截了当地提问题。在访问后期，县委、县政府和各有关部、局的领导同志还特地腾出两天时间给我上课，使我学到了不少新鲜的知识。这里我就把自己对乡镇工业、农业和小城镇发展问题的思索写下来，作为学习体会向家乡人民汇报。

我屈指一算，为了调查研究到江村去访问，这是第九次了，所以用“九访江村”这个题目。

一

江苏的乡镇工业产值中有没有水分？苏南农村经济发展的高速度会不会是第二次“大跃进”？这是年初在北京大家普遍关心的问题。为了答复这个问题，我在光明日报发表的“政协小记”里专门写了一篇千字文，提出乡镇工业要速中求稳。

在城市里写的文章，与农村的实际之间不免会产生距离。一到吴江，新上任的孙书记就向我介绍全县的经济发展情况。他说，1984年全县工业产值达13亿元，农副业产值为4.2亿元，分别比1983年增长33.6%和31%。在工业发展中利润和职工工资的增长率都超过产值增长：实现税利1.3亿元，比1983年增加39.1%，职工工资额为0.88亿元，增加了47%。从财政收入来看，1984年首次突破亿元大关，增加21%，跨入了全省八个财政收入超亿县的行列。农村的人均收入从1983年的373元提高到570元，增长了52.7%。

1984年的发展速度在吴江历史上是最快的一年。上述一连串的数字告诉我们，工、副、农三业是同步发展的；工业的产值、利润、工资是同步增长的；国家财政收入和人民生活水平都是有所提高的。这表明吴江的经济发展是协调健全的。

在快速的经济发展中，国家、集体和个人都得到了各自的利益。其中增长幅度最高的是农民的收入，这一点在农村市场和农村面貌中充分反映出来。震泽镇的镇长介绍说，去冬以来，商店里有三样热门货：洗衣机、电冰箱和彩色电视机，货一到人们争相购买。庙港乡党委书记告诉我，小小的庙港镇上，一次来了100台电视机，每台售价

430 元，不到半天时间抢购一空。在开弦弓村，1981 年我三访时，只有一幢我在 1957 年住过的二层楼，今年那幢二层楼已变成了三层楼，30 几幢新的二层楼房建了起来，据说门前垒起砖瓦准备盖楼的，全村不下 60 户。

1958 年大跃进时的景象，人们至今难忘。可如今，我在吴江，不但没有看到虚假和浮夸的迹象，恰恰相反，我所感受到的是一种百业兴旺、人民喜悦的气氛。回到县里，问了银行的储蓄额，1984 年城乡人民的存款余额为 8700 万元，以当年年末总人口 73 万计算，人均储有 119 元。

吴江经济的主体是工业，它占总产值的 75%。在农村，工业以年均 30%以上的速度向前推进，这的确容易令人生疑。然而盖屋置物，手中有余款，这些都是实实在在的事，来不得半点虚假。

因此，要回答高速发展是否扎实的问题，还得追问，乡镇工业持续发展的高速度是从哪里来的?

庙港乡缫丝厂在 1967 年筹办时并不是社办厂，而是由开弦弓周围的七个大队集资联办的。27300 元办厂资金分为 21 股，每股 1300 元，由这七个大队根据自己集体积累的实力认领股份。当时招收的 65 名工人也就按出股多少，把名额分配到各大队。

缫丝工艺并不复杂，办厂的困难却不小。厂房因陋就简；设备在脚踏丝车的基础上稍加改进；用大铁锅煮茧，缺煤就烧东山的硬柴和当地的桑杆，甚至还用太湖边挖出的黑泥炭；缫出的丝卷则在铁皮敲成的烟筒管上烘干。

在最初创业的几年里，月工资一律为 21 元的工人们不分男女老少、职务高低，从搬砖平地到开动 12 台机车，样样活都得干。离家远的工人挤在六间漏雨的草棚里过夜。就这样年复一年，赢得利润不还本，股份不分红。赚钱投资，投资赚钱。厂房扩建了，设备更新了，新工人一批又一批送往苏州培训，以适应新机器，掌握新技术。1980年，工厂终于还清了由七个大队筹集的股金。1984年这个拥有360名工人的丝厂已拥有55万元固定资产和28万元流动资金，产值由最初的近2万元提高到152万元。现在工人们夜班住宿有了楼房，吃饭有了食堂，劳动有了保护，伙食有了补贴，人均月工资为63元。

庙港丝厂是千万个社队厂中的一个，丝厂的历史也是乡镇工业历史的一个缩影。从中我们看到了除了一笔可数的集体积累之外，还有一本算不尽的账。十几年来，那些迈着泥腿进厂的农民不计工时、报酬，不顾辛苦、劳累，把自己的血汗投入工厂。

有投入必有产出，待到投入积累到一定程度，产出的旺季也就到来了。应当产出的规律加上可以产出的社会条件，苏南的乡镇工业便开始腾飞了。因此，乡镇工业今天的高速度主要来源之一是农民的集体积累，它是十几年来农民工劳动的结果。乡镇工业的发展是有深厚的根基的。

但由此说乡镇工业的资金都来自自身的积累，那也是不切实际的。从80年代开始，从中央到地方，各级政府制订了扶助乡镇工业的贷款和税收政策。贷款的无偿或低息，税收的减免或低率，使乡镇工业得以养生和滋长。同时还应看到，这几年各级政府也在乡镇工业的滋长中增加了财政收入。因此从长远的观点来看，只要政策对头，收入无疑将会大于支出，至少也会打平，这还仅仅是从金融管理的观点说的，至于在达到收支平衡的过程中，农村经济发展的社会效益是无法估量的。

金融政策对乡镇企业的发展具有一定的影响。可是政策要掌握得适当也不是一件容易的事。去年下半年，不知什么原因，贷款口子大开。农村干部反映，那时各家银行还真有点争风吃醋，项目一来就批，唯恐钱贷不出去，似乎有支不尽的钱。

看来在去冬的那股贷款风中，不切实际地要求扩厂、增加项目的倾向还是存在的。但是这种倾向既不是主流，也不能说乡镇工业本身浮夸，因为那是金融政策出了毛病。当然，我们必须认识到，项目摊子铺得过大是不合理的，到头来是会吃亏的。到了今年的二季度，银行的信贷一紧再紧、刀子切下来不容有任何例外，也不分贷款贷得是否得当。

在数月之内，信贷的大起大落不能不说是一种盲目性的结果，后果现在还没有暴露清楚。至于借钱搞建设和靠自身积累去发展，究竟哪个方式利多弊少，那是需要经济学家才能说得清楚的问题。对于基层干部们来说，重要的是如何把钱花在刀刃上，即服从宏观控制，进行微观调节。为此，吴江的新老两位县长止在绞尽脑汁想办法。他们把全县 63 个投资数在 50 万元以上的在建项目排队。其中经过论证效益不高的有九个停了下来，其余的也用清理往来款、扩大集资、吸引外资、企业内部挖潜调整等办法作出了分期分批发展的计划。

从被动的受制约变为自觉的有计划发展，这是宏观控制以后带来的一个积极后果。可以说，在贷款问题上虽然喝了几口凉水，但乡镇工业又一次经受住了考验，它将会更扎实地向前迈进。

二

为什么乡镇工业能有如此大的适应性和如此强盛的生命力？要回答这个问题，就应当进一步去认识乡镇工业所具有的独特性质。

我以为，认识乡镇工业的性质有两种眼光。一是从西方工业革命到现代工业发展的历史经验上看去，苏南的乡镇工业则是不伦不类、难以理解的东西。二是从中国农村的家庭经济结构上看去，乡镇工业却是顺乎自然的事物。那么，在被人称为土头土脑的乡下人眼里，是怎么看待由他们自己办起来的乡镇工业的呢？

首先让我们作一个纯属假定的问题，即如果苏南的农民只在土地上进行单一性的粮食生产，他们能否满足自己生活的需要？

在30年代我第一次到开弦弓村作调查时，了解到当时的水田每亩产稻谷平均在400斤左右，而那时吴江人均也只有两亩耕田。土地上的收成去掉农本和税收仅够供人的食用。可是，农民的生活不光是吃饭，还有住房、穿衣、社交、娶媳妇等等，这些基本的生活内容一样也不能少。显而易见，农民光靠土地满足不了生活的需要。这一矛盾用四个字来归结，就是人多地少。

解决人多地少这一矛盾的办法有两条，一是把多余的人挤走，移居他乡，去开辟新的土地。可是苏南却没有地方可去移民。另一个办法是提高单位面积的产量，这一点苏南农民做了，世世代代精耕细作，实为举世罕见。可是这个办法在一定的历史阶段和一定的技术条件下总是有一个限度。

在历史上，苏南农民另辟蹊径，他们很巧妙地把畜牧业、种植业和手工业三者有机地结合在一起，最典型的便是栽桑、养蚕和缫丝，这便是所谓的家庭副业。其实副业并不副，如果按照我在30年代的调查结果，农民的生活是吃用各半的话，那么副业满足了农民除吃粮之外的另一半生活需求，吃靠土地，用靠副业，男耕女织，农副相辅。这种家庭经济结构，充分显示了苏南农民为谋求生活所激发的特有的创造性和主动性。这种结构作为历史传统一直流传下来，成为当时最理想的经济结构，苏南这块地方也成了人们向往的"天堂"。他们的命根子被掰成两半，一半是土地，另一半就是包括手工业在内的家庭副业。

可是，苏南农民的家庭经济结构没有一定的社会制度作保障，它就显得特别脆弱。封建制度容不得农民有长期稳定的康泰生活。特别是当封建制度与帝国主义侵略结合在一起向农民下手的时候，苏南的家庭经济结构就很快被瓦解了。我在30年代所得到的深刻印象是，帝国主义凭借先进的机器工业把中国农民的土丝挤出国际市场，与此同时各色洋货又打进中国市场，于是苏南农民的副业萎缩以致完全衰败，农民失去了半条命根子。可农民不能不生活，要生活下去就得靠借债，地主、高利贷者乘势加重盘剥，土地兼并的速度越来越快。农民从生活无着到丧失土地，原先处于掩盖状态下的封建矛盾趋于表面化、白热化。土地矛盾的激化引起农民的反抗，终于酿成了一场席卷中国的急风暴雨式的革命。

革命的结果是生产关系的彻底变革。解放以后，土地还家激发的生产热情加上集体劳动的力量提高了土地的利用率，单位面积产量直线上升。在苏南，50年代末亩产粮食在800斤上下，60年代末超过了千斤，70年代中期达到了1200斤左右。

粮食产量的增加固然能提高土地养活人口的能力，然而在土地与人口这两个变量中，人口的能动性远胜于土地的弹性。自70年代开始，粮食产量一直停滞在现有技术条件下的临界状态，可是人口却剧增起来，人均拥有耕田从解放前的两亩下降为一亩，所以尽管产量翻了接近两番，每人从土地上获得的粮食却只有1200斤，如果吃粮水平为600斤，那么还剩600斤。在扣除农业税、农本和提取集体积累之后，农民所余无几。

与此同时，在农业政策上片面性也越来越大。农民的家庭副业成了以粮为纲的对立面而被严加限制，集体副业也差不多只剩下为粮食生产提供肥料的养猪一项。

反省起来，在20多年时间里，由于没有认识到人口增殖对经济发展的制约作用，使人多地少的矛盾再度尖锐起来；由于忽视了传统的农民家庭经济结构中合理、积极的成分，致使农业独木难支，长期徘徊不前；这就是苏南农民在实行农业责任制以前人均收入始终处在百元上下水平的根本原因。

历史的经验表明，对苏南农民来说，只从土地上去讨生活是不足以维持生计的，要使生活富足起来，就得把握住另一半命根子。而增加家庭收入的副业门道，这是人们最熟悉、最有感情的途径。因此，即使当时的政策把所谓“七种八养九行当”的传统副业都列入禁区，农民还是顽强地寻找能开辟活路的新的副业行当。于是在60年代末期的特定的社会条件下，苏南农民又创出了一条新路，他们纷纷起来兴办社队工业，用搞工业的方式取得生活所必需的收入。

因此，在农民的眼光里，社队工业是开辟增加收入，满足生活需要的一个新的副业。它的作用与过去在家里饲养几头羊并无差别，至于手段和形式的不同是另一回事。因为副业的本性就是易变，什么收益最大就搞什么，怎样搞赚钱最多就怎样搞，七种八养九行当轮着转。

如果我们用以工业为手段的农村集体副业这一根本性质去观察社队工业，那么对于社队工业的种种特征也就很容易理解了。例如，副业的项目变化不定，社队工业也可以经常换牌子、转产品，副业是把耕作之外的剩余时间利用起来变成生产性的劳动，社队工业的工人也是亦工亦农的农民工，他们既不离乡，离土也只是部分时间，回家还得帮助种田，实际上是劳动时间的分业安排，而决不是如同西方工业革命时那样，劳动力被抛入市场作为商品出售。家庭副业的收入是由所有家庭成员分享的，社队工业也在社或队的范围内搞利益均沾，招工一户一工，工资尽量缩小差距，保证收入均摊。搞副业只求收入，讲究勤快，而不计成本，缺乏精密计算的效益概念，所以社队工业兴起时工人也不太关心工厂的经济效益和产品成本核算，工资虽低，对工人说总是一笔现金收入，可以贴补家用，有收入就可以，因而不计较工时长短和劳动强度。副业与农业是共同负担吃用各半的"亲兄弟"，谁也离不了谁，社队工业自然也就要补农、贴农，农业上的技术员、拖拉机手、管水员以及社队干部、民办教师、农村医生等等，他们的名字都可挂上工厂的花名册，从工厂支取报酬……。凡此种种，与现代工业的特征相背离而使人费解的事，在农民看来极其自然，理应如此。道理就是工厂并不是别的东西，只不过是他们自己的又一副业阵地而已。

农民搞副业的一个特点是一哄而起，遍地开花。在初期短短几年里，苏南的社队工业也到处蔓延，落地生根，历经艰险而不衰。社队工业的这种强盛的生命力和普遍的适应性，不能不使人联想到那野火烧不尽、春风吹又生的小草，草根深深地扎在泥土之中，一有条件它就发芽，就蓬蓬勃勃地生长。这种社队工业，可以称作草根工业。

与西方工业革命的历史相对照，草根工业无疑是中国农民的一个了不起的创举。西欧工业的发生，一股出自城市侵入农村的力量把农村作为工厂的猎地，农民变成工业发展的猎物。而中国的农民却发自一股自身内在的动力，驱使他们去接受工业。他们有力量冲破资本主义工业发展初期的老框框，他们根据自己的生活需要去改变工业的性质，让工业发展来适应自己。在草根工业中，农民表现了充分的主动性，这不是当今中国社会的一大特点么？

三

任何事物的发展都是相互作用的结果。一旦草根工业破土而出，它就会按照自身固有的规律运行。这就是说，在农民接受工业的同时，工业也在接受农民，影响农业，改变着农村的面貌。从这一意义上说，农民最终还得去适应自己创造的工业的发展。

应当看到，草根工业虽然具有副业的作用，但它毕竟不完全等同于传统副业。首先，传统副业以家庭为经营单位，而工业的经营单位一般都是集体性质的，至少是几家联户才能办得起来。所以，草根工业是集体性的合作经济。其次，传统副业是小农经济的一部分，它是一种小商品生产，副业生产的商品往往是农户生活的多余部分。例如鸡鸭卖出去成了商品，卖不出去也可以留着自用或待客。而工业则完全是商品经济，它的商品率远比副业高，而且它把生产者与消费者严格区分开来。第三，传统副业大多是农产品的一次性转换或手工进行粗加工，所以它在资金、设备、技术、人材和管理等方面要求很低。而工业在上述诸方面的要求比传统副业高得多。

正是由于这三个不同，草根工业就不能像以往的家庭副业那样，长期停留在一个水平上，它必须不断改变分配、人事、管理等各种制度和技术素质，以适应工业经济的规律。否则在急速的市场涨落和激烈的企业竞争中，草根工业就有被淘汰的危险。

在同里乡有一家小厂，与一家城市企业商谈建立协作关系。上午在小巧别致的退思园观赏，印象颇佳；中午用餐招待鱼虾河鲜，亦使来客满意。可是下午到厂里一看，厂房窄小，设备陈旧，来客爱莫能助，摇头而去，协作之事就此告吹。

在北库乡，达胜皮鞋总厂拥有 1400 多名工人，三年来实行企业改造和加强企业管理的结果，使它做到要批量有批量，要质量有质量。去年一年就生产了50万双中、高档女式皮鞋，“达胜”这块牌子在上海市场一打响，该厂身手不凡的萧厂长也就特别引人注目。一次他从广州飞回上海，机场上竟有好几家上海商业公司的经理开车去“抢”他，要向他订货。据说这件事在乡镇工厂同行里不胫而走，流传很广。因为从来都是乡下人巴结城里人，而今天倒了个头，上海人要巴结乡下人，这在吴江乡镇工业的历史上还是第一遭。

这一悲一喜的两个小故事告诉人们，早期社队工业的一部分优势正在转化为劣势。例如“船小好掉头”，在当时表现出企业灵活的一面，而今也表现出了经不起风浪，容易翻船的另一面。又如“土法上马”，成本固然轻微，但它也意味着质量不行，产品上不了市场。因此，乡镇工业发展的重心开始移到上批量生产、拼技术实力、强化质量管理、讲究经济效益上。

从切身经验中认识和掌握现代化工业运转的规律性，并按照规模经济的要求改造自己，这就使得一部分乡镇工业在草根工业的基础上上升了一步，开始脱离副业性质，朝着现代化工业的目标发展。北库乡的吴江绣服总厂与上述的达胜皮鞋厂就是两个离副变工的上升型乡镇企业。

去北库乡是临时决定的，我比较喜欢这种令人突如其来的常态访问。可看来那位姓陆的绣服厂厂长根本无须作准备，全厂所有的数据和情况似乎都装在他的脑子里。在电扇轻摇的产品陈列室里，他井井有条地向我们作了简洁明了的介绍。

绣服总厂现有四个分厂，一千多名职工。它的产品是绣了花的丝绸服装，其中有30％为内销，70％出口海外。三年前，它还只是一个只能做化纤料裤子的百来人的小厂。当时化纤服装处于低潮，在关厂还是继续办下去的抉择面前，他们分析了服装的面料、款式、色调等市场信息，决定充分利用“丝绸之乡”的本地优势，改产绣花丝绸服装。这一改，使工厂气象更新，面貌大变。三年里产值每年翻一番，利润每年翻一番半。今年上半年，实现产值450万元，全年利润可望达150万元，还可为国家创汇300万美元。他们用自己的实际行动，使一个原先不相信社办厂能生产外销服装的省级公司，也主动找上门来，将它列为外贸的定点厂。

北库绣服厂走到今天这一步，那是大刀阔斧进行企业整顿和改革的结果。在工资制度上，他们变固定式的低工资为用百分考核计算的计件工资制，打破了平均主义的大锅饭。在干部制度上，他们取消了退出农业第一线的老干部仍然进厂当干部的惯例，实行任聘结合的新制度，不论是什么人，不讲情面，有多少本领就授予多少权。在招工制度上，废除了一户出一工的老办法，新工人必须通过文化考核和技术考核才能进厂。工厂握有完全的用工权，工人在三个月的实习期间，工厂有权择优录用，不适宜的可以除名退厂。目前，这个厂正在进行强化科室领导、分层把关的改革，厂部分设了十个科室，各车间除了一名主任，还配齐五至六个检验员、收发员和统计员。他们相信，通过以全面质量管理为目标的改革，工厂将会有更新的起色。

听完介绍，我觉得自己把过去的社队工业或现在的乡镇工业作为一个不加区分的统一体的看法应当得到修正。看来我们应把乡镇工业分为两个层次，一层就是现在的村办工业，它仍然保持着草根工业的性质；另一层则是现在的乡办工业和镇办工业，它是从草根工业向现代工业过渡的工业。这一层次的工业正在把草根工业的种种特征逐步抛开。例如北库绣服厂除了上述的各种制度改革以外，已经建造了600人的职工宿舍，有60％的工人不再每天回家。据说，在其他几个类似的工厂中，农民工们通过工会提出了修建职工家属宿舍的要求，厂方也正在制订这类规划。这层过渡性的工业所具有的特点，应当引起我们的注意，值得我们去深入研究。

从吴江来看，从草根工业内部分化出一批初具现代工业特征的乡镇工业，是在最近一两年里发生的事。乡办或镇办工业之所以升上一层，除了工业发展的规律在起作用外，财政上的包干制，各级政府都要分灶吃饭，恐怕也是一个重要的原因。

据庙港乡反映，不包括乡镇建设在内，仅仅用于维持一些必要的开支，乡政府一年就要花费 20 万元左右。其中第一笔是行政人员的工资，乡党委、乡政府和经联会三套班子有 84 人，而由国家支付工资的干部仅 27 人，其余 57 人需由乡财政支付工资，全年为 4 万元。第二笔是公共事业和文教卫生费用，约 8 万元。第三笔是防洪、驳石岸等等的兴修水利费，约 5 万元。第四笔是修桥铺路的开支，需 3 万元。这 20 万元的维持费就要由乡一级的工业利润来负担。

其他乡、镇的情况也是如此。据介绍，乡办和镇办工业的利润在上交税收以后，一般分为三份，分别用于工厂的再生产、乡镇一级的财政开支和小城镇的建设。例如盛泽镇，1984 年全年镇办工业的利润为 300 万元。除去税收 145 万元，上交镇政府 54 万元，镇区建设集资付出 61 万元，只剩 40 万元返回到再生产。

镇区建设的集资费用是作什么用的呢？从盛泽镇和震泽镇来看，1984 年分别集资 61 万和 54 万。建设的项目有办托儿所、建公园、街道铺建、盖老干部活动室、修订镇志、造敬老院、改进自来水设施、修防洪设施、办文化中心或俱乐部、造职工教育楼等等。

既然乡和镇都作为国家基层一级的财政单位。那么国家下拨的经费又到哪里去了呢？回答说是有的，但数量极少。北库乡 1984 年才

1.8万元，而实际的乡镇建设经费为60万元，缺额部分只得向乡办工业去化缘。

听了这些，我心中泛起一股说不清楚的滋味。在乡、镇一级的开支中，应当由国家开支，而现在转给乡镇工业负担的项目是太多了一些。据说连乡派出所的民警制服也要由乡镇工业出钱去买。问题究竟出在哪儿呢？这不能不引人深思。

为了满足这么众多的经费需要，乡、镇一级的工业自然必须讲究经济效益，以争取更高的利润。然而赢了利，要负担一笔笔的非生产性开支，目前普遍感到负担过重。可是从农民的角度看，乡办和镇办工业赚的钱，除了付给农民工的工资、奖金以外，主要用于集镇建设，为镇上的聚居人口服务。所以乡办工业与村里农民的生活之间已经隔了一层，相对疏远了。村办工业与农民生活的联系就要密切得多。从报表数字看，村办工业的经济效益最低，而实际上，村办企业把自身的经济效益转成了全村的社会效益。例如村办工厂通过一户一工、多招工人的方法，使工厂的劳动生产率变成了农民家庭的工资收入。在吴江，凡是村办工业，都起到直接补贴农业、补助农民的作用，村办工业办得越好，补贴和补助就越多。据县委办公室提供的资料，八坼乡的农创村，由于村办工业办得有起色，在过去的五年内集体给农民的补助共计77.2万元，人均得870元。补助的项目有兴修农田水利、农民建造楼房、修筑村道、集体应提取的公积金和公益金及管理费、发放养老金、修护石驳岸、合作医疗、计划生育、学生学费、烈军属补助、困难户补助、农民购买电视机补助共12项。其中接近和超过10万元的有前列的四项。

与村办工业的作用相比较，乡办工业的作用与农民生活是隔了一层。但乡办工业毕竟是从草根工业中脱胎出来的，因此，尽管它为提高经济效益而改变草根工业的性质，但它始终没有抛弃支农、养农的主旨。这就是由农民发展起来的现代工业与资本主义工业的根本区别。一方面，乡办工业以支撑乡财政、资助小城镇建设和兴办乡、镇范围的公共事业、社会福利事业的形式，间接为农民服务；另一方面，一些先进的乡办工厂开始用联营的方式去扶助村办工业。

北库乡有一个村办的皮鞋厂，由于缺乏技术，信息不灵和经营不善，年年亏本，一直处于危机状态，可它养着200名农民工，关不了厂。今年1月，乡政府决定将该厂划归乡办的达胜皮鞋厂管理，成为它的一个分厂。半年来总厂只给分厂添了点设备，建立起与总厂相一致的管理制度，分厂的经济效益就提高了10倍。今年分厂的利润可达40万元左右。乡村联营不但带动了村办厂的发展，而且可以通过分散经营和协作生产，使乡办厂自身在不增加人员设备的情况下扩大产品的批量，更具有规模效益。

乡办和镇办的工业上升了，草根工业的力量是否因此而削弱了呢？看来情况恰恰相反。吴江乡镇工业局的同志说，这一年来村办工业的发展势头比乡办工业旺得多。统计资料也表明，工业的发展速度是县不如乡、乡不如村。在产值上，1984年乡办工业为3.1亿元，村办工业为2.7亿元，两者已相当接近。在发展速度上，今年上半年与去年同期比较，县属工业只增长18.7%，乡办工业增长87.8%，村办工业则增长111%。

把这一现象与上述的工业和农民生活之间的关系联系起来，使我们明白了一个道理。即工业与农民生活的关系越密切，发展的动力就越足，发展的速度也就越快。所以乡一层的工业一上升，农民就觉得它离自己的生活远了一点，于是就把积极性投入到仍然作为草根工业的村一层的工业上去。就这样，一批草根工业离了“土”，又一批草根工业长了出来。由此而言，乡、镇一层工业的升级，不但没有削弱草根工业，而是助长了草根工业的发展。

四

草根工业上升了一层，再滋长一批，这个过程当然不可能永远进行下去。可是现在乡镇工业还刚刚上升，就亮起了红灯叫它暂停。

部分同志从宏观控制出发，认为乡镇工业已不能再承受劳力的冲击了，他们希望至少在目前不要再提劳力的转移。另一部分同志则从农业现状出发，觉得乡镇工业不能再挖走农田上的劳力了，他们希望不要再讲无工不富，要讲无农不稳。

对于前一种看法，我以为宏观控制的对象是失控，乡镇工业的发展并没有失控，自然它就不应当成为控制的对象。至于宏观控制带来的影响，也必然会随着失控现象的扭转而消失。因此，只要农业上有劳力剩余，就会产生冲击力，谁也挡不住。关键就在于农业上究竟还有没有多余劳力？按照第二种看法，农田上的劳力紧张起来了，农业开始告急，草根工业的基础在发生动摇。

情况是否果真如此呢？

根据统计资料，1984 年，吴江县的农村劳力总数为 39.14 万人，其中有 12 万人已转移到乡、镇、村工业和县集体企业工作，从事建筑、运输等其他非农业的劳力为 6 万人，从事林牧副渔的劳力有 3 万人，从事耕作的农业劳力为 19.32 万人，以全县 96.24 万亩耕田计算，每个劳力平均拥有 5 亩耕田。另据县农工部测定，若按现有耕作技术条件下每亩耕田需要 34 个标准劳动日计算，每个劳力可耕种八亩田。可这是在理论上算账。如果考虑到劳动力的不平衡性和农田耕作的季节性，现在的生产条件实际上一个劳力能种好五亩田已经很不错了。劳均拥有的耕田数与一个劳力能够耕种的田亩数正好相等。由此可见，从全县的大账算来，吴江的农业劳动力应当是既无剩余，也不缺乏。

然而，在我走访的几个乡，除震泽以外，干部们都说农业劳力颇感紧张。可替他们算一算账面上的劳力，又都与全县的情况相符，基本上能够满足农业耕作的需要。看来只算账面数字而不看实际，就不容易把真实情况摸清楚。

开弦弓村合作社的社长谈雪荣，今年刚满 40 岁。他家有口粮田和承包田共 7 亩多。原先，这些田主要由他 60 多岁的父亲在负责耕作，农忙时则全家帮忙。今年他父亲病故，失去了一个农业上的全劳力，种田的担子则落到他的肩上。虽然家务事由老母亲做，在村丝织厂工作的爱人和一个儿子也可在工余时间做帮手，可他既要工作又要种田，夏收夏种时家中又饲育春蚕，在最紧张的那些日子里，每天十七八个小时的劳作累得他躺在床上动弹不得。

北库乡的柳书记告诉我，这个乡共有劳力 1.5 万人，其中从事以乡镇工业为主的非农劳动人数有一万人，还剩下 1/3 的劳力在种田。他强调说，从人数上看农业劳力并不缺，但农业劳力老的老，少的少，质量太差，是个不实足的数。梅堰的徐胜祥书记是老熟人了，他说在梅堰这个铸件之乡，青壮年劳力绝大多数被工厂吸收了，留下的都是 60 岁上下的老人和病弱者。所以在群众语言里多了个词，他们把联产到“劳”称为联产到“老”。

强劳力进厂，半劳力种田，这无疑是农业劳力紧张的一个原因。如果联产到“老”的趋势继续下去，有可能造成极为严重的后果。去年，在梅堰的庙头村有三家万斤粮户，今年大概都保不住这一称号了。据说是因为这三家的青年不听家长要他们留下种田的劝阻，都跑到工厂去了。大家普遍反映，现在农村的青年人都不愿当农民。对此，有人惊呼，十年以后将无农夫。

青年人之所以不愿留在村里种田，据说一是因为农忙时劳动强度太大；二是社会地位低下，不进工厂甚至连对象都难找；三是农业的收入少。

我注意到的是第一和第三两条，第二条是从这两条派生出来的。第一条这里姑且不说它。先看第三条，种田的收入少到什么程度？

请县有关部门计算 1984 年每亩粮油作物的物质费用，结果是，以亩产粮食 1433 斤和油料 61 斤计算，亩均收入是 255 元，而种子、肥料、农药、机耕、排灌、小农具添置等物质费用每亩约为 78 元，这是在县农工部提供的每亩物质费用资料中扣除管理费一项后计得。又据开弦弓一户记账农户提供，去年他家的 5.7 亩田地共缴纳了两金一费和农业税为 330 元，每亩为 58 元。以亩均收入减去物质费用和缴纳费，农民在每亩农田的耕作收入为 119 元。如果一个劳动力全年耕种 5 亩田，则可收入 595 元。

据乡镇工业局领导同志介绍，去年乡和村两级工业职工的年平均工资收入(包括奖金在内)是 727 元。所以务农劳力收入要比务工劳力的收入少 132 元。这里应当指出，务农劳力的收入中有相当大的部分是以实物形态兑现的，即全家所需的粮食、食油、柴禾等都包括在上述的收入中。以全县农业户户均人口为四人，每人需自耗农产品的价值为 100 元计算，那么，耕作 5 亩田的农业劳力只到手现金 195 元。还应当指出，一户人家耕 5 亩田必须有一个劳力被钉在土地上，而在耕种和收获时节，全家人必须都扑到土地上做帮手，由此算来，一个农业劳力的现金收入就是微乎其微了。

计算数字不免使人枯燥乏味，可所得的结果却十分重要，它可以使我们悟出不少道理。平望乡的干部说，现在种田不如一位老太太在车站上卖茶叶蛋，不如在乡镇办厂当工人，更不如到上海做小工。所以该乡的溪港村就有 3 户人家不肯种田，弃农经商，留下的 7 亩田只好由村里的塑料厂派人代耕。开弦弓村有一户人家因特殊困难退出了 3 亩田，村干部为了重新分配这点田召集社员开会。会议从下午 7 点半一直开到午夜 11 点半，无人愿意领受。最后还是请大家看在乡亲、乡邻的面子上，才分掉了 2 亩 7 分。北库乡为了防止农业劳力的盲目外流，下行政命令不准农户白田抛荒，外出经营需三级证明。这种现象，包括前述的青年不愿种田等等，不都可以在这计算结果的数字中找到根源吗？

因此，农业劳力的紧张，农民地位的低下，根本的原因就是农民所说的一句话：种田赚不着钱。干部们把它翻译为：农业的经济效益最低。由于农业的经济效益最低，土地的价值在农民心中便失去了其数千年来的传统魅力。土地价值的跌落是一盏真正的红灯，不过它不应该是暂停的信号，而应成为提醒我们警惕农业有可能产生危机的标记。它要求我们必须深入研究在农村工业化的过程中怎样发展农业这一迫切课题，从而使农业现代化与工业化同步进行。

目前我们在吴江看到的实际情况是，农民尽管不愿种田的思想普遍存在，尽管有弃农的苗头出现，但在吴江，从总体上看，眼下的农业生产还是稳定的，农民们拼死拼活也要把落实责任制时承包的几亩田种熟种好。这是因为农民的商品经济头脑还没有发展到把粮食也包括在内的程度。所以农户的食用粮和家庭饲养牧业用粮还得靠自己种出来才放心，盖屋时请人吃饭亏空的粮食也不是到市场上去买，而是到亲戚家中去借。

因此，粮食必须自给自足的传统和几十年来粮食并不富裕的教训，维持了目前农业生产的稳定。可这种维持的局面是不可能长久的，假定从工业得利和从农业收益之间的距离进一步拉大，农民的商品经济头脑再向前迈一步，那末农业生产就会出现危机。

上述两个假定并不是研究者的空想。在苏南一些发达的地方，已经出现了所谓“产值翻一番，缺少鸡鱼蛋”的情况。在吴江，当农户把前两年打下的粮食用塑料袋储放在家里以后，今年便出现了改水田为旱田、变粮食生产为其他经济作物生产的新情况，以致县领导觉得国家下达的2.75亿斤定购粮任务过重，担心今后有可能完不成。因此，用行政命令不准农业劳力流动的办法只能暂时奏效。要真正做到有一个稳定的农业，就得从提高农业生产的效益出发，去寻求发展农业的新途径。

在吴江，我听到两家农业大户的情况。一户在宛坪乡，全家10口人，承包了81亩土地，而且把粮食生产与饲养畜禽相结合，成了以农业生产致富的典型。另一户在同里乡，夫妇两人加上女方的父亲和一个渡工，承包了178亩耕田，预计今年的收入逾万元。

人们从这两个大户身上总结出一条：农业生产要提高效益，就得搞规模经济。县委办公室的一位副主任说，实践证明，五六亩责任田只能拖住农民，却不能安住农民的心。只有扩大经营土地的面积，形成一定的规模，才能产生较高的经济效益，也才能有人安心种田。

这使我想到了在日本时参观过的家庭小农场。一对夫妇，一二个雇工，经营着相当于三四十亩土地的小农场。在日本，这种家庭小农场的收益并不算高。但若与苏南每家耕种五六亩田相比，它的效益显然要高出一个层次。那未，我们能否在责任制的基础上，也实行这种土地小规模集约的经营方式呢？

从上述两个农业大户的情况来看，第一，在他们承包的田地中，绝大多数是围湖后的湖田，因此没有像其他土地那样重的粮食定购任务。第二，在种子、化肥、水利、仓库以及农机等方面，集体为他们撑了腰，提供了高于一般的农业服务。这两个条件显然不具有普遍性，因此，吴江的农业大户也仅此两家。

要做到土地的一定规模的集约经营，离不开农业耕作技术的提高和农业生产服务体系的建立。现在的农业技术与服务情况如何，我这次来不及作详细了解。但看来农业技术的提高很缓慢，服务也没有大的改进。调查时，人们说到这样一件事：一位农民在梅雨季节过后打算翻晒粮食，一天他听广播说是晴到多云，于是就把谷子摊在场地上，他自己去镇上的茶馆喝茶了。谁知转眼间下了一阵雷雨，等到他赶回家，粮食已全部被雨水浸泡透了。一气之下，这位农民举起铁锄，把挂在墙上的广播喇叭敲得粉碎。当然，天气预报并不能保证万无一失。我举这个例子是想说明，对于在现有技术条件下的农业生产来说，对自然力量的抗御力还很弱，冒的风险较大，故而优良的服务更显出其不可或缺的重要性。一旦服务不周，农业的规模经济自然也就不可能形成，只好将农业生产的风险让众人分散去承担。这就是县干部所说的发展农业服务难，农业风险共担。

农业负担的减轻，耕作技术的改革，服务体系的建立，都需要雄厚的经济物质基础。这一力量在现在的农业里是不具备的。农业这条腿目前还很软，靠它自己还站立不起来。所以农业由小农经济向规模经济过渡，必须有一外来的触发和支撑的力量。我以为这一力量就来自草根工业。实际上，现在苏南农村不发生大批农民外流，农业还能继持高产，是得力于基层草根工业的支持。

工业的进一步发展把农民一批批地吸走，农业劳力的紧张导致土地经营的相对集中，工业的利润则为农业的集约经营减轻负担和增强技术服务提供经济力量，而农业的规模经济又反过来以释放更多劳力的方式促进工业的进一步发展和飞跃。这就是我对草根工业的意义和农业发展的前景动力的认识。至于苏南农业究竟以多大的规模进行集约经营？人们估计现有技术条件下大概可达到二十来亩。对此还有待于我们去研究。

从现有包产到户的小农责任制转化成相当规模的小农场，给农业机械化和现代化的真正到来创造条件，是当前已经提到日程上来的现实问题了。显然，农村体制改革已要求更上一层楼。这也应当是我们今后研究的重点。我觉得现在回到农村里去进行调查是及时的。农村是乡镇工业的基地，乡镇工业促进了小城镇的发展，形成了苏南地区全面的繁荣，要跟踪追进地观察这个历史过程，我们不能放松对农村本身的调查研究。这可说是我九访江村总的体会。

1985 年 8 月 29 日

江村五十年

已是50年的事了。1936年的暑季，我从广西大瑶山调查回到家乡，在江苏省吴江县境内的一个村子里作了一次短期的社会调查。调查后我写了一本书，书名《江村经济》。江村是我替这个村子取的学名。1957年我又到江村调查了一次。自1981年以来的这几年里，我多次去江村访问，同时指导我的学生蹲在村里作观察与研究。我亲自看到这个村子在这半个世纪里的巨大变化。江村的变化总的说来反映了全国农村所走过的道路，而且在一定程度上还可以说它代表了中国农村现代化的先进模式。

江村坐落在太湖东岸，地处长江三角洲。这一地区自古是为人赞道的“人间天堂”。肥沃的土地，温湿的气候，适宜于培植高产水稻。因而在以农立国的时代，经济上比较发达，加上沟渠纵横，水上运输便利，市集兴旺，使其成为国内少有的富庶之区。然而在本世纪30年代我初访江村时，“天堂”之誉早已名不符实。和当时全国的农村一样，江村的大多数农民正在饥饿线上挣扎，以致我在那本《江村经济》的结语里不得不惊呼“饥饿是中国问题的结症”。今天回过头来看，这句话正说明了，即便如江村那样天赋独厚的地区，在封建土地制度下，经济是发展不起来的。何况近百年帝国主义的压迫，农民的日子那时还正在一步步陷入了贫困的深渊。

这个地区在太平盛世的繁荣景象，现在除了一些怀古性的传说以外，已无可考。但分析50年前抗日战争前夕的江村经济结构，我们可以看到这地区的一个特点就是人多地少。农民并不能靠种植业来取得所需的全部生活资料。他们懂得除了种植水稻来取得日常所需的粮食外，还必须从事多种多样的副业，特别是家庭手工业，在这地区主要是蚕丝业，来换取其他的日用必需品。这样形成了男耕女织，农工相辅的家庭经济结构。从而使得这个鱼米丝绸之乡有能力维持比其他地区高出几倍的人口，而保持其相当一段时期的繁荣和稳定。

中国农村近百年的历史是一部自然经济衰败的历史。从这个地区来说，经济衰败的起点就在于家庭手工业的没落。原先在国际市场上占着重要地位的中国生丝，自20年代开始由于技术的相形落后而日居劣势。一跌再跌的丝价和外来纺织品的大量输入，沉重地打击了传统的蚕丝业，瓦解了农工相辅的家庭经济结构。

作为农民收入重要来源之一的家庭手工业的破产，使原来生活上还能过得去的农民陷入穷困。饥饿迫使他们出卖唯一赖以生存的土地，完全跌入封建剥削的陷阱。土地权大量集中到地主手里，进一步加强了农村经济的崩溃。

据土改工作组在1951年对江村的50户调查，在1948年，住城和本村的地主占有土地297.7亩，而农民自有土地仅173亩，只占37%。其中的46户贫苦农民中，有30户耕种地主的租田，有17户“吃生米”，即借利息高达100%的高利贷，有23户靠典当度日，有9户的男子和妇女外出做长工和帮佣，曾被逼租挨打受体罚的有10人。

从该村所在的吴江县来看，据该县档案馆的资料统计，人口占90%以上的贫苦农民只占有40%的土地，而剥削阶级占有的土地为60%。缺田少地的农民只得租种地主的土地，每年把收成的37%到66%作为租米交纳给地主。

封建地租和高利贷常常把农民逼到走投无路，倾家荡产。据不完全统计，自抗战到解放的十余年间，该县震泽区的总人口不过三万，而竟有1857个农民因无力交租被投入监狱，其中45名被逼致死。农民卖田3223亩，卖房229间，卖羊10500只，卖船40条，卖衣物1002件，卖家具38件。被地主恶霸霸占的农妇有47名。这种悲惨状况在日本侵占时期和其后的国民党反动派统治时期一直在恶性发展，最后经过了四十年代末的人民解放战争才告结束。

1949年江村在中国共产党领导下得到了解放。江村农民和全国农民一样，经济上的翻身是从解放后的土地改革开始的。在1951年元旦前后进行的土地改革中，江村有94%的农户分进了土地。吴江全县原来被地主占有的39.2万余亩耕田全部回到了贫苦农民的手中。

这次土地改革不仅废除了几千年来的封建剥削制度，使土地归回劳动者所有，而且在政治上剥夺了剥削者的权利，真正实现了农民当家做主。在短短数月内，江村农民摧毁了官僚、土匪、恶霸、地主四位一体的基层反动势力。农民则在斗争中巩固和壮大了自己的组织，全县农民协会（农会）拥有98012名会员，占全县43万农村人口的23%，其中4071名贫苦农民在普选中当选为各级基层政权的干部，还有农民武装、民兵18278人。

以土地还家、政治民主为中心的这项社会的巨大改革，大大激发了广大农民的生产积极性，促进了生产力的第一次飞跃。在当时的一份土改总结报告中有这么一段话：土改后，贫苦农民得田后生产情绪非常高涨，非常积极，除分得一部分生产资料外，还大量修整、购买工具，据不完全的统计，土改后第一年内，全县买进耕牛 8605 头，船 625 条，水车、牛车、风车共 1933 部，犁耙铁锴等主要农具 19422 件。为争取丰收而积极积肥，全县罱河泥普遍比往年多。农民购买豆饼 187076 斤，肥田粉 50192 斤，增植桑苗 1037297 株，购鱼秧 4597 斤。为保证丰收而积极开渠疏河修圩，全县修补险圩 900 余个，疏通与新开河渠 580 余条。参加治螟人数在 20 余万以上，使 50 万至 60 万亩稻田少受虫害。农民到处洋溢着翻身的新气象。

在这前所未有的新气象中，最明显的是粮食产量的上升和农民购买力的提高。在粮食产量方面，以江村的平均数统计，土改前的 1949 年，三麦单产 55 斤，水稻单产 330 斤，常年亩产粮食为 385 斤。土改后的 1952 年，三麦单产 72.4 斤，水稻单产 488 斤，常年亩产达 560.4 斤。到 1953 年，常年亩产又增加到 630.8 斤。全县的粮食总产从 1949 年的 3.4 亿斤上升到 1953 年的 5.7 亿斤。这些粮食除了销售，农民的口粮也逐年增加。1949 年人均毛粮 489 斤，1953 年为 700 斤。在购买力方面，除上述生产资料的剧增，生活资料也大幅度增长。据 1951 和 1953 年末对 709 户的调查统计资料，仅棉布一项土改前农民人均购买 16 尺，土改后为 26 尺。到 1953 年，每户农民除了自给部分，每年平均要花 60 元购买各种生活资料。一股饱食有余的气氛取代了解放前农民缺吃少穿的忧虑。

土地问题的解决解放了生产力，可是生产力的继续发展却受到了以家庭为经营单位的小农经济的制约。在江村，这一制约作用具体表现为三个方面：第一是土地分散。江村人多地少，在 50 年代初每人平均只有两亩耕地，以家庭平均人口 4.5 人计算，每户的田地只有 10 亩，耕地规模太小。第二是对自然灾害的抗衡力弱。太湖流域是水网沼泽地带，每年汛期，屡遭水灾，而单家独户的力量有限，无法与洪水抗争。在土改后的几年中，全县每年仍有几万亩的低洼田遭淹而颗粒无收。第三是家庭间劳力和农具不平衡。有些家庭劳力、农具过剩，利用率低；有些家庭则既缺劳力又缺农具，降低了土地的利用率。在这样的情况下，为了农业的进一步发展，土地由家庭单干变为合作经营势在必行。所以在土改之后即开始了合作化的过程。

在江村，1951 年出现了家庭间相互换工的互助组，1954 年农民自发组织起初级农业生产合作社。1955 年，初级社在数量上大增，全县达 1958 个，入社农户占总数的一半以上。合作化的这一初期阶段完全遵循自愿互利的原则，把农户各自所有的土地合并起来合作经营。它依靠集体的力量兴建水利，几年内共完成修圩护坡 556 万土方，开疏港渠 1925 条，建造公路涵闸 9 座，增添大型戽水机 20 架。御洪能力的增强提高了土地的产出。1955 年，江村的合作社亩产小麦 100 斤，稻谷 608 斤；而同年单干户的平均亩产小麦只有 58 斤，稻谷 500 斤。增产自然增收。这一年合作社实行按劳分配，每个劳动日分得了 1.317 元，有 86%的入社农户比上一年增收 50%。以后的两年，合作社的粮食产量和经济收入继续上升。这是农村经济发展的可喜的一面。

但是另一方面，我在 1957 年重访江村时就看到在粮食增产的同时，由于忽视农村副业和家庭手工业在农村经济中的地位，又误认为这种商品生产活动有碍于农民走社会主义道路而予以限制和打击，以致农民除了生产粮食和国家收购的农产品外，只能从事一些自给性的生产活动。例如江村所在的震泽区是传统的蚕桑基地，可是由于农业社对桑树培育不重视，桑叶减少，养蚕锐减，1957 年比 1956 年少养了 2996 张蚕种，还因缺叶倒掉了 1620 张蚕种。按当地一般水平，每张蚕种可产茧70～80斤，而每100斤茧价值在200元左右。这就是说，1957年群众的养蚕收入比1950年减少了约70万元。许多农业社还停止了如贩运海蜇、树木、竹子和种植蔬菜等习惯性的副业项目，而以往这些副业生产的收入一般均占农户全年收入的20％～30％。在这种情况下，农民的饥饿问题固然解决了，但是生活的其他需要却无法得到满足和提高。

与此同时，初级社被认为是半社会主义性质的生产组织，而只有将农民私有的土地收归集体所有，变合作经济为集体经济才是全社会主义。于是，在1956年开展的农业合作化运动高潮中，江村的初级社都合并升格为高级社，扩张了经营规模，实行按劳动计算工分的分配制度。1958年秋，又在高级社的基础上搞“一大二公”，成立了人民公社。那就是，同一公社的几千户农民在集体公有的土地上，在统一指挥下劳动。公社社员的生产资料甚至包括房屋、家具等一部分生活资料在全社范围内服从统一调度。社员的报酬则按劳动工分统一分配。社员的生产与生活采取军事化和食堂制。这些措施都源于从集体所有制迅速过渡到全民所有制，以求早日实现共产主义的指导思想。今天回顾这段历史，不能不承认欲速不达，操之过急，违背了社会发展的客观规律。这种尝试的结果造成了60年代初的困难时期。

在这段时期里，江村由于人多地少，所受的影响也较深。当时江村的人均耕地只有1.3亩，而平调土地、农具、资金的共产风以及不顾条件盲目扩种双季稻，改变耕作制度的生产瞎指挥又严重挫伤了农民的生产积极性，使粮食产量逐年下降。1959年水稻亩产为652斤，1960年为600斤，1961年降至494斤。可是实际产量的连年下降却被浮夸风、高指标掩盖起来而得不到如实反映，因而国家征购粮食的任务不断加码。该村所在的庙港公社，自1957年到1960年，逐年的征购数为：495 万斤、798 万斤、802 万斤、969 万斤。产量降低、征购过重的结果是社员口粮的紧缩。1961 年江村的人均口粮只有 262 斤毛粮，也就是说，每人每天只吃六两大米。在这样的情况下，出现了人口的流亡现象。据统计庙港公社的总人口 1958 年为 22571 人，1961 年为 21315 人，净减了 6%，而当时外流觅食的人数则远远超过这一净减数。

接受了冒进的教训，1962 年人民公社进行了调整和整顿，实行公社、生产大队、生产队三级所有，生产队为基础的经济核算制度，就是把集体所有的基本单位，也就是集体经营的单位，缩小到生产队。经过调整之后的生产队一般都保持在 20 户到 40 户的小规模。除此之外，在其后的几年中，还通过减低征购任务、一平二调的算账退赔、恰当处理积累与分配比例，以及合理使用劳动力等一系列调整措施，农村里的经济秩序重新趋平稳定，并在水利建设、农业机械化和电气化等方面都由于集体经营而做出了成绩，加上积累了栽种双季稻的经验，江村的粮食产量以年均 10%以上的速率迅速回升和增长，到 1966 年，平均亩产已达水稻 988 斤。社员的人均收入也从 1961 年的 80 元上升到 1966 年的 118 元，吃粮水平则稳定在 600 斤上下。

1966 年开始的“文化大革命”造成了长达十年的全国动乱。动乱初期农村也受到波及和损失。但与大、中城市比较，1968 年以后的社会经济情况要相对安定一些。然而就在这 70 年代的初、中期，由于农村里继续实行队为基础的公社制，在集体管理下产生吃大锅饭的弊端，在一定程度上掩盖了农村人口增长与经济发展之间的矛盾，但还是不可避免地在农村的剩余劳动力上显现出来。以江村为例，下表显示出这几年的粮食生产、劳动力和人均分配水平的情况：

项目 年份	三麦单产（斤）	水稻亩产（斤）	每亩农本（元）	劳动力数	劳动日数	劳动日单价（元）	人均分配（元）
1967	316	913	41	1144	321053	0.71	119
1970	290	940	42	1297	422056	0.57	113
1971	331	970	48	1302	472601	0.53	116
1972	375	1103	59	1315	482113	0.58	124
1973	270	1038	54	1324	493247	0.54	117
1974	375	1158	58	1289	535664	0.53	127
1975	232	1080	57	1339	555600	0.48	116

由此可见，8 年间粮食产量已开始出现达到极限时的临界性波动，而农业成本、劳动力、劳动日都有增长趋势。其中劳动日的增长最快，以 1967 年为基数，1975 年提高了 173%，这就是农民俗话所说的“抢工分”。由于农村副业和家庭手工业在这一时期更受歧视、限制和打击，农村的经济收入几乎完全靠粮食生产，因而抢得的工分就开始贬值。以上述头尾两个年份作比较，每个劳动日的分配额减少了将近一半。

每个人从大锅里分得的饭量越来越少的现实使农民认识到人口的巨大压力。他们从生活实际出发，需要在耕作农业之外另谋活路。就在这时候，城市里的许多工厂还在停产闹革命。生产停顿，但市场需求依然存在，于是部分城里的工业就向正需要找活路的农村转移。城市经济的瘫痪也使得原在城市工厂里的技术人员流入农村，类似于此的众多因素凑合起来，在长江三角洲首先出现了大批“社队企业”，那就是，由公社或生产大队集体开办的小型工厂。社队企业从发生到在 80 年代初取得合法地位并改称乡镇企业，走过了充满艰辛和考验的十几个年头。

1982年我在江苏省江阴县的一个工业产值超过1000万元的大队访问时，曾听说这个大队以往的经济发展几经曲折，可在1968年与城市挂上了钩，把工业引入农村以后，他们就紧紧抓住这条活路不放。尽管农村办工业与当时“以粮为纲”的政策不合，甚至有走“资本主义”道路而受到制裁的危险，但他们很巧妙地在厂门口挂上农具厂的招牌，偷偷摸摸地生产着与农具不沾边的塑料制品。从而为以后的发展打下了根基。农民办工业的热情如此巨大，以致种种束缚和障碍都阻挡不住他们前进的脚步，原因就在于这热情来自急需为剩余劳力找活路的迫切需要，这股内在动力促使农村干部和群众纷纷起来仿而效之，社队工业也就不胫而走，迅速蔓延。

1976年全国拨乱反正，1978年中共中央十一届三中全会对农村经济体制作出了改革的决定，开始推行联产承包责任制，在坚持土地公有制的基础上分别由家庭承包，独立经营。农民在承包土地上的收入除了规定要上交国家和集体的部分外，全部归个人所得。这就克服了公社制所引起的种种遏制生产力的弊病，使农业经济进入了一个新的发展阶段。1982年江村落实责任制后，农民的生产积极性很高，几年来的粮食亩产一直稳定在1600斤左右，这一水平与责任制以前相比虽不能说有大幅度增长，但每亩农田所花费的成本降了下来，农民从土地上的实际收入提高了。

生产责任制的实行使得长久被大锅饭所隐蔽的剩余劳动力暴露得更清楚了。每个家庭都明白自己承包的土地需要多少劳动量，劳力有多余的就要自觉地出去找生产之道。这给已经走过初创阶段并受到国家支持的乡镇工业以更大的推动力。农业和工业并肩发展，农村经济出现了史无前例的繁荣景象。江村的人均收入从1980年的130元增加到1981年的237元，1982年为334元，1983年为450元，1984年为 570 元，1985 年达到 712 元。连续五年以每年 100 多元的速度向上涨，其中最主要的因素是乡镇工业的发展。乡镇工业大量吸收了村里的劳动力，使他们在工厂工作取得工资，减轻了农田上的人口压力，收入提高了。1985 年，江村 1433 个劳动力中有 639 名在乡镇企业做工，约占 45%，这些农村工人全年的工资加奖金的总收入为 48.24 万元，相当于全村每人收入 202 元。从整个苏南看，一些先进地区发展得更快，如沙洲、无锡、常熟的几个亿元乡，在 1982 年时人均收入已超 700 元，1984 年都超过 1000 元，其中一半以上的收入来自工业。江村的收入水平还只是处于中等水平。

80 年代初期，农村经济的这第二次飞跃比起 30 年前的第一次飞跃来，其意义更为深刻。因为在这过程中农村经济结构发生了前所未有的变化：农业与工业在产值上的比例翻了一个身。70 年代末还是农大于工，大致是 7∶3；到了 80 年代中期，比例倒了过来，成了 3∶7,农小于工。江村的工业起步较晚，变化也就特别显著。1979 年的工业产值为 19 万元，只占农、副、工三业总产值的 31%；1985 年全村三业总产值比 1979 年增长了 7.7 倍，一跃为 537.68 万元。其中工业产值为 325 万元，占 60.4%；农业产值 72.57 万元，占 13.5%；副业（包括个体手工业和服务业）140.11 万元，占 26.1%。在经济结构变化中值得注意的一个特点是工、副、农三业的协调发展。工业的异军突起并不是出于农业的萎缩。从江村的统计数字看，1979 年以来农业产值也在上升，平均每年增长的速率为 4%，只是与工业产值年均增长 60%相比，农业则相形见绌了。

或许有人会问，农村经济的这一巨大飞跃是怎么来的？让我们先看江村的两个具体例子。1967 年江村联合了它周围的五六个村子，筹集了多年的集体积累资金 2.7 万元，办起了一个缫丝厂。此后，工厂采用低工资、高积累的办法逐年扩大再生产，工厂的规模越来越大。到1984年该厂已有固定资产55万元，流动资金28万元；年产值也由最初的2万元提高到了152万元。随着利润的增加，工人的平均月工资也由21元上升到63元。可是这个工厂在办厂数年之后由大队联办厂升格为公社厂，就不再属于江村的工厂了。于是江村在1978年底又用集体积累的3万元，买了14台老织机筹办村办丝织厂。最初只招收43个工人。1979年一年内就盈利4万元。当年工人的工资月均只有24元，还留成一部分在厂里作为来年的流动资金。就这样年复一年的发展壮大，到1985年该厂已是拥有351名工人和70台织机的中型丝织厂，年产值达278.2万元，成了江村6个村办企业的骨干。

这两个厂的创业史告诉人们，乡镇工业是从无到有，由小到大，生长起来的。农村经济的飞速发展，固然有诸如城市工业支持，国家贷款扶持等因素在内，但最主要最活跃的因素是省吃俭用、含辛茹苦的农民。正是农民，他们用自己的劳动，一点一滴地积累了资金，在这十年里创办了约占江苏全省工业三分之一的乡镇工业；也是农民，他们用自己的双手开拓了崭新的生活。现在的江村农民，温饱之后正在改善他们的居住条件。1957年全村只有一幢二层楼，如今它已被翻修成三层楼，二层楼房也已盖了30多幢，还有60户人家的门前垒起砖瓦准备造楼。农民的富裕离不开乡镇企业，用农民自己的话说就是“无工不富”。

乡镇企业的发展引起如此巨大的变化其实是不难理解的。过去相当长时期里实行的那种限制商品生产的政策使农村的劳动力只能完全投入土地从事粮食生产，而土地的报酬受到递减率的制约。据江村农民反映，在这一地区水稻的亩产量高过1500斤以后，再要提高产量就不易了，除非投入比产出更高的资金，那就得不偿失。在这 50 年里江村的土地并无增加而略有减少，但人口却增加了 80%以上，人均耕地从 2 亩降到 1.2 亩。尽管由于精耕细作、兴修水利，这块土地生产的粮食除了养活全村人畜，每年还能出售给国家 68 万斤，但是增加的劳动力却大量剩余下来不能变成生产力。据 1968 年的统计，全村有 1144 个劳动力，劳均耕地不足 2.5 亩。按当时的耕作条件，每个劳力可承担 5 亩土地而保证不减产。这意味着有一半的劳动力白白地浪费掉了。实行责任制以后，有闲的人手显而易见，乡镇工业就将这部分有闲的人手与先进的生产手段结合起来，造就了一股强大的生产力，从而繁荣了农村经济，完全改变了农村原来的面貌。

将来的历史学者很可能会指出这条工业化道路确实具有中国社会主义的特点。因为它既不是如同大跃进时期那样搞“以钢为纲”，劳民伤财；更不像早年西方的工业化那样形成工农矛盾和城乡对立。乡镇工业始终是以繁荣农村经济为目标，充分利用最基层的集体经济力量和丰富的劳力资源，从农村的“草根”上兴办起来的。这种“草根工业”，不仅没有损害农业和剥夺农民，相反地倒促成了工农相辅和城乡协作。就江苏全省而言，自从实行生产责任制以后，用乡镇企业的盈余担负如水利等农用基本建设的经费远远超过同期国家投资的总额，这是直接的以工补农。在苏南乡镇企业发达的乡村，其他如开办学校、修桥铺路、烈军属、五保户补贴等的公共事业和社会福利的开支都不必摊到农户而由村办企业支出，甚至一些基层组织的部分财政经费也由村办企业付偿。如果没有村办企业，这些费用还得在农业收入中扣除，这是间接的以工支农。对此，我们可以用过去家庭经济中农副业的关系来理解现在乡镇企业和农业的关系。乡镇企业的作用，实际是集体经济里的副业。它和农业一起形成在新的历史条件下的农工相辅。它们共同维持集体的生活，并使农村的集体经济得以巩固和继续发展。

乡镇企业正在造就乡村里的一批新人。工厂一般都设在村镇上，离开农民的住所不远。做工的农民每天可以步行或骑自行车上工，做工结束后还能回家耕种承包的责任田。这些人是兼营工业的农民，也是没有脱离农业的工人。这种亦工亦农的形式是当前中国工业化初期的一大特点。这是由农民向工人过渡的中间阶段。这一特点还避免了以往的工业化那种因人口过度集中而引起的社会问题，在村镇和农村就地发展工业，用工业扩散的办法防止了人口向大、中城市的大量汇集。1984 年，苏州市的乡镇企业职工人数达 70 余万人，超过了苏州市区的人口总数。由此推算，如果不是兴办乡镇企业，要达到当前的经济发展水平，原有的那些大、中城市受到的人口压力将会是无法想象的。换句话说，不发展乡镇企业，原有城市的规模必然会扩大到问题重重、难以维持的地步。以全国来说，1985 年乡镇企业的职工数已逾 6000 万。如果加上小城镇里原有的居民，小城镇及靠近小城镇的农村企业已经吸收了约一亿劳动人口。如果将这一亿劳动人口的家属算在内，就等于吸住了二亿以上的人口，从而避免了大、中城市的过度拥挤。总之，乡镇企业确实可以称得上中国农民的创举，它在历史上曾出现过对立的工业与农业之间，对立的城市与乡村两端，起着协调的作用。

作为农村集体经济主干的乡镇企业，它的发展为农业的现代化提供了实现的条件。近年来江村的实践证明，发展工业和稳定农业是互为条件的。没有发达的工业，农业是稳不住的。反之，没有农业的稳定，乡村里的草根工业就会失去根基而枯萎。当前引人注目的问题是农业的不稳定。看来，农业不稳定的主要原因是农业的经济效益远远落后于工业的经济效益。但在发展农业时不应仅仅考虑经济效益，而要综合考虑社会效益和生态效益；“无农不稳”还应当包括在当前和长远的考虑里。但是怎样提高农业生产的经济效益毕竟是一个值得研究的大问题。实行生产责任制以后，农民的生产积极性普遍调动起来，这是基本的方面。不过也必须看到，以家庭为经营单位必然导致小农经营。在江村每户家庭一般只有 5 亩田，而且往往分割为十几块。几厘田就作为一个耕作单位的比比皆是。因此小农经济对以提高经济效益为目标的农业现代化的制约作用也不能忽视。为了使农业现代化与工业化齐驾并驱，在苏南一些条件较成熟的乡村里已提出了适当扩大农田经营规模的新问题。少数村子甚至建立了集中经营的农场，由工业的利润担负起农业现代化所需的资金。农田一旦集中起来，实行机械化耕作和现代化管理，又进一步把现在束缚在农业生产上的劳动力转移出来，去从事乡镇企业和包括为农业服务行业在内的其他生产门道。这一过程在江苏的发达地区刚刚开始。在江村则还只是才感觉到的新问题。怎样从实践中得到解决还有待于今后的发展。然而有一点是确定无疑的，那就是要稳定农业，就得将当前小而全的农业经营方式改造成有专业化服务体系的现代农业。而农业现代化的条件则有赖于乡镇工业和国营工业共同提供和创造。

历史的巨轮是不会停止的。上述的江村在过去 50 年中的变化，很可能是更大更富有意义的变化的前奏。整个中国正向繁荣富强的目标前进，江村不过是其中一个小小的农村。它并不能代表其他的许多农村。但是，它们都是在同一的大势中推进，江村所取得的经验，无疑会影响其他的村子；它所面临的问题也将从其他村子的实践里取得启发而获得解决。我们正在以无比的热情，追踪观察这一极其生动的过程，并力求如实地记录下来，为历史留下脚印。

《云南三村》序

日子似乎越过越快，应当做的事总是不能及时完成，堆积成山，压得使人难受。这可能是人到老年难免的苦处。以这本《云南三村》来说，我早就该编定交去出版，不料一拖已有两年。昨晚才算全部看完一遍，了却了这桩心事。

能有几天不受干扰地集中时间校阅这部稿子，可以说也是得之偶然的机遇。今年国庆节前夕，突然接到澳门东亚大学的邀请，匆匆就道，十月四日到达。东亚大学要我做的事并不多，参加一次仪式和讲一次话。但两个节目，由于中秋放假加上周末休息，拉开了好几天。由此我无意中得到了一段可以自由支配的时间。我带上这部稿子，利用这段空隙，从头阅读了一遍。

和天津出版社约定出版这本书已是二年多前的事了。这本书包括我和同事张之毅同志于抗战初期（1938～1942年），在云南内地农村调查的三本报告：《禄村农田》、《易村手工业》和《玉村农业和商业》。其中前两份报告分别在1943年由重庆商务印书馆出版，用的还是抗战后方的土纸。第三份报告一直没有出版过。1943年我访问美国时，曾以英文把这三份报告写成 *Earthbound China* 一书，1945 年由芝加哥大学出版社出版，后来收入英国 Kegan Paul 书局的国际社会学丛书里。

从云南内地农村调查开始时 1938 年 11 月 15 日算起到今天已接近 50 年，只差一个月又 3 天，快整整半个世纪了。这半个世纪里，从世界到个人都发生了史无前例的变化。自从 1979 年社会学在中国重新取得合法地位后，我一直有意思想把我国早期社会学调查成果整理出来重于出版，使后人能了解这门学科是怎样发展过来的。但这几年我总觉得应当做的事实在太多，大概是由于有了点年纪，精力已日见衰退，望着案头待理的一叠叠稿纸，已感到力不从心，无可奈何。此项打算未能如愿实现。

我的《江村经济》还是靠了朋友们的帮助翻译，今年方与读者见面。当时我就想到已经约定出版的《云南三村》应当接着付印。我把这意思告诉了张之毅同志时，知道他那时已在埋头校阅《玉村农业和商业》这本旧稿，他是个认真做学问的人，对自己的要求十分严格。文如其人，读者在本书里就体会得到这位作者的性格。说是校阅，实是重写。这几天我阅读这本稿本，发现他从旧稿中剪下来贴在稿子上的占不到全稿的三分之一。我耐心地等他把定稿送来，谁知道送来的却是他老病复发的信息。我去医院看他时，他已昏迷，话也没有能接上口。今年 6 月 8 日他逝世了。丧事过后，他的家属在案头找出了这一本他亲自剪贴改写的稿本，送到了我的手上。我心上一直挂着这件事，但腾不出手校阅，十分难受。

真是想不到，将近五十年前，为了油印他那本《易村手工业》，我曾一字一句地亲手刻写蜡板，过了这么半个世纪，最后还是轮到我，为了出版这本《玉村农业和商业》，又一字一句地亲自校阅他的修正稿。这段学术因缘，岂是天定？但是今昔还是有别。当年我凡是有着不清楚或不太同意的地方，总是能拉住他反复讨论、查究，而现在凡是遇到模糊的字迹，不太明白的句子时，只能独自猜度了。此情此景，在异乡明月下，令人惨然。

关于云南三村的调查经过，本书中都有交代，在这里不必多说。这一段时间的生活，在我这一生里是值得留恋的。时隔愈久，愈觉得可贵的是当时和几位年轻的朋友一起工作时不计困苦，追求理想的那一片真情。以客观形势来说，那正是强敌压境，家乡沦陷之时，战时内地知识分子的生活条件是够严酷的了，但是谁也没有叫过苦，叫过穷，总觉得自己在做着有意义的事，吃得了苦，耐得了穷，才值得骄傲和自负。我们对自己的国家有信心，对自己的事业有抱负。那种一往情深，何等可爱。这段生活在我心中一直是鲜红的，不会忘记的。

现在很可能有人会不太明白，为什么一个所谓"学成归乡的留学生"会一头就钻入农村里去做当时社会上没有人会叫好的社会调查。《禄村农田》却的确就是这样开始的。我初次去禄村的日子离我从伦敦到达昆明时只相隔两个星期。为什么这样急不及待？《江村经济》最后一段话答复了这个问题。我当时觉得中国在抗战胜利之后还有一个更严重的问题要解决，那就是我们将建设成怎样一个国家。在抗日的战场上，我能出的力不多。但是为了解决那个更严重的问题，我有责任，用我所学到的知识多做一些准备工作，那就是科学地去认识中国社会。我一向认为要解决具体问题必须从认清具体事实出发。对中国社会的正确认识应是解决怎样建设中国这个问题的必要前提。科学的知识来自实际的观察和系统的分析，也就是现在所说的"实事求是"。因此，实地调查具体社区里的人们生活是认识社会的入门之道。我从自己的实践中坚定了这种看法。1935～1936 年的广西大瑶山调查和江苏太湖边上的江村调查是我的初步尝试。经过了在伦敦的两年学习，我一回到国土上，立刻就投入了云南内地农村的调查。这里有一股劲，一股追求知识的劲。这股劲是极可宝贵的。

广西大瑶山的调查只有我和前妻王同惠两人，江村调查只有我单枪匹马。但是到了云南却能聚合一些志同道合的青年一起来进行这项工作了。出于老师吴文藻先生的擘划，不但1938年在云南大学成立了一个社会学系，而且1939年和燕京大学合作成立了一个社会学研究室。我接受了管理中英庚款董事会科学工作人员的微薄津贴(1939～1941年)，以云大教授的名义，主持研究室的工作，开展社会学调查。1940年昆明遭到日机大轰炸，社会学研究室不得不疏散到昆明附近呈贡县的农村里去。我们租得一个三层楼的魁星阁，成为我们的工作基地，因此这个研究室也就从此被称为“魁阁”。到1945年日本投降才回到昆明。前后有6年。

1939年春季我在西南联大兼课，张之毅同志在我班上听课。他从清华大学社会学系毕业后，首先报名自愿参加我主持的社会学研究室。由他牵头陆续有史国衡、田汝康、谷苞、张宗颖、胡庆均等同志参加，加上云大的教授许烺光先生和燕京大学硕士研究生李有义同志，形成了一个研究队伍。魁阁的学风是从伦敦政治经济学院人类学系传来的。采取理论和实际密切结合的原则，每个研究人员都有自己的专题，到选定的社区里去进行实地调查，然后在“席明纳”里进行集体讨论，个人负责编写论文。这种做研究工作的办法确能发挥个人的创造性和得到集体讨论的启发。效果是显然的。像《易村手工业》这样的论文是出于大学毕业后只有一年的青年人之手，我相信是经得起后来人的考核的。

张之毅同志参加研究室的第一课是跟我一起下乡，去禄村协同我进行调查。学术是细致的脑力劳动，有如高级的手艺，只是观摩艺术成品是不容易把手艺学会的。所以我采取“亲自带着走，亲自带着看”的方法来培养新手。从1939年8月到10月中，张之毅同志和我一起在禄村生活和工作。随时随地提问题，进行讨论。所以他摸出了我从江村到禄村比较研究的线索和共同构思出今后研究的方向。我们又在该年10月18日一同去寻找一个内地手工业发达的农村来为以农田为主的禄村作比较研究。走了六天才找到易村。拟订调查计划后，11月17日，他便单独去易村进行工作。这时他已经有了调查的初步经验，而且对要了解的问题已心中有数。从这基础上，他克服种种困难，在27天里取得了丰富的数据，而且提高了认识，提出了新的问题。为下一回玉村调查打下了基础。

玉村调查是在1940年和1941年中进行的。由于玉村离呈贡的魁阁较近，而且交通方便，所以他能和我的禄村调查一样，在整理出初步报告后，再去深入复查，步步提高。由于他所遗下的稿本里缺了叙述调查经过的一章，我已记不住他进行工作的具体日期。但是由于这本稿子曾经反复在魁阁的“席明纳”里讨论过，又在我改写英文时细嚼过，所以我对玉村调查的主题印象相当深刻。实际上，它已为我在80年代的小城镇研究开辟了道路。玉村是一个靠近玉溪县镇的一个农村。玉溪县镇是云南中部的一个传统商业中心。它在土地制度上是从禄村到江村的过渡形式，在农业经营上具有靠近城镇的菜园经济的特点，在发展上正处在传统经济开始被现代经济侵入的初期阶段。无怪这样一个富具特点的研究对象能吸引住张之毅同志的研究兴趣，直到他生命的最后一刻。

从《江村经济》到《云南三村》，还可以说一直到80年代城乡关系和边区开发的研究，中间贯穿着一条理论的线索。《云南三村》是处在这条线索的重要环节上，而且在应用类型比较的方法上也表现得最为清楚。因之，要理解在魁阁所进行的这些的社会学研究，最好看一看这本《云南三村》。

《云南三村》是从《江村经济》基础上发展出来的。《江村经济》是对一个农村社区的社会结构和其运作的素描，勾划出一个由各相关要素有系统地配合起来的整体。在解剖这一只“麻雀”的过程中提出了一系列有概括性的理论问题，看到了在当时农村手工业的崩溃、土地权的外流、农民生活的贫困化等等，因而提出了用传统手工业的崩溃和现代工商业势力的侵入来解释以离地地主为主的土地制度的见解。但是当时我就觉得“这种见解可否成立，单靠江村的材料是不足证实的。”于是提出了类型比较的研究方法，就是想看一看“一个受现代工商业影响较浅的农村中，它的土地制度是什么样的？在大部分还是自给自足的农村里，它是否也会以土地权来吸收大量的市镇资金？农村土地权会不会集中到市镇而造成离地的大地主？”《禄村农田》就是带了这一系列从《江村经济》中产生的问题而入手去研究的。从江村到禄村，从禄村到易村，再从易村到玉村，都是有的放矢地去找研究对象，进行观察、分析和比较，用来解决一些已提出的问题，又发现一些新的问题。换一句话，这就是理论和实际相结合的研究方法。

当我发表《江村经济》之初确有人认为解剖这么一个小小的农村，怎样戴得上《中国农民生活》这顶大帽子。当时这样批评是可以的，因为显而易见地，中国有千千万万个农村，那一个够得上能代表中国农村的典型资格呢？可是人对事物的认识，总是从具体、个别、局部开始的。如果我停留在《江村经济》，不再前进一步到《云南三村》，那么只能接受上述的批评了。

当然也有人为我辩护说，《江村经济》这一类的研究目的不是在提供一个“中国农村”的典型或缩影，而是在表达人类社会结构内部的系统性和它本身的完整性。这本书为功能分析，或是系统结构分析作出了一个标本。

我本人并不满足于这种辩护，因为我的目的确是要了解中国社会，并不限于这个小小江村。江村只是我认识中国社会的一个起点。但是从这个起点又怎样才能去全面了解中国农村，又怎样从中国农村去全面了解中国社会呢？这就是怎样从点到面，从个别到一般的问题。

我并不想从哲理上去解决这个问题。我只想从实际研究工作中探索出一个从个别逐步进入一般的具体方法。我明白中国有千千万万的农村，而且都在变革之中。我没有千手万眼去全面加以观察，要全面调查我是做不到的。同时我也看到这千千万万个农村，固然不是千篇一律，但也不是千变万化，各具一格。于是我产生了是否可以分门别类地抓出若干种“类型”或“模式”来的想法。我又看到农村的社会结构并不是个万花筒，随机变化出多种模样的，而是在相同的条件下会发生相同的结构，不同的条件下会发生不同的结构。条件是可以比较的，结构因之也是可以比较的。如果我们能对一个具体的社区，解剖清楚它社会结构里各方面的内部联系，再查清楚产生这个结构的条件，可以说有如了解了一只“麻雀”的五脏六腑和生理运作，有了一个具体的标本。然后再去观察条件相同的和条件不同的其他社区，和已有的这个标本作比较，把相同和相近的归在一起，把它们和不同的和相远的区别开来。这样就出现了不同的类型或模式了。这也可以称之为类型比较法。

应用类型比较法，我们可以逐步地扩大实地观察的范围，按着已有类型去寻找条件不同的具体社区，进行比较分析，逐步识别出中国农村的各种类型，也就由一点到多点，由多点到更大的面，由局部接近全体。类型本身也可以由粗到细，有纲有目，分出层次。这样积以时日，即使我们不可能一下认识清楚千千万万的中国农村，但是可逐步增加我们对不同类型的农村的知识，步步综合接近认识中国农村的基本面貌。这种研究方法看来有点迂阔，但比较实切。做一点，多一点，深一点。我不敢说这是科学研究社会的最好的办法，只能说是我在半个世纪里通过实践找出来的一个可行的办法。

社会科学实际上还是在探索阶段。目的是清楚的，我认为，就是人要把自身的社会生活作为客观存在的事物，加以科学的观察和分析，以取得对它正确如实的认识，然后根据这种认识来推动社会的发展。作为一个中国人，首先要认识中国社会。《云南三村》是抱有这个目的的一些青年人经过几年的探索所取得的一些成果。我相信这些纪录是值得留下来给后人阅读的。

《云南三村》是“魁阁”的成果。我在1946年李闻事件发生后仓促离滇，这个研究阵地就由张之毅同志留守。他在云大坚持了两年，1948年离滇去闽。其后我和他长期不在一起工作，但是他始终没有离开农村社会经济的研究道路，尽管他的工作岗位曾有多次变动。解放后，他在中国科学院经济研究所工作期间，写出了《无锡、保定两地调查报告》和《冀西山区考察报告》，均未出版。1980年我们在中国社会科学院社会学研究所里重又聚在一起。但是1985年由于我不能不离开社科院而又分手了。坎坷多事的人生道路，聚散匆匆，人情难测，但是张之毅同志始终如一的和我一条心，急风暴雨冲不散，也冲不淡我们50年的友谊却不期幼于我者竟先我而逝，他的遗稿还需要我来整理，尚有何言？如果我们共同走过的这一条研究中国社会的道路今后会后继有人，发扬光大，愿他的名字永远留在这块奠基的碑石上。

1987 年 10 月 13 日于澳门凯悦饭店

小城镇调查自述

小城镇研究，是从农村研究的基础上提出来的。有人说我小城镇题目抓对了。其实，30 年代我在家乡调查时就提出了“人多地少、农工相辅”的看法。虽说那是 40 多年前的事，但说明小城镇研究是有根的。那时想研究却又缺乏研究的条件，发展小城镇还没有成为客观的事实。现在经过了那么多年，明白了许多道理，我们从大量事实里看到了我国农业发展的趋势。中国要走出一条具有自己特点的社会主义道路，首先要使老百姓富起来。农村责任制成功了，接踵而来的自然是发展小城镇的问题，所以我说是时间到了。小城镇问题不是从天上掉下来的，也不是哪一个人想出来的，它是在客观实践的发展中提出来的。

1981 年，我四访江村时，发现了农村建设中存在着许多值得研究的问题，特别是看到了农村的发展与小城镇建设的密切关系。所以，1982 年就决定从农村升上一级，去调查研究作为农村政治、经济、文化中心的集镇。应该说这是客观现实要我们这么做，要我们去认识这些现象。

小城镇调查始终坚持了两条原则：一是实事求是，二是走群众路线。实事求是就是到现场去亲自观察，理论联系实际。走群众路线就是同各层次的实际工作者密切结合，和他们一起开展工作、讨论问题。从实事求是，走群众路线的原则出发，进入有计划有步骤的实地调查。我们第一步先了解江苏吴江县内各镇的基本情况，然后加以分类。分类的目的是在突出这些镇各自的特点，找出镇与镇之间的共性和个性。实际上做了定性分析的一部分。第二步是在分类的基础上进行分层，从高层次和低层次的关系上看镇与镇之间的内在联系。层次划分实际上规定了各镇“乡脚”的大小范围。第一步和第二步是横向的和纵向的分析，打破了以前在概念中兜圈子的习惯。第三步根据不同的类别和层次，定点、定人、定题。第四步进入实地调查，收集资料并进行分析综合。最后一步是请各方面的人员一起来听汇报交流，直到请专家“会诊”，开创了理论工作者和实际工作者结合讨论问题的新局面。

我们在小城镇的调查中学到了不少东西，弄清了许多我们以前并不清楚的各种现象间的联系，因而使我们的理论研究不断走向深入。关于小城镇研究的详细内容，请大家去看《小城镇大问题》这本书。今天我想讲一讲我自己在实地调查中是怎么发现问题的。

要说小城镇这个问题是怎么在我的脑子里发生的，还得追溯到30年代我刚进入开弦弓村调查的时候。我从周围的现象中感到有一股外来的力，在制约着村子的经济活动和社会生活，这股力发自村子外边的镇。那时，我抽烟很凶。到村中小店买烟，不料店里不卖整包的烟，只是一支一支的零售。店主对我说想买整包的烟去叫航船带。意思是说委托航船到镇上去买。我觉得奇怪，为什么这么大的一个村子连一包烟都不卖。村里人明明在抽烟。这个问题为我开出了一条调查的线索。我开始了解小商店，商店的规模大小、卖什么东西、每日营业额多少等等。结果和我想象的不同，商店出售的东西，品种和数量都很少。我想农民大概能自给自足，烟抽得少。可是农民家里来了客人怎么办？生活中总需要酱油、盐和日用品，这些不能自给的东西，到底靠谁来供给呢？我想起店主曾经说过的那条航船，于是我就注意起航船的动向。

原来，航船是一条很普通的农家运货的小木船，每天早上，在航船摇出村子前，村里的人便招呼船老板托这捎那，这家提个瓶子托买酱油，那家递上篮子捎点其他什么东西。船老板根本不作记录都随口一一答应，接下瓶子和篮子便放进船里。我当时既佩服船老板的好记性，还怀疑他会不会搞错。其实这大可不必，因为在这个熟人的社会里，人们彼此都了解得清清楚楚。农民家庭没有什么秘密，各家的房子是开放性的，谁家打个架四邻都听得见，消息流传得特别快。船老板能记得那么多事，其实也是这个原因。那时，从村子到镇上，水路要航行一个多小时。我跟着就坐航船到镇上去。当航船一靠岸，等候在河边的商店学徒一拥而上，抢着做各种生意，而船老板自己却去茶馆里落座喝茶了。直到下午事都办完了，航船才离镇返村。船老板在镇与村的流通线上很有点威信，村子里的米、蚕丝都靠航船运到镇上的米行和丝行。船老板因此每到年终能从镇上的丝行、米行等，得到一定的佣金和报酬。由于航船每天往返于镇、村之间，镇上的店老板和行经理也就对村子里的需求情况非常了解了。在镇旁的河面上停泊着二三百条船，镇周围的农副产品都集中在那儿。

商品流通是有区域性的。农村是生产地，产品集中的中心地就叫做镇。镇上的商品所能销售到的范围叫做“乡脚”，可称为腹地，就是集镇所服务的区域。每个镇拥有一定的农村作为自己的腹地，成为这个区域商品集散中心。

当时我的调查到此为止不能再进行了。一是时间不够用，二是我一个人单干不行。后来我的同学杨庆堃先生在山东就这方面做了专门的调查研究。在他之后，一个外国人叫斯金纳（Skinner）的，在四川平原也做了比较细的调查。他根据“地方志”和实地调查的资料，考察了中国城镇的发展史，写出不少文章。有个日本人把我们长江三角洲的镇的经济发展史也做了研究。虽然我当时未能进入这一层次调查，可是，总感觉到了小城镇这种社区的存在对于农村和农民生活所发生的作用很大。

到了 80 年代，我有条件更上一层楼了。现在不是我自己单干了，有了一个课题小组。确实，调查一个市镇要比调查一个农村复杂困难得多，没有一组人不行。一个村子，只要找几个熟人，大体的情况就能摸到了，我可以在短短的一个月里做出结果来。这是因为第一，村里的干部要比镇里的干部更了解自己管理的区域，因此他们可以为我提供详细可靠的资料和情况；第二，我自己可以结识一些对村子熟悉的朋友，通过他们再进一步摸清情况。到了镇上可不行，镇上人头复杂，航船就有几百条。这次小城镇研究我还得从家乡做起，我对那儿比较熟悉，先前有过一些了解，也有一点群众关系，所以我于 1981 年带了课题组的同志先去探探路。探路就是把问题找出来。

我们到的第一个镇是盛泽镇，镇长给我们介绍情况时，说到现在人口 2.6 万，这时我问：解放时有多少人？他说 2.2 万人。我一听觉得全国的人口在 30 年里增加了一倍，怎么这儿只增加了约 1/5。接着我又问：最近人口是不是又增加了？他说是增加了，从农村里来的，但没有户口。我越听越觉得里面有文章。实际镇上住的还不只 2.6 万人。常住人员中有 1/3 不在户口册上，比如“农民工”等，都不计在内。那么，盛泽本镇增加的人口到哪里去了呢？如果不了解中国人口增长的情况，很可能从这里听不出问题来，我由于有了这方面的知识，所以没让问题滑过去，没想到还一下子就找到了小城镇研究的突破口。

当时春节快到了，我们决定过了新年再去调查。在苏州的宾馆里，我碰到一位招待我们的干部，正巧是盛泽镇人。从他那里，我找到了镇本身人口增加而没有记在现有镇内人口数上的人的去向。我很高兴他能对我说一些关于盛泽镇的情况，可是要过年了，他可不能早几天回家。他说晚两天回家不要紧，只是车子太挤，成千上万的人要回去，不容易买到车票。我说：好哇！我就是要找那 2 万上下的人！原来他们都到了上海、苏州的城里去了。我从这里抓住了一个关键的问题：为什么镇上的人口 30 年增长得这样少？后来我去调查时得知，除了个别例子，吴江原有的很多镇，人口都下降。直到党的三中全会以后才回头上升了一些。

我们一个镇一个镇地去走访。在铜罗镇我们算了一笔细账，包括哪一年走多少人，走的原因等等。铜罗镇的人说，土改时走了不少人，后来“对私营改造”又走了不少人。可是人走了给镇上留下什么后果呢？许多小店铺、茶馆关了门，粮食部门的干部代替了镇上的米行。接着又合并了不少小单位，原来在那里做生意的人统统被当作“资产阶级”或“资本主义尾巴”被赶跑了、割掉了。

像铜罗镇这样的情况在其他小城镇也不同程度的发生过。几乎都是因为镇的原有职能即流通渠道发生了变化，所以人才走了很多。不是走到乡下去就是走到城里去了，如果这种现象仅仅局限于一个镇的话意义还不大，但是全江苏省、全国差不多都出现了这种现象，它的意义就大了。胡耀邦同志 1980 年到云南视察，看到保山县的板桥镇萧条冷落、破旧不堪的情景，便说要恢复小城镇，发展农村的商品经济。要使农村的知识分子留在农村，为建设新农村服务，必须建立农村的政治、经济和文化中心。他的话对我们启发很大。可在天津市，这些话传达下去了，半年过后一查，连影子都没有。县里只抓农业生产，不搞商业，工业也不抓，走的还是老道。现在天津不同了，乡镇工业大发展，在华北走在前列了。

三中全会以后，江苏的小城镇很快兴旺了起来。看到这种情景，我们起初都以为大概是流通渠道有所改进引起的。可是事实与我们的推测不同，直到现在商品流通不畅通还是个严重的问题。苏南小城镇的兴旺是由于有了工业，这是个新东西。镇从繁荣到萧条，又从萧条到繁荣，这个过程就需要问几个为什么？不要一上来就根据书本上的老话下定论。我们看到的苏南的情况是工业先出来。当时，农业生产力还没有很快发展，商业系统的供销社还在国营化的圈子里出不来。商业局和供销社一个在镇上，一个在乡下，加上粮食局、水产局等，把住了所有的流通渠道。其间只有一个因素变化了，那就是农民自己办起来的工业出现了，那时叫社队工业，现在叫乡镇企业。

社队工业我比较熟悉。30 年代我姐姐就在江村搞了生丝精制运销合作社。可那时是由一个专科学校负责帮助一个村子的农民办的，一离开学校师生的帮助，农民就办不起来了，因为当时不存在农民办工业的条件。尽管想了很多办法支持它，日本人一来就全完了。日本入侵者仇视中国的丝绸业，他们到震泽以后，做的第一件事就是把丝厂炸掉。农民害怕了，自己把村里合作社的机器拆掉了，一点都不剩。这是我在 30 年代讲的“人多地少、农工相辅”的结局。经过了 40 年，人更多了，地更少了，可是一直没有正视人多地少的问题，除了 70 年代开始采取了计划生育的措施外，不是从积极方面去发展生产力来解决人口问题。在农村里人口在涨，而生产上的措施还是维持原来的那一套，“以粮为纲”。60年代有一阵人们觉得工分不值钱了，“大锅饭”越吃越少了。产值赶不上产量的增加，人均收入更赶不上产值的增加。因为人多了，大锅饭里的饭每个人分得的越来越少了。到了70年代，出现抢工分的现象。一闹，才感到人口太多。可是大城市进不去，镇上又萧条，在无奈何之下，一股无法再压抑的力量促使大家走上了发展社队工业的路子。

现在看来，人多地少只是发展社队工业的内在因素，而“文化大革命”这一特定的社会条件是它的客观条件。“文化大革命”中下放的很多干部，去农村插队的知识青年和退休回乡的工人，在当时起了不少作用。第一把知识带下去了，第二把社会关系带下去了，那时，城里生产不能正常进行，任务完不成，于是工业就下乡了。

社队工业是集体性质的，其收入除了向国家交税，不需纳入计划经济。这样，赚了钱可以直接提高农民收入，办学校，支持小镇的建设。大家知道有一种比芝麻粒还要小的药，叫“六神丸”，装“六神丸”的瓶子要有个小小的橡皮塞。塞子虽小，力量不小，它支持了震泽镇上的一所重点中学。这所中学办得很好，相当一部分要归功于办了生产“六神丸”瓶塞的小工厂，为教学提供了不少资金。当然这个厂并不是社队厂，但道理一样。社队工业的发展使农民尝到了甜头，整个苏南各地出现了新的局面。吴江县有个莘塔镇，处于上海与江苏的边界上，是个水荡密布的地区，像迷魂阵一样，水网错纵，像天津的街道，不识路的人转不出来，解放前土匪很多，又乱又不安全，许多人出走到上海做工、当保姆。现在这些人看到家乡变化可喜，便回来搞工业了。他们生产各种各样的灯泡，有的还外销；他们利用汽车底盘敲出保健车、小客车等各种车辆，还搞电梯的装配，4年时间就使自己的乡镇换了新貌。他们用300多万元钱建造了新的电影院，改造了街道。莘塔镇的变化不仅是吴江县的普遍现象，而且在整个苏南地区都能看到。沙洲的欧桥大队，许多人都去参观过。第三世界国家的人去参观的时候说："你们已经现代化了"。我到他们的招待所一看，比北京的"一招"还要高一级。此外还有说书的书场、电影院、托儿所，原因就是搞了工业。

我在 1980 年春节在人大会堂发过一个言，介绍了苏南社队工业的发展。当时还引起了不少不同意见。有人说社队工业挖了社会主义的墙脚，是不正之风，是资本主义复辟的温床，各种帽子都有，问题提得很严重。那么办社队工业究竟是对的还是错的呢？不同意见持续到去年下半年，中央直接派人去调查。1984 年的 1 号文件、4 号文件才肯定了乡镇工业在社会主义经济里的地位。我说对任何事物的认识一定要有个过程，不同意见能够发表是个好事。有了不同意见，我们就能既看到它的坏处，又看到它的意义；反复进行研究，再下结论，制定一个合乎实际的政策。这个过程是好的，是民主的，不是带了帽子不许说话。很多知识分子从这个事情的经过里受到了鼓舞，感到我们有了作风上的改变，有了实事求是，有了群众路线。

为了进一步探索小城镇问题，我们对苏南的调查总结了几条："无农不稳"，即没有农业，经济站不稳；"无工不富"，即没有工业富不起来；"无商不活"，即没有商业经济活不起来；"无才不兴"，即没有教育和科学文化就不能继续前进。

以上所说的只是苏南的经验，苏北小城镇的情况怎样，还需要作直接观察，然后再作比较分析。于是在今年我们越过了长江，在苏北进行调查。苏北原是比较落后的地区，有些地方在解放后长期吃粮靠救济。直到 80 年代才成了提供商品的基地。那么，在农业生产迅速发展后，苏南的经验能不能适用于苏北呢？

为了寻求答案，我们按照江苏经济发展的不平衡性划分了3个区域，即苏北、苏中和苏南。苏北包括四个半市：徐州、连云港、盐城、淮阴及扬州的一半。苏中包括两个半市：南京、镇江、扬州的一半。苏南包括：苏州、无锡、常州、南通4个市。这个划分不同于地理区的划分；地理区的划分依据是长期的稳定的地理条件。我们是按当前经济发展水平的特点来划分的，可以称为社会经济发展区。这3个区域的经济特点，以工农产值的比例作为主要指标，苏北工少于农，苏南工多于农，苏中是工农各半。

在苏北地区内部发展也不平衡，该区的西北片与东南片不同，西北片是工3农7，由此产生了很多特点。其中的一个显著特点，是作为经济文化中心的小集镇比较少，停留在不发达的日中为市的赶集的阶段上。这一片的工业几乎全都集中在县城里，出了县城就看不到像样的工厂了。从西北片向东到连云港，工、商业的情况就逐渐好转。到盐城就出现了农6工4的比例。扬州以南则为对半开。在西北片，自徐州向西，一个沛县、一个丰县。一路上看不到工厂的烟囱。县里都仅有一个镇，我称它为“独生子女”。沿公路两旁只有几个石灰窑，可是县城里搞得好漂亮，我说有点像搞“计划生育”，独生子女得的“奖励”。县城之外的商业主要靠“赶集”。从地图上看，徐州是南北的交通要道，应当说是交通便利的地方，而且还出煤，有这样的优越条件，照理它周围地区的经济应当发展快一些。我小学时就念到“陇海路”，现在“陇海路”两旁的人还在那儿赶集。这一片地方农业是赶上来了，可工业微乎其微，远远落在其他地区的后头。

从整个苏北的情况看是农超过工，生活水平不如苏南。对应了“无工不富”的经验。那儿有一种空气，认为只要靠种粮食就能上去。与以前那种吃粮靠救济的日子相比，现在成了商品粮基地，这的确是个大翻身。但据此以为城乡关系已经拉平了，农民收入与镇上人收入一样，没有差距了，因而满足于搞好农业。我说这不是有希望的路子，因为单一化的农业生产，路子还会越走越窄的。我们应当把目光放远些，苏北应当重视在工业发展上与苏南的差距。

在苏南，工农比例普遍达到了7比3，沙洲县是8比2，最高的少数大队已达到了9：1。这种总产值中，工业产值占绝大多数的情况，并不意味着该地区农业生产的衰退，恰恰相反，工业比例的升高稳定了农业，使农民生活的提高有了保障，如前年农业遇灾，苏南不少地方农村的人均收入，还是增加了100多元。未下去调查以前，我怎么也不会相信农民家里会有“空调”设备，还有“万元户”。下去一看，才知道这并不奇怪，因为不少乡村的个人收入相当于副教授级，村子里屋顶上密密麻麻都是电视的“天线”。这些都是办工业引起的变化。

看来，苏北还应当多注意乡镇企业的发展。粮食固然要种好，可是走哪一条路可以富得更快、富得牢靠，应该仔细研究。苏北地区原先的亩产低，国家的征购任务轻，现在粮食多了，粮食部门收不了那么多余粮，农民卖不出去，只好喂鸡，这是好办法。鸡多了商业部门又收不了，农民只好自己用自行车拉着下江南卖。跑到上海来回要一个星期，能赚一些钱。流通渠道不通，年轻人就跑出去做长途运输与销售；他们带点儿饼，一个钱不花，睡在路旁，又苦又累，然而收入还是有限。实在卖不了的粮食就搞小粮仓。以前是送救济粮，现在成了商品粮的生产基地之一。领导还没有处理过这样的局面，粮食收购、包管、销售整个儿跟不上。

苏北的外流人口中，具有工业技术的不多。苏南人在上海做工，家仍在乡下，平日寄钱回家。上海的钣金工无锡人特多，有人称之为

“无锡帮”，在上海机电行业中独占鳌头；解放初，他们还不断从家乡介绍人去上海。在上海这个工业城市里培训出大批无锡技工；无锡社队工业的发展就靠了这批人回来。这批人与上海各工业系统有种种关系，通得上“路”。这是他们工业发展的历史传统基础。苏北呢？据说上海市民中有100万人祖籍在苏北，可他们的家乡没有得到这些住在上海的家乡人的支持。离乡时大都是出卖劳动力，拉洋车，干码头工人；上海的许多粗重的工种几乎都是苏北人干的，他们没有机会学会技术，没有技术的资本。两种不同的人口流动，结果大不一样。苏北的盐城算是唯一的例外，工业产值到50％了，一查问，他们办工业还是靠了上海的技术力量。我写的《小城镇苏北初探》，概要叙述了苏北的情况和出路问题。

在许多方面，苏北具有自己的特点。在对这一地区调查时，我们发现了一个很有趣的事情。地图上标示的地名，很清楚地表现出地区集镇发展程度的特点。徐州东北面叫“楼”的居多，无“集”、“镇”名。向南有好几个县，带上“集”字的地名就多了。到连云港附近有了“镇”名。再往南称“镇”的地名多起来了，带“集”字的地方相应地减少了。

什么叫“集市”？我查了《康熙字典》里的“市”字。它是买卖之所，即人们在约定的时间卖出买进、交换物品的地方。一般称“赶集”，赶，就是要紧紧地走；赶集的人要在当天回家，所以集上最热闹的时刻是在中午，称“日中为市”。

买卖发达了，出现了货币。没有货币的时候，人们是以物换物。经济活动发达了开始出现专业的商人，最早就是那些贩子，他们把别人生产的东西买下来，转手卖给消费者，就是所谓“流通”，商品由他们转手。《康熙字典》引用汉代人的著作中已经提出在市集有贩夫贩妇，他们等到太阳偏西，带着自己生产的东西来赶集的农民手上还有没有找到卖主的货物，挑回去太重，就愿意廉价出售，这些贩夫贩妇就把这些东西买下，第二天再用高一些价钱卖出去。贩子就是商人。随后商人渐渐多了起来，各自找到固定的地点，设一个临时售货亭。久而久之固定下来成为店铺。店铺多了，就连成了“街”，街连街就是镇。

在传统概念里，镇里的经商者被人看不起，人们提到“贩子”就讨厌。不仅社会主义反对资本主义，封建主义也反对资本主义。历史上有帝王将相，文人学士，就数“商”的地位最低。这种概念影响现在，人们至今还有人认为商、贩是“敲竹杠”的，商人不是好人，是搞资本主义的。这个传统真厉害，我们从小就听到这套东西。看来，意识形态里的东西有顽强的惰性，它与物质世界的发展之间，可以有很长的一段惰距，不容易转过来。

或许正是这种惰距的反作用，使商品流转的畅通无阻，要比落实责任制难得多。责任制搞得快，是因为有家庭做基础。流通，若是好人不搞，必然是坏人去搞，传统就是这么看的。当然，责任制也不是没有阻力的，“万元户”也不那么好做，有的还要一家一家去送礼，怕别人说你“暴发户”。人们一听“暴发户”，还会有好脸色吗？传统是忌讳这个的，不如不发财来得好。我说这种思想要改变，但变起来很艰巨。例如，讲究效益与劳动密集型两个概念，我们往往倾向于只接受后者。因为传统观念是不讲效益的，农业与小手工业的生产方式就是今天做不了，没关系，明天接着做，明日何其多！其实，只有劳动密集，不讲效益，生产率还是上不去的。由此可见，心灵深处的旧东西太根深蒂固了，我们的责任就是要把在现实生活里看到的现象，以及支配这些现象的观念，有条有理地揭示出来，用大家都懂的语言写出来。

小城镇研究的深入，需要我们花更大的气力。就像“集”这一个字来说，抗战时，我在内地看到的“赶街”，同现在苏北的大李集是不同的，前者是集，后者是集加镇。苏北所称的那些集镇，实际上还处在苏南的镇和云南的集中间。社会学研究所的张雨林同志，在苏北整整搞了半年功夫，就是想弄清楚这个“集”。其中很有些道理，现在的盐城天天“赶街”，摊子正在逐步变成店铺，集也在逐步转化，在那块地方，集与镇的界线开始分不出来了。这里内容很丰富，值得我们去深究。

我们在分析一个个具体的镇的基础上，看到了一种现象，镇，如果不同政治相结合，它就可能衰落下去。但是，政治中心不一定是最好的经济中心。因为，经济中心是以自然条件与经济发展相结合而确定的，这是一个值得注意的课题。

一切事物都处在变化发展之中，对小城镇的研究，今后还会出现新的内容。“七五”规划将继续把这个研究深入下去，希望我们大家都做有心人。

小城镇　大问题*

一

今年的春末夏初，我在江苏省吴江县住了一个月，对该县十来个小城镇的历史与现状作了初步探索。此后打算写一篇关于小城镇的类别、层次、兴衰、布局和发展的文章，来参加这次小城镇讨论会。然而一回到北京，时间由不得自己支配，这个打算便落了空。因此，这里只能依我的腹稿，谈谈我在吴江调查的感受以及由此联想到的一些问题，只是一个提供讨论的发言。

在说到正题以前，首先说说我对这次讨论会的四点希望，即希望通过讨论取得四个具体结果：一是出版一本研究论文集；二是订出一个今后切实可行的研究规划；三是为今冬全国政协小城镇问题调查组作些准备工作，就是提出一些请他们来调查的问题；四是成立一个推动、协调、

---

* 本文系作者于 1983 年 9 月 21 日在南京“江苏省小城镇研究讨论会”上的发言。由沈关宝同志整理，并经作者审阅订正。

交流这个课题研究工作的学术性组织。

这次学术讨论会是今年年初确定的，经过大家的共同努力，现在不仅会议如期举行，而且还汇集了几十篇论文。万事开头难，时间只有半年，这样的结果确是来之不易的。我们应当珍惜已经获得的成果，以论文集的形式将迈出的这第一步脚印留下来。

这些论文之所以宝贵，是因为它们都联系小城镇建设的实践，从各个不同的角度去探索小城镇发展中的实际问题。我认为这个研究方向是对头的。我国的社会科学应当在马克思列宁主义、毛泽东思想的指导下，密切结合中国社会的实际进行科学研究，为社会主义现代化建设服务。要贯彻这里所提出的指导思想和达到最终目标并不那么容易。在过去的一段时间里，对于马列主义理论，我们多少学了一些，许多同志也诚心诚意地想把事情办好；但是学习的理论常常不能和实际工作相结合，这就使得我们的认识往往落后于实际。对于具体问题的处理也就提不出实事求是的建议来，难免把以往的经验或是别国的东西硬套照搬，以致花了过多的学费，亏了本，走了不少弯路。

失误使人清醒。现在我们多少懂得了一点小平同志在他的《文选》里所阐明的理论联系实际、实事求是的科学精神。只有联系实际才能出真知，实事求是才能懂得什么是中国的特点。我们的小城镇研究一开始就摆脱了在概念中兜圈子、从书本到书本的模式，而注重实地调查，力求在对小城镇的实际考察中提高认识。可以说这一课题的研究，在理论联系实际方面有了一个良好的尝试。

以实践为根基的认识自然要具体、充实得多。尽管现有的文章还显得粗糙，分析不够全面，可是写在论文里的事实是客观存在的反映，不是我们从概念里推论出来的，更不是凭主观臆想出来的东西。只要我们能自觉地、不留情面地把其中一切不符合实际的成分筛选掉，那么这些文章就成为现实小城镇面貌的素描。它是历史的真实记录，过了几十年甚至几百年人们还是要翻看，仍然具有价值。价值就在于它是未来的起步，而今后的变化则是它的延续。

当然，人们的主观认识与事物的客观存在完全符合是不可能的。人们对客观实际的认识要有一个过程，而客观实际又是不断变动的，人们的认识也得跟着变动。反映不能及时，跟不上变化而固步自封，认识就会落后于实际。我们的一生，人类的一代又一代，对事物的认识总是一步一个脚印地跟着向前走的。我们今天对于小城镇的认识，过些时候回头一看，如能发现它的肤浅和幼稚，那就证明我们的认识有了进步。这不是很好么？不怕起点低，只怕发展慢。

为了留下历史的痕迹和认识的脚印，不使我们在实践中得到的这一点宝贵的知识流失，我希望江苏人民出版社能把这次讨论会的论文印成一本集子出版。我认为把知识流传开来，储存下去，应是出版社的责任和义务。当然，在出版之前，还必须对文稿进行选择和修正，容许认识不足并不等于是说文章可以拙劣。会见情人前总得打扮一番，以自认为最能悦人的面貌见世。为此，我愿意承担一部分推荐论文的责任，出版一本小城镇研究论文选集，这是我对这次会议的第一个希望。

小城镇研究是一个长期的研究课题。它不仅是社会科学范围内国家“六五”规划中的一个重点课题，而且它在“七五”规划中还将继续研究下去。现在我们在苏南所进行的研究只是这个课题的开始。为了使这项研究不断深入和扩大，我们必须考虑下一步究竟应该怎样走，同时对下一年做出具体的计划，并对“七五”规划的远景做一些设想。这是我对这次会议的第二个希望。

进行科学研究最忌讳的毛病是一叶障目，坐井观天。我们应当清醒地看到，我们这一年所进行的小城镇研究无论从深度或广度上看都还很不够。到目前为止，课题组既没有对某一个小城镇作出全面深入的解剖，也没有越出吴江县的范围。这就好比是在显微镜下找到了一个细胞，但尚未看得清楚，更未顾及其他类似的细胞。胡耀邦同志视察西北回来，提出要种草种树开发大西北，打开了人们的眼界。在此之前，确实很少有人想过还有一个大西北可以开发的问题。可见中国之大，不允许我们做井底之蛙。即使以后研究范围扩大到江苏全省，对全国而言，它仍然只是一个点而已。我们要提出江苏在全国、苏州在江苏、吴江在苏州，它们所处的地位怎样的问题来告诫自己不能满足于一孔之见，更不应以点概面。相反，应当提出认识的限度和吴江县小城镇的特殊性和局限性。

然而管中窥豹所见的毕竟是豹的一个部分。吴江县小城镇有它的特殊性，但也有中国小城镇的共性。只要我们真正科学地解剖这只麻雀，并摆正点与面的位置，恰当处理两者关系，那么，在一定程度上点上的调查也能反映全局的基本面貌。吴江县地处全国经济最发达地区之一的苏南，我们以吴江小城镇为调查点进行深入分析，或许是触到了小城镇问题的塔尖。所谓塔尖是指吴江县小城镇建设的今天有可能是其他地区发展的明天；现在在这里出现的问题有可能将来在别的地方也会碰到。假如我们对这些问题的发生、发展有一个科学的认识，那么对不同地区今后的小城镇建设无疑有指导和参考意义。当然，我们在开始时必须十分警惕，决不要忘记我们只是在解剖一只麻雀，而一只麻雀是不能代表所有麻雀的。

科学研究的进行要有目的性和计划性。要使小城镇研究深入下去，必须订出一个具体计划。我们要把研究重点继续放在原先的调查点上，一方面对已经触及的问题作进一步探讨，要像调节照相机的焦距那样，使其有更清晰的映象；另一方面应检查前期研究中有哪些缺门，即有哪些问题还没有作调查，要在一个镇上开拓更多的调查项目。与此同时，可以选择几个不同类型的地区开辟新的调查点，以便于作比较分析，并制订必要的研究指标，为从调查点上的定性分析推向面上的定量分析作准备。

事实上，制定研究计划的过程就是明确研究目的和要求的过程。只有研究目的和要求明确了，计划才能订得具体可行。为此，我们这次会议作了新的尝试。与会者有社会学的研究人员，有其他社会科学与自然科学的科研工作者和大专院校的教育工作者，还特别邀请了在小城镇做实际工作的同志和中央有关部门、江苏的省、市、县三级政策研究机构的同志一起来参加讨论。针对同一个研究课题，进行如此广泛的多学科、多系统、多层次的交流和协作，对我来说还是一个新的尝试。但愿我们能创立一条成功的经验，有助于我国学术的发展。

这种广泛的结合至少有两点好处：一是能听到更多的不同见解，启迪自己的思想。所谓学术讨论，除发表自己的见解外，就是要认真听取别人的意见。我曾在《读书》杂志上写过一篇文章，题目是《我看人看我》，主张我们要认真地看人家怎样看我们所看到的东西。二是使科学研究与实际要求挂起钩来。以往的理论脱离实际，除了个人认识上的原因外，还有社会组织上的原因。由于科研部门与实际工作部门长期缺乏交流，造成知识分子与实际工作者背对着背。前者愿将知识应用于实践，但不知用武之地在哪里；后者希望以科学知识来指导工作，然而不了解所需知识在何方。现在两者都转过背来，面对着面。实际工作者向科研人员质疑、问难、提要求，使科研目的更明确，计划更合理，成果也更富有实际意义。科研人员向实际工作者介绍成果，提供建议，使实践按客观规律进行，工作具有科学基础。

我的第三点希望就是要对贯彻“积极发展小城镇”的方针提出一些具体的建议。在前一段研究的基础上，对于当前小城镇建设迫切需要解决的问题提出一些大家在认识上比较一致的建议供决策机构参考，起到咨询作用。

社会主义现代化需要知识，也就是要依据从科学研究取得正确反映实际的知识，去解决社会主义现代化过程中发生的各种问题。要做到这一点，科学研究和建设工作之间必须建立起畅通的渠道，使得社会主义建设中出现的问题能提到科研的项目里，经过科学研究反映出实际情况，再根据政策方针形成解决这些问题的具体建议，由决策机关审核各种建议，联系有关情况，并考虑可行的时机作出实施的决定。这些决定通过行政机构的执行和群众的实践，达到解决问题的目的。但是一项决定是否能达到预期的效果还有待实践的验证，而且旧矛盾的解决又会引起新的矛盾，效果的估计和新问题的产生又将构成新的科研项目。这就是说，由科研、咨询、决策和实践构成一个现代化建设过程中的循环系统，这四个环节环环紧扣，周而复始，不断地研究新情况，解决新问题。

我国的决策者是党的领导机构，通过决策体现党的领导。领导的群众路线实际上就是上述建设工作循环系统的根本模式。由于现代化的日益深入，建设规模日益扩大，决策过程更显得需要对情况的了解和对问题的分析，所以提出干部要知识化，也就是要把决策过程放在科学的基础上。把科研和咨询作为这个循环系统中的必要环节，实质上就是体现党的群众路线。

把科研和咨询作为上述系统中的必要环节包涵着它们具有和其他有联系的环节相对的独立性。我们党的领导一向遵守实事求是的原则，所以一切政策的制定都要求经过调查研究。毛主席指出“没有调查就没有发言权”，因此各级领导都有专门从事政策研究的机构，这是党的优良传统。但在这方面我们也有反面的教训，那就是在“左”的影响下，特别是在十年动乱期间，这些担负反映实际情况责任的研究机构被视作已定政策的辩护者，甚至看作是主管人员个人意志的吹鼓手，走向了科学的反面，“四人帮”的“内查外调”暴露了它的极端危害性。科学知识必须为政治服务。这里所说的服务绝对有别于“四人帮”时的“梁效”对其主子的“效忠”。科学研究要对客观事实负责，即实事求是。

但是实事求是的科学研究不等于消除了可能有的片面性，每一门学科的研究，其片面性都是难以避免的。越是专家，其片面性或许会越大。为了不使决策陷入片面性，在决策和科研之间应当有一个中间环节。这个环节就是综合各个学科对某一事物的认识，进行“会诊”，然后才向决策机构提出若干建议及论证。至于怎样组织这类咨询工作，我们现在还没有经验。我建议不妨作一个试验，由人大代表、政协委员以及其他有关专家对一定的事关重大的建设问题组成咨询小组。这个咨询小组应当联系群众，联系各个学科，发挥其综合性的特点，向党的领导机构提出建议，反映群众的要求和意见，以备党作决策时参考。

在党的领导依据建议、资料制定决策以后，由行政机构付诸实践。政策在实践中起到了什么作用，客观事物发生了哪些变化，这又给研究部门提出了新的课题，于是上述过程又重复进行。实践、科研、咨询和决策四个环节的循环往复体现了“从群众中来，到群众中去”的领导方法。

我们的小城镇研究是一个综合的长期的科研项目。现在它已经吸引了多学科和多层次的人员，随着时间的推移和研究范围的扩展，将会有来自更多方面的同志参加进来。这就需要有一个相应的机构来加强各方的联系，进行组织和协调。所以，我的第四点希望是在这次会议结束时成立一个关于小城镇研究的学术性团体，把现有有志于此的同志组合起来。

由于我们研究的出发点是在江苏，所以我建议请江苏的同志偏劳，出面来组织这一个团体。至于团体的名称、机构和任务等具体内容，请大家一起来讨论决定。

二

小城镇问题，不是从天上掉下来的，也不是哪一个人想出来的，它是在客观实践的发展中提出来的，问题在于我们是否能认识它。记得 1981 年初我到天津开会，遇见当时在天津市委工作的李定同志，他告诉我，1980 年胡耀邦同志到云南视察，看到保山县板桥公社的小集镇破烂不堪，凄凄凉凉。于是就在同年年底的一次会议上，讲到要发展商品经济，小城镇不恢复是不行的。要使农村里面的知识分子不到大城市来，不解决小城镇问题就难以做到。如果我们的国家只有大城市、中城市没有小城镇，农村里的政治中心、经济中心、文化中心就没有腿。可见中央领导早就看到了小城镇问题的意义，要把小城镇建设成为农村的政治、经济和文化的中心，小城镇建设是发展农村经济、解决人口出路的一个大问题。

可是，据说在传达了耀邦同志上述讲话以后的几个月中，并没有得到该市郊县的积极反应。可见在当时小城镇问题并没有引起人们足够的重视。许多同志还未认识到小城镇与农村经济之间的关系，还不理解小城镇作为农村政治、经济、文化的中心是怎样的一个概念。这件事表明，在客观事物发展中提出的新问题，要想得到人们的普遍认识并不那么轻而易举。认识过程也有它自身的规律。人们往往要经过自己的直接感受，才能比较深入地认识新事物和新问题。

就我个人而言，我十分赞同耀邦同志的上述提法。那是因为我早年在农村调查时就感觉到了有一种比农村社区高一层次的社会实体的存在，这种社会实体是以一批并不从事农业生产劳动的人口为主体组成的社区。无论从地域、人口、经济、环境等因素看，它们都既具有与农村社区相异的特点，又都与周围的农村保持着不能缺少的联系。我们把这样的社会实体用一个普通的名字加以概括，称之为“小城镇”。

任何事物一旦产生了理论概括，便容易使人忽视事物内部之间的性质差异，只从总体概念上去接受这一事物。小城镇也是这样。如果我们从笼统的概念出发，就会把所有的小城镇看成是千篇一律的东西，而忽视各个小城镇的个性和特点。因此，小城镇研究的第一步，应当从调查具体的小城镇入手，对这一总体概念作定性的分析，即对不同的小城镇进行分类。下面我谈一谈在吴江县所看到的五种不同类型的小城镇。

第一种类型的一个镇叫震泽镇。1936 年我从清华研究院毕业以后取得了公费留学的机会。当时我的导师史禄国教授建议我先在国内作些实地调查后再出国。我听从他的意见，去广西大瑶山进行调查。由于自己的失误，负伤出山，回家乡休养。我的姊姊费达生送我到她正在帮助农民开办生丝精制运销合作社的吴江开弦弓村小住。我就在这一个多月里调查了这个农村。记得有一天我去村里一家很小的店去买香烟，谁知这小店不卖整包的烟，只能一支支地零卖。店主说若要买整包的烟可去找航船带。这件事引起了我的注意。当时这个村子有三、四百户人家，一千多口人，是江南少见的大村子。可是村内只有

三、四个小商店，商品品种极少，规模小到连香烟也要分拆开来零卖。那时，这个村子里的农民生活并不是完全自给自足的，农民的日常用品从什么地方获得呢？我就带着这个问题去观察店主所说的航船。

其实，航船就是普通手摇的有舱的小木船，只因为主要用于人的交通和货物的流通而得名。那时村子里有两条航船，每天早上，在航船摇出村子前，两岸农民们便招呼船老板代为办事。这家提个瓶子托买酱油；那家递上竹篮托他捎回点其他日用物品，船老板一一应接，把空瓶、竹篮等放在船上，航船便离村出发了。航船的目的地就是离村子有12华里的震泽镇。当航船来到震泽时，守候在岸边的商店学徒们一拥而上，抢着来做各种生意。船老板自己便到茶馆落座喝茶。到下午，商店学徒们把装着物品的瓶、篮又送回船上，航船离镇返村。航船就这样每天在震泽与村子之间往返，村子里要去镇上的人都可以搭乘这条船。奇怪的是托捎物品的和搭乘的人都不用付钱。追问船老板的生活来源，才知道，原来在春秋两季，村内农户出售蚕丝和粮食都要通过航船卖到震泽镇上去，震泽镇上的丝行和米行在年终时就得给船老板一定的佣金，那些酱园和杂货店逢年逢节也要给船老板一定的报酬。所以船老板的收入是不少的。他们是农村货物流通的经纪人，是农村经济活动中的重要角色。后来我也"免费"搭乘航船往来震泽，发现震泽镇的市河里停靠的航船有二三百条，据说都是来自镇周围各村。震泽显然是附近这些农村的商品流通中心。

我在这里追述当年的观察，是想说明震泽镇是以农副产品和工业品集散为主要特点的农村经济中心，是一个商品流通的中转站。农民将农业产品运到震泽出售，又从震泽买回所需的日用工业品。对于镇周围的农民生活来说，震泽是一个不可缺少的经济中心。而航船主、学徒以及米行、丝行、酱园、杂货店等商店的老板则共同构成一个庞大的商品流通组织。震泽通过航船与其周围一定区域的农村连成了一片。到震泽来的几百条航船有或长或短的航线。这几百条航线的一头都落在震泽镇这一点上，另一头则牵着周围一片农村。当地人把这一片滋养着震泽镇同时又受到震泽镇反哺的农村称之为“乡脚”。没有乡脚，镇的经济就会因营养无源而枯竭；没有镇，乡脚经济也就会因流通阻塞而僵死。两者之间的关系好比是细胞核与细胞质，相辅相成，结合成为同一个细胞体。

由此可见，小城镇作为农村经济中心并不是一个空洞的概念，而有具体的实际内容。在半个世纪前，震泽镇作为商品集散类型的小城镇对我是有吸引力的。但那时我是单枪匹马搞调查，研究工作不能不以村为界，没有能力进入镇的这一层次去。我只是在村子里遥望到了小城镇，感觉到了小城镇这种社区的存在对于农村所发生的影响。此后，我总希望有一天能进入小城镇作些调查。欲穷千里目，更上一层楼。出于我的预料，在 1981 年真的有机会实现了这个愿望。

第二种类型的一个镇是盛泽镇。盛泽镇现在是吴江县人口最多、工业产值最高的一个小城镇。这个镇出口的真丝绸占全国真丝绸出口量的1/10，可见它是一个丝织工业的中心，是具有专门化工业的小城镇。

盛泽镇的历史发展较早，据说它在明末就有上万人口。那么这个镇发展较早的基础是什么？镇上聚居的人口又是以什么为业的呢？我记得小时候去盛泽时，看到有人站在织机上提花，觉得很新奇，留下了深刻的印象。1982 年再去盛泽时，就询问解放前丝织作坊的情况。有人告诉我，那时在镇上的作坊为数不多，且都是小规模的，最大的一家也只有 20 部老式织机，但是绸庄、丝行和米行却不少，其中又以绸庄为最多。既然镇本身织出的绸并不多，绸庄的绸又从何而来呢？这就使我看到了盛泽与震泽不同的特点。绸庄通过“绸领头”收购农村织绸户的绸匹。“绸领头”是织绸户和绸庄的中介人。他们发放贷款给织绸户，要织绸户按照绸庄需要的花色品种进行生产。“绸领头”将收购到的绸匹再分类售给绸庄。这样，一个绸庄通过“绸领头”的联系，就可以掌握几十、几百甚至成千的织绸户的生产。如果绸庄把如此众多的织机集中到镇上来办作坊，那简直是不可想象的了。所以，盛泽与震泽的不同就在于它不是农副产品的集散中心，而是农村家庭手工业产品的集散中心。像盛泽镇那样早先是以手工业产品的集散为主的经济中心，是很值得研究的。

家庭丝织手工业不仅是盛泽发展的基础，也是所谓天堂的苏杭地区发展的基础。这个传统基础对于我们今天的小城镇建设仍然具有它的意义，因为这传统在民间已有近千年。如此悠久的历史使它深入到每一个人，甚至进入遗传基因，成为生物基础。一位外国朋友听我说到苏州姑娘纤巧灵活的手，便提出妇女的这种技能是否可以转向搞电子工业的问题。因为电子工业需要的正是精细准确的动作。外国人都注意到了我们的历史传统，我们自己要是不研究、不利用，那就愧对祖先，是说不过去的。

第三种类型的一个镇是我的出生地松陵镇。松陵在解放前后都是吴江县的政治中心，现在吴江县政府就设在松陵镇上。解放以来吴江县其他原有的小镇都处于停滞和萧条状态，唯独松陵是例外，它的人口不但没有减少，而且还比解放初有较大的增长。

松陵设县由来已久。封建时代地主统治阶级为防卫农民造反起义，筑起城墙和城门将城内外隔开，在城里连集市买卖也不准做，人们只得在大东门外的盛家库做交易。城里主要是专政中心的衙门和城隍庙这阴阳两大权力机构。人活着时由县衙门管，衙门旁边是监狱和刑场；据说人死后由城隍庙管，有牛头马面、阴曹地府。城内的住户主要是地主大户和服务于他们的各种小人物。这里的建筑也与其他地方不一样，弄堂狭小，两边是数丈高的风火墙，地主们住在里面，带有统治和防卫的特征，颇有点欧洲中世纪城堡的风格。

第四种类型的一个镇是同里镇。同里是我姐姐的出生地，我家在搬到松陵以前就住在那里。同里距运河边上的松陵只有六公里，距离自苏州到上海的水路要冲屯村镇五公里半。同里镇本身四面环水，似乎是一片藏于水泽中的岛屿。它的周围地区河塘交叉、漾湖衔接，是典型的湖沼水乡。解放前的同里不通公路，只靠摇小船进出。对于不熟悉水道的陌生人来说，往往在水面上转悠半天也找不到进出的河道。正由于同里处于交通闭塞的地理位置，具有不同于一般的水乡地貌，它就被地主阶级、封建官僚选中作为他们的避难所和安乐窝。解放前，这个小镇上集居着大量的地主和退休官僚。据土改时统计，全镇 2000 户人家中有 500 多户地主，占 1/4。地主阶级找到同里这个安全岛，修起了与苏州名园可以媲美的园林，现今正在修复的“退思园”只是其中之一。有名的评弹珍珠塔的故事，据说就发生在这个镇上。同里过去可以说是一个消费、享乐型的小城镇，现在正在改造成为一个水乡景色的游览区，已经成为文化重点保护区之一。

第五种类型的一个镇是平望镇。平望镇地处江浙之间，北通苏州，南通杭州，历来是兵家必争之地，因此它屡遭兵燹。自古代的吴越之战，到近代军阀之间的江浙战争，战场都是在平望一带。日本侵华时，它又几乎被夷为平地。近年来，平望已成为水陆交通干线的交叉点。历史上有名的大运河经过平望，沟通苏州和杭州。有公路东达上海、南通浙江、西联南京和安徽，成为吴江县内最大的交通枢纽。

平望的地理位置和交通条件使它具有两面性：一方面是易遭战争攻击和破坏，因此在解放前曾经几度由兴而衰，一直未能稳固地发展起来；另一方面由于交通发达，物资流畅，具有发展经济的优越条件，使它常能衰而复兴。解放后，战争的威胁消除了。党的三中全会后，“左”的干扰被排除，便利的交通条件使它争得了成为大城市工业扩散点的地位。据说，上海的一些工厂在扩散过程中，开始也找过铜罗等几个镇，但是最后还是在平望落脚。平望就这样一下子冒了出来，成为近来吴江各镇中发展得最快的一个小城镇。

必须指出，上面列举的五种不同类型的小城镇，只是小城镇定性分析中分类工作的尝试。分类的对象只限于在吴江县初步走访过的镇，调查深入后，很可能还有应当提出的另一些类型，比如以渔业为主的社区，尽管人口较少，也可以因它的特点而成为一个类型。至于在吴江县之外全国各地的小城镇无疑还有许多各有特点的类型，比如以采矿为主的城镇等等。而且有些地方的商品流通还处于形成固定城镇的过程中，只有一些具有日中为市性质的集、墟、场、街等场所。这些都需要进一步调查研究，所以这里所提出的类型是既不完全也不齐备的。

还应说明，提出类型的目的，是为了突出这些城镇的特点，使我们对小城镇的概念不至于停在一般化的笼统概念上，而要注意到各个小城镇的个性和特点，但在突出特点的同时，自然不应当忽视小城镇所具有的共同性质。小城镇的共同性质，正如胡耀邦同志所指出的，它是农村的政治、经济和文化的中心。小城镇的分类是以此共同性质为基础而就其不同的侧重点进行的。比如，松陵镇固然具有全县政治中心的特点，但同时也是附近农村的经济、文化的中心。震泽镇固然是吴江县西南一片包括若干乡的商品集散中心，但同时也是乡一级的政治、文化中心，而且近年来已成为小型社队工业的中心。盛泽镇固然是当前地方丝绸工业的中心，但同时也是附近农村的政治、经济、文化中心。所以上述某镇具有某种特点，只是指它在小城镇所共有的许多职能中所表现的突出方面。

通过这样的分类，我们注意到各个城镇有它的特点，而且这些特点是由各镇的历史形成的，因此在建设这些城镇时不应当一般对待。比如前面说的同里镇，它原来是地主阶级和退休官僚聚居的地方。土改后，它原来的经济基础已被摧毁，要建设这个镇，显然不能走平望的道路，因为它不在交通要道上；也不可能走盛泽的道路，因为它没有传统的工业。但是它却有幽美的园林，有水乡特色的建筑和河道。这是一个前人从经验中选择出来的退休养老的好地方。为什么我们不能把它建设成为一个休养和游览的园林化城镇呢？加拿大有维多利亚城，我们也可以有一个足以同它媲美的同里镇。这就是说以小城镇的特点来分类，对于我们确定小城镇发展的方向是有用处的。

三

吴江县的小城镇在解放后发生的变化，大体上可以分为前后两个时期，分界线是在70年代初期。70年代以前是小城镇的衰落和萧条时期，在此期间，小城镇逐步失去它赖以生存的基础；到了70年代初期，小城镇有了转机，到了后期，党的十一届三中全会以后才呈现出发展、繁荣的景象。

自50年代到70年代初，吴江小城镇的人口一直处于停滞甚至下降状态，与吴江县人口的迅速增长相比是令人难以置信的。以盛泽镇为例，它还不是人口下降最多的镇，50年代初就有22000人。其后20年中，人口总数持续下降，近年才有转机，到1981年才达到

26000人。22000的人口基数，以全国平均的自然增长率来计算，至今应该有40000余人口。所以，我一听到这些数字，就说其中“大有文章”。什么文章现在还没有完全搞清楚，正在继续调查研究。这里让我们先看看吴江最南端的铜罗镇的人口变化概况。铜罗在解放前叫严墓，镇的类型与震泽相似，以烧酒和肥猪出名。全镇1952年有2475人，1962年有2488人，1972年是1900人①，1982年人口普查时城镇户口人数为2007人，30年来城镇人口下降19%。据初步调查，1951年土改时为了分得土地，有60户老家在乡下的小店铺关了门，约150人回乡务农。同年还有一二十名青年参军赴朝，其中只有个别人后来回镇。从1952年到1957年，特别是在1956年的“对私改造”期间，又有约200人离镇外出。这批人大多是做生意的业主和学徒，其中有文化的进入附近大、中城市的国营企业，有技术的则流入上海郊区和浙江的一些县城。据反映，当时他们觉得私人经营生意是一种剥削行为，连在私人店里当工人也不光彩，所以大家要另谋出路。1958年的大办农业和支援农业，以及1963～1964年的职工下放，镇上又减少了近50户居民。除了上述的人口外流，还有青年学生考入大、中专学校，外省市招工，知识青年上山下乡等，也使镇上人口有所减少（其中上山下乡的知识青年绝大部分后来已回镇）。

像铜罗这样的情况，在其他小城镇也程度不同的发生过。人口下降是小城镇衰落的表现之一。那么小城镇衰落的原因何在？其后果又如何呢？

1957年合作化高潮时，我去江村作过一次调查，即所谓“重访江村”。农民的生活比解放前有了很大改善，但是传统家庭副业已经

① 1972年人口未统计，这个数字是由前后三年的人口数推算得来的。

衰落。农民对我说：肚子可以吃饱了，就是手头没有现钱。由于执行“以粮为纲”的方针，其后的近 20 年只重视粮食生产的发展，农村的商品经济长期没有恢复。直到 70 年代初期，由于社队工业的兴起才使情况有所改变。党的十一届三中全会后，贯彻了多种经营的方针，农村才开始走上繁荣。1981 年我三访江村，老熟人不再发牢骚了。他们同我谈的都是卖兔毛有多少收入，以及要求我帮助社队工厂推销产品一类的话。当时农民不仅能吃上三顿干饭，而且手上也开始有钱买东西了。因为他们集体的和家庭的副业发展了，社队又办了工厂，农村里有东西能卖出来，换到钞票，可以到市场上去买他们生活上需要的用品了。吃饱、穿暖、有钱花是农民生活改善和农村经济繁荣的具体内容。

把这两次在江村看到的情况与铜罗镇的人口变化联系起来，可以看到小城镇衰落的原因和后果，从农村方面看，由于“以粮为纲”，搞单一经济，取消商品生产，农民不再有商品到镇上来出售，小城镇自然也就失去了作为农副产品集散中心的经济基础。从小城镇方面看，由于提出变消费城为生产城，搞商业国营化，集体和个人经商受到限制和打击，居民无以为业，不得不到处找活路，小城镇留不住居民，人口下降。总之由传统的重农轻商思想出发的“左”的政策，是造成小城镇衰落的根本原因。小城镇越衰落，作为它的乡脚的附近农村发展农副业商品生产的阻力就越大；反过来，农村商品经济水平愈低，作为其中心的小城镇的衰落就愈益加剧。所以农村与小城镇间经济上的恶性循环是小城镇衰落的必然结果。当然，上述因果关系还有待于用客观事实有系统地全面加以检验。

下面我只谈一点有关商业渠道的问题。解放前，农村和城镇的商品除了食盐外全由私营的商人经营。解放后实行了统购统销，农村里所生产的粮食、油料、生猪、蚕茧等主要农副产品以及若干种生产资料都纳入了国营商业的流通渠道。各级行政部门都设立粮食、副食品、进出口贸易等机构，县级成立公司，县以下设所或设站。这样的商业改革使那些没有设置行政机构的小城镇失去了与周围农村的主要联系。但1958年以前，小城镇的商业除了国营商业这一渠道，还有集体性质的供销社，联营合作商店以及个体户等多种渠道。自从公社化以后一直到“文革”期间，个体商业和集市贸易不断受到打击，连农民提个篮子在镇上卖几只鸡蛋也要作为资本主义尾巴割掉。联营的合作商业被“利用、限制和改造”，不能不向国营商业和供销社靠拢，以致有的镇最后只剩下几家供应开水的茶馆和点心店。而原先由农民集资起家，属于集体性质的供销社则逐步国营化，变成全民所有制。最后，几乎一切商品都按行政区划上拨下调，在国营商业这一条渠道内流通。

商业渠道的统一国营化引起了小城镇的巨大变化。凡是设置行政机构的小城镇，都有国营的流通渠道，在收购农副产品以及调拨分配农民所需物资上占绝对优势，这就使得作为全县行政领导和物资批转中心的县城松陵镇成了吴江小城镇普遍衰落的一个例外，它的城镇人口因机构增多、干部调入而一度相持不动，后来还略有上升。一些设置公社机构的小城镇在总的衰落趋势中借着国营商业和供销社之力得到挣扎余地，而那些没有设置行政机构的小城镇受到被淘汰的压力就相当严重。在庙港公社的区域里，原先还有陆港、更缕港和罗港等几个小镇，解放前它们和庙港一样都是太湖东南岸边商业性的渔港。据说，陆港商业全盛时有50户人家做生意，集镇规模虽不及庙港，但它的乡脚范围与庙港相仿，也有五六华里地。更缕港则更小一些，只有近二十个“连家店”[①]。解放后，庙港镇先后设置区政府和公社机构；陆港、更缕港变成庙港下属的乡和大队，只有基层政权组织而无相应的一套行政机构。从1956年开始，这两个小镇的商业逐步被庙港吞并，商业人员大都并入公社的商业机构。到文革后期，更缕港集镇完全被吃掉，人去集空，只留下冷落的石板街和残破的店铺面，退化为农村的居民点。陆港商业虽然也被蚕食去大部分，但它地处庙港与七都两个公社交接处，原属于陆港乡脚的村子离公社较远，主要是凭借了这一优越的地理位置，镇上留下了两个商业门市部和一家茶馆，三十几名商业人员在那里顽强地撑着小集镇的地位。

从全县范围来看，没有设置行政机构的小城镇大多数被吞掉了，像陆港那样已吞未咽下的是极少数。这个吞并过程值得进一步记录下来加以分析。

用行政渠道来控制商品的流通，势必造成农民买难卖难的困境，而商业本身在经营上也容易滋长“官商”作风。据农民反映，收购农产品的部门要货时急如星火，不要时弃如敝帚。比如兔毛，去年由于某种原因价格大跌，养兔的农民叫苦连天，也不明白为什么同样的兔毛一下子就不值钱了。小城镇和农村里原有众多的流通渠道已变成了单轨，适应不了这几年来农村发展商品经济的新形势，实际上已成了农村经济继续发展的障碍。

商业国营化的过程是在“化消费城为生产城”的政策下进行的。这一政策对于我国的城市建设固然有其积极作用，但由于当时对消费和生产这两个概念的涵义没有搞清楚，以致我们对小城镇性质的认识

① 解放前农村小集镇的店铺中有一种前门开店，后屋住家属的叫做连家店。

发生了偏差。在我国旧的传统思想中，消费不是一件好事情，它是指不事生产，靠着人家吃吃花花，实际就是指剥削享受。而在小农经济的眼光里，生产是指有实物收获的劳动，不包括商品的流通。这样我们一方面把小城镇的商品流通职能排斥在生产范围之外，归入消费中去；另一方面把地主官僚对农民和雇工的剥削，以及他们挥霍浪费的行为，看成所有小城镇唯一的基本性质。以后又进而把做生意、消费、剥削这些概念都画上等号。表现出来的是逐步限制、打击小城镇的个体和集体商业，这就大大削弱了小城镇作为农村地区商品集散中心的地位。然而城乡的工农业产品不能不流通，而流通总得有渠道。在集体、个体等贸易渠道全都被堵死的情况下，供销社非走向国营化不可，国营商业就不能不包揽一切。但是国营商业固然可以用行政手段把商品流通包下来，却包不下小城镇上原有的经商劳动者，于是小城镇居民中很多人无以为业，纷纷找出路。其中最有办法的人挤入了上海、苏州等大中城市；稍次的进入当地的国营企业；没有办法的也不让在镇上吃“闲饭”，一批批地被动员下放到农村。最后那些由于病残体弱等原因确实无法下乡的人留了下来，依靠社会福利型的小手工业生产维持生活。这一过程，在铜罗镇的人口变化中看得很清楚。它表明在经济基础动摇以后，小城镇作为人口的蓄水池也就干涸了。无以为业的人口是留蓄不住的，不能不向大城市和农村两面泄放，小城镇本身日见萧条冷落。

这里需要补充说明三点情况：第一点是在这一时期小城镇衰落的总趋势中，吴江县也有新兴的例子。菀坪和金家坝这两个公社集镇是由村居民点上升形成的，它们都是设立新的公社行政机构产生的结果。第二点是从 50 年代后期起，吴江的县办工业有了较大的发展，例如盛泽镇上的丝绸工业从作坊手工业到机器工业，一直到专业化的若干道工序配合的现代丝绸工业。但是这些县属工业在经济、管理等方面都隶属于县的工业部门，它与小城镇可以说没有多少实际联系。第三点是有少数小城镇的衰落是由于自然灾害、地理发生显著变化等多种因素引起的。如松陵西南五公里处的南厍，以前是吴江西北部地区出入太湖的主要港口镇，每天有三四百条渔船和捞水草的农家船停靠南厍，商业兴旺。1949 年太湖发大水，南厍的店铺被洪水席卷。公社化以后围湖造田，南厍失去濒临太湖的港口地位，再加上行政设置的变化，南厍集镇也就退化消失了。

四

由于看到小城镇周围农村生产的单一化和镇本身商品流通职能的丧失导致小城镇的衰落，在 1981 年又看到农民家庭副业的兴旺和听说那几年吴江小城镇建设也在繁荣起来的情况，我曾产生过一种错觉，以为是农副业商品生产的发展促使小城镇的复苏。后来经过实地调查，才发现吴江小城镇兴盛的主要和直接的原因是社队工业的迅速发展，而不能说是多种经营、商品流通的结果。

以与上海郊区接壤的莘塔公社集镇为例，在 1975 年以前，莘塔公社的农业经济路子越走越窄，农业只是种粮食，副业只是养猪。农民收入长期在人均 150 元上下徘徊。从公社镇来看，不用说新的基建，就连原有民用建筑的维修也缺乏资金来源。居民住宅日渐破败，危险房屋越来越多。镇区内两条宽只有三米的过街楼式的沿河小街狭小敝陋。自 1975 年以来，该镇面貌大变。现在已盖起了许多新的厂房、居民职工住宅和一座能容纳 1000 多人的电影院，马路宽达 18 米的新街区颇有现代气派。这些基建的总投资共达 356.8 万元，其中有 258.1 万元来自莘塔 13 家社办工厂所上交给公社的利润，占总投资的

72%以上。

莘塔的社办工厂原只有公社农具厂（现为油泵厂）一家，是在大跃进年代办起来的，其他的工厂都是在1975年前后创办的。据1982年资料，这些社办厂中，年总产值超过百万元的有油泵厂、灯泡厂和客车厂三家。若把全社的队办企业也统计在内，社队工业共有57个企业，务工社员2098人，占全公社劳动力的17%。全年总产值1026万元，利润66万元，其中上交给国家的所得税12万元。以务工社员工资和参加年终分配利润这两项计算，全公社20000余人人均工业收入为49元，占年人均总收入的15%。

从农副工三业产值结构和分配结构来看，莘塔公社总产值中农业占33%，副业占13%，工业为54%。在社员人均分配水平327元中，农业收入为190元，工业收入为49元，社员家庭副业收入是88元[①]。

这一例子告诉我们，莘塔在70年代中期开办社队工业以后，改变了农村一段时期“以粮为纲”单一经济的局面。社队工业的发展为镇的基本建设提供了主要的资金来源，增加了农民的年终收入，而且吸收了接近五分之一的农村劳动力。

从莘塔看到的基本情况在吴江县乃至整个苏南地区是普遍存在的。各个公社在介绍社队工业的好处时，都集中在吸收劳力、增加收入和发展公社集镇建设这三个方面。为什么苏南地区的社队工业在70年代能得以发展、遍地开花呢？对此不能不从该地区的历史传统和特定的社会条件去作考察。

苏南地区的历史传统可以加以概括为人多地少、农工相辅。江浙一带，人口稠密，经济发达，已有悠久的历史，人称上有天堂，下有

① 社员家庭副业是根据供销社收购系统的数据所作的测算。

苏杭。人口密度越大，人均耕地必然减少，所以在农业社会里，在一定的范围内，人口密度与经济发展水平是相矛盾的。然而我们的祖先却闯出了一条路子，使人口稠密与经济发达巧妙地结合在一起，那就是男耕女织、相辅相成。这种农业与手工业的结合一直持续了几千年。我30年代在江村调查时，还曾看到农户的收入是工农相辅，一半对一半。人多地少，要富起来，不能完全靠种庄稼，在粮食作物之外要种植其他经济作物，并从事农产品加工性的家庭手工业。这就是农工相辅这一历史传统的本质。这个道理在现代人眼里看来很简单，可古人开出这条路子时的艰辛是今世无法想象的；而这条路子作为一个根基开出新的花来也是古人始所未料的。因此，依我看来，现在所谓离土不离乡、遍地开花的社队小工业就植根于农工相辅的历史传统。地少人多，农工相辅是社队工业发展的内因。

在这几年的农村调查中，凡是我所接触到的基层干部，只要一谈到人口，都说有一股压力压得他们喘不过气来。当解放初期出生的那批人口在60年代中期进入劳动年龄时，农村就开始出现窝工现象。此后劳动力增长的速度逐年上升，年工分量猛涨起来。而同期粮食产量的增长却越来越少。到1970年前后，平均亩产显示出已达到极限时的起伏波动。这时农村已不是一般的窝工，而是由于劳力的剩余，农民开始在那里抢工分了。我曾请一位县委书记算一笔账，假定现有的劳动生产率不提高，现有的粮食产量不降低，全县可以有多少剩余劳动力？他的计算结果是在1/3到一半之间。如此大量的剩余劳动力是一股无法长期压抑下去的力量，一旦有了某种条件，它就会冲出来解放自己。正如当地同志所说的那样，办社队工业是“逼上梁山”，是将压力化为动力。

人多地少只是一股内在的动力，农工相辅的实现还需要外在因素的触发。社队工业兴起的外在因素就是“文化革命”这一特定的社会条件。十年动乱，全国遭劫难，然而在吴江、在苏南的农村，在一定意义上却可以说因祸得福。社队工业正在这时狭处逢生，发展了起来，所以有人说社队工业是“乱世出英雄”。对此我起初颇觉意外，后来听了一些社队工厂的开办发展史，才了解到大城市里动刀动枪地打派仗，干部、知识青年下放插队这两件使城里人或许到现在还要做噩梦的事情，从另一面来看，却成了农村小型工业兴起的必不可少的条件。

办工业要有原料、劳力、资金设备、技术和产品市场。农村有足够的劳力，这是有利的条件。那么其他几个问题是怎样解决的呢?

铜罗镇有一家生产化工产品的工厂可以说真正是白手起家的。1968 年，一个城市青年插队到吴江的一个公社。这个青年的父亲在化工厂工作，他打听到某一化工产品因为职工派性纠葛而濒于停产，而这一产品又是另一个企业的必需品。于是他就帮助这个公社与需要这一产品的企业挂上钩，这一企业把原料、技术、设备甚至一部分资金全都包了下来。就这样，农民便在几亩地上办起了化工厂。类似这家工厂的例子比比皆是，因此社队工厂的同志说，那时的办厂条件多数是大中城市主动送下来的。

大中城市为什么要主动送下条件来让社队办厂呢?道理很简单，“文革”中城市里的大中企业有不少在打派仗，搞停工闹革命，没有稳定的局面，自然不可能进行正常的生产。但社会生活不能没有商品。尤其是一些外贸产品的生产还得完成计划。而相比之下，农村的局面要比城市稳定。于是城市里不能生产，就转移到乡下去。那么，由谁来牵线转移?从吴江的实际情况来看，主要是那些家在农村的退休工人以及下乡的知识青年和干部，尽管目的各不相同，但他们实际上却成了城乡经济的中介人，做了一件自己不一定意识到其意义的事。社队工业就是在社会需要大于社会生产，农村局势相对稳定，而且在城市与农村之间有了中介人作联系的条件下产生出来的。等到十年内乱结束，苏南的社队工业已度过了最关键的初创时期，进入了它的发展阶段。

工业发展不同于农业，它必须要有一个集中的地方。这个地点一要交通便利；二是对来自各个村庄的务工社员来说地理位置适中。这两个要求使社队工业找到了正在衰落的小城镇。在吴江县可以看到，凡是公社集镇都是社队工厂最集中的地方。在县属镇，由于镇、社体制分设，社队工业不能侵犯镇区，于是就傍着老镇，在外围形成一个社队工业区。

在这里，我们应当注意到在吴江县的七个县属镇内还存在着另外两种工业：一种是县属工业（包括全民或集体），另一种是镇办工业。县属工业的发展较早，一般是在 50、60 年代开办的。它对保住小城镇一部分人口和为附近农民提供就业机会是起了作用的，而且近年来这部分工业也出现了新的飞跃。然而县属工业与它所在的镇之间没有发生经济上的联系，它只对国家和县交纳税收和上交利润。所谓镇办工业在 1966 年以前大都属于社会福利型的集体小手工业组织，实际上是残留在镇上的剩余劳力进行生产自救的组织。由于在“文化革命”期间，各级行政有需要自己找财源，“分灶吃饭”，灶灶要自己生火，镇这一级也得找各种门路办工厂。于是镇办工业就在集体手工业基础上与社队工业同时发展起来，现在也达到相当的规模。

“文化革命”的后期，从县、镇到公社、大队，各级都在那里积极办工业。甚至连学校也要办工业。震泽中学是吴江有名的重点中学，出了人才。这份功劳部分要归到“六神丸”的瓶塞子上，这不是虚言。不搞校办工厂生产瓶塞，这个中学的校长就难以当家。学校添置设备，修理校舍，都要校长筹集经费，校长又到哪儿去要呢？培养我们子弟的教育经费如此不足，要由学校自己办工业来弥补。我听了以后，总觉得心中有一股压抑。由此我也明白了为什么从公社主任、镇长到县长对办工业这样积极。1978年以前，吴江县解放30年只铺了三公里的县级公路，十年铺一公里。没有经费搞建设，他怎能不办工业！所以尽管当时条条框框还很多，但各级自有办法，各显神通争财源。社队工业如同鸭子凫水，下面已经动了起来。等到党的十一届三中全会解开了捆住的手脚，社队工业和其他各种小工业就如雨后春笋一下子生长了起来，蓬蓬勃勃地向前发展。

由此看来，苏南这些年来小城镇的复苏和繁荣，是小型工业，特别是社队工业带动的结果，而集体商业的经济活动还没有真正活动起来。我们作科学研究，不能笼统地说什么小城镇繁荣发展了，而要看小城镇里繁荣发展的是什么东西；它的这种发展又给小城镇与农村之间的联系带来哪些新情况、新问题。所以，我想从上述的变化出发回到点与面的关系上，提出一些值得研究的问题，谈一谈对小城镇现有工业、商业、服务业的认识，来共同探讨怎样才能使小城镇真正成为农村的政治、经济、文化的中心这个基本问题。

五

党的三中全会以来，通过调整改革，大中城市的工业生产逐步走上了正轨。在这种形势下，人们对于社队工业有两种估计：一种看法是社队工业发展是钻了城市工业停滞的空子，所以城市工业的发展严重威胁社队工业的生存，前途并不乐观。另一种看法认为城市工业与社队工业不但不相克，而且是相辅相成，因此对社队工业的前途不必悲观。这两种估计提出了一个共同的问题，怎样认识、处理城市工业与社队工业之间的关系。这是一个在发展中提出来的课题，我们应当用发展的眼光去深入全面地作研究。

目前社队工业的确存在不少问题，而对这些问题起制约作用的是社队工业生产不稳定。我所见的不少工厂很多是二三年换一块厂牌，一二年转一个产品，人们叫它“开关厂”。这样做固然有作为新厂可以免税的奥秘在内，但根本上还是缺乏稳定性。

我们不能满足于市场调节稳定性差这种回答，而应当从社队工业的实践中，去解决在社会主义原则下的市场调节怎样能够达到企业稳步发展的问题。首先不能一般化地对待社队工业，而应当从具体事实出发去分析社队工业里不同的类型。下面先列举一些我们见到的不同类型的社队办厂。

吴江县社队工业里有不少是丝织厂。办丝织厂抓住了当地农村具有丝绸手工业传统的特点，而且它作为劳动密集型工业，利润较高。照理说这种工厂是应该稳定的。然而绝大多数社队丝织厂的原料不是蚕丝，而是化学纤维。在七十年代，化纤产品是热门货，只要能生产，不愁无销路。但随着大城市化纤工业的发展和人们对衣着需求的改变，这两年来吴江县社队丝织厂的产品市场离本地越来越远，采购员采取了你占城市我下乡，你在平原我上山的办法，一直把产品销往福建、安徽、青海等省。尽管如此，去年化纤织品降价，损失还是不小。

庙港有一家蔬菜加工厂是在1980年创办起来的，共有30余名固定工人，生产各种酱菜，主要是小黄瓜和大头菜。这个厂的原料都是本公社农民自己种的，1982年它向全社收购蔬菜总值达110万元，增加了农民的收入。工厂本身年利润最高达15万元。它的产品有半成品和成品两类。半成品销往山西，成品除当地自销外还销上海、苏州和由外贸出口远销南洋各地。

平望现在有上海缝纫机三厂的一个分厂，它是 1981 年 6 月由上海缝纫机三厂和吴江县农机厂联合投资、共同筹建的。总厂与分厂两家联合生产蜜蜂牌家用缝纫机。分厂虽不是社队工厂，但它一方面为总厂提供一部分机头零件并组装整机；另一方面则和梅堰、震泽、金家坝的几家社办厂协作，为上海总厂及其本身生产机架铸件和台板。这几家社办厂的原材料由上海供应，产品归上海接受，按照总厂的计划组织生产。分厂的原材料也来自上海，技术由上海派人指导。分厂所获利润和超产部分，与总厂对半分成。

上面三种社队工厂有可能是吴江现有社队工业的三种基本类型。第一类是原料和市场都不在当地农村，只是利用当地劳力的工业。在目前社队工业技术水平还较低、在品种式样受到资金匮乏制约、商情信息基本上还靠当面碰头交流的条件下，这类社队工业忽起忽落不能稳定是必然的。第二类是原料来自当地农村，市场也比较可靠的工业，这类工业实际上是当地农副产品的加工工业。农副产品与工业原料衔接起来，是社队工业中最稳定的一类。第三类工业的原料来源和第一类相同，并不是本地自产，但由大工厂供应，市场也是大工厂承包，它是城市大工业的扩散点，相当于大工厂的一个附属车间，所以它只要能维持住与大工厂的关系也是相当稳定的。

从吴江全县来看，第一类工厂占绝大多数，第二类工厂是少数，第三类工厂只有几家。因而从总体来看，全县社队工厂还是处于不稳定阶段。

对社队工业作出上述分类，是为了说明在基本上属于市场调节的情况下发展社队工业，必须根据农村地区的特点去确定能够发挥自己优势的工业方向，才能保持稳定性。因此我认为应当把工业的重心转移到第二类上去，要大力发展食品工业和具有地方特色的轻纺工业或手工业。这是基于我对社队工业应当有原料和市场的主动权才能稳步发展的认识。当然哪些原料适宜由社队工业去加工，它掌握主动权的比例应有多大等问题尚需进一步具体化。但农村工业的原料与农副产品衔接起来进行劳动密集型的工业生产，以地方特色拓宽国内与国际市场，这些无疑是社队工业选择发展方向时应该遵循的普遍原则。第一类工业在特定的历史条件下是送上门来的，而现在却要到处磕头找原料和市场。这说明它作为农村工业的先导任务已经完成。这类工业将来是否会有新的出路，那要看整个国家工业怎样打破大而全、小而全的工业体系以后才能预测。第三类工业看来是有前途的。从世界范围看，大城市工业扩散是一个趋势。大城市人口密集、土地贵、工资高、污染严重等，已使它的工厂不能再继续发展下去。资本主义国家的工业已向郊区和附近农村扩散，现在甚至扩散到第三世界的国家中去了。这种工业扩散曾引起严重的污染扩散的后果。但是我们社会主义国家对这种恶果是可以避免的。而且我曾说过我们应当提倡“大鱼帮小鱼，小鱼帮虾米”，要求大中城市的工业帮助、促进农村社队工业的发展，社队工业也可以帮助更小集体工业的发展。最近我看到江都宜陵的一份调查报告，说那里的社队办的蜂乳加工厂，把装蜂乳的玻璃管、包装盒等零件分到各个生产队去制造，使得这个公社的许多生产队都得到好处。这不是“小鱼帮了虾米”么？所以工业要打破大而全、小而全，要一层一层地扩散下去。但是大中企业不应当把污染也扩散给还不怎么懂得污染危害的农民，而是把就业机会和工业利润扩散出去，这样它自己可以集中精力提高产品质量和改善经营管理以增加本身利润。这正是我国社会主义制度的优越性的体现。

工业要打破大而全，不仅是形式问题。工业规模越大，越能趋向合理化，这是外国的经验。我们不该不假思索地把它硬搬过来。我们首先要考虑到怎样在发展工业中解决广大农村中居民的生活问题，我们不应当重复西方资本主义国家工业发展农村破产的老路。其次，要考虑到我们的企业经营管理方式必须适合我国当前的国情。毋庸讳言，我们对大企业的经营管理还缺乏经验，以致一些大的国营企业不能赚钱甚至长期亏损。现在有的社队工业想稍稍扩大点规模，结果他们自己说是“骑上了马背下不来”。因此我认为应当注意研究社队工业的规模和适应当前农民水平的经营管理方式，在这个基础上，通过实践培养出一大批能管理工业生产的基层干部，为我国工业进一步大发展创造人的条件。

社队工业具有顽强的生命力。有个队办工厂赔了钱，我问他们怎么办？回答是赔钱还得搞，这是因为工厂看来是赔了钱，但是生产队每一家都有人在厂里做工，挣得工资，所以不允许关厂，而宁可少拿一点工资。因而我想到这些社队工业有点像是传统家庭手工业的扩大和集体化。家庭手工业是不计工资、只算收入的。所以从社队工业来说是赔了些钱，但如果把工人们的工资算进去，对全生产队的农民来说，还是增加了收入。赔钱还要办下去，体现了社队工业的坚韧性和顽强的生命力。这种坚韧性来自于传统，来自于人多地少的现实。这种顽强的生命力使它在不稳定中还要坚持生存下去。

赔钱还要办；一家出一个工人，机会均等；凡此种种，看起来都与现代工业讲求效率、利润、择优挑选人员等经营原则相背离。要实现工业现代化，这些是应当改进的。但是，这些现象自有它发生的社会原因。人多地少和工农相辅的基本情况不改变，这种现象也不易改变。我们应当因势利导，转变它的落后性为开创新工业服务。日本企业家引为自豪的所谓Z式管理，无非是利用传统的“我照顾你一辈子，你得终生为我服务”的从属关系作为经营管理中发挥劳动效率的有效方式，而我们农村中人际关系的传统要广泛深刻得多。当然其间良莠不齐，应该对它们加以分析和考察，作出区别，弄清哪些东西可以利用和利用到什么程度。我们不应以虚无主义的态度看过去，要真正懂得中国的特点，并根据这些特点来搞社会主义现代化，就要研究可以生长出新东西来的旧事物，甚至要用旧形式来发展新事物，最终使旧的转化为新的。

社队工业的发展使一部分农民转化为工人，县办和镇办工业的发展也招收了相当数量的农民工。这就是说现在已经有不少农民到小城镇里来了。据调查，这五六年来，小城镇的实际聚居人口与户口在册的人口相比，普遍增加了1/3。因此，人口普查所得的小城镇人口数与实际情形差得很远。这些农民工到了镇上与镇上工人一样干活，甚至那些条件最差、最累、最重的活往往是由他们来承担，他们实际上是工人阶级队伍中的新成员。这批人数目相当大，据不完全统计，1982年江苏全省的务工社员人数达到527万人，而全省城镇户口的劳动力总数只有606万人。换句话说，在大、中城市及小城镇从事各种非农业工作的人数中，农民工与城镇户口的工人在数量上已相当接近。农民工挑着小城镇工业1/3的担子，应当深入考察这批人走出村子到小城镇上做工的全过程，研究他们的社会地位和生活、工作、思想感情。这是中国工业史上未曾出现过的新情况。

在实地调查中，时时可以觉察到有一股不可遏止的力量在驱使那些基层干部不能不开动脑筋朝前赶。我也受到一些感染，提出上述几个问题作深入研究的引子。我似乎感到自己盼了数十年之久的东西就在眼前，农村真正的工业化、现代化正在社会主义条件下出现，然而自己对其中许多有着深刻历史的现象还未能透彻地理解，还需要继续观察。

江苏其他地区的条件有什么不同，他们是不是也走苏南社队工业的路子？全国农村社会经济发展的步子怎么走法？它从苏南的经验中能得到些什么？这些问题一个接一个地在我心里盘算，希望今后的研究能向这些方面开展。

吴江的社队工业走过了十几个年头，三中全会后的迅速发展也有五年了，其间有成功的经验，也有失败的教训。现在应是加以回顾总结的时候了。我们应当对社队工业的多样性和复杂性进行客观全面的分析，对社队工业中发生的问题作出科学的说明。

六

小城镇作为商品的集散中心，它的商品流通与农村的经济发展之间具有互为前提、相互作用的关系。现在主要的问题是要搞清楚小城镇商品的流通环节和疏通商品的流通渠道。

商品的流通环节，是指商品从生产者那里出来到达消费者手上，中间所经历的步骤。比如某一工业产品由上海的工厂生产后运往苏州，苏州的商业部门将它分配给吴江县，吴江的商业机构再把它分拨到各公社，公社供销社又把它批发给集体商业，最后由门市部出售到农民手中。商品就是这样经历了五个非直接消费的部门一步步地转运给消费者农民。这每一次转手都是商品流通的环节。同样，农副业生产的商品也要经过若干环节作相反方向的流通。这里我们首先要了解的是目前的商品流通要经过哪几个环节，以及各个具体环节对于商品流通有什么作用。

让我们撇开大中城市，先取出从小城镇到农村这一段来作考察。

从这一段商品流通环节的具体分析中，就可以看到小城镇之间还有大小不同、层次高低之别。

前述的类型分析表明，小城镇对农村的主要作用可以因类型不同有所偏重。然而即使是同类型的小城镇，对周围农村所发生的作用，也不是等量齐观的。例如，同是作为农副产品集散中心的小城镇，震泽的乡脚大，庙港的乡脚就要小得多。因此，由小城镇作用影响范围的大小，反映出一个有系统的高低不同的层次来。

城镇层次的划分，过去大多以人口数量的多少为标准。然而，小城镇商业作用的层次分析，单以人口为指标是不够的。因为人口大体上相同的城镇在商品流通环节中所处的地位却可以不同。在目前我国商品流通的过程中行政的因素特别重要，许多不同等级的行政性的商业机构决定了商品流通的环节。所以，我认为不妨首先从城镇的行政地位入手来观察商品流通的过程。

吴江县的小城镇依据行政地位，可以分为三层五级：第一层有县属镇，在吴江有人称为七大镇。这一层小城镇的共同特点是具有镇和公社双重商业机构。县属镇又分两个级别，第一级是县城松陵，它有县、镇、社三重商业机构。第二级是震泽、盛泽、平望、同里、芦墟和黎里等六个非县城的县属镇。第二层是有公社商业机构的公社镇(或称为乡镇)，吴江的 16 个公社镇也分为两个级别。第三级是商业人口接近于县属镇的八坼、铜罗和横扇，当地叫做三小镇，这三小镇除公社商业机构外，还有若干县属商业机构的派出部门，其管理范围越出本公社。第四级是设置有公社商业机构的庙港、七都、莘塔、金家坝等 13 个镇。第三层是大队镇（或称村镇），这一层镇在区域上都属某一大队范围，在行政上并不附设商业管理机构。它不同于有下伸店和双代店[1]的大队中心村，区别在于有商店、服务业和集市贸易的聚合和有经常性的商业管理人员。第三层不再分级，在吴江县共有如前面所说的陆港等 12 个村镇[2]。

由此可见，商业流通的环节实际是以一层层的行政级别为依据的。那么商品是怎样在这些环节上运行的呢？实际情况要比工业品通过高层次到低层次再到农村，农副产品又反向运行的理论分析要复杂得多。

例如开弦弓村有一家下伸商店，这个店销售量最大的是火柴、糖果、香烟、酒、酱油、盐一类的商品。店里还有三只铝锅，据商店工作人员说铝锅已在货架上放了整整一年。难道是开弦弓村人不用铝锅？不是。农民说买一只锅子要用几年，总得挑个好的，但这里只有三只没法挑选。所以买铝锅之类的物品他们就要上震泽或庙港。村里的青年男女结婚时新房里所需要的一些用品还要到上海、苏州去买。开弦弓是一个村落，不是村镇，但从这里可以看出普通农村里农民生活各种必需品是分别由不同层次的城镇供应的。这里就体现出了小城镇作为商业中心的层次来。一般情况下，农民生活中食用的如油、盐、酱、醋等一次性消费品基本上可以在村镇得到满足。村镇商业的门市部一般不到十个，销售范围大都是在一公里以内。农民生活中日常用品如热水瓶、脸盆等低档耐用的消费品，基本上是从乡镇或县属镇得到满足的。乡镇内同类商品一般都是独家经营的，花色品种与数量均较少，它们的商业门市部在 10～50 个之间，销售范围在 3 公里左右。县属镇内同类商品则有两个或两个以上的门市部销售，花色品

---

① 业务属供销社系统的大队代购代销店叫做双代店。

② 据乡村建设局调查统计。

种与数量比乡镇多，选择余地增加，它们的商业门市部在 50～100 个之间，销售范围在 5 公里上下①。

小城镇的层次是层层包含的。这就是说高层次的小城镇的销售范围不仅包含低层次的小城镇及其销售范围，而且高层次的小城镇自身也具有属于低层次小城镇的销售范围。例如，假定庙港、七都、八都等乡镇和这些公社的农村都到震泽来买铝锅，那么对铝锅这一商品来说，震泽镇铝锅的销售范围就包含了以震泽为中心的所有乡镇及乡镇的销售范围。但震泽不只是卖铝锅，它同时也卖油、盐、酱、醋，就这些商品的销售来说，震泽镇的范围与陆港这些村镇的范围相差无几，都限于附近约一公里范围内的居民。商品的销售范围实际上就是吴江民间所说的“乡脚”。乡脚并不是以镇为中心的一个清晰的圆周，每一种商品都有各自的乡脚，所以一个小城镇的乡脚由许多半径不等的同心圆组成。小城镇层次的划分实际上决定于它们乡脚的大小。

小城镇层次分析应当深入到满足农民各种生活需要的功利评估。所谓功利评估，是指农民对买何种商品，花多少时间、付多少成本的计算和均衡。功利评估的原则是以最少时间、最低成本去取得最满意的商品。小城镇的商业层次应当根据这样的研究结果来布局。我不知道现在的商业部门有没有一本在哪个环节该储备什么样的商品和每种商品要储备多少的账。如果没有这本账，就会产生有些环节上应该具备的商品无货供应，而在另一些环节上不应该储备的商品又被囤积的不合理现象。例如我在广西大瑶山的新华书店买到一本《陆游年谱》，对我来说当然是求之不得，但在瑶山的书店里摆上这类书籍，恐怕是很少有机会被人赏识，难以遇上知音的。

---

① 商业门市部数与销售范围都是吴江县各层小城镇的平均数。

流通环节的合理化是商品流通的必要条件，道理是显见的，但做到合理化却需要作细致的研究。

疏通商品流通渠道是一件更大的事。党的十一届三中全会以来，小城镇上行政化的单轨渠道发生的问题，我们还不怎么清楚。我只是了解到集市贸易在吴江已经恢复起来，农民挑担上街，商贩摆了摊子，到处很热闹。松陵镇还为这样的集市搭了个玻璃瓦棚，下雨天，买卖人群不致淋雨，做了一件好事。虽然在集市贸易中是有价格管理等许多问题存在，但我看主要的问题是为什么吴江县小城镇的集市贸易还只是停留在农民提上一篮鸡蛋在集市上等上半天的原始状态，而不是像北京市中关村一带那样，只用短短的一年多时间便从日中为市的个体经商变成一排排集体合作的商店。

听说供销社也正在进行改革，对此我得首先说明自己是外行，又没有进行实际调查，目前还只能作为一个旁观者说几句。从客观形势看，现在要供销社重新回到合作性质上去恐怕不那么容易，要国营商业把已经经营的那些项目让出来恐怕也有难处。据说，前两年小镇上供销社和集体商业从体制上划清了。然而所谓的集体商业，其实还是批发商品给它出售的供销社附属机构。不客气一点说，那是换一把勺子去舀大锅里的汤。

那么，小城镇集体合作形式的流通渠道怎样才能建立、发展起来呢？前些时松陵镇的同志写信给我，要我帮助他们买一辆卡车，用它把凤尾菇运销到苏州市场上去。买汽车，我当然是毫无办法，但这封信使我受到了启发。1981 年我把澳大利亚一位朋友送给我的平菇的菌种带回了家乡。1982 年吴江县农技所和松陵镇的同志试种成功并作小规模推广，有同志还给它起了一个优雅的名字叫凤尾菇。经化验，这种蘑菇不仅食用价值高，而且体积大，产量高，每斤以七分钱的成本能卖得六七角钱，它还能立体柱形栽培，适宜作为农村家庭副业。可是在农村里推销有困难，县城内的市场太小，而苏州和上海却很欢迎这种食品，于是运销的问题也就发生了。所以，他们要我设法买一辆卡车。这封信给我的第一个启发是新商品要走新的商业渠道。既然原有的商品走集体形式的流通渠道困难重重，新的商品或许就比较容易创出新的方式来。我们应当支持鼓励生产者自己组织起来作集体流通的新的尝试，一切好的形式都是从尝试中出现的。我们要积极发展小城镇，就要从一切方面想各种方法去尝试新的发展。

由此我想到要进一步研究农村产品商品化的问题。凤尾菇产量大了，就想到自己要买汽车运销，那是商品产量的提高促使他们想到的，如果农村除社队工业外的商品生产还不足以满足附近几个小城镇居民的需要，那么手拎肩挑的集市贸易渠道就完全可以承担流通任务，自然不必也不会有更上一层楼的要求。然而 1982 年江村杀兔吃肉的事实又说明，农村经济商品化的水平必须要有新的立足于国内市场的流通渠道才能巩固和提高，如果一味把身子靠在洋人的背上过日子，人家动一动小拇指，我们就要跌筋斗。所以，我希望有同志能从农村经济商品化的现状出发，深入探讨小城镇商业流通渠道与农村商品化程度之间的相互关系。

我从这些事实又引出一个看法，小城镇商业的发展之所以没有社队工业的发展快，原因是受到原有商业渠道压抑的农村商品经济，对小城镇的冲击力还不够强，一旦这种冲击力强大起来，包揽式的流通渠道就非改革不可。而现在农村经济尚处于生产责任制的低级阶段，商品生产的程度还不够高。要突破当前的局面，还有待于多种经营专业责任制的发展。从以家庭生产为单位的责任制到集体专业化生产的责任制，是当前农村生产力继续提高的必由之路。从整个苏南地区来说，集体专业化生产的责任制形式已经在某些方面出现。所以，应当清楚地认识到客观的发展会带来的结果，以开辟新的流通渠道的尝试去自觉地适应、促进这一具有光明前途的发展。

七

小城镇怎样成为农村的服务中心、文化中心和教育中心，对此我只能谈谈自己的一些想法。

我四访江村时，听说在影片“少林寺”上映前，浙江的南浔镇电影院先贴出上映这部新片的预告。震泽镇的电影院获悉这一消息后，赶紧抢先搞到这部片子赶在南浔之前放映。这部片子在当时吸引了周围四面八方的农民。他们摇着船、带着孩子来镇上看电影。《少林寺》放映一周，卖座率始终不衰，电影院收入一万元。农民上街看电影总得吃点面条、点心，还要往家捎回些东西。结果这七天内全镇商业的营业额增加了六万元。这件事在我看来是镇作为农村中心的生动例证。假如经常这样，震泽岂不就是一个农村的娱乐中心和商业中心了么！

这件事说明小城镇的服务业是蕴有巨大潜力的。不是农民没有对现代社会生活的需求，而是我们不懂得农民的需求，致使小城镇上的服务项目、服务水平和服务质量远跟不上客观的形势。

为农村妇女烫发，现在是小城镇的一个服务项目。1981 年我三访江村时，很少见到有姑娘烫发，到四访、五访时，烫发的女青年逐渐多了起来。今年六访时看到，不论是社队厂的青年女工或是在田里干活的姑娘，头发几乎都弯曲了起来，甚至连十二三岁还在上学的女孩子也烫了发。据说她们大多数是到庙港和震泽的理发店里去烫发的，每次两元。每逢过年过节，理发店日夜开业。在这件事上，庙港和震泽已成为农村姑娘的服务中心，而且为我们提供了测量这两个中心服务区域，即小城镇乡脚的一个指标。但是，农村姑娘烫头发的风气完全是自发的。我们对电视机的下乡引起了什么后果可以说很不清楚。这些都是看来是小事情，但意义却十分深远的问题，需要我们严肃地进行科学的研究。

再说小城镇上的茶馆，过去这是附近农村交流社会信息的中心，城里的、镇上的、村里的信息都在茶馆里汇集，并散播到附近农村里去。它是个民间相互咨询的服务场所，里面有社会新闻、有生产技术问题、有做媒等丰富的内容。现在民间的信息交流、咨询服务是否还在茶馆进行，还是另有场所和其他途径？在农业生产责任制和农副工综合发展新的情况下，农民到底有什么新的服务要求，怎样去满足他们的要求？这些都是迫切需要加以研究的课题。

在文化方面，除了电影院对农民开放外，镇本身现在很少有什么文化设施。青年们一般不上茶馆，又几乎没有文娱、体育等活动，连找对象在镇上也没有谈话的场所。去年松陵镇修了一座小公园，除了供人憩息，还有一些石条凳可坐，使农村青年男女进城来可以有个谈恋爱的地方。听说还有人反对，说是有伤风化。其实这并不是一个小问题。我看现在存在着严重的地缘、业缘内婚现象。青年男女没有正常的社交活动，不熟悉居住和工作范围以外的人，不得不在同村、同厂、同机关内部找对象，以致选择的圈子越兜越小。据说在一些交通闭塞的山村里低能儿越来越多，原因很可能就是长期的近缘婚姻带来的不良后果。所以，扩大青年的社交范围对于反对父母之命、媒妁之言的封建包办婚姻，对于改变近缘婚姻是有积极意义的。小城镇的文化中心作用不是一句空话，建设社会主义精神文明也不是空洞的口号。真正的中心作用是要使农民到小城镇来能解决实际问题，满足农民的需要。也就是人与人要在这里碰头，物与物要在这里运转，信息要在这里交流。苏南、吴江这一发达地区的小城镇到底为农民做了多少事情，很值得我们去看一看、想一想。

在教育方面，使我最痛心的事是江苏的文盲率要比全国的平均数高，吴江更是高中之高。按理说，一个地区经济水平是与文化程度成正比的，实际上现在反过来了。其中的规律性值得研究。可我想提一个倒过来的问题：为什么要识字？不识字又怎样？如果不识字照样生活，收入还比识字的高，那就发生了为什么要识字的问题了。

这次我在太湖边上的庙港渔村里散步，我问了几个年龄不同的居民识字不识字，他们都对我摇摇头。年纪大的都是有经验的渔民，年轻的孩子们正跟着父兄们学打鱼。据说他们近年来的收入比农民高得多。我在和他们的谈话中才悟出他们不识字的道理来。这些都是多年甚至世代在太湖上捕捞的渔民，捕捞是搜集自然产物的生产方式，由来已久，说是原始经济也未尝不可。这种生产方式需要有这地区自然地理的丰富知识。在太湖里打鱼就得充分掌握太湖的气候、风浪和鱼源，这是他们生活所依赖的知识。这些知识却并不靠文字来传递，而是口口相传并在实践里体验来的。要成为一个能靠捕鱼为业的太湖里的渔民，就必须从小跟着父兄在船上生活。试问他们为什么要在学校里花费多少年学会几千个方块字呢？年轻时进学校而不去跟父兄一起经风浪，到头来恐怕会在打鱼时被风浪淹死在水里。但是如果要提高渔业的生产力，改捕捞为饲养，就是用人工去经营鱼塘以提高产量，情况也就完全改变了。饲养员需要知道温度、湿度、水里含氧的成分等等所谓“科学知识”，要学习这些知识，不识字是办不到的。从太湖上的“浪里白条”变成鱼塘里的饲育员，是从原始采集阶段的生产方式发展成饲育阶段的生产方式，也就是从不需要文字到离不开文字的发展过程。如果现在庙港的渔民安于在太湖里乘风破浪地捕捞为业，那么我看文盲是扫不完的。我从太湖边上散步回来，对扫盲问题的认识似乎又深了一步。我们读社会发展史应当要用它来理解当前的实际问题：生产力不发展，教育普及不了。从这个角度去研究当前农村的教育问题，也会看到目前农村生产力的迅速发展不仅提出了普及教育的需要，也提供了普及教育的可能。怎样才能满足农民对教育的需要，那就有赖于我们提供怎样的教育内容了。因此怎样把小城镇建成农村的文化教育中心，对我们来说应当是一个重要的新课题。

八

我的发言应当结束了，在末尾我想附带提出一个名词问题。我素来不主张在名词上浪费笔墨，但是也不能不注意到名副其实的必要。“小城镇”这个名词最近大家已经习惯了，是否还可以多考虑一下？用这个名词来指作为农村中心的社区是否妥当？我们的字典里对城、镇、集、墟、街、场、村等名词都有一定的释义，我不在这里再重复。但必须指出，当前各种社区需要划分出一条城和乡的界线，各层的社区用哪些名词来表达最为妥当还是个值得考虑的问题。

如果把“城镇”这个名词用来指作为农村中心的社区，从字义上看，它似乎应当属于城的一方，而实际却是乡的中心。为了避免这种因望文生义而可能产生的误解，不如称这种社区为“集镇”。我们知道有不少经济不太发达的地区，还没有形成固定的商业和文化中心，而停留在“日中为市”的定期赶集形式上。津浦铁路进入安徽境内就有很多车站至今保留着某某集的地名。这些集所起的作用，程度上虽有区别，性质上是和吴江所见到的许多“小城镇”相同的。把这些集称作“小城镇”总不免有点牵强。所以我想不如把在吴江所见到的

"小城镇"和这些集归在一起而称它们作"集镇"。

当然"小城镇"应当归在城、乡的哪一边，还是一个可以研究讨论的问题。把它说成城乡的纽带，只说明了它的作用，而没有表明它是一个具体的社区。我主张把农村的中心归到乡的一边。但也可以考虑在城乡之间另立一格，称之为镇。麻烦的是汉字不习惯用单音节名词。镇字旁还得加个字，要加就不能再用城或乡，所以还是可以考虑称"集镇"。

还要提到的是群众语言中有传统的分层模式，那就是"城里人"、"街上人"、"乡下人"。这种分层至今还有现实的社会意义，含有高低之别。而我们所提到的吴江县的"小城镇"中在群众语言中却包含了三个层次。作为吴江县行政中心的松陵镇的居民过去被称作"城里人"。松陵镇过去也确有城墙，解放后才拆除。其他的镇上的居民在群众语言里都不称"城里人"，而称"街上人"。但是像庙港一样的公社镇，过去并不是基层行政中心，只是沿太湖的港口之一，像一个较大的村子，所以它的居民够不上"街上人"，还是"乡下人"。有人看到在现在所谓"小城镇"里还存在着和群众语言相适应的层次，所以主张用"城镇"、"乡镇"、"村镇"来区别。"城镇"指松陵一样的大镇，即县属镇，"乡镇"指公社一级，也是体制改变后乡政府所在地的镇，其下则是"村镇"，这种意见值得考虑。我在这里只是提出来供大家讨论。我们的调查研究越深入，对我们用以识别事物的概念也会越来越细密，也会要求我们所用的名词更加确当切实。现在一般应用的名词都有待我们进一步去研究讨论。

今天我的讲话里还是用"小城镇"这个名词，因为我们的讨论会的名称就这样用的，不能因为我个人不成熟的意见就加以改动。这也说明了这些概念和这些名词都有其社会的根源和作用，即使改动也要有个过程。我个人的意见也会改变，一门科学在初创时期总是这样的。

小城镇　再探索

一

我们的小城镇研究是从农村研究的基础上发展出来的。1981年我三访江村时，还只是以一个农村为范围进行观察，但是这年年底四访江村时，我们就提出要“更上一层楼”，从农村升一级，去调查研究作为农村政治、经济、文化中心的集镇。我们曾访问了吴江县的一些集镇，发现这些集镇正在从衰落转向繁荣。除个别例外，在过去30年里，绝大多数集镇普遍存在着人口外流，人数增长缓慢，甚至下降的现象。党的十一届三中全会后出现了新局面。这些集镇的册外人口大增，有些镇竟达居民总人数的1/3。所谓册外人口是指住在镇上而没有户口的人。我们看到这里问题很多，所以决定从1982年开始，把小城镇研究列为我们调查工作的重点。这个意见得到了江苏省委的支持，因为就在我们提出这个意见不久之前，江苏省委在常州举行过一个城市工作会议，提出发展小城镇的主张，真是“不谋而合”。因此，中国社会科学院社会学研究所就和江苏省社会科学院社会学研究所联合组成了小城镇的调查研究组，开始这个课题的调查研究工作。

为了深入探索这个新的课题，我们采取了“解剖麻雀”的方法，把小城镇数量上号称“多子女”的吴江县作为解剖对象，并提出“类别、层次、兴衰、布局、发展”的十字提纲。我们的工作分两个阶段，先是从上而下，向各级党政干部请教，初步了解从县到镇的基本情况、有关的工作经验和已看到的问题。然后，按不同类别和层次，定点、定人、定题，课题组同志分别下乡作实地观察。去年秋季集合汇报，并邀请了中央有关部门及江苏省委政策研究人员、江苏省有关各市各县各镇领导干部，以及有关研究机关和高等院校的研究人员一起进行多层次、多方面、多学科的学术讨论。这就是 1983 年 9 月 21 日到 27 日在南京举行的江苏省小城镇研究讨论会。我在会上作了《小城镇，大问题》的发言。课题组及其他参加会议的同志提交讨论的一些论文，经过修改提高已汇编成《小城镇，大问题》*，今年 7 月份可望出版。在这次会上成立了江苏省小城镇研究会。

1983 年全国政协组织了有北京和南京各方面专家参加的小城镇调查组，从 11 月 11 日到 12 月 6 日在江苏的常州、无锡、南通、苏州四市和部分县、镇参观访问，对江苏小城镇讨论会所提出的问题和观点进行“会诊”。调查结束后，在苏州总结，会上的发言正在整理，陆续将在《社会学通讯》上发表。我这篇《小城镇，再探索》就是以我在这次总结会上的发言为基础，整理而成。下面我只想把我个人在四市和部分县、镇访问中的体会作一简要的叙述。

---

* 《小城镇，大问题》，《江苏省小城镇研究论文选》（第一集），南京，江苏人民出版社，1984 年版。

二

农村经济的繁荣，带来了小城镇的复兴。党的十一届三中全会后，在短短的五年中，广大农村落实了各项经济政策，全国农业生产，除了极个别地区，都有了普遍的和显著的提高。农民确实富裕起来了，这是有目共睹的事实。我们所调查的苏州、无锡、常州、南通四市，在近年农村经济发展上，在江苏省来说是站在前列的。而江苏省在全国的经济发展上又是站在前列的。1982 年江苏的先进记录是“两个超过 500 亿”，即粮食 571 亿斤，工业总产值 502 亿元。1983 年再创的新记录是“六、七、八”，即粮食 610 亿斤，财政收入 72 亿多元，工农业总产值 824 亿元。

在我们调查期间，1983 年农村的各项指标尚未结算，省委农工部提供的资料：1982 年江苏全省社员人均收入 309 元，比 1978 年增加 154 元，四年翻了一番；同年，粮、棉、油总产量年均增长率都在 4%以上；主要副业项目的年均增长率都高于 10%；乡镇工业（公社及生产大队两级所办企业）总产值四年也翻了一番，占农村工农业（生产队所办企业算作农业）总产值的 42%，占全省工业总产值的 1/4。

我们调查所经过的地方，农民住宅已在更新，使得农村面貌焕然一新。长江北岸开始“草房改瓦房”，苏、锡、常开始“瓦房改楼房”。有些地方沿路可以看到装上阳台，阳台上摆满花卉的别墅式两层楼房，一幢接一幢地绵延几里。集镇上百货公司、电影院、文化宫、书场等新型建筑在宽阔的大道两边耸立，使旧上海的边缘市容相形见绌。有些生产大队开始兴建公共浴室。无锡县前洲乡的一位青年在他花费 10000 元建起的三层楼的新居中掰着手指告诉我们：近几年，他和他那在队办纺织机械厂工作的妻子一起，每年收入约 4000 元，除了全家三口的日常开支，可以积蓄 2500 元到 3000 元。这种人家在前洲乡一类的农村里是很普遍的。江南鱼米之乡出现的“建屋热”是农民丰衣足食之后开始解决居住问题的反映。农民造房子有些地方已超出了居住的需要，部分是属于家庭副业的生产投资，还有部分是属于“实物储存”。农民从商品生产中获得的收入，一时已消费不了。江苏农村在 1982 年末的储蓄额达 20 亿元，在苏州市平均每个农民有 78.9 元存进银行。但是有理由相信留在农民口袋里的现金很可能超出此数，这部分余资按农民的传统心理，要变成不动产才放心，所以也构成了兴建房屋的一种动力。无论怎样，在这四市的农村中已出现的小康气象是十分动人的。

使这地区农民富裕起来的主要因素是农村经济结构发生的变化。这些年来江苏全省农副工三业各以不同的速度逐年增长，其中农产品产量的增长率最低（约 4%），乡镇工业（即社队工业）的产值增长幅度最大（约 90%）。这意味着在农民的收入中，来自农业的比重相对降低，而来自工业的比重越来越大。在我们调查的四个市中，以县为单位，工业产值占总产值的比例，都接近或超过一半，特别是长江以南这三市的县一般都在 70%以上。1983 年这三市中有无锡、常熟、江阴三县（市）的工农业总产值各超过了 20 亿元，其中农业产值只占 10%～20%。据 1983 年统计，江苏已有塘桥、乐余、前洲、玉祁、周庄、华士、黄巷等七个乡的工农业总产值超过了 1 亿元，这些乡的工业产值都占 90%。农民富裕靠工业，已成了普遍的事实。

值得特别注意的是，由于这些地方工业办得好，因而富裕起来的乡村，农副业收入所占的比例不断降低，而在绝对数字上却相应地增长，速度也较工业不发达的乡村为快。这个事实应当大书特书，因为它向人们展示出我们社会主义建设中的一种崭新的特点：中国社会基层的工业化是在农业繁荣的基础上发生、发展的，而且又促进了农业发展，走上现代化的道路。

这个特点的重要意义只要和西方早年工业化历史相对照就容易看得清楚了。欧洲工业化初期，在集中于都市里的机器工业兴起的同时，农村却濒于破产，农民失去土地，不得不背井离乡涌进城市，充当新兴工业的劳动后备军。资本主义国家现代工业的成长是以农村的崩溃为代价的。这是西方资本主义工业化的道路。与此相比，我国在社会主义制度下，党的十一届三中全会以来却出现了上述的那种基本上和资本主义工业化迥然不同的新道路：农民在农业繁荣的基础上，以巨大热情兴办集体所有制的乡镇工业。这种乡镇工业以巩固、促进和辅助农业经济为前提，农副工齐头并进，协调发展，开创了农村不断繁荣兴盛的新局面。这种工业化的道路，从具体历史发展来看，并不是从理论上推论出来的结果，而是农民群众在实际生活中自己的创造，经过了多年实践的检验，“实行几亿农民离土不离乡，积极发展乡镇企业”，终于被肯定为从我国国情出发的一个具有战略意义的方针。

三

在吴江县的集镇调查过程中，我们看到了集镇的转衰为兴，是由于当时所谓社队工业即现在所说的乡镇工业的兴起。我们这次四市访问证实了这是这个地区共同的特点。

据反映，苏南地区的乡镇工业虽发生于70年代的初、中期，但那时是“偷偷摸摸地搞”，一般说来工厂为数不多，规模也较小；如雨后春笋般地蓬勃兴起，是党的十一届三中全会以后的事。例如无锡县的前洲公社1970年仅有一个农机厂，12名工人，全公社的工业产值才150万元；到了1982年，工业产值达到7388万元，增长了48倍，务工社员也增长到7700余人。从无锡全市范围来看，1978年以来乡镇工业的产值和利润分别以年均23%和7%的速率递增。

这一情况的发生，如我过去已经指出的，只有从乡镇工业与农业之间的内在联系中才能找到答案。苏南是一个农业开发历史悠久的地区，农业经济的发展吸引和积聚越来越密集的人口。为了解决人多地少的矛盾，维持住该地区的“天堂”之富，这里很早就在农业稳定发展的基础上产生了家庭手工业。“牛郎织女”的传说反映了夫妇之间的分工和合作，表明了农业与手工业在一个家庭内的有机结合。这就是苏南地区人多地少、农工相辅的历史总结。

建国以后，苏南的农业由个体经济走上了集体经济的道路，农业生产力获得了前所未有的解放。可是，由于人口的一度失控，人多地少的矛盾在这里越来越尖锐，70年代初四市的人均耕田已经降到1亩上下。在党的十一届三中全会前，农村经济政策又受到“左”倾思想的影响，“以粮为纲”变成了单一的粮食生产，破坏了这一地区工农相辅的传统结构。越来越多的农业劳力没有别的出路，不得不以成倍增长的成本在有限的土地上搞强化开发，那是增产不增收的路子。据苏州市的测算，70年代中期以来，纯农业的收入长期在人均100元上下徘徊。

我在《小城镇，大问题》一文里已经说过，江苏农民怎样在十年动乱中“逼上梁山”地找到发展乡镇工业的道路。我也指出过，农村的剩余劳动力寻找出路是乡镇工业发生和发展的内在因素。据我们这次调查的四市来说，以劳均四亩耕地计算，农村里就有1/3以上的剩余劳力，仅苏州市的五个县就有120万人，约占该市农村总劳力的

50%。这些原来被“大锅饭”所吞没的农村剩余劳动力一旦在自办的工厂里找到了从事生产的机会就成了农村里新增的生产力。党的十一届三中全会确立了生产承包责任制以后，农村里家家户户都发现了从有限的责任田上大可腾出手来另找生财之道，于是乡镇企业就遍地开花地在农村里生长了起来。因此，我们可以说，乡镇工业是农村剩余劳力以新的劳动手段与新的劳动对象相结合的产物。它是农民依靠集体的力量办起来的工业，它不但不会损害作为自己基础的农副业，而且能在为国家财政收入作一定贡献的同时，主动地承担起支农、补农和养农的责任，形成了我在上节里所提出的我国工业化的新道路。

从江苏全省来看，1983 年乡镇工业向国家纳税 11 亿元，占全省财政收入的 1/8。在 1979 年到 1982 年四年间，乡镇工业的利润中有 20%以上用于购置农机、进行农田基本建设、兴办农村集体福利事业等，总额达 14.5 亿元，相当于同期国家对全省农林、水利、气象的投资总额。与此同期，乡镇工业工资总额和返队利润累计有 59.9 亿元，其中 1982 年为 17.9 亿元，以全省农业人口计算，人均收入 35 元。苏州市的同志说：“我们这里正是由于乡镇工业的发展，依靠以工补农这着棋，才稳定了务农社员的生产情绪，促进了农业生产的继续发展。1982 年，全市五个县农村人均 255 元的集体分配收入中，来自乡镇工业的为 130 元。实质上，这是在弥补粮食价格背离价值的差额上，在国家宏观调节手段不足的情况下，乡镇工业为国家分挑的一部分担子。这副担子非挑不可，因此，乡镇工业也非办不可。”上述数字表明了苏南的乡镇工业对农副业的巩固、发展和农村的繁荣所作出的贡献。在调查中我们看到，凡是工业办得好的地方，随着工业对农副业的补养成分越大，农副业的发展也就越迅速。这不是偶然的现象，而是必然的联系。

乡镇工业补贴农业并促使农副工综合发展的这种作用，在形式上类似于历史上农民的家庭手工业。正是在这一意义上，可以认为乡镇工业是根植于农工相辅的历史传统的。但在新的历史时期下，农工相辅已不再以一个家庭为单位，而是以集体经济的性质出现。从一对对的“男耕女织”到一村一乡的农副工综合发展，使农工相辅的传统在社会主义制度下发生了历史性的变化。这一进步迅速改变了农村的面貌，使农民的富裕得到了保证。在调查中，四个市的干部和群众都提到这样三句话：“农业一碗饭，副业一桌菜，工业面貌改。”意思是说，农副业过关，充其量是解决温饱问题和略有余款，只有办起乡村工业，才能使农村的繁荣具有坚实的基础。这是各级干部与农民的切身体会和自觉行动，是一种“与荣俱荣，与枯俱枯”的感情。苏州的一些同志说，要是回过头来，把转移到工业上去的几十万劳动力重新捆在一人一亩的土地上，这是万万要不得的。

四

乡镇工业不仅与农业之间有着历史的内在的联系，而且与大中城市的经济体系之间存在着日益密切的连结。在旧中国，自从上海成为通商口岸的上百年间，外国资本和官僚买办资本就从这个商埠出发，沿着沪宁铁路把吸血管一直插到苏南的农村。首先被摧毁的是农民的家庭手工业；接着农业也独木难支；最后农民忍痛出卖土地，到上海去做工——走上了西方资本主义工业化的道路，还要加上半殖民地的性质。

解放前，由于农村破产，被迫走入城市的农民在工厂里学会了现代技术。他们在当前乡镇工业发生和发展中成了一个积极因素。据无锡市反映，解放前上海的钣金工中有近一半是无锡人，形成了上海机械工业中的所谓“无锡帮”。这些工人原来就是从农村流入城市的农民。中国的工人和西方国家不同，他们多半是只身进城，挣钱养活乡下的家口。这种“藕不断，丝还连”的状况至今还起着作用。我们走访了28家乡镇工厂，它们的创业都与各种各样的“关系”有关，而其中大多数就是由有乡土关系的退休工人或干部牵线搭桥或提供技术力量而诞生的。但乡土关系只是乡镇工业得到促发和催化的条件，乡镇工业与大中城市日益密切的连结是在党的十一届三中全会以后逐步发生和加强的。

在常州湖塘镇，一家社办的柴油机厂正在为常州市内的国营厂生产配件。据说近年来由于那家国营厂的生产量供不应求，要扩大生产规模，但是由于受到市内土地、资金、招工指标等许多条件的限制而无法展开。于是就通过某种关系找到了湖塘的社办厂为他们生产配件，形成了“一条龙”工业体系。生产关键部件和承担总装任务的“龙头”设在市内，“龙尾”则摆在集镇或乡村。在无锡、苏州等地，看到有不少轻工产品，如液压标准件、各式服装等订上了上海的商标出厂，询问之下才知道当一些城市工业转向高精尖产品时，同样受到条件的限制而无力再承担市场仍有需求的老产品生产，于是将老产品连同技术一起转移到乡镇工业，这被称为“产品脱壳”。

“一条龙”和“产品脱壳”都是城市工业与乡镇工业相联系的形式。目前联系的形式很多，大体上可以归纳为下列6种：(1)合资经营，产品或利润分成。(2)产品脱壳，部件扩散。(3)来料加工，保质保量。(4)技术支援，协作收费。(5)支援资金，补偿归还。(6)技术转让或专利转让。这些归纳和分类是否详尽和科学尚需研究，但可以说明，在党的十一届三中全会以后，由于经济体系的调整和发展，由于城市条件的限制，城市工业与乡镇工业联系也就越来越密切，全面广泛的经济、技术合作正在逐渐取代那种只是通过几个“关系户”作媒介的联系。

以所调查的四市来说，在城市工业与乡镇工业的经济、技术合作中，可以清楚地看到，与上海市联系的乡镇工业最多，与常州、苏州、无锡、南通等市联系的次之。这就是说，上海市的经济发展对乡镇工业乃至地区的经济产生了重大的影响，起着中心的作用。从无锡县的情况来看，在全县 2000 多个乡镇企业中，与上海、无锡等大中城市工业、科研单位挂钩的已有 709 家，协作项目 895 个，其中与上海、无锡两市协作联合的居绝大多数。由此可见，乡镇工业是以城市工业为依托的，城市工业是以乡镇工业为后方的。他们的相互依赖性在不断增大。特别是在乡镇工业经过了 1980 年和 1982 年两次整顿以后，它在城市工业体系中占有了一定的地位。仅以沙洲县锦丰公社玻璃厂为例，它在上海跃华玻璃厂的支持下，已年产 30 万标箱的民用玻璃，在华东地区属可数之列。据说，上海，无锡等市的工厂企业，向同他们挂了钩的乡镇企业提出了这样的要求：“心连心，不变心，一条心”。因此可以说，苏南的乡镇工业实际上已经成为城市工业体系中的一个组成部分。不仅是乡镇工业离不开城市，城市工业也离不开乡镇工业，两者的密切连结是区域经济发展的必然现象。

在苏南地区，城市工业、乡镇工业和农副业这三种不同层次的生产力浑然一体，构成了一个区域经济的大系统。这是一个在社会主义制度下农村实现工业化的发展系统，展现了“大鱼帮小鱼，小鱼帮虾米”的中国工业化的新模式。当然，对这个系统内各部分之间联系的细节还有待进一步研究，然而系统中各个部分的不同作用是明显的。从苏南地区的实际来看，这一区域经济系统已具雏形，各自发挥自己应有的作用。所谓区域经济系统，是指一种在特定的地域范围内才具有它意义的经济模式，一旦越出区域，发展模式就会改变。在常州市的金坛县和南通市的如皋县，可以明显感到它们已是上海经济区的边缘地带，因为那里的经济发展已具有许多不同于整个苏南地区模式的特点。

当前，乡镇工业面临着不少迫切需要解决的问题和困难。其中普遍反映的有：(1) 能源和原材料的供应缺乏计划渠道，乡镇工厂中有一部分变成了做做停停的“开关”厂，好几个县的负责干部在为煤炭、钢材而煞费苦心，千里奔波。(2) 技术力量薄弱、人材缺少。(3) 环境污染的治理和劳动保护的条件较差。(4) 担心在1984年取消低税率后，乡镇工业将会处于劣势。苏州市的同志提出：目前对乡镇工业的扶持还是迫切需要的。例如，在材料、能源的供应和产品销售等方面，能纳入计划的应即直接纳入计划；在资金信贷上，可否给予低息优待；在税收政策上，是否可采用变通措施，在支农、补农款放在税前列支；每年分配一部分大专和中专毕业生到社队工厂工作，以加强其技术力量。对这些问题，还需要更深入地调查研究，才能提出切实可行和因地制宜的解决办法。

五

随着乡镇工业的发展，大量的农村剩余劳动力有了一条出路。据无锡市的统计，全市乡镇工业和其他乡镇企业已经安排的劳力占农村总劳力的34%。其他三市的情况与无锡市大体相仿。这意味着在苏南地区，农村劳力总数的1/3以上，已脱离了农业劳动。从全省范围来看，乡村工业的职工总数为400多万人，这一数字接近全省城镇户口的工业职工总数。与此同时，由于多年来集镇本身人口萎缩，县属和镇办的企事业发展也因人员缺乏而用各种方法招聘和使用相当数量的非正式职工，其中绝大部分是农村劳动力。据省劳动局统计，不包括外发加工部分，1982 年全省城镇企事业单位共录用了农村劳力 99 万人。这一方面使农村的人口压力得到了一定程度的缓和，另一方面使这部分农民开始以新的劳动手段与工业生产的对象相结合。于是，在江苏农村形成了一支具有独特性质的劳动队伍。

各地对这支劳动队伍有许多称呼，例如农民工、务工社员、亦工亦农人员等等。叫法虽然不同，但意义却相同，那就是农工相兼。因此，兼业就是这批劳动者具有的独特性质。然而从实际上看，该地区的劳力剩余量是一个随着农时而变化的数字，农忙时剩余少些，农闲时则大量剩余。这就要求在剩余劳力转向工业的时候，应当保持他们在适当时间内能从事农业的弹性，以保证农业的稳定。因此，兼业是农村经济协调发展的需要。

在苏南农村，从人口与土地的总量上分析，就是在当前的技术水平上说，劳动力剩余已经成为严重的问题，因而剩余劳力向工业、商业、建筑、运输、服务业的转移是一种好现象，而且，这也是社会主义农村长远发展所需要的。现在县、乡干部已经改变了过去那种把农村看成可以无限制地吸收劳动力的观点，而全力以赴地为剩余劳力谋出路，开辟新的生产渠道，这是值得赞许的。

我们走访过的乡镇工厂往往是采取每家农户出一人的招工办法。这样做似乎不合择优原则，但是却有符合农村具体情况的一面。他们告诉我们说，这样既可以保持农户在收入上的大致均衡，同时也是出于兼业的需要。每家抽出一个劳力务工，其余劳力在家务农，务工的上班时做工，下班回家后帮助干农活。武进县湖塘镇新光毛巾厂的女厂长就是这样的兼业者，她有效地管理着一个有 1800 名工人（全部是兼业人员）的工厂，回家就务农。因此，在集体经济的基础上，工业与农业以劳务搭配的形式，结合到每个家庭中去，家庭成为兼业户。四个市中，兼业户约占农户数的80%左右。在乡镇工业较发达的无锡、常熟、江阴、沙洲、武进等县的农村里，除了五保户等特殊农户，几乎都是兼业户。

当然，对于兼业者来说，由于受到用工制度、上下班时间、工种以及家庭劳力状况等因素的制约，他们的兼业程度很不相同。大致上看，主要有三种状况：(1) 以农为主兼营工业。这主要是指从事外加工的部分。务工者将刺绣、编织等手工产品承接回家，每天闲空时做工。(2) 亦工亦农。这部分人一般是在非常年性的乡镇企业或离家很近的乡镇工厂工作，他们或者是在下班后仍从事相当数量的农活，或者是在农忙期间歇工务农。(3) 以工为主兼营农业。这部分务工者一般都在离家较远的县城或县属镇工作，他们吃、住在工厂内，只是每周末回家做做帮手。

上述不同的兼业，实际上反映了由农民逐步向工人转化的过程。随着工农业生产力水平的提高，农民有条件越来越多地转入兼业队伍，兼工程度也越来越高。在调查中可以看到，在从事工业生产方面，这批兼业劳动者中的绝大部分与城镇工人之间已经不存在本质的差别，他们同样与先进的生产力相联系，承担着约占办在镇上的工业1/3的生产任务；他们与有集镇户口的工人做着同样的工作，而且以能吃苦耐劳而受到称赞，许多人已经成为工厂中不可缺少的生产骨干，有的人实际上是没有职称的“技术员”、“工程师”和称职的管理人员。因此，他们无疑是从农村中生长出来的一批新工人，是中国工人阶级新一代的一部分。但是这些兼业者的户口在农村，吃粮靠农业。在工资待遇和劳保福利上，他们与城镇工人之间还存在着一定的差距，例如同工不同酬、劳保条件差、不能参加工会组织等等。对此，各地干部认为，粮油、户口关系的不变，不能成为否认以工为主的兼业者作为工人阶级成员的理由，他们要求工会组织接纳他们这批“与农村连着脐带”的新工人，并适当改善他们的工作条件和经济待遇。这确实是由苏南农村社会结构的变化而提出的一个新问题。

兼业劳动队伍的形成，不仅影响到社会结构，而且改变了人口的分布。整个苏南地区的人口密度很高，然而分布极不合理。多年来存在着两种相反方面的人口流动：一种是涌向大中城市的自然流向；另一种是将城镇人口下放到农村的政策流向。这两种流向，导致大中城市人口的膨胀和农村劳动力的严重过剩。与此同时，那些处于大中城市与农村之间的县城和集镇人口却普遍相对下降，形成了人口的两头粗、中间细的葫芦状分布，人口级差增大。

党的十一届三中全会以后，县、镇、社、队四级工业大多数是以原有的县城及集镇为基地迅速发展起来的，大批的农村剩余劳力到这些小城镇上来工作，这就导致小城镇人口数量上的增加和结构上的变化。以江阴县青阳镇为例，该镇总人口解放初期为5500人，1960年为5885人，这十年仅增长7%。从70年代起，乡镇工业开始吸收农村劳力到镇上从事工业生产。到1982年底，全镇聚居人口为15366人，其中兼业劳动者为5114人，占总人口的33%。再以武进县为例，63个小城镇现有聚居人口25万人，其中非农业人口7万人，占28%；兼业劳动人口10万人，占40%。青阳镇与武进县这种兼业者的比例在苏南地区只是一般水平。因此，在苏南地区，户籍人口数不能真正反映县城和集镇的人口规模。这些兼业者，绝大多数仍住宿在农村，每天在镇村之间作钟摆式的流动。县城和集镇就是以这种形式，控制农村剩余劳力向大中城市的盲目流动。从乡镇、县属镇到县城，各个层次的小城镇都在起着层层截流聚居人口的作用，从而减轻了大中城市的人口压力。

在调查中还发现，近年来这些地区开始用劳务输出的方式，将本地丰富的劳力、技能与边疆地区的开发、建设挂上了钩。仅南通市的农村集体建筑工程队就有13万人，现正在黑龙江、内蒙、新疆等省、自治区进行施工。这些建筑队以质量高、进度快而受到建筑单位的欢迎。工人们既不带家属也不讲究生活条件，往往是一年的任务10个月就完成，然后回家帮助做农活，过年后再次外出。无锡、南通、常州等市县在劳务输出的同时，还在互利互惠的原则下，与边疆地区开展经济和技术合作。

如下两种人口流向，开创了在流动中改变人口不合理分布的新路：一部分劳动人口从农村向小城镇聚居，被称为“离土不离乡”；一部分劳动人口有组织地定期从本乡外出，被称为“离乡不背井”。在江苏全省，前者已达400多万人，后者也约有100万人。由此看来，“离土不离乡”和“离乡不背井”这两种方式，应该作为解决我国人口问题的两条具体途径来进行研究。

六

从历史上看，我们所调查的这四个市的集镇都具有商品流通的功能，而且可以说绝大多数是商业型的。在党的十一届三中全会以前，由于农村经济的单一化，由于商品流通趋向国营化、封闭式的单渠道，集镇上的商业萧条下来，集镇本身也就日渐衰落。70年代乡镇工业的发生，特别是它在党的十一届三中全会以来的蓬勃发展，奠定了集镇发展的经济基础。同时，由于工业原料的采购和成品的销售，急切要求流通渠道的支持。随着农村多种经营的发展，农村经济已从自给和半自给生产逐步走上商品生产的道路。过去那种狭隘的单轨流动渠道已不能适应新的需要。在这些压力下，集镇上的商业活动开始有所改变。从目前情况看来，流通渠道还需要大力疏通，否则将成为农村经济继续发展的障碍。据反映，现在集镇商业一般都具有国营、集体、个体三种经济成分，有国营公司、供销社、集体商业、乡镇工厂门市部、多种经营服务公司、个体户、集市贸易等七八条渠道。其中集市贸易（包括农副产品的长途贩运）的发展最为显著。据省供销社反映，1978 年的集市贸易成交额为 8.1 亿元，只占社会商品零售额的 8%；1982 年达到 22.2 亿元，占社会商品零售额的 13%。各地都反映，虽然一再地扩大集市场地并搭棚改善贸易条件，但仍然满足不了集市规模增长的需要。上市时间也由早市、定期集变为全日市、天天集。集市贸易的活跃，既是农村多种经营兴旺的标志，同时也反映了原有国营和集体商业渠道有不相适应的成分。如南通市海安县，去年饲养鸡 680 万只，国营商业部门无力承担全部的收购、储运任务，于是从事贩运活鸡的人逾万。据说，他们大多是用一辆自行车装着几十只活鸡到南京、上海去出售，人称“百万雄鸡下江南”。

这里，引出了目前在商品流通中的两个大问题。

第一个是关于开辟着眼于国内市场的、与生产者利益密切相关的新的集体运销渠道的问题。吴江县农民家庭多年来以饲养长毛兔著名。去年兔毛大幅度降价发生了农民杀兔吃肉的事情。如今鸡与兔相比要幸运得多，因为它们毕竟运过长江，成为城里人的佳肴。兔毛是依靠国营渠道统一收购出口到国外市场，而鸡是由个体或联户的贩运者销向国内市场。这就是说如果不从打开国内市场着眼，如果商业收购部门与生产者之间脱节，那么农副产品的商品率就不可能保持稳定，也根本谈不上有大的发展，而只能维持在农贸市场热热闹闹的水平上。由此看来，现有的国营商业必须多向国内广大消费者着眼，并将自身的利益和生产者的利益真正连在一起，才能谈得上真正的改革。看来，要促进商品流通似乎应当首先着重开辟由生产者联合组成的新的集体运销渠道。

第二个是计划调节和市场调节的配合问题。乡镇工业的能源和原材料的需要与计划供应的比例，与它的发展越来越不相协调。不少同志反映，过去集镇所承担的城乡物资交流作用，只是将农副产品运往城市，把城市工业品供应给农村。而现在的集镇，已成为城乡经济体系中的一部分，因而在商品交换的内容上也发生了很大的变化。今天从城市运到集镇并通过它输向农村的，不仅是为数更多的日用工业品，而且有大量的供应乡镇工业的原料、燃料和各类机械设备。从集镇运往城市的，也不限于农副产品，更多的是以轻纺和机械产品为主的各类工业品。这一新的变化，提出了城乡之间在经济发展重点上要有计划地加以分工的问题。但是目前乡镇工业除了自己争取到的与城市工业挂钩的间接计划外，原材料和燃料的70％以上要从市场调节获取。农副产品的粮、油、茧、猪、禽、蛋、皮、毛、骨、花、果、茶等12大类的品种都由商业部门收购运往城市，其中大部分用作城市工业的原料。在计划与市场的供应量如此悬殊的情况下，乡镇工业的继续生存和发展确是困难重重。因此他们提出，希望在城市工业与乡镇工业有所分工的基础上，考虑国营企业让出一些品种或一定数量的、适宜于乡镇工业生产的农副产品，作为乡镇工业的计划部分；同时，对于其他的原材料与燃料也作适量的计划供应。

七

由过去商业型的集镇，转变为今天工商结合、城乡结合的农村政治、经济、文化中心，这对集镇本身的建设提出了许多新问题：

首先是建设资金的来源问题。在调查的18座小城镇中，可以明显看出，9个乡镇的新建筑数量都超过非县城的县属镇，而县属镇的规模都大于乡镇，产生这一逆结果的原因是县属镇的建设缺乏资金。虽然国家和江苏省都明确规定：工商税收附加、公用事业费附加和房地产税返还这三项费用要用于集镇建设，但是“杯水车薪”，无济于事。以苏州市为例，全市三项费用共200多万元，县属城有18个，平均每个镇仅摊到11万元。而且这些费用大部分用于县城的建设，其他县属镇得到的只有数万元。不少县属镇的干部反映，这些钱连危险房屋的维修都不够，根本谈不上搞其他建设。县属镇不但与设在镇上的乡政府是平级，而且对在镇上的全民企业和县属大集体企业也是看得见、管不着。据一些县属镇干部反映，以往他们在整顿街容修路铺桥时还可以向全民或县属集体企业集些资，但现在往往得到“不准乱摊派”的回答。他们认为这是对有关文件的一种曲解。他们说：集镇应当加以建设，建设必须要有资金，而集镇建设的资金不能依赖国家财政，只有靠集体集资的方式。因此，有权利者应当尽义务。凡是在集镇上的企业单位，按照不同的受益程度，规定集资的比例，是一条可行的解决建设资金缺乏的途径，它符合“人民城镇人民建”的原则。

其次是集镇的建设规划。对这个问题调查组内的建筑学家在实地观察以后认为：现在的小城镇建设存在着缺乏整体性、各自为政、见缝插针等等缺点，必须加以纠正。他们还提出了以建成农村发展中心的建设方向以及区分类型和层次、找出微差、合理功能布局、综合利用土地、体现地方风貌和时代气息等建设原则。

我们建议由江苏省建设厅牵头，并由清华大学建筑系和南京工学院建工系协助，在一两个小城镇（比如吴江县黎里镇、无锡县东埄镇），对建设规划进行具体的设计试点工作。

在集镇的经济发展、商业流通和建设布局中，有不少问题都涉及集镇的行政管理体制问题。这个地区集镇的行政管理体制现状是：在县城里有县政府、镇政府、乡政府（或区政府）的多重垂直和多重并列机构，在非县城的县属镇上有镇政府、区政府（或乡政府）的双重并立机构，在重点乡镇上有区、乡双重垂直机构，在一般乡镇上有乡政府，在自然形成的小市集或新兴的大队工业点上一般没有设立行政机构。

上述各层次的县城和集镇中，体制上矛盾最突出的是非县城的县属镇（即建制镇）。在这些镇上，由于几套行政机构的并立，将城乡之间的联系人为地加以分割，影响了城乡经济的协调发展。在江苏全省实行市管县的情况下，这种镇乡分割的管理体制，看来应该进一步加以改革。据吴江县黎里镇实行镇乡合并、镇管村的试点表明，这样的体制改革加强了镇乡的经济结合，有利于城镇建设的统一规划，打破了庄园式的封闭体系，还能统筹安排农村劳力和统筹解决城镇居民的生活设施。但由于原先的经济实力是公社比镇要强得多的情况，镇乡合并以后，就势必提取一部分原来由社队所办工业的利润用于集镇建设，对农村一头的好处不明显。对此，需要进一步在实践中总结经验。

行政管理体制的另一个问题是如何加强块块的领导，逐步改变条块分割的现状。目前在集镇上的县办企业名义上是条块双重领导，实际上只承认条条而无视块块，以致造成政府办工厂、工厂办社会的现象。对此如何解决为好，也要进一步研究。

另外，为使一些具有特殊资源或旅游价值的集镇发展得更快一些，起到它们应有的作用，在行政体制上应采取改革措施。例如宜兴县的丁蜀镇，是一个与江西景德镇齐名的陶都，现在实际聚居人口已达7万，但由于它只是一个相当于公社一级的县属镇，在镇上又是丁蜀镇、丁蜀区、周墅乡三重并列体制，严重阻碍了它的发展。像这样在国内乃至世界有影响的陶都，可以考虑升格为县级市，由无锡市直辖管理。考虑到宜兴县的实际情况，可以由市属镇给予财政补贴。

在苏、锡、常、通四市调查近一个月，同志们越来越感到小城镇确实提出了一个大问题。研究这个课题，对探索中国式的现代化道路，有密切的关系。参加调查组的研究工作者和实际工作者，对这次携手合作表示满意，对江苏省和有关市领导机关的支持深表感谢。我们意识到这次调查由于时间的短促，只是走马看花，对一些问题的认识还很不够，有不少问题的研究只是刚刚起步。而且这次调查的是江苏境内长江两岸的集镇，还没有去看正在大步前进、潜力很大的苏北地区。我们从这次调查中所探索到的一些事实和观点还是有局限性的。因此，对江苏小城镇的调查并不能结束，过去的调查只是第一阶段的摸索。为了全面地认识江苏全省小城镇的面貌，以便与上述地区的经济模式作比较，我们将迈开双脚，越过长江、淮河，对徐（州）、连（云港）、淮（阴）、盐（城）、扬（州）五市的小城镇进行考察。我们希望我们的探索能有助于社会主义建设新局面的开展。

小城镇　苏北初探

1983年12月结束苏南四市小城镇调查时，我们决定“烟花三月下扬州”，到苏北继续江苏小城镇调查研究工作。我们一行于1984年4月21日到达徐州市（农历三月即公历4月）。按照江苏省委的建议，访问了苏北的徐州、连云港、盐城、淮阴、扬州5市。行程3000华里，途经20个县，停留访问9个县、两个集市、9个乡镇企业，1个港口和1个水利枢纽，5月10日在南京集中，共20天。时间短促，所以只是“走马看花”，为苏北调查做了初步的探路工作。但由于课题组先期出发，配合各市的研究人员，预先进行了探索，我们每到一地均能取得较有系统的调查资料。经过和当地各级有工作经验的负责同志共同讨论和选择重点进行观察后，使我们对苏北情况有了一些概念。在这个基础上对下一步调查工作的定点、定题、定人、定期、定质作出了规划。我们对江苏省委的支持，各市领导及工作同志的密切协作，表示由衷的感谢。

一

“苏北”作为一个区域的概念并不是很明确的。如果用长江为界把江苏省划为南北两区，长江以北除了徐、连、盐、淮、扬 5 市以外，还有南通一市、南京市的六合、江浦两县和市区的一部分。但是现在通用的概念苏北却只指上述 5 市。我们去年访问“苏南”包括了苏、锡、常、通 4 市，也和地理概念有别。把地处长江之北的南通市和长江以南的苏、锡、常三市并提作为一个区域，是从它们经济发展上的共同性来说的。有人把这 4 市列入上海经济区，我们基本上也同意这个观点。但是如果深入一层看去，南通市的北部，包括海安和如东两县，实际上受到上海市经济辐射已很薄弱；常州市西部的金坛、溧阳两县，无锡市的宜兴县亦复如是。我们曾粗略计算，上海经济区大体只包括以该市为中心周围 150 公里的地区。

江苏省内经济发展区域的划分，迄今还没有一致的看法。我倾向于同意在苏南、苏北之间还得划一个苏中区，把扬州市的沿江一部分和镇江、南京两市合成一块，甚至包括南通市的西部及北部在内。不论是两分法或三分法，提出这个问题是有益的，因为我们感觉到江苏省内的经济发展是不平衡的。各有特点的经济发展区域应当在各方面作出区别对待。但是目前调查工作还不足以提供解决这个问题所必需的根据。我们这次调查不包括上述“苏中”地区在内，所以本篇所讲的“苏北”实际上是以上述三分法为范围的。

我回想我自己，长久以来对苏南和苏北的区别就存在着许多不符合实际的错误看法。在我的头脑里还保留着一种早期流行的对苏北的偏见。那就是把苏北看成一个贫穷落后没有前途的苦地方。这种偏见其实只反映了解放前近百年的历史，既与长期的历史不符，也和当前的情况不合。

苏北这个地区经济落后，民不聊生，只是解放前近100多年甚至更短的时期以来的情况。在帝国主义入侵我国之前这地区曾经是个经济繁荣的地区。我这次访问中印象特别深刻的是这地区在明清两代出了那么多民间喜爱的文学巨著的作者。在淮安我们走访了《西游记》作者吴承恩（1500～1582）故居，在连云港游览了传说中孙悟空“王国”里的花果山。我们到了《水浒》作家施耐庵（元末明初）的故乡兴化，但限于时间没有去拜谒他的墓门。在赣榆听到人们说这是《儒林外史》作者吴敬梓（1701～1754）幼年读书的地方。在连云港南的板浦镇休息时，又听说这就是《镜花缘》作者李汝珍（1763～1830）著书之地。更不用提兴化的郑板桥（1693～1765）了，他的狭小的书斋还保存着他的珍贵手迹，历劫未毁，真是人间幸事。16世纪以来，文人荟萃于这个地域，绝不是偶然的。古人说“人杰地灵”，用现在的话来说，必有其物质基础，就是以繁荣的经济作为底子的。

用这个作引子，我们不难看到，苏北的盛衰实倚于运河的兴废和黄河的通塞。京杭运河是世界上最长的运河，曾经从徐州到扬州畅通苏北全境。在徐州还可以看到原是流经这里奔腾入海的黄河的旧道。现在盐城附近的上岗乡，宋天圣年间（1023～1031）范仲淹出任盐官时，在此筑堤以防海啸。这条被称作范公堤的就是现在通榆公路的基础。可见当时的运河东离大海只不过80公里，其间以运河和黄河为主干，河道纵横，构成了有如今日江南的水网地区。扬州在唐代是个对外贸易的海港，后来又一直是中原广大人民日用必需品食盐的集散中心。具有地理上如此的优势，真是一片繁华胜地，难怪十年梦醒的诗人念念不忘的还是此间二十四桥的明月。

徐淮地区经济的繁荣，依靠着运河这条南北交通运输的动脉。尽管元明之际，黄河一再决口，屡使运河淤塞，但是历代建都在北京的中央政权总是不能容许这条动脉中断的。直到19世纪20年代，距今160年，部分漕运改用海道，1855年黄河改道山东，运河运输才南北断航。这时帝国主义已入侵我国，内忧外患，不断发生，加上1911年津浦铁路通车，这个在南北经济联系上已失去关键地位的苏北地区，随着水利失修，灾害连年，日益衰落。在解放前的近百年中，苏北人民悲惨的处境形成了至今还存在于一般人们印象中贫穷落后的面貌。

苏北地区在解放前由于地理及历史的原因，经济上和苏南相比的确显得贫穷落后了。解放以后，苏北人民在党和政府的领导下，从治淮工程开始大兴水利，改善了灾祸连年的局面。30多年来，共挖土172亿方，基本上建成了以京杭运河和灌溉总渠为主干的灌溉和防洪、防滞、防旱、防渍、防潮基本配套的工程体系，使苏北农业发生了根本性的变化。过去被称为洪水走廊的淮河两岸，低洼多涝的里下河沤田，经过治理都成了一年两熟、甚至三熟的丰收田。三中全会后实行了联产责任制，农民的积极性爆发出来。近三四年来亩产赶上甚至超过了苏南出产稻米有名的苏州地区，过去的“逃荒区”已经成了现在的“商品粮基地”。淮海平原的“锅底”兴化县粮食年产达到20亿斤以上，创造了江苏省的最高纪录。徐州到连云港过去是黄河古道，一片盐碱，现在用水压碱，广种水稻，取得了丰收。不仅不再需要返销粮，反而有大批余粮接济山东的产棉区，协助了邻省的经济开发。

苏北5市由于土地面积广于苏南，解放初期粮食总产就高于苏南，但人均占有水平仍较苏南为低；1975年苏南是718斤，苏北是662斤。1983年苏北粮食总产已达381亿斤，比1978年翻了一番，人均占有达1352斤，超过了苏南。经济上苏北在江苏省的地位已经起了极大的变化。它和苏南相比，概括地说，在人口、耕地、粮食、棉花、油料上都是六四开（北六南四），农业产值各占一半，但是工业产值和工农业总产值只是三七开（北三南七），乡村工业和财政收入上是二八开（北二南八）。*

1983年苏北5市在江苏全省的比重（南通市划入苏南计算）：

人口	3470万人56.6%	农业产值	132亿元51.9%
耕地	4490万亩64.7%	工农业总产值	293亿元35.5%
粮食	381亿斤62.4%	工业产值	160亿元28.2%
棉花	802万担60.5%	乡村（社队）工业	42亿元26%
油料	900万担61%	财政收入	17亿元23.8%

上述数字表明了苏北5市在粮、棉、油产量以及农业产值上的绝对数字已超过苏南，但是由于工业，特别是乡村（社队）工业发展较慢，所以在工农业总产值上比苏南落后了相当大的一截。这是目前苏北5市经济的基本情况。总的说来，由于水利建设的成就和实行了联产责任制，苏北农业大发展，根本改变了一百多年来贫穷落后的面貌，人民的温饱问题已经解决，具备了进一步大发展的条件。

继续把苏北看成是个贫穷的落后地区显然是错误的了。而且应当看到它的潜力大、后劲足，在农业上的优势已经表现出来。北部的煤矿是江苏能源供应地，不断发现的如水晶这类珍贵的矿藏还是今后尖端工业的必需品，正在钻探中的淮海油田频传喜讯，加上东海沿岸广

---

* 这里所引用的资料中，南北对比是以全省两分法为依据的。即苏北包括徐州、连云港、盐城、淮阴、扬州等5市，苏南包括苏州、无锡、常州、南通及南京、镇江等6市。

阔的滩涂，大可开发，所以从发展的前途来说，苏北完全有可能后来居上。

二

苏北不仅和苏南有所区别，它本身各地区在社会经济发展上也存在着不同的水平，而且由于自然及历史条件的差异，各地区也各有其特点。我们从研究小城镇的角度来观察苏北各地区之间的差别，首先看到江苏省测绘局编制的《江苏省地图》（1∶100万）上，在徐州市和淮阴市范围内所有的地名中带上“集”字的特别多，凡是带集字的地名多的地区，很少带镇字的地名。带镇字的地名多的地区，如连云港、盐城、扬州等市，带集字的地名就比较少，甚至没有。如果这两类地名确是表明经济发展上不同的实体，那也就使我们看出苏北整个地区经济发展的不平衡了。因此，我们不得不追问一下集和镇、或者说集市和集镇，区别何在？

集市可能是人们很早就有的商品流通的场所。在我国确是古已有之。《康熙字典》在“市”字下引《说文》：“买卖所之也”。引《易系辞》：“日中为市”，“致天下之民，聚天下之货，交易而退，各得其所。”引《周礼地官》：“五十里有市”，又“大市，日昃而市，百姓为主。朝市，朝时而市，商贾为主。夕市，夕时而市，贩夫贩妇为主。”这些解释不仅说明了古代商品流通的方式，而且也说明了现在我们还看得到的集市的基本情况。

在最基层的贸易场所的集市上活动的主要是散居在农村里的生产者。他们带了一些自己消费不了的农业或手工业产品到这里来出售，卖到了钱就在这里购买自己所需要的东西，这是接近原始性的商品交换，实际上是生产者之间的直接交换，货币过一过手，只作为计算的媒介来使用。

这些进行买卖活动的人，一清早从住处来到集市上，当天还要回到住处，所以在以步行肩挑为主的时代，赶同一个集市的人们不容易超过半径25华里的范围，所以说“五十里有市”。住得离集市最远的人走到市上大约已到中午，所以中午时市上集中的人数最多。苏北一带人们称市为集，也许就指很多人会集在这地方的意思。“集”字是指杂、众、聚、会（见《康熙字典》）。昃即中，“日中为市”。这时市场上的人，为数最多的是想来进行交易的生产者，所以说“百姓为主”。在早上已经在市上等待顾客，不是从村子里走来的人，他们常是那些专门以交易为职业的人，称为“商贾”。现在的集市上就可以见到一些商人很早就在街道两旁摆摊子，等候顾客。到了夕阳西下，有些带了货物想出售的农民，如果尚未成交，而又不想把货物再背回家，就会宁愿低价出售。这时就出现了一种收购货物，储存到下一个或另一个集市去出售的人，这些人就是“贩夫贩妇”。我们的古书能为集市作出这样具体的分析，说明了我国很早就有这种集市了。

这种集市对我来说并不陌生，因为我在抗战时期住在云南昆明南面呈贡县城附近的农村里。在县城外，离我们住的村子有20分钟步行的距离，有个龙街（苏北称集，云南称街），平时只有一座庙和几十户人家。每隔六天，到了街期，四面八方的各族人民都来赶街，有上万的人，摩肩接踵，热闹异常。

这次为了要了解集市，我们特地到沛县的敬安集和睢宁县的大李集去参观。这两个集比呈贡的龙街发达得多。在市集的街道两旁有百货商店，这些商店是每天都营业的，只是赶集那天顾客特别拥挤。街上有许多临时的摊贩，出售衣衫布匹和各种百货，摆摊子的都是领有执照的个体商人。街道两旁还有许多用木板或铁皮构成、容得一个人坐在里面工作、不用时可以加锁关闭的小亭子，坐在亭子里的人大多是为人修理钟表、收音机等新兴的服务行业人员。传统的理发和修理农具的铁匠，有的已有店面，也有摆摊子的。整个集市还划分若干专门出售某种货物的分场。各分场里，街道两旁分别有许许多多面前放着几篮鸡蛋或是几袋粮食、一堆蔬菜的“老百姓”，即农村里来出售自己产品的农民。在人数上说，以这种自售产品的农民为最多。但是营业额却是百货商店领先。我们曾去参观过的这些大集，据估计生产者直接出售的贸易额只占集市贸易总额的 1/3。这种集市和呈贡的龙街已有所不同。这里有日常营业的商店进行交易，只是逢到集期才有摊贩和农民间的贸易活动，而龙街不到街期，除了供应街上居民零售的小店外可说是没有贸易活动的。

我们所参观的大李集是苏北有名的大集，这个地名在中学用的地图上也找得到。它原有“小南京”之称，正处在睢宁县和安徽省的交界上，赶集的人很多是越省而来的。集上常住居民有 8500 人，赶集的人数一般在 2 万到 3 万间，到春季大集时，可达到 10 万人，山东、河南都有人来。平时每十天赶四个集，每集成交的营业额少则 20 万元，多则 40 万元。有九个分场：猪羊、牛马、粮食、木材、肉、蛋、小百货、蔬菜、柴。在摊子上和商店里有来自上海和苏南各城市的产品。有十多个理发店，还有六家小旅馆和四个浴室。但到目前为止，还没有货栈。贩运看来还只限于小量的个体活动。商贩们从这个集市上买了东西到另一个地方的集市卖出，在差价中获利，实际上是取得运输上所花的劳动报酬。

像大李集那样的大集，在苏北有多少，我们还不清楚。以徐州所属六县来说，据我们得到的资料，大小集市共有 286 个：赶集人数超过二万的有 12 个，超过一万的有 43 个，超过五千的有 65 个，在五千以下的有166个。在“文革”期间，这些集市都受到过打击。但是农民不可能完全自给自足，他们之间互通有无的活动是取缔不了的，所以当时尽管街头站岗拦阻，摊贩被驱散，但是其实只是把集市分散和改变场所罢了。当然，这种打击对农村经济和农民生活为害严重。

在苏南的常州、无锡、苏州三市已经看不到这种形式的集市了。如果进行比较和分析，也可以看到在苏南，农民到市场上直接向消费者出售自己生产的商品的活动，这几年来已有所恢复，即所谓“农贸市场”。但是一般只有清晨的早市，七八点钟已经收市了。这种活动在市民副食品的供应上尽管起着作用，在整个商品流动中并不重要。而且农贸市场一般是经常性的，而集市是间隔几天才有一次。

还应当指出，这种集市在苏北说，也不是普遍的。我们到盐城和淮阴探问过这些地区有关集市的情况。我们得到的答复是在灌溉总渠以北各县一般都赶集，但是渠南各县，即使也有赶集的，重要性已不大，因为以经常营业的商店为主构成的农村商品流动中心的小集镇已经比较多了。

我们对苏北各县集市的调查正在进行中，对上述的说法还没有核实。我们只在江苏省测绘局编制的江苏省地图上把以集为名的地点（可能是一些大集，至于小集在这种地图上是查不到的）计算了一下：在灌溉总渠以北的地区共77处，渠南共15处。其中最密集的，即有10处集以上的有睢宁、淮阴；5处集以上的有铜山、宿迁、沭阳、涟水。在地图上都没有带着集字的地名的县有：连云港市的赣榆、东海、灌云，盐城市的射阳、建湖、大丰、东台，淮阴市的盱眙，扬州市的江都、兴化、泰县、泰兴、靖江。这个统计并不能充分反映集市分布情况，因为有些集市没有上地图，有些以集为名的地方现在不一定有集市。但是在一定程度上从地名分布上看到的情况和当地干部给我们的答复是相符合的。大体说来，以灌溉总渠为界，渠北多集市，而渠南较少，规模较小。集市少和小却并不反映商品流动活动较少，相反的，却反映了这个地区已经有较多的以经常营业的商店为主构成的作为农村商品流通中心的小集镇了。从地图上看，集市少的也正是集镇较多的地区。

我们也许可以把集市看成是集镇的前期形式。在农村商品经济发展中集市可能逐步成长为集镇。集市上的贸易活动可以说是初级的，在发展上看是比较落后的，而且反映了农村经济不发达，存在着大量的剩余劳动力。在集市上，我们看到那么成千上万的人，熙熙攘攘，挤来挤去，为了出卖几十个鸡蛋，几百斤粮食，走上几十里路，在集上蹲上半天，热闹一番，浪费的时间实在不少。如果农村里活路多了，谁还会愿意整天向集上去跑呢？

但是在苏北的北部，集市对农民的吸引力目前还是很大。有首民谣说："集市像块吸铁石，吸着农民去赶集。手里扶着犁，心里想着集。身在地里干，心在集上转。赶了东集赶西集，一天到晚忙赶集。东集买、西集卖，一天能赚七八块。"对商贩有成见的人，可能对这民谣有反感，但是我们却看到了集市在商品流动中的重要性和当前农村经济繁荣后农民对商品流动的迫切要求。如果对流通渠道不加疏通和提高，大量劳动力作为个体商贩被吸收到贸易活动中去是势所难免的。至于在这个地区里，怎样促进集镇的发展来代替或部分代替这种集市形式的贸易活动，正是值得我们注意研究的课题。

集市分布的不平衡启发了我对苏北社会经济发展不平衡的研究兴趣。从集市的分布上，我们看到苏北的东北和西南两部分存在着集市和集镇数量上的区别，我们接着看到这种区别同样反映在各市经济结构中工农的比重上。简单和笼统地说：徐州各县是农七工三；连云港市各县和盐城市灌溉总渠以北各县是农六工四；盐城市渠南各县是农五点五工四点五；淮阴市也要分南北两部分，北部可能近于徐州市各县，南部如淮安县是农六工四，近于盐城渠南各县。扬州市里下河各县情况与盐城南部各县同，或农工相等，不相上下，有局部地区工业略高于农业。但是通扬运河以南各县都已是农四工六，在产值上工业超过了农业，接近苏南水平。各县工农比重的具体数字还待汇综。但是大体可以说，工业比重以西北部为最低，向东南方逐步上升，但在灌溉总渠以北工业一般低于农业，到了里下河地区工业才相等于或略高于农业，要过了通扬运河工业才胜过农业。

根据这些材料，我们是否可以初步把苏北划成西北和东南两部分，这两部分的界线并不能划得很具体。大体说来西北部包括徐州市和淮阴市在灌溉总渠以北的地区；东南部包括连云港市、盐城市、淮阴市南部和扬州市在通扬运河以北的地区。至于通扬运河以南的地区，我倾向于把它和南京市、镇江市划在一起，作为苏中区，也就是上述的三分法：苏北、苏中、苏南。这些是从当前经济发展的总面貌来划分的区域，不同于一般经济区域的概念，因为这只是从几项表明社会经济发展水平的基本指标来衡量的。最重要的指标就是上面所用的一地总产值中农工的比例以及集镇发达的水平。我们正在按这个要求制定一些可比性的统计指标，以备进一步在江苏用问卷调查法进行一次宏观的普查。必须指出，从这些指标统计显示出来的区域差别并不是长期不变的，而必然会随着各地不同发展速率而改变，所以与一般地理学上的经济区划是不同的。我们这项研究的用处在于帮助在建设过程中因地制宜，避免一刀切。

三

我们这次调查访问的路线是从徐州进入苏北境内，向东到连云港，折南入盐城，转西去淮阴，然后南下扬州。时间是北多于南，形成了前松后紧，到扬州市区已快到期限，又需要花几天时间进行讨论，以至没有去访问洪泽湖周围各县。所以在总结这次“探路”工作时，这一部分的情况几乎是空白的，只能有待今后的补课了。下面我想以我们的旅程为序，把所见的情况和问题作初步的提示。有些问题是我们在一地看到的，很可能其他地区同样存在，我们所掌握的有限资料还不够作出概括性的叙述。由于这不是苏北全面的调查报告，所以各区的详略也不等，看得多一些的就写得多一些。

徐州市本来是一个省属市，体制改革中，附近 6 个县划归徐州市领导，这个地区实际上是淮海平原的一部分，徐州市区本身是这个平原东部的一个重要经济中心。至今尽管有种种行政区划上的限制，它和山东南部，安徽北部，甚至河南东部经济上联系还是相当深。据说，解放初期由徐州百货二级站供应商品的区域有四省 44 个县，现在还有跨省界的 20 多个县，2000 多万人口（徐州市六县共 690 万人）。这个区域的社会经济特点，比如上面讲的集市多、集镇少，可能是这一部分黄淮海平原的一般情况。

徐州市区是一个拥有 78 万人口的中等城市，在交通和资源上都具有突出的优势。贯通南北的津浦铁路（1908～1911 年通车）和贯通东西的陇海铁路（东段 1921～1925 年通车）就在这里交叉。在资源上它以“江苏的煤都”出名。有煤就有电，徐州电厂的发电能力达 80 万千瓦。在此基础上解放后发展了钢铁、水泥、机械、化工、纺织等工业，总产值 1980 年超过了 20 亿。我们在事前期望能看到这样一个中等城市，在其所属各县起着推进乡镇工业的作用。

我们到徐州后不久就去附近各县访问。我们在公路上走了很久也看不到烟囱，大概要走 60～70 公里，看到烟囱时，几乎必然是县城所在地。我们询问这个地区有多少个“镇”时，每个县几乎都说只有县城这一个镇。我就诙谐地说：如果苏南吴江县自称在集镇上是“多子女”，那么这个地区一县一镇可说是“独生子女”了。这些“独生子女”的县镇在三中全会后确是已经面貌一新，乡镇工业也有了发展。比如丰县的裘皮机械厂，沛县的毛纺厂，睢宁的棉纺厂，去年产值均达到 300 万元。但是一出县城，我们从公路两侧所见到的来说，除了一些烧石灰或砖瓦的窑厂外，很少见到工厂。因此，徐州市市区之外各县的工业产值只占工农业总产值的 30％（加上徐州市区的工业，占 61.8％），而其中一半以上是食品（30％）、农产品加工（14％）和建材业（7.8％）。这种情况不能不使我们对徐州这个“煤都”应起的作用有点失望了。为什么这样一个能源丰富，交通又这样发达的城市却没有把工业扩散到四周农村里而像苏南那样发展乡镇工业呢？

我在《小城镇，再探索》中强调了上海和其附近中等城市对乡镇工业所起的作用，而这里却并不如此。这是为什么呢？经过和当地干部讨论，初步的看法是徐州这个煤都主要是采掘工业，劳力重于技术。徐州的制造业是解放以后才开始的，1949 年工业总产值只有 4000 万元。解放后，由于苏南工业发展，需要能源，徐州的煤矿得到了迅速的发展，在经济恢复的 5 年里，年产量就提高了一倍，现在年产量达 1200 万吨。采煤的技术却还是着重在体力劳动。全市职工从解放时的 5 万人增加到现在的 39 万多人，其中固然包括新兴的其他工业，但主要是煤矿职工。这就表明徐州的工业在性质上和上海及其附近中等城市不同。徐州的采掘工业比重较大，一般只提供原料，不进行加工。在技术上带不动附近的乡镇工业。

另一方面，徐州地区的农村经济以往一直是以农业为主，缺乏家庭工业的传统。在过去又长期在“以粮为纲”的指导思想下，农村没有发展工业，直到目前为止，农村工业还刚刚起步。三中全会后实行了联产责任制，激发了农民的积极性。在这五年内，农业翻了身，1978年至1983年，粮食总产从34亿斤增加到73亿斤，棉花由56万担增加到146万担。皮棉单产平均141斤，居全省第一。所以这个地区农村的变化是农业的发展所带来的，主要的变化也是农民的生活基本需要得到了解决。过去吃的是山芋干，现在吃的是大米、白面。至今他们还是用“大米饭、白面馍、山芋干子换酒喝”的话来表达他们对新局面的颂扬。温饱问题是解决了，人均分配却还在250元（1983年）的水平上，一般说来，还谈不上是富裕起来了。这种情况基本上是适合于苏北的西北地区的。

联产责任制的落实，农民从大锅饭中松绑出来，苏北的农民和苏南的农民一样，都发现每家有多余的劳动力可以利用来增加收入，但是怎样去利用，找什么活路却各地不同，那是受地理、历史等条件所制约的。一般说来，在苏北像苏南一样从小型工业里找出路的农民比较少，他们主要是搞副业，和搞农业延伸出来的如碾米、酿酒等农产品加工业，以及其他为农民服务的如烧石灰、砖瓦等非农业生产活动。当然，在近一两年来，各地区都出现了一些类似苏南的制造业性质的小型企业，但还没有取得主要的地位。

在这里我想特别提到我们在徐州市丰县见到的劳动输出的情况，这可以说是江苏省日益发展的活动。徐州全市现在已有1.3万人有组织地出外承包建筑的劳动队伍。当地称劳动输出为“不冒烟，挣大钱的工厂”。他们每年春季出外，入冬回乡；一个普通工人可以带回1000多元的工资，技工为2000～3000元，从全市来看，分到各家的收入总数有几千万元。

搞劳务输出在江苏并不限于徐州，也不限于苏北，全省去年据说有100万人的建筑队伍在全国各地活动；南到深圳，北到黑龙江的大庆，西到新疆的克拉玛依和西藏的阿里。他们以质量高、速度快、成本低、不拿公家东西而受到当地的欢迎。去年我在南通和沙洲调查时已经听到劳动输出这件事，而且听说南通一市的外出包工的建筑队伍挣回了上亿元的收入。这在当前江苏农村经济中是一笔重要的收入，不仅改善了农民生活，而且为农村经济的发展提供了资金，是乡镇工业赖以发展的原始积累的一部分。

这次我们在丰县遇到了一位在徐州地区来说最早组织建筑队外出的领班人，他原是地委的干部，“文革”期间被下放到丰县。丰县是他的家乡，家乡的领导干部让他搞建筑站。当时两派正在打派仗，他在家乡还是呆不住，就把队伍拉了出去。到辽河油田承包国家的建筑工程。他有组织能力和干才，加上能吃苦耐劳的苏北农民，很快掌握了建筑技术，并打出了牌子。从几百人开始，几年里队伍扩大到几千人，现在已有上万人。他自己虽则已经回到市委做领导工作，但是这个建筑队伍越来越壮大和活跃了。

把队伍拉到外地离乡背井地去搞劳动，在徐州来说是像他这样的同志创始的，但是这项办法却有它的传统基础。正因为如此所以其他地方也不约而同地在搞性质一样的劳动输出。苏北这个地方历来就有外出找活的传统。过去这里是多灾多难的苦地方，自从水利失修，连年灾荒，几乎每年要发生“就食江南”的人口流动。每逢大水来临，农民们就用泥土封了门，全家外出逃荒。有些地方，如里下河地区，在大水时节，全村可以空无一人。这些逃荒的人，如果在外地找到了活路，也就不再回乡了。在我幼年时，苏南太湖边新涨的土地上每年都有这种难民住下垦荒。太湖水涨，淹没了他们的土地，又得到城里来讨乞，甚至劫食，成为我家乡一件无可奈何的烦恼。更多的难民是到城市里去卖苦力。解放前上海工资最低、劳动最重的苦活主要是由苏北逃荒出来的人负担的。很多是被榨尽了血汗，客死异乡；也有站住了脚跟，成了都市里的下层居民。据说现在上海 1000 万居民中至少有一百万人的祖籍是在盐阜地区，他们过去聚居在杨树浦和闸北的贫民窟里。另外，扬州的“三把刀”（理发、修脚、厨师）几乎包办了这几行在过去是微贱的服务专业，不仅全国甚至国外的侨区，都有他们的地盘。

现在的“劳动输出”虽则可以溯源于早年的逃荒和走码头，但本质上已起了变化。现在是有组织、有领导、有专业、为人民服务的劳动队伍。这种劳动队伍对其他地区，特别对边疆地区的建设作出贡献，是一项社会主义的新事业，实际上是技术和劳力支边。对于江苏这样人口过密的地区，有计划地输出劳动，尽管户口不迁，正是减轻人口压力的一个积极的办法。

我在前年曾发表过《做活人口这盘棋》一文，提出了要做活我国人口这盘棋需要做两个棋眼：一是发展内地的小城镇这种人口蓄水库，一是疏散人口到地广人稀的边区去开发那里丰富的资源。这次我看到了离乡不背井的劳动输出，深深感到这正是把两眼联通的一着重要的棋子。因为这种不落户而为当地建设服务的劳动队伍，正是民族地区欢迎的人口流动的形式。现在还只限于建筑业一行，还将逐步推广到其他行业和其他建设事业，并由短期的流动发展到较长期的流动。一旦队伍大了，人数多了，不是同样会起平衡人口分布的作用么？新的事物一旦发生，如果符合客观的需要，必然会茁壮成长，蔚成大业的。

四

从徐州市，我们东行入连云港市境。连云港市除市区外有三个县。这三个县都不是一县一镇，而是一县多镇了。东海县的县城在牛山镇（1.5 万人），西有桃林镇*（1 万人），赣榆县的县城在青口镇（2.2 万人），东有海头镇*（1 万人），南有沙河镇*（1.1 万人）。灌云县的县城在伊山镇（3.6 万人），北有板浦镇（1.2 万人），东有徐圩镇及扬集镇（7000 人）。连云港市府所在地新海区（23 万人）外，北有猴嘴镇，南有南城镇（6000 人）。除了县镇之外，上面这些镇都没有建制，因为据当地的干部说，没有建镇的原因是想取得税率的优惠（现在对乡镇工业的优惠税率已经取消）。事实上一般都承认这些地方都是“镇”。在我们所用的地图（1∶100 万）上，许多就在地名后有镇字。凡是地图上不加镇字，而在当地政府给我们的材料上称“镇”的，我们在上述地名后都加上*号。

徐州市的一县一镇，连云港市的一县多镇；在地名上徐州市范围内没有“镇”，连云港市范围内没有“集”，这些明显的对照固然值得注意，但是实际上的区别并不是那样绝对。我在叙述集市时已说过，比较大的集市上都有经常营业的商店，而且很多前门是店，后门是田，亦农亦商，集上有多少非农业人口不易计算。一到赶集的日子，就有许多本街道和附近各村来的人在街道两旁摆摊子，出卖批发来的货物，他们只是间断性的临时商人。还有许多农民背着自己生产的鸡蛋、蔬菜等等到集上来出卖，卖得了钱，就在集上买他们所要的东西回家，他们还不够格称作“商人”，只是进行交换的生产者，在徐州一带的集市上后面那两种人比较多，固定的商店比较少，也许就因此称集不称镇。

在连云港市东海县的桃林镇和赣榆县的沙河镇平时有比较多的商店和工厂经常营业。桃林街上有 20 多家企业，其中 3 家是有名的酿酒厂，还有 40 几家商店；沙河街上有针织厂，面粉厂和大小商店。但是一到赶集的日子，四方客商，蜂拥而至，赶集的人平时在 2 万人以上，春节和会期（指传统的集市大会，有些地方称庙会，一年有好几次）多至 5 万人。如果在赶集日子去参观，它们和睢宁县的大李集并没有多大不同；但不在赶集的日子，大李集的面貌就不如桃林和沙河了。所以“集”和“镇”的差别在苏北主要是集期从间隔到连续，营业从临时到经常，门面从摊子到商铺的变化。由于商店多了，天天有贸易活动，像桃林和沙河那些地方一般就被称“镇”了。在苏北被称为镇的地方一般依旧是赶集的地方，每逢集期四乡来的人就多。人数尽管多，但生产者之间交换性质的贸易额却比较少。只是在一些赶集人数在几千人的小集市上，商店和摊子少，生产者之间的交易在比重上才多些。这类小集民间称作“青菜集”或“草鞋集”等。看来，集市必须分大小和层次。商店、摊贩的营业额的增长和集市的大小相关，最后也就成了“集镇”。

我们这次到苏北访问，正当各市县领导干部开会传达贯彻今年 1 号和 4 号文件，宣传提高农村商品生产，积极发展集镇的战略方针。同时干部和群众都听到了“无农不稳，无工不富，无商不活，无智不进”这句话。因之，当时已不是要不要搞乡镇工业，要不要发展集镇的问题，而是搞什么工业和怎样建镇的问题了。

在建镇问题上，我们感觉到有些人似乎还认为只要在原来的集市上设立些行政机构和挂上一个新牌名就可以了。事实并不这样简单，所以有必要把集（市）和（集）镇的区别再着重说一说。我们认为只有在农村相当高水平的商品生产基础上才能形成名符其实的镇。而高水平的商品生产单是靠农业是不容易达到的，还必须发展乡镇工业，苏南有镇无集可能和很早就有生产商品的农村手工业有关，而近年来乡镇工业的发展更使集镇兴旺了起来。农村传统工业不发达的苏北，单纯依靠农业商品生产的地方，集市已经足以适应商品流通的需要，甚至集市还处于一定的优势，所以集镇也就不易发展。工业的商品生产与农业的商品生产不同，不仅需要出售产品的市场，还需要产前原料的供应和产中的种种服务，乡镇工业的经营更大地依赖于作为农村经济中心的集镇。这样看来，苏北要建镇还有待于乡镇工业的兴起和农业生产的进一步商品化，也就是说，建镇包含着在原有集市上进一步发展乡镇工业。

苏北的农民温饱问题还刚得到解决，只有很小一部分农民开始富了起来。温饱靠农业，富裕靠副业和工业。乡镇工业上苏北比苏南还有相当大的差距。我在上面已说过，据当地干部的估计徐州市区的工矿业除外，郊区和六县的工农业产值上的比例还是三七开，而连云港的工业比重略高，大约是四六开。这种估计和我们在东海、赣榆所参观的几个集镇的印象是符合的。但是还没有用统计资料来核实。徐州市原是省属市，统计数字和所属各县容易划开，而连云港市区本身据说是三个镇联合构成，至今在地区上还是不相联接的。哪些企业应当划归乡镇工业还不那么清楚。如果只从所有制上着眼，集体所有制的企业一共 1002 个（占企业总数 80%），而产值只有 3.8 亿元（占全市工业产值总数 28%）。我们知道有一个时期，集体企业办得好了就会收归全民所有，所以单从所有制来划分也不能真正反映乡镇工业的比重。这些问题将留待进一步研究。

从现有资料来看，乡镇工业在苏北还是不发达的，只有扬州去年产值超过20亿元（其中大部分应划归苏中区），其他各市都不到10亿元，盐城7.9亿元，淮阴4.3亿元，徐州是5.3亿元，连云港如果以2.8亿元计算，是居末位，但是以地区来说，面积最小，只包括三个县，相当于淮阴市的四分之一。大体说来苏北一个市的乡镇工业，产值上只相当于苏南四市里的一个县。这是因为苏北的乡镇工业起步比苏南迟，在今年1号和4号文件下达之前，乡镇工业一般说来还没有被认真作为发展方向来对待。

由于起步迟，乡镇集体所有制的企业基础较差。当农民吃饱穿暖要求富裕的时刻，国家的政策已在家庭承包责任制的基础上鼓励专业户的发展。这种历史条件和乡镇工业起步早的苏南就有所不同。苏南乡镇工业是在公社制度下起步的。公社、生产大队以及生产队作为集体单位办工业，资金是集体积累，经营和分配由社队领导，经过了五、六年甚至更长的时期，社队的集体经济实体大多已经巩固和壮大，底子比较结实。

苏北乡镇工业起步迟，联产责任制落实得早，个体专业户发展得快，因此，我们很想知道专业户对发展乡镇工业所起的作用。那些在苏南早期就由集体经营的企业，在苏北是否将先由专业户或经济联合体开始经营，其后又将怎样发展成地方性的集体或超越地方的同业性的集体企业？这些问题还有待今后加以观察和研究，现在还只看到一些苗头。

据赣榆县提供的资料，今年该县专业户近6万户，经济联合体1087个，发展相当快。赣榆县委1984年3月编了一本《勤劳致富一百例》提供了该县自从三中全会以来“两户”的109个具体例子，其中工业（修理、农具、加工、建筑材料、采掘）42例，商业运输10

例，养殖28例，种植27例。可见这些专业户和重点户主要还是经营家庭副业，养猪，养鸡。种菜，种果树的能手，一面兼种口粮田，一面发展专长，收入近万。其中带有集体性质的有一户养鸡专家，除自家养鸡外，建立了47家联系户，给他们技术指导和提供雏鸡。还有一例是4家共同承包一条小鱼船，出海捞捕，按劳分配。在工业方面组织形式比较多样。最多的是个体户单独开办或承包一个企业，如烧窑、修理、箍桶等小作坊。也有一例是9个人向集体共同承包一个农机修理厂，由集体拨给厂房和工具，每年上交定额利润。还有一些由个人承包，招收职工，付工资的例子，如耐火材料厂，塑料厂，柳编厂，磷肥厂，翻砂厂等，其中雇工最多的达15人。以赣榆县现在的情况看，从个体专业户发展到集体企业还有一段距离。

我们去赣榆县参观一个个体户集资联合办的百货商店，这个商店里的职工，入店时都得交一笔款作为投资，工作期间除工资外享受利润分红。据说这种方式集资快，并解决青年就业问题，能为农民接受。人们说，现在农民手上钱多了，为了孩子花一笔钱找个事做，都愿意。这种个体户联合体看来正在增加。据说全县已有375个这类的企业，资金270万元，参加约有2000多人。

从个体经营发展到集体联营的例子，我们是在徐州市丰县听到的，也不妨插在这里一提。丰县的单楼乡许庙村，有家姓董的兄弟几家合起来有32口人，制造镜框条，畅销京、津、宁、鲁、豫等省市，人均收入2000元。今年和县供销社搞联合体，由社提供县城里的厂房和营业所，配备会计和营业员，投资三万元，供应原料，以后利润按协定比例分红。

我们看到苏北地区农业丰收，农民手上有钱了，而且又听说由于劳动输出，每年有几千万元流入农村。由于考虑到发展乡镇工业需要积累资金，因而想知道分散在千家万户的钱农民是怎样花的？苏南乡镇工业是集体企业，得到的利润首先积累作再生产之用，然后通过工资和集体分配流到农民手上。农民拿到钱首先改善生活，从吃、穿已经进入到住的领域。盖新房子，一层改两层，这几年苏南农村里盛极一时。在苏北，吃穿的问题刚刚解决，房子也开始更新，从土墙茅屋，逐步转向砖墙瓦顶改造，但速度似乎不那么快，有些地方旧的草房还占一半，有些房子的茅草屋顶，只在四周换上一圈瓦片。农民的钱用到什么地方去了呢？

我们在赣榆公路上看到五六辆带拖斗的手扶拖拉机一连串、一连串地前进，印象很深。询问之下，知道这些都是今年农民新添置的生产资料。据说今年 1 月以来这个县的农民已买了汽车 50 辆，船 300 条（共 850 吨），拖拉机 850 台，折合成本有二三百万元，表明了农民投资再生产的积极性是很高的。当前运输是热门，赣榆几家自备汽车搞运输的都成了万元户。农民迫切要买汽车，搞运输，反映了运输工具的供应远远赶不上当前农村经济发展的速度。同时，值得注意的是这些都是个体户的投资，用来发展专业的。

在这里我们注意到了当前农村经济发展过程中资金的积累和使用的问题。以苏南来说，这五年多来农村经济建设基本上已做到自给，不像以往那样要向国家伸手了，而且目前农村积累的资金已有的向城市投资，这是一个新的苗头。苏南农村之所以能达到这样发达的水平，在我们看来，是由于苏南在农业的原始积累的基础上，通过公社、生产队等各级集体经济实体，自己投资创办了工业；工业里累积的资金除一部分分给社员，实际上是以工补农，扣一部分支持各级社区的公共建设和公益事业外，都用来作再生产的资金。这是通过集体渠道的积累方式，效力是比较高的。

现在苏北，如上所述，这几年中农村的发展主要靠个体农民、专业户、经济联合体以及劳力输出得来的报酬，这些生产和服务所积累的资金分散在千家万户。从什么渠道能把这些分散的资金集中起来，使其成为发展工业的资金呢？银行储蓄固然是一个已有的渠道，但这个渠道能在农村里吸收的储蓄额，有人估计不会超过农民手上可以用来投资再生产的一半。还有一半怎样办呢？上面我们已提到农村中已在实行“带股金进厂”的集资办法。这种办法实际上已包含了“股票”的性质，只是不能转手的股份。是不是有地方还有更灵活的措施而出现一种新型的股份企业呢？我们将拭目以待。

五

从连云港我们南下到盐城。盐城这块地方是多少年来黄河和淮河下游沉沙淤积而成的。由于东临大海，所以自古就是产盐之区，汉代即在这里设置盐官。现在盐城市的行政区域里除市区外还有七个县。在灌溉总渠以北的三县：阜宁、响水、滨海和淮阴市的灌南、涟水两县，历来被认为是苏北的苦地方，直到灌溉总渠修成后，才有所改善。这里的农民经过 30 多年的艰苦劳动搞了大量农田基本建设，推广科学种田，特别是三中全会后贯彻了正确的路线、方针、政策，大大改变了面貌。我们这次“探路”没有在这里停留，所以不多说了。

灌溉总渠以南盐城市境还可以分为东西两部分。西部的陆地形成得较早，传说宋代范仲淹在这里做官的时代，筑了一条防海潮的堤，至今称范公堤，就是现在通榆公路的路基。在这条公路上的上岗镇传说是早年人们在此避海啸的沙岗。在盐城市附近确有许多冈字作地名的如大冈、上冈、冈中、龙冈等集镇。这就表明这条线之东，土地成陆的时期较近，大约只有 1000 多年。这段时期里涨出了通榆公路以东近 50 公里宽的沿海地区，黄河和长江冲入东海的沙土还在继续淤积在江苏沿海，现在已有广大的滩涂，潮水落时一望无际。著名的东沙离海岸远达 50～60 公里。估计东海滩涂如果加以人工围治，在江苏部分就可以有 800 多万亩良田。

我这次并没有去海滨观察，但是课题组有两位同志事先在东台县调查了该县中心港口滩涂附近的弶港镇，所以我们了解了一些情况和值得展望的前景。

先说盐城东部，这地区很早就产盐，这里出产的盐称作淮盐。盐是人民生活必需品，所以历代封建王朝就定为独占的官卖商品。这里的盐民所产的盐全部要低价缴公。再由盐官委托盐商运销全国，称为官盐。承包运销的称盐商。盐城是基层收购中心，扬州是盐商麇集的码头。纸醉金迷，腰缠十万贯，才下得了扬州去做一场繁华美梦。沿海的盐民却受着残酷的封建剥削，靠出卖体力劳动过日子。所以盐民居住的地区经济是十分落后的。

清末，南通出了一个恩科状元张謇，当地人称“三先生”。他是个“实业救国”的实践家，着意谋划在家乡兴办工业，从国外引进了机器纺织的技术，在南通开厂经营。为了培植纺织厂的原料，他看中了苏北这块沿海的沙地，从南通起直到盐城，推广植棉。这件事被称为“废灶兴垦”，即把原来的盐场改成棉田。从经济上说是从简单的采掘收集进入了开荒种植，把生产力提高一大步。在这片沿海地区上所生长的棉花，就被收购来作他在南通经营的纺织厂的原料。当帝国主义在第一次世界大战中无力顾及东亚的空隙，苏南的无锡、常州、南通兴起了现代的纺织工业，为长江三角洲打下了民族资本企业的基础，而这些纺织厂的原料主要来自苏北沿海地区，所以这个地区原是苏北主要的产棉区。

这个产棉区的盛衰倚赖于长江三角洲民族资本纺织工业的盛衰。30年代中叶纺织工业比较有起色，所以这地区也比较繁荣。但是抗日战争开始后，苏北成了我们新四军的抗战前线，在拉锯战中许多集镇和农村被敌人破坏。这个地区的经济一蹶不振。

解放后，这个产棉地区虽则有了一定的恢复，但是接着在极左路线的政策下，发展缓慢，直到三中全会后才出现新面貌。根据我们课题组在弶港镇的调查。我们了解到这个镇附近的新东乡是1979年开始由内地移民开垦建成的，经过五年，现在已有8100人。那就是说，群众对开垦滩涂有很大的积极性。这是完全可以理解的。盐城市现有714.9万人，只有921万亩耕地，每个农业人口只分得到一亩四分耕地，称得上人多地少。而弶港镇附近东台县境内却有20多万亩等待开发的荒地，至今新东乡只利用了5.5万亩，人均耕地近7亩。人均收入1981年是309元，1982年是347元，1983年已到475元，高于盐城各县的平均水平。所以滩涂确实具有吸引人的能力。

弶港的调查提出了移民开发滩涂的远景。在弶港附近东台县境内目前至少还有15万亩荒地可供开垦。即以新东乡人均7亩计算，大约可以移入2万多人。据初步估计苏北有400～500公里长的海岸线，800多万亩的滩涂荒地，如果由国家投资每亩约300元，地方出劳力，进行开发滩涂的基础工程建设，群众可以进去开荒，仍以上述标准来计算，至少可容100多万移民。

江苏现有人口6000万，到2000年估计将增加600多万人。这是现在必须心中有数的严重问题。如果能在今后15年里鼓励群众积极移民开辟这片滩涂，除了农业人口可容100万人外，每15公里建立一个5000人的小集镇，沿海滩涂以30个小集镇每镇5000人计算，大约可容15万人。这对减轻江苏今后15年内的人口压力将起重要的作用。当然，我们并没有把可以由国家作为重点建设投资，采取规模较大的围滩工程来开辟的苏北海岸外的东沙（从地图上看南北20公里，东西有40公里，在退潮时出现的沙滩）打算在内。而且如果满足于与江苏其他地区相等的生活水平，每人二亩土地已经足够，现有可供开发的滩涂可容纳的人口就可以增加一倍半，可达到300万人，占了15年内新增人口的1/2，如果东沙可以开辟，江苏新增人口的就业问题完全可以解决。

要使滩涂成为解决江苏人口压力的重要出路，除了鼓励和加速移民去开垦外，主要是引进乡镇工业，在沿海建立小集镇，使基层行政单位有财力为移民提供生产、生活上必需的社会措施。我们在弶港看到在原有的渔业基础上发展了食品工业，就推动了附近农民的多种经营，增加了收入。集镇上有了乡镇工业的支持，可以集资改造道路，建造文娱场所。有了乡镇工业也就会办起商店，跟着有了邮政、电话等通信设施，便利了居民。开垦滩涂的居民亦工亦农，安居乐业，又会从他们的故乡吸引来更多的移民，把原来荒废的土地开垦成欣欣向荣的果园和良田。我们对这方面的调查还刚开始，为了进一步开发滩涂有必要总结像弶港一类创业的经验，并发现一些开发滩涂中必须解决的问题。这是一项应当引起大家注意的新兴事业。

六

盐城市在灌溉总渠之南的那一部分，以通榆公路，即原范公堤为界，可分东西两区，东区就是上面所说的产棉区，西区属里下河地区，一向是产粮区。里下河地区包括东台的西部，以及盐城市的阜宁、建湖、盐城郊区的主要部分。扬州市的高邮、兴化、宝应及江都和泰州的北部、淮安的南部，是苏北平原最低洼的地区，而兴化是它的“锅底”。我将把跨市的里下河作为一个地区来叙述。

在里下河东界，正处在产棉区和产粮区的交接线，由于棉粮的交换很早在这条线上就兴起了许多集镇，比较有名的，由北而南是：阜宁县的阜城、建湖的上冈、盐城郊区的伍佑、大丰县的刘庄、白驹、东台县的东台、安丰、富安。在这条线上的大小集镇有 22 个，占盐城市范围内集镇总数的 20％。

这些集镇过去都是农产品和淮盐的集散地，而且大都是以原有的农村为基础形成的，所以集镇上农业人口占多数。如建湖的许多乡属镇，农业人口占 80％，东台县全县集镇人口计 21 万人，其中农村人口有 12.5 万人，占 60％，如果按现行行政上建镇标准都是不合格的。其中有些集镇在解放后成了公社（乡）的政府所在地，添置了一系列乡级机关，成了政治中心，集镇有所发展。近年来也有些集镇发展了乡镇工业，改变了单纯作为贸易及政治中心的作用，工业开始在集镇的经济结构中取得较高的地位，有些已接近于苏南的集镇。

一般说，在 70 年代以前，这些集镇上工业是不发达的。1966 年盐城全市社镇企业只有 280 多个，多数只是粮棉加工和铁木农具的制造的修理。70 年代中期，有一部分集镇开始兴办社队工业，三中全会后才有较大的发展。1983 年统计，盐城市（包括东西两部在内）乡镇企业已有 5603 个，职工 24 万余人，工业总产值 7.9 亿元。在这期间有些集镇新建了高层建筑，增添了文化设施，铺设和整修了路面和地下水道，集镇面貌有了改观，呈现一派繁荣景象。

我们去访问了盐城郊区的大冈镇，使我们改变了苏北到处都没有较发达的集镇的概念。像大冈一样的集镇在苏南也并不是很多的。这说明了只要政策对了头，乡镇工业发展了起来，集镇是必然会随之繁荣兴盛的。苏北完全有条件像苏南一样兴办乡镇工业，大冈镇能做到的，苏北其他地区也能做到。当然现在这方面还赶不上苏南，那是过去这段历史造成的，只要认真贯彻“提高苏南、发展苏北”的方针，起步虽迟，后来者还是可以居上的。

大冈在盐城市的西南边上，是大丰、兴化、原盐城等三县的结合部，常住人口5500人，是盐城历来有名的大镇之一，也是盐阜地区最古老的集镇之一。据说在明代已经设镇，距今有400多年。当时只有“百户”，到了30年代已有六七千人，较今常住人口为多。它的周围河道纵横，土地肥沃，是苏北的鱼米之乡。方圆三四十里内的农民利用水道的方便，都到这里来进行贸易，形成了一个农副产品的交换中心。抗战前极盛时代镇上从事商业、饮食、服务业的就有700多户，仅粮行有几十片。运粮船只延绵九里，十分壮观。当时街上的私塾有几十家，就学儿童数量不少。

抗战时期，大冈镇曾经沦陷，开始衰落。解放后稍有恢复；但五十年代粮食实行统购统销，三大改造中个体粮行撤销，以粮食的商品交换为基础的大冈镇就一蹶不振。集镇人口先后精简了三次：1954年调整商业网点调出300多人；三年困难时期下放600人；1970年后又动员了300多居民到农村落户。近年来人口逐渐增多，但尚未达历史上的最高记录。

与苏南一样，大冈镇到70年代开始好转。当时利用苏南下放职工和城市工厂“闹革命”停产的时机创办了乡镇工业。三中全会后，工业迅速发展，1978年产值已达849万元，1983年一跃而达2000万元居全市各集镇的首位。集镇居民从60年代人均年收入70～80元达到1983年300元的水平。总结这段转衰为兴的历史，关键是在政策，办法是在办了工业。当其衰也，居民温饱尚难解决，每年要由县政府拨上万元补助困难户。70年代大办工业后，经济情况年年改善，现在镇上已有国营企业16个、大集体企业7个、社镇企业28个。1983年全乡农副工总产值5000万元中，社办工业产值占36%，队办工业占53%，以这个乡镇范围来说，工业产值已略略超过了农副产值了。

大冈镇办了工业，吸收了大量农村剩余劳力。这个乡原来人多地少，人均只有1亩2分耕地。农村人口经常外流，仅在盐城市区工作的职工就有三四千人，构成了对城市的人口压力，乡镇工业办了起来，现在已有2000多人住在附近村子里，白天来镇上做工。他们离土不离乡，不必进城找活路。这样成了人口进城的阀门。

大冈镇的工业是办得有成绩的。镇上发展了工业，同时带动了农村也办起了工业。镇上有三个针织总厂，带动了30个大队办起“松散联营、独立核算、自负盈亏”的分厂，在产供销上由总厂统一负责，形成大厂带小厂成功的事例。还有采取产品转让来帮助落后大队的发展。这样使得这个乡的经济迅速地商品化和工业化了。

大冈镇的工业在引进技术和人才，以及镇乡联营办厂扩散工业布局方面，在苏北做出了很好的榜样。他们较早采取招聘办法来罗致技术人员，其中有一个原在别地错打成反革命的人，到了这里不仅不受歧视，而且得到发挥专长的机会，成了技术上的骨干力量，作出了重要贡献。由于对外来的技术人员照顾周到，所以都能安心工作，而且陆续延聘人才，现在已有外地技术人员73人。他们为本地培训了120名技术骨干。这几年各厂派出260多人到外地学习。社办的14个工厂中受过培训的职工占总数的70%以上。由于着重对外地的开放和联系，与外地建立了业务往来的单位有47个，有协作关系的单位36个，常驻外采购组有5个，购销员有97人，在各大中城市的信息点12个。这样就使得大冈能取得较远的大城市的辐射，直接与上海及天津的工业发生关系。这对大冈乡镇工业的发展起了很大的作用。

以我们这次匆促的访问中所见到的情况来说，像大冈那样发展了乡镇工业，而且已有成绩的集镇，如果把市区和县镇除外，在苏北还是不多的。我特地把这个例子提出来就是想说明，苏北完全有条件兴办乡镇工业。而且在这个例子中也告诉我们如上海、天津这样的大城市的辐射力并不限于毗邻的地区，因为技术和智力的传播，主要是通过人。他可以超过空间间隔传播，和远近距离固然有关，但并不是必须衔接才能起作用。大冈可以接受上海、天津的技术信息，甚至进行协作，就是个例子。苏北离开工业发达的大城市固然较远，交通条件也差，但是如果多注意创造渠道和有利条件，还是可以收到大城市的经济辐射力，用来促进本地区乡镇工业的发展。我们希望苏北有更多的像大冈那样的集镇早日形成。

我们从里下河地区边缘，进入高邮和兴化两县。虽则限于时间，没有能下乡观察，但访问了这两县政府所在地的高邮镇和昭阳镇，对基本情况有一些概括的了解。

里下河地区经过解放以来多年的水利建设，已经形成了一个苏北的“江南水乡”。过去由于地势低洼，农民生产只能靠一熟的沤田过生活，三年两头淹，每年亩产只有三四百斤。所以常常有大批难民去江南就食。解放后还有一段时期依赖国家调粮救济，兴化县1951～1952年调入120多万斤，1955年合作化时，还调入30～40万斤。1954年，200多家铁匠中大部分外流谋生。60年代初期渡过困难时期之后，不久又碰到十年浩劫，农民个人分配水平，一直在百元以下。所以里下河地区的农村经济直到1978年才好转。现在整个里下河地区已成了国家的商品粮基地。兴化县一亩农田年单产平均已在1500斤上下。成为全省产粮最多的县。这个变化是在5年里发生的，不能不说是“奇迹”。

这个地区的集镇的布局和苏南太湖附近的水乡有类似的情况。过去都是在水道交叉，运输便利的地点，有一个作为农产品交易的中心的小集镇。以高邮县为例：全县有大小集镇46个，以五至十公里的距离均匀分布，平均每27平方公里有一个集镇，大的有七八千人，小的近千人，最大的“三大镇”，人口多至9000人：临泽、三垛、界首。这些大镇的位置，几乎都在离开县镇较远和邻县的交界地上。兴化的大镇沙沟、安丰、戴南也是这样。它们都是各县之间的贸易中心。这些集镇绝大多数还没有摆脱集市的性质，一般逢五逢十赶集。三中全会以后出现大集越来越大，集期越来越密的趋势。现在高邮八桥镇除了5天一集外，每天都有鱼肉蔬菜上市，经常有40多个摊子卖副食品。盐城市建湖县的上冈镇，据调查“过去5天一集，现在不期而集。每天有2万人来上冈交换农副产品、手工业品”。这里我们可以看到从集市发展成集镇的过渡形式。看来里下河的大小集镇和集市正在逐步分化，涌现出更多农村经济、政治、文化的中心。

在这些大集镇上同时也可看到非农业人口在比重上逐步上升。据说那些容易遭水灾的低洼地区，农村规模比较大，有达几千户人家住在一起的，这是因为需要选择高地居住的缘故。许多集市贸易就在这种农村里进行，所以作为一个集镇包含的农业人口的比重就比较大。工商业发达，非农村人口日益增加。现在高邮县46个集镇里，农业人口占34.3%，亦农亦工占24.6%，在校中学生占13.3%，非农业人口占27.8%。农业人口比重由于有一部分农民在过去几年里参加了工业生产才从过半数下降到大约1/3，这表明了集镇正在兴起的过程。

看来这个地区中，若干村子就有一个农民互通有无、定期贸易的小集，即所谓“青菜集”，赶集的大约四五百人。大约15～20华里为半径的区域里，在交通方便的地方，有些就在公社机关所在地，有比较大的集市，赶集的大约有几千人。在这里已有各种家庭里需要的热水瓶一类的日用品。上万人赶集的大集，每个县都有四个到六个，其中最大的一般就是县政府所在地，所谓县城。大集的范围可以包括三五个公社。大集上其实已经以商店为主，有高档的消费品，如挂钟、收音机、电视机、自行车之类，这也是一般农民所参预的最高一级的市场。

现在苏北各县一般说来，县城都已经建了镇，其次的大集大多还没有建镇。看来，这些大集在实质上已经在向集镇发展，但是由于乡镇工业还刚起步，这些大集主要还是农产品的集散和工业品下销的贸易中心。工业的比重还不高。

里下河地区的乡镇工业一般说是70年代初开始的。现在一些大镇上工业已有相当的规模，但以全地区说工业比重还没有超过农业。我们还没有汇总各县的统计，所以只能举些例子来说。兴化县很早就以铁工著名，外地有不少走码头的铁匠是这个地方出去的。但是在解放前都是个体户，只在县城里有几家小的铁作坊，很难说是工厂。但是自从70年代开始到去年，全县工业总产值已近4亿元，已有机械、电子、化工等工厂，但其中一半在县城昭阳镇上。

高邮县城的高邮镇情况类似。解放前勉强能称得上工业的仅有手工操作的三四家铁器厂，工业产值100多万元。现在已有各种工厂100多家，1983年总产值达1.76亿元。高邮县的八桥镇，是个乡镇，70年代开始办社队工业，1983年已经有10个工厂，产值达617万元，占全乡工农总产值50%，在全县乡一级的集镇中名列第二。更小的集镇如高邮县天山乡南茶村近百户人家，办了一个红星皮件厂，去年产值480万元，利用积累铺了两公里的公路，还兴建了浴室。从这些事实看来，这个地区的农民已开始认识到农业翻了身之后还得兴办工业才能富裕起来。

总的看来，里下河地区和上面讲过的几个地区一样，在最近短短的5年来，农业有了迅速的、甚至可以说是出乎意料的发展；特别是过去受灾严重的里下河地区，变化更显得突出，原是“逃荒区”，已成“米粮仓”。以兴化县戴南镇为例，农业人口人均年收入1978年只有131元，1983年达到422元，5年里提高了3倍。令人不易相信的，据材料说，这个镇上的非农业人口的收入不及农业人口，因而有人认为这样解决了“城乡差别”。实际上，这只说明这个地区工业不发达，甚至赶不上农业。城乡差别并不能用这个公式来解决。

现在存在于苏北这一部分地区的主要问题还是怎样迅速发展乡镇工业，实现在经济上后来居上。从当前的具体情况看，农业的大发展一方面固然解决了农民的衣食问题，但同时也产生了一系列新的矛盾。农民吃饱了肚子，交了公粮，手头还有大量粮食怎么办。在集市上我们看到副食品和日用品销得很快，而粮食很少有人来顾问，卖不出去。其他农产品也是如此。去年大蒜价格高，今年种大蒜的面积增加了，外地收购不积极，结果大批大蒜无法出售，也无法贮藏。我们访问时期，种蒜的农民还在哇哇叫。这件事足以看出储藏的仓库、保存农产品的设备和流通渠道都跟不上农业的增产，甚至表明农业增产如果不和加工工业相结合，必然会发生供需的矛盾。

苏北农民目前只有向饲养业找出路，作为家庭副业的养猪、养鸡、养兔等等有了很快的发展。我在上一篇论小城镇的文章里提到的“百万雄鸡下江南”也就是由于苏北粮食增产，自己吃不完，用来作饲料来饲养猪、鸡、兔等家畜家禽，但是这些东西还是要成为商品出售到市场上去的。现在正在用很初级的方法向需要较多的江南输送，可是这些活的家禽在运输中因死亡的损失很大。这就逼着苏北农民发展食品工业了。同时许多大集市都在考虑设立仓库和冷藏设备，使禽畜粗加工后能储藏起来，再分批外销。

我们在兴化看到一个蔬菜加工厂，把一个乡菜农所种的各种蔬菜脱水烤干，包装出口。这是一个最典型的为农业服务的加工厂。其他如小规模的酱鸡作坊，皮蛋厂等等都属于这一类。苏北最近急迫兴建的就是这类加工工业，而以建筑仓库和冷藏库开始。这种加工工业兴起之后，就可以促进专业户和饲料工业；进一步可以形成一个直接从农业丰收中成长出来的农工循环系统。

当然，也应当指出，这和发展其他制造业，甚至如利用石英和水晶发展激光等一类尖端工业并不矛盾。也许正可以从当前比较简单的加工工业做起，使农民进一步富起来，使农业的继续丰收不受挫折，从而积累资金，为发展精加工和专门性的制造业创造条件。

怎样发展工业和发展什么工业是当前苏北经济发展的主要课题。没有经过深入研究之前，我们还不能提出具体的建议。我们只想指出，苏北乡镇工业起步较慢，而且将在农业大丰收的基础上发展起来，所以它所走的道路不可能重复苏南早期所走过的路，我们必须从具体的实际出发来解决这些问题。

我们这次“探路”，由于时间太仓促，收兵过早，对洪泽湖周围淮阴市所属各县（除淮安县外）及京杭运河之西各县，都没有去访问。课题组的同志目前正在这些地区进行调查，我自己也希望能有机会去参加他们的工作，所以有关这些地区的情况还得留待以后再写了。从江苏全省来说，我们对包括南京、镇江两市及扬州市通扬运河以南各县的苏中地区，还没有去调查访问，这应当是下一步的工作。

小城镇　新开拓

南京、镇江、扬州，联结这三个城市的一片狭长的三角地区，被人们称为长江下游的银三角。1984 年的仲夏与初冬，我分别两次走访了这个地区。6 月中旬进行的初访，由于受到时间的限制，只参观了南京市的两个郊县，听了南京、镇江两市的一些情况介绍，至多算是张网捕鱼，所得有限。因此在重访之前，我拟了一个大纲，确定了放矢之的，以求弥补前次的不足。从 10 月 24 日抵镇江，先在地处长江之中、四面环水的扬中县住了六天，重点了解该县的乡村集体企业与农户的合作、个体工业。此后便渡江北上，经泰州、泰兴到南京，11 月 6 日返京，调查历时 14 天。

两次调查前后相隔不到半年，可是客观事物发展得很快。实践的步伐迫使我们用发展的眼光去探索和认识这里的变动规律。在三年前提出小城镇研究课题时，农村的生产责任制刚在苏南落实，不少乡镇企业还举棋未定。几年来我追随着人民的实践做研究，从苏南到苏北，再到南北交接的宁、镇、扬地区，活动之频繁常使一些好心人为我担忧，可是我总觉得自己的认识还合不上时代的拍子，怎敢有所懈怠。

这次银三角之行，恰逢党的十二届三中全会决议发布之后，我所接触到的城乡干部、乡村企业的职工和农户的主人们，无一不在设想怎样适应全国城市经济改革的新形势。在与他们的攀谈中，我学到了许多新东西，受到了强烈的感染。这里，我试图以此为主线，描述分析这一三角地区的经济、社会发展特点及其发展趋势。我似乎窥见到农村、小城镇、大中城市紧密联结和农村经济、乡镇工业、城市经济互相交融的前景。这一广阔的前景对我们的小城镇研究提出了更高的要求，我们应当扩展自己的视野，开拓小城镇研究的新局面。

一

继在苏南、苏北调查之后，我注意到有个地区还没有接触到，那就是宁、镇、扬地区。这个地区大体包括扬州的南部、镇江、南京以及毗邻安徽省的一部分地区。从地理上看，该地区西南部多丘陵，东北部多平原，依偎东流长江之两侧，位于江苏南北交接处。鉴此，我在第一次到镇江时，曾提出是不是可以在经济发展上将这一地区作为“苏中”对待的问题，向有实际经验的同志请教。

当我第二次到镇江时，一些干部和群众就向我反映说是否能将“苏中”这个提法改一改。提出这个要求的理由，据说是一提“苏中”，人们就觉得它与上海经济区无缘，于是在该地区与上海、苏州、无锡、常州等大中城市的联系挂钩时就受到或大或小的阻力，甚至在电力等能源的供应上也另眼相看，得不到保障。这些情况的出现与“苏中”的提法究竟有多大的相关性我并不明白，但对拉闸停电我却有直接的感受。在扬中县逗留期间，大约隔天就要停一次电，少则十几分钟，多则几小时。我们还可点上几支蜡烛就晚餐，别有一番风味，可是各种各样的机器就无法运转了。据该县有关部门统计，1984年1至10月份共停电37次，其中10月份就有15次。由此造成该县工业的直接损失和间接损失估计达1000万元。

如果说问题出于“苏中”这个概念，那是违背我提出它时的原意的。随着小城镇研究由点到面的扩展，我觉得有必要在整个江苏根据一定的社会经济发展指标划出若干个区域来。这种社会经济发展区域的划分，其意义在于两个方面。一是对研究者来说，划区是一种必不可少的分析方法。因为各地小城镇无论在人口数量、经济规模等发展水平上，或是在社会结构、生活方式等特征表现上都有共性和个性。这些共性与个性是由一定区域的经济水平和社会历史造成的，因而不同区域间小城镇的共性和个性可以进行比较研究。二是对政策研究者和实际工作者来说，划区可以确定它在全局中的地位。在制定具体政策时要充分注意到各地区的不同特点，缩小相互间发展的差距；在指导工作上可以根据各自的长处与短处，扬长避短，发挥优势。

当然，划分社会经济区域的指标必须有效，这样才能体现出不同区域在整体中所处的位置。我在《小城镇　苏北初探》中应用各县工农业总产值中工业与农业的比例来作划区的指标，当时发现苏、锡、常、通地区的工业产值都超过农业产值，一般都是工七农三。而苏北的北部，与苏南相对，一般却是工三农七。自北向南，这个比例中的工业成分逐渐加大，到扬州一线，一般都达到工农各半。至于宁、镇、扬地区的工农业产值比例情况，那时尚未计算，所以我就先提出上述的设想来请教。

为了确定宁、镇、扬地区经济水平在全省的地位，我在这次调查中，除计算镇江所属四县1983年的工农产值比例外，还根据1983年的各县工业统计资料，计算了江苏全省分市的县均工业产值作为分析时的辅助指标。

镇江市四县 1983 年工业产值（包括县、乡、村三级，单位亿元）：句容 2.10、丹徒 2.57、扬中 2.84、丹阳 8.50。工业在工农业总产值的比例（%）：句容 51、丹徒 65、丹阳 75、扬中 79。可见镇江四县工农产值比例都高于苏北，接近苏南。

再看江苏省分市 1983 年县均工业产值（单位亿元）：连云港 1.38、淮阴 1.49、南京 1.63、徐州 1.83、盐城 2.48、镇江 3.02、扬州 4.30、常州 5.73、南通 5.76、苏州 8.17、无锡 10.67。宁、镇、扬低于常、通、苏、锡，而与苏北诸市相交叉，略具优势。南京郊县和苏北的徐、连、淮同是 2 亿元以下；扬、镇则和盐城同是高于 2 亿元、低于 5 亿元。常、通、苏、锡都超过 5 亿元。

值得注意的是处于南京四周五个郊县的平均工业产值低于扬州与镇江的一倍，还停留在苏北的一般水平上。这一事实在我前次访问其中的两个县时就感觉到了，只是没有数字显示那样清晰。按照在苏南调查的经验，乡镇工业的发展总是离不开对该地区发生影响的中心城市的作用。由此推论，南京对宁、镇、扬所组成的大中城市体系与上海对苏、锡、常、通组成的城市体系一样，应当对自己所处的地区乡镇工业产生较强的影响力，犹如两个相对独立的星系，各自产生辐射，照亮星点周围的太空。但是客观事物和我们的预想不合。于是我就试图去寻求发生差别的原因。

首先，我注意到宁、镇、扬三个城市的历史。它们三点组成钳形，为长江下游的咽喉，优越的地理位置使它们成为历史上著名的军事战略要地。远溯孙吴，近至太平军，都在这三个城市设防，南京城里就有能伏兵数万的城墙，镇江东郊的炮台至今还留存着。因此这三个城市代代相沿的第一位功能，便是军事防守。加上南京曾数度作为封建帝王和国民党都城的原因，使它在城市形态和结构上趋向于封闭。

其次，还可以从宁、镇、扬三个城市工业产值和结构与苏、锡、常、通四市比较，更容易看出它们的区别。这七市各自的工业总产值（单位亿元）是：无锡86.9、苏州86.8、南京85.4、常州60.5、南通60.1、扬州54.4、镇江28.2。南京居第三位，扬州、镇江实力较差。这七市轻工业的比重（%）分别是：南通72、扬州61、无锡、常州各58、镇江53、南京38。就是说，轻工业在整个工业中南京只占1/3，镇江占1/2，其余各市均约占2/3。这说明南京、镇江是重型工业结构的城市，而且据介绍南京的重工业里较大的比例是军工生产。因此我们认为：历史造成的封闭状态、工业实力较差，以及重型工业结构，特别是封闭性的军工生产是造成这些城市对附近地区经济辐射力较差的主要原因。

说到这里，或许有人会问，既然镇江市区工业实力较差，且属重型结构，它所属四县的工业何以有接近苏南的发展水平呢？对此我们作了调查。例如对该市工业产值最高的丹阳县的42家乡镇企业的挂钩单位作地域分析，发现在46个对外挂钩单位中，只有一个是镇江市的；又如该市工业产值比最高的扬中县，有一家乡办的化工仪表配件厂，近年来它在设计、生产及原料、产品的供销上与全国180个单位有或紧或松的联系，其中没有一个是镇江市的，南京市也只有六个，占总数的3%，其余大多集中在上海、北京等大中城市。为了避免个案分析的片面性，我们还对该市四县乡镇企业的厂长、供销员和技术员各按3%的比例随机抽样，询问他们在资金、原材料、设备、技术、产品、市场信息等六个方面对外联系主要受哪一个城市的影响。回答结果是上海的比例最大，南京为1/5强，镇江只有1/6。

以上分析使我认识到，该地区的三个城市，特别是南京与镇江，还没有充分发挥其带动整个区域经济协调发展的中心作用，孕育着相当的潜力。从该地区大部分农村来看，它们是在主要争取远距离城市影响力的情况下努力发展乡镇工业的，出现了一个紧追苏南发展的局面。如果我们将本区域经济中心的作用叫做“近距延扩”的话，那么远距离经济中心的作用就可称为“超距辐射”。在调查时，我听说今年南京市正在采取一个市区企业带几个郊县乡镇企业的措施，试图加强近距延扩的力量，这种用行政办法推行的经济联系能否取得成功还有待于在实际中观察。但它说明城市在区域经济意义上处于封闭，近距延扩相对弱小的状况已被注意到了。因此总的说来，宁、镇、扬地区经济发展的水平居中，并显示出由封闭开始走向开放的特点。这是个潜力很大，前景可望的地区，故而我在本文的一开头就引用了银三角这个词。

二

城市由封闭趋向于开放，标志着一个区域性城乡经济协调发展的新时期的到来。对此，我们应当从城市与乡村两个方面，去研究社会经济区域的发展中出现的许多新问题。这里，我主要依据在扬中县观察到的事实，谈谈对联结型的经济实体以及社会主义经济中指令性计划部分与市场调节的商品经济部分之间关系的认识。

扬中县由扬子江中的三个沙洲组成，全县228平方公里的绝大部分集中在中央最大的太平洲上。据介绍，这一片由长江淤土冲积而成的绿洲，在历史上曾是大江南北群众逃战祸、过往船只避风浪的太平之地，故得名太平洲。该县在何时开始有人定居尚无考证，设县治是在民国元年。

我选择这个年轻的岛县作为调查的重点，是因为我听说该县乡镇工业在镇江市名列第二，在人均产值上与第一位的丹阳县相差无几(1983年人均工业产值丹阳县为1112元，扬中县为1092元)。而且在扬中，村以下的小工业办得很有特色。通常说来，农村乡镇企业总是在那些交通较为便利的地方发生、发达起来。而扬中这个江心小岛对外仅有一个汽车渡口，在前往扬中时，由于我们的车辆出了点毛病，我在渡口等了20分钟，结果两岸的运货卡车排成了长龙。据说如果遇上六七级以上的风浪，扬中就与世隔绝了。在如此困难的交通条件下，扬中人究竟凭借了什么发展起乡镇工业的呢?

到扬中的第二天，该县年轻的书记和县长在介绍情况时说，他们对乡镇企业的要求是要搞“散点式的规模经济”。起初我听不懂他们自己创造的这个陌生的名词，随后的解释才使我明白了其中的涵义。原来“散点式的规模经济”是指乡镇企业不能走关起门来办厂的路子，而要以自己的拳头产品为中心，成为乡镇的骨干企业，从而有力量继续向下扩散，以提高全社会的经济效益。更通俗地说，就是乡镇企业要把工业犹如撒沙般地扩散到乡间，直至进入农户的家庭，使在整个乡镇范围内的居民都得到实惠。对此，我在加以概括时用了一句话：要使千家万户富起来。

千家万户富起来，不仅仅是扬中发展工业的目标，而且是扬中人正在实践着的现实。目前扬中县有六大层次的工业企业。第一层次是县级企业，包括县国营、县集体以及正在引进的县级合资企业；第二层次是乡镇级企业；第三层次是村级企业，包括村属集体和村之间的联营；第四层次是组级企业，包括组属集体与组间联营；第五层次是联户企业；第六层次是家庭个体企业。这六个层次的前四层分别对应于早先的县、社、大队、生产队企业；联户企业则是由几个家庭合资经营的企业。据扬中县有关部门统计，1983 年有县级和城镇集体企业 121 个，乡办企业 131 个，村办企业 212 个。组以下的企业在全县未作统计，但仅新坝一个乡，就有组办企业 117 个，联户与个体企业 187 个。由此可见，这六个层次的企业越往基层，数目就越多，组成了一个塔式梯级的农村工业体系。

为了考察这一工业体系如何使千家万户富起来以及它们内部的关系，我想从中抽取几层描述若干典型的情况。

新坝乡有一位曾当过合作社辅导会计的杜姓老汉告诉我，他家是一个专门制造冰箱、烘箱所需的铜把锁的专业户，除了他与老伴，有两个儿子，两个儿媳与一个女儿，共 7 人。1981 年除花 400 元买了一台钻床外，他们一位能干的儿子还花 150 元钱买了零件，自装了一台小车床。就用这一点简陋的设备，采购了一些工厂切削时留下的铜废料和铜渣，从熔铜、刻模、浇铸到切削加工，开起家庭工厂。在这个家庭工厂中，各人都有明确的分工，杜老汉是家长，也是理所当然的“厂长”，还兼着供销、钳工等业务。一个儿子专门搞车床，另一个儿子则出模子，儿媳、女儿也各司助理之职，老伴料理家务。这个“企业”开办三年来，杜老汉一家由原来的四间简易瓦房，修起了六间两厢的一排新房。除了上交 5% 的产品加工税和 1% 的工商管理费外，他家用积累添置了 5000 多元设备，还有约 5000 元流动资金。当我问到产品销路、收入分配及家庭情况时，他说他们铜把锁有一半以上是销给乡镇企业为电冰箱等产品配套，家庭收入是按大家讨论决定的原则，计件工资分配给各个成员的。他觉得家里的三亩多地还必须自己种才可靠，而年产 1200 斤粮由于天天有荤菜也足够了。听完这席话，我对前几年听说的“无工不富”又有了更具体的形象。据统计在扬中县，现在已经有了600多户类似杜老汉一家那样的家庭企业。

听完介绍，我又看了一份联户办企业的材料。油坊乡和平第七村民组共有45户人家，其中22户擅长木匠手艺，因此在60年代初期，生产队办起了木刷柄加工厂。可是，这个小小的队办工厂居然也吃“大锅饭”，经济效益极低。最高的年盈利只有1000多元。1980年以后，从向生产队搞加工承包开始，到投股集资联户经营，发展起了8个木刷加工联合体。1983年底，这些联合体共有44个股份、156名工人（全自然村共有劳力91人，所以这些工人中有102人来自外村、外乡），年总产值为45万元，扣除成本、税金等其他开支外，净利约为30%，为13万元，其中工人工资为11万元。股金分红约2万元。现在这个木刷柄联户生产的专业村还在向前发展，联户体已有14个，1984年1至9月的产值就达73万3千元。他们的产品畅销8个省份，30多家木刷厂。

看来，这个木刷专业村原先的那个队办厂被联户企业冲垮了，这使我联想到调查前在家乡吴江县听到一位干部说，个体企业与联户企业的兴起对农村的集体企业有冲击力，所以他们只好采取一些措施去抑制。我觉得这不是一种正确态度，关键是在没有正确的认识。数年前，当乡镇企业兴旺的时候，有一种说法是冲击了城市企业，挖了墙脚。现在联户企业与个体企业起来了，乡镇企业可不能当了“婆婆”，忘了做“小媳妇”的时候。这一前一后的两次冲击，何其相似，里边一定有文章。因此与其去抑制，倒不如回过头来总结分析一下集体企业所存在的问题。

这次党的十二届三中全会所作的城市经济改革的决议，要解决的问题之一是国营企业吃国家的“大锅饭”，不讲求经济效益；职工吃企业的“大锅饭”，缺乏主人翁的生产积极性。这种情况在前些年比现在还要严重，所以那时乡镇企业作为自负盈亏的集体企业就具有很强的生命力。但是我们必须看到，有相当一部分乡镇企业并没有完全消除“吃大锅饭”的弊端，如果不注意调节企业内部责、权、利三者的关系，那么国营企业是“吃大锅饭”，乡镇企业则是“吃小锅饭”。国营企业吃“大锅饭”是不容易看见的，可乡镇企业的锅小，大家都看得明白，小锅有多少饭，少了大家就不得不再烧一把。因此乡镇企业要巩固自己的地位，要进一步发展，就应当正视自己的问题，与城市企业同步进行经济改革。事实上，我在基层听到的“一包三改”等措施就是这种改革的开始，并收到了巩固发展乡镇工业的显著效果。

扬中县不仅在乡镇企业内部实行改革措施，而且提出了搞“规模经济”的要求，即乡镇企业要扶持各层小企业，成为小区域经济发展的骨干力量。这个要求是很有远见的，它既使乡镇以下的企业与乡镇企业有机地联结起来，围绕着乡镇企业的拳头产品展开小区域性的工业经济活动，同时也以小促大，迫使乡镇企业的产品不断更新，技术与经营管理走向科学化，于是乡镇企业也就提高了自己。

该县隆兴乡塑料厂就是以大厂帮小厂的骨干厂，它以中间产品扩散、部件加工等各种形式先后扶持了 8 个村办厂。现在这 8 个村办厂都形成了生产能力，而乡塑料厂自身也不断扩大生产业务，使这个乡的塑料行业完成产值近 1000 万元（1983 年），占全乡年工业产值的一半。乡里人说，一厂带八厂，富了一个乡。我去参观的联合乡红胜村糖果厂也把果仁加工、纸盒加工等等工序扩散下去，本厂集中力量上新品种。现共有 27 个品种，年产糖果 1000 余吨，销往全国 16 个省市。与上述两个厂类似的乡镇企业在扬中为数不少，因此该县在总体上出现了乡镇企业与小企业双促进的局面，按 1 至 9 月份情况估计，全年全县村、组办、联户与个体企业的总产值可达 2000 多万元。与此同时，乡镇办企业也以约30%的速率在增长。

扬中的“规模经济”使我想起了在今年国庆之前在甘肃定西地区听到的一个国营厂的情况。这个厂是部属的定点企业，管理人员、技术人员和大部分职工来自别的地方，除了当地供给食用品外，它与外界似乎是隔离的，当地人只见原料进，产品出，烟囱冒烟。这个厂与扬中的乡镇企业相比较是另一种模式。如果说在一个小范围内发挥经济活动中心功能的乡镇企业是开放类型，那么类似甘肃那个厂的企业则是内向类型。内向型的企业只是对其周围的地区产生它所需物资等条件的吸聚作用，而不对所处的地区产生经济上的反哺作用。如果一个城市的内向型企业比例大，该城市必然趋于封闭；如果开放型企业比例大，则势必走向开放，从而对其周围地区发生促进生产的影响。

由此我想到，我国的城市企业改革是否应当向那些开放型的乡镇企业看齐，走城乡经济协调发展的道路。从我在扬中收集的资料来看，该县已经或紧密或松散地与许多城市企业进行各种联结，同时还有不少城市企业主动找上门来，希望建立经济联系。这种自下而上、自上而下的双向联结把城市大中企业、县级企业、乡镇企业和乡镇以下的小企业都串了起来，组成了城乡联结型的经济实体。而这一经济实体的运行目标就是区域经济协调发展，使千家万户富起来。

近年来，由于中央几次下达了文件，充分肯定了乡镇企业的地位与作用，特别是这次关于城市经济改革的决议，对社会主义的计划经济涵义作了明确的阐述。在对于基本上进行市场调节的商品经济活动的乡镇企业来说，是彻底破了戒，松了绑。一些企业领导人对我说，他们的疑虑和担忧解除了，现在搞市场调节不会有问题了。他们的这种心情是可以理解的，然而我所想到的是我们必须着力于研究社会主义计划经济里指令性的计划部分和市场调节的商品经济部分的关系问题，使大家的认识在科学的基础上逐步一致起来。否则不管是乡镇企业和正在改革中的城市企业，它们的经济活动仍将会受到各种各样的阻力。

上述社会主义经济中的两个部分之间的关系问题，在我的头脑里考虑了很久，但由于自己对经济学学得不够，头绪总是理不那么清晰。这次读了决议，觉得它说出了我想说但又说不清楚的话，心里十分畅快。为什么在前些年搞乡镇企业的同志不那么理直气壮？那是因为我们有些同志总是喜欢在概念上兜圈子，把商品经济与计划经济两者对立起来。计划经济是社会主义经济的一大特征，这一点大家都知道。那么与此对立的用市场调节的经济是什么也就不言自明了。于是乡镇企业家们不甘于被戴上那顶帽子，总是千方百计地与城市国营企业挂钩、搞协作，争取和认为是计划经济的企业联系起来。乡镇企业争先恐后地与城市企业联系，逐渐形成了上述的城乡联结型的经济实体，这一结果的意义远远超出了原先的意图。

可是，争取到直接和间接与国家计划中的企业联系，毕竟是少数企业和少数产品，多数乡镇企业还得靠市场来调节。从扬中县来看，前者约占乡镇企业总产值的10%，后者为90%。

那么，绝大多数的乡镇企业怎样开展市场调节的经济活动呢？以扬中为例，主要有以下三个特点。

第一是以小补大。乡镇企业总是把眼睛盯着城市中的小量需要。城市的工业生产存在着千差万别的需要，其中有些需要批量很小，规格特殊，在城市内部往往不容易找到生产单位。因此，乡镇企业则在这一方面下功夫，以小补大。在扬中有一个铜制品企业。它承担的大都是国营纺织厂、机械厂的配件任务，最小的批量只有几百元。

第二是拾遗补缺。乡镇工业总是把眼睛盯在大工业的缺门上。用乡镇企业家的话叫做“钻空子”。我在上面提到的那家糖果厂就是钻了城市糖果厂忽视儿童糖果生产的空子，现在他们的产品畅销，供不应求。

第三是适销补需。乡镇企业总是把眼睛盯在城乡对小商品的需求上。在这一方面，他们利用船小调头快的优势，生产城乡人民日常生活必不可少的千千万万的小商品。在扬中，这种企业的数量较多。

在原材料与能源方面，乡镇企业除了综合利用以外，也走出了投资合股、补偿贸易等路子。由此可见，乡镇企业所进行市场调节的商品经济活动基本上是一条满足城乡生产、生活需求，按照客观经济规律办事的路子。假如从书本上的概念出发，这条路子似乎出了某些条条的框框，可是它却符合我国的实际，并为社会主义城乡经济的发展作出了贡献。因此，无论是从实际效果出发，或是从自下而上的计划体系的要求来看，这样的市场调节是不可缺的，是与计划经济相辅相成的。这就是说，在实际的经济活动中，真正的计划经济与市场调节的商品经济并没有对立起来，而是统一的、和谐的。正因为两者的统一，在今天的江苏才出现城乡协调发展的崭新局面。

三

江苏农村在大中城市由封闭走向开放的过程中也脱离了半自给的封闭状况。在区域经济协调发展的基础上，乡镇工业是城乡新联结的环节。而主宰这个环节的是农村中涌现出来的各种各样的企业人才。考察农村乡镇企业人才的培养、开发和变化，就可以活生生地看到农村这一社会系统由封闭到开放的过程。

乡镇工业的发展，从总体上看，都经历了由初创、发展到逐渐成熟的三个阶段。在农村中，人们自豪地介绍了许多企业的发家史。例如有一个乡在50年代只有一个农机站，后来引进了少量设备，带出了一个手摇织机厂。后者在发展过程中又分化出一个生产现代纺织机械的工厂。诸如此类，这种如同魔术般的分身法，使不少企业“沾亲带故”。而透过这一幅幅企业间的“血缘关系图”，我们大致可以看出对应于乡镇企业发展三个阶段的三代企业。各个乡基本上都是由一二个、二三个第一代企业起家，一个老根抽出许多嫩枝，形成一批第二代企业。以后嫩枝再发，又爆出一批第三代企业。

第一代乡镇企业，绝大多数是50年代末集中了农村社员和集镇居民的家庭手工业而建立起来的。这些简单的集合体从事的生产主要是制造各种农具、农船、简单的机械配件，以及油米加工、建筑等等。它们以铁、木、竹等手工业联社和农机站的面目出现，设备陈旧，工艺简单，产品粗糙，利润极少甚至亏损。这种种特征表明乡镇的第一代企业还处于劳动密集型的手工机械混合的作坊阶段。

在今天看来，正是这生产简单的第一代企业为下代奠下了基础。因此，我在调查时总是刨根究底，追寻那些奠基者。看来，奠基者有两类人，一类是“热心人”，另一类是熟练的手工工匠。热心人是第一代企业的领导者、组织者。他们大多是解放初土改时期成长起来的干部，文化水平虽然低，但是他们有着一股改变家乡穷困面貌的强烈责任心。因而当1958年一鼓而起办工业、两年后一哄而散齐下马的曲折时期，这些热心人没有把集合起来的家当拆完，而是想方设法地维持一定的规模，生产当地农民必不可少的农具，为农业发展出了力。现在，第一代企业的工人，即那些手工工匠，大都年老退职；热心人也分化或转化了，但他们创业的艰辛应当写到乡镇工业的发展史上。

乡镇工业的初创阶段拉得很长，一般而言直到70年代初才进入发展阶段。在这一点上，宁、镇、扬地区与苏南地区大致相仿。在发展阶段，我们可以看到以党的十一届三中全会为分界的两个不同时期，前者为潜流期，后者为释放期。在乡镇工业发展阶段出力的是热心人、能人和刚扔下锄把来当工人的农民。我在扬中县长旺乡化工仪表配件厂就见到了这样的热心人和能人。这个厂的党支部书记是个年近50的中年人，他只有小学文化程度，解放后先后担任过互助组组长、扫盲教师、合作社会计、生产大队支部书记等职务。1968年他来到该厂前身长旺乡农具厂当支书，面对当时毫无起色的农具厂，他托人求贤，找到了一位在上海学生意出身、做过十年车工的下放工人。于是就从这位师傅与购置的两台小车床起家，第一年带出了包括现任厂长在内的4名徒弟，第二年8名。我问那位师傅，现在厂里500多工人有多少是他的徒弟或徒弟的徒弟，他笑而不语，旁人替他回答：几乎全是。这个厂现有11个车间，6个科室，1984年1至10月份产值387万，创利润（税前）110万。偌大一个家业，不就是那两位热心人、能人和全厂“农民”工人开拓出来的吗？

两年来我遇到和听到的热心人和能人为数不少。这些热心人之所以热衷于办工业，是由于迫于人口与土地的尖锐矛盾；这些能人之所以有能耐，是因为他们大多是下放和退休的工人、干部，是城里的和乡里的知识青年。他们在一个乱世的年头机遇般地将城与乡，知识和技能结合了起来。这些我在《小城镇　大问题》一文中已有叙述。

但这里我要说的是他们有胆有识。那时的政治压力还很沉重，可他们有胆子发展，有办法应付。上面所说的那个化工仪表配件厂据说它前身农具厂的牌子还留在那里，现在虽是名正言顺地分为两个摊子了，在那时可算得是一块避灾的护身符。因此，十一届三中全会以前，乡镇工业的发展是一股暗流。正因为受到政治的压力，乡镇工业在潜伏发展期与大中城市的联结是偶发性的，并且是以生产经验为基础而不是以科学技术为基础的。能人们一般仅具有高中以下的文化程度，他们与农村社会本身的劳力、资金要素结合，并没有为生产力的诸要素注入更新的、更丰富的内容，只是促成了农村中本来存在着的潜在的工业生产力诸要素的凝聚，从而形成了一种初级的工业生产能力。所以，那时乡镇企业的特点是，能人们懂得什么技术，企业就生产什么；这些人能搞到什么工业原料，提供什么信息，企业就上马什么。这从本质上说是一种被迫的盲目发展。

党的十一届三中全会以后，冲破了政治上的压力，乡镇企业在潜伏发展期积蓄起来的能量得到了充分的释放。一时间乡镇工业势头之迅猛为人惊异。但是这股势头并不是所有的乡镇企业都能保持得下去，从而进入主动的有目标的发展时期。因为，等待着这新的一代企业的是城市企业与乡镇企业以及乡镇企业本身之间的企业竞争和产品竞争，这是一个更为严峻的考验。生存还是淘汰，关键在于乡镇企业的热心人与能人是否能顺利地转化为各种专业人才，去克服企业在资金、原料、设备、技术、经营管理、产品的推销等一道道难关。

在经住了考验的乡镇企业中，能人向专业人才的转化是在第一个发展时期里磨炼完成的。这些企业管理人才往往是跟随热心人学出来的，是从第一代企业中会计、供销员或有知识的熟练工人中提拔起来的。他们一般具有初、高中文化水平，年龄较轻，是乡镇企业的第一批专业化管理人才。如果说第一代企业更类似于作坊的话，那么这一代企业是向工业化大生产转变的开端。这批专业化管理人才的一个共同特点是有眼光、有胆略、有魄力、有干劲。在当时乡镇企业基本没有纳入计划渠道的情况下，上马什么，生产什么，完全由管理者根据各方面的条件及信息决定，而且生产所需的资金除企业积累外，还有一部分（有的甚至绝大部分）都是职工自筹的。管理者给自己定的准则是“只能成功不得失败”，他们在痛苦的磨炼中逐步学会了立于不败之地的本领。有眼光是表现在他们能选择市场上适销对路并具有越拓越宽的发展前景的产品。有胆略就是他们具有自己创造条件的主动精神，不按步就班地消极等待。有魄力是指他们能够大踏步地进取，如我们参观了一个电力器材厂，3 个月前，这个厂刚刚破土动工，现在已拿出了价值 10 几万元的产品。有干劲是表现在他们肯下苦功夫，要迅速学会他们不懂的东西。

对乡镇企业的管理者来说，工业生产的经济活动对他们的要求是苛刻的，他们不仅要懂生产，还要懂经营；不仅要管理工人，还要学会打交道；不仅要两眼向内看厂房，更重要的是两眼向外看市场。好几个厂长对我说，他们没有在晚上 10 点以前离开工厂过，没有在夜里 12 点以前睡觉过。不少厂长挤时间自学了有关的大学专科课程，对专业知识有了相当深的造诣。他们在实践中逐步将自己培养成了较为全面的新型企业家。他们之所以能做出这样的成绩，并不是由于个人的天才，而是经济活动的实践逼出来的，是在普遍的企业竞争、产品竞争中造就的。

应当说，这一代企业的确向现代水平跨了一步，能够生产化纤织物、工作母机、化工产品、仪表配件等产品了。城市人才下乡传播的工业技术已经开花结果。可是，乡镇企业一旦成长起来，就形成了对城市在人才、技术、原料、产品销售等方面的更大依托。这种依托却不能再像发展阶段的前期那样，做找不到娘的孩子，瞎碰乱撞。因此，在这个时期，乡镇工业突破了行政区划和地理位置等客观条件的制约来同城市大工业发生联系，开始走上了进行多种形式的有机结合的轨道，并由不稳定趋向稳定，由松散趋向紧密。在各种结合中，技术联结、技术合作的内容所占的比重越来越大。

目前，我国城乡之间还存在科学技术方面的巨大差别，如扬中县有工业技术人员 190 人，仅占职工总数的 0.16%；有乡镇企业 410 个，没有一名有正式职称的技术员。在这种情势下，经济活动的内在要求驱使着科学技术及科技人才由高水平向低水平即由城市向乡村流动。这种与工业经济活动紧密结合在一起的科学技术流向，滋养了农村的一大批有一定文化基础的年轻人，从而农村里迅速成长起了大量的工业技术人才。

科学技术下乡是由两股人才的流动带来的。一股是城市技术人才向农村的流动。这里面又有短期流动和长期流入两种形式。长期流入即从城市引进技术人员，扬中县今年已调入科技人员 18 名，有一个厂公开招聘后，已与六百多名技术人员建立了联系，其中重点准备调入的有 64 人。短期流动即是以聘请顾问、兼职、短期支援、签订技术合同等方式出现的人才向农村的流动。1983 年扬中县正式请来的工程技术人员有 201 人，没有签订合同临时来帮助解决问题的技术人员也很多。另一股是农村的土技术员为了提高技术向城市的流动。仅 1984 年上半年，扬中县乡镇企业送到大专院校、科研单位进修、培训的就有 45 人，送到各类中等技术专业学校 24 人，省级培训班 205 人，到外地重点企业代培的有 1260 人。这些人在城里学了科学知识和技术，还开了眼界，受了现代工业社会的熏陶，接触了现代化的仪器设备，广泛结交了知识分子，他们的收获是多方面的。

在基层调查的过程中，到处能看到乡镇企业求才若渴的迫切感。县一级政府对培养人才已相当重视起来，就地培养人才的学校在县、乡、村、企业各个层次上以多种形式开办起来。如企业管理干部培训班、技术培训班、中专班、大专班等等。到 1983 年底止，扬中县已经以各种方法培养锻炼了初、中级技术人才6000多人。

现在，有一些乡镇企业发展得较早的乡，骨干企业已进入了第三个时期即成熟期，这一阶段，乡镇企业已经具备了资金、技术、人才、设备、信息、市场的条件，形成了相当的规模和经济技术实力，有了较强的竞争能力。产品不断更新换代，走向先进化，系列化。企业能够生产高档呢绒、精密机械、化工及电子产品，逐步走上技术密集型产业。推行了现代管理，管理日趋科学化，企业向专业化方向发展。

如果说第三代企业是腾飞而起的骏马，那么它的领导人就是驭手。这一代企业的领导人大都具备了初中以上的文化水平，高中毕业的占相当大的比例。扬中县有企业83个，厂长中高中文化程度的33人。不少人还去大专院校深造过，他们不仅懂得生产实践，而且有了科学的基础知识，懂得现代管理方法，将管理作为一个系统工程，统筹安排各方面的生产经营活动。他们多谋善断，能精心决策和规划，懂得信息的重要以及如何运用信息，懂得有关生产、交换、分配、消费的再生产四个环节以及市场、价值规律等经济学知识。在这样的企业领导人带动下，乡镇企业已不惧怕强手如林的市场竞争，它们能够以自己的优质产品，周密服务，良好信誉取胜。扬中县有五个产品获得国家、省、市、县一等科技奖、产品奖。乡镇企业有2000余种产品。其中已有20多个品种进入了国际市场。

进入成熟阶段的企业，通过各种途径、培养、建立了一批技术人员队伍，并首先具备了设计试制力量。企业对于科学技术的接收能力增强，已经能够引进科研单位、大专院校的研制产品进行试制，并较为迅速地投入批量生产。现在，科学技术下乡，不仅仅由人才流动带动，而且由科技资料流动、信息流动而日趋增长，这表明农村本身的科学技术实力的增长。

乡镇企业的供销队伍，自始至终都是一支最活跃的队伍。他们在企业的生产经营活动中，担负着繁重的任务，一身几任。首先，负责材料与产品的供与销。在市场调节的条件下，要采集到维持一个工厂所需的全部原料，实属不易；要及时销售全部产品，迅速实现资金回收，在目前市场竞争激烈以及合同不严密，乡镇企业之间、商贸部门与企业间相互拖欠款项的严重情况下，更是很难的。其次，他们是产品的宣传员，他们能清楚地讲解本厂产品的长短处、用途及与同类产品的比较，使对方较快地了解产品并接受产品。再者，他们是科技情报员、信息传递员、工厂建立各种挂钩关系的主要联系者。最后，他们还是出厂的产品、设备的安装辅导员、修理员。用一位供销员的话说：我们的本领是不能完全从书本上学到的，我们的经验也没有写进过书里。但我认为这是实实在在的学问。

四

在区域性经济的协调发展中，城乡之间的新联结还表现为信息的相互传递与不断反馈的速度越来越快，形式越来越多样化。在这次调查中，给我留下的一个深刻印象是，从来没有看到乡镇企业的同志像今天这样地讲信息、抓信息。从认识上，他们自觉地把信息反馈能力作为发展乡镇工业的重要条件和提高企业的竞争能力、应变能力的前提。在企业干部的配备与使用上，他们把信息才能和管理、技术才能并列作为选拔的标准。“头脑活络”是挑选干部的最基本条件之一。在组织上，他们把收集和传播信息作为一级机构，并配备专门人员来抓。比如在不少县、乡的工业公司里都设立了“信息科”、“开发科”来获取综合信息，分析、利用信息。

对乡镇企业的发展来说，它所需要的信息主要是市场信息和技术信息。所谓市场信息即是通过产品的销售市场、订货会议及各种展销会、交易会和政府的商业部门了解有关产品的需求量大小和品种更换以及发展前景。所谓技术信息主要是指技术发展的最新动态及其对产品生产和市场的影响。从扬中县看，这两种信息在乡镇工业的发展中起着促进交流、指导经营、疏拓流通、传输科技、适应竞争的作用。由于乡镇企业生产供销方面基本上是市场调节，所以企业对信息的依赖性很大。因此我们可以说，信息的交流与反馈是乡镇工业生存的发展的必要条件。

我们所到之处，都可以看到，乡镇企业在市场调节的实践中创造出了各种各样收集信息的方法。一是供销员在外收集信息。丹阳县乡镇企业派往全国各地收集信息的人员占乡镇企业职工总数的12%以上。这里，信息的收集通常采取的是信息开拓流传的形式。如扬中县有一个乡办厂，初期主要是通过这乡的一个知识青年在上海一家炼油厂工作的亲戚了解到有关的产品信息。尔后，通过这一层关系，这位乡镇企业的年轻人又被介绍到其他工厂，就这样滚雪球似地逐步拓宽了供销渠道，同时也就形成了一个信息网络。目前，该厂已与11个部属和25个省、市、自治区的近180多个单位建立了关系，签订了提供新情报、新技术、新产品的协议书。

二是在深圳、厦门等经济特区和上海、北京、天津等工业发达城市建立信息站和技术、产品窗口。扬中县在深圳等地开了5个窗口，丹阳县在珠海特区开设了一个镇江（丹阳）产品专柜。所谓窗口即是开门市部或在所在地展销中心的柜窗里陈列，销售本地优质名牌的各类产品，以吸引国内外客商，就地观察市场变化，收集商品信息，尔后再反馈回来作为开发新产品的依据，获取最新的技术信息。

三是通过和大专院校、科研单位、国营厂矿企业挂钩，用聘请顾问的形式收集信息。凡是能够保持旺盛的生命力，产品不断更新改代的企业，一般都有“后台”。扬中县长旺乡的化工仪表配件厂5年来共开发了2项10个系列的化工仪表配件，200多个品种，2000多个规格，其中有些还填补了国内空白，产品远销16个国家和地区。重要原因之一就在于这个厂能够从众多的挂钩单位源源不断地获得产品信息。另外，乡镇企业的同志为了获得最新的产品信息，他们聘请专家学者、大商店经理、批发部主任为顾问，从搞科学研究工作的同志那里获得有关产品的更新，改进产品质量方面的信息；从作实际工作的同志处获得关于产品的流向、流量的信息。

四是通过各种专业会议如年会、产品订货会、学术讨论会等来收集信息。刚开始时乡镇企业并没有资格参加这些会议。但他们只要获得了开会的消息，不请自到，进不了正式会场就到与会人员驻地，结识各方面的人士，主动介绍自己企业的情况，诚恳地请求指教和帮助，交了不少朋友，由此获得了大量的信息。有些企业就是这样地获得了或稳住了拳头产品，逐步站到了本行业的前列，从而也就争得了作为专业会议正式成员的资格。

五是通过科委、科协、政协、统计局等组织、团体和部门的力量收集信息。所到之处，我都看到各县的科委成立了开发科，乡镇企业局建立咨询服务公司，专门负责新产品及企业技术难题方面的信息收集工作。科协联系了一大批本县的知识分子及在外地工作的一些家乡人，请他们随时提供本专业的有关信息。政协的民主人士则利用自己广泛的社会联系为乡镇工业采集各方面的情报。县统计局也充分运用手中的统计资料，分析本地区、本省及全国范围内的商品生产状况、物资消耗量、经济效益水平，并把这些信息及时通报给乡镇企业。由此可见，乡镇企业收集信息、运用信息的第一个特点就是渠道众多。以上列举的种种方式只是就调查所得资料的归纳，实际上信息流向农村的道路还要开阔得多。

乡镇工业收集运用信息的特点之二是善于捕捉。乡镇企业的同志在收集信息方面创造了不少新名词，如“直接信息”、“间接信息”。所谓直接信息是指通过关于产品的销路、产量、需求量、经济效益等情报获得的信息。它的特点是易观察，易得到。弱点在于直接信息是反映经济活动的过去以及现在的状况的，用它指导生产则有一定的被动性。间接信息则是指必须经过自己头脑分析的信息。我以前提到过沙州县西张乡橡胶厂的厂长的办厂经验，感到他很会运用间接信息。小平同志说，“足球要从娃娃抓起”，他从中看到了为孩子们生产足球是个方向，就开始生产贝贝球，从而赢得了市场。现在乡镇企业家们都开始开动类似的脑筋，即不仅消极地从市场上去获得信息，满足人们的需要，而且积极地分析人们的喜好和情趣，创造新颖的、人们喜爱的产品，去丰富和引导人们的需求。丹阳县一个乡镇企业的供销员在上海观察到不少人喜欢把针织内衣当外衣穿。他做了一些调查，依据人们喜欢的式样，按外衣规格设计了新款式羊毛衫。据此信息，厂里立即转产，不到半月第一批样品运到上海销售，结果一抢而空，企业家们不仅注意本行业的生产动向，而且还密切注视在社会化大生产中与本行业相关联的其他行业的发展，以此来预测本厂产品的发展前景。如扬中县一个生产磨具的砂轮厂密切关注着机械行业的发展。凡出现了一些新的机械，他们就尽力研制新的磨具品种，以便为这些机械配套。

乡镇企业收集运用信息的特点之三是传递迅速，收效快。从获取一项信息到运用信息取得经济效益的时间往往很短。飞机是乡镇企业家们常用的交通工具，电报电话更是不可少的通讯方式。信息不仅传递迅速，而且见效也快。经过周密分析确实了信息的可靠性、可行性以后，乡镇企业就很快地影响企业的生产经营活动。比如丹阳县在珠海特区的“窗口”开设后，丹阳丝绸引起了大批外商的浓厚兴趣。工作人员在与外商洽谈中了解到，如果把丝绸衣料加工成符合外商欢迎的服装款式，就会有更宽的销路，而且还可以大大提高丝绸品的经济效益。这个信息反馈回县后，主管单位立即组织设计并交有关企业生产。产品很快送到当地展销中心后，马上就引起了一个不小的丹阳丝绸品热潮。在这里，整个信息的传递与反馈仅仅用了 30 多天的时间。

乡镇企业收集运用信息的特点之四是利用率高，经济效益大。在调查中，我听到很多关于一条信息救活一个产品，拓开一条销路，打开一个市场的例子。比如丹阳县界牌乡芭山大队灯具厂，原来生产集成电路，后因产品不适销，质量不过关，连年亏本，濒临倒闭。后来他们得到了城市建设拓宽马路，路灯的需求量增大的信息，于是就向其他厂借了 3 万元资金，转产路灯灯具，并不断更新产品，为新式路灯配套，为仪表饰灯配套，不仅解除了危机，产值还连年直线上升，由 1980 年的 63 万元猛增到了 1983 年的 201 万元。1984 年这个厂与哈尔滨、长春、北京、天津、武汉等城市挂钩，已落实任务 440 万元。

在整个调查过程中，我看到乡镇企业对信息的需求在其发展的不同时期也是不同的。在初创阶段，乡镇企业的信息渠道单一，所获得的信息量较少，而一旦获得某个信息，到在生产中付诸实施的周期也很长。在这一阶段，人们获得的是直接信息。随着乡镇工业发展到一定时期以后，企业中的信息渠道逐步走向多样化，信息量也随之增加，信息的使用周期也逐步缩短，间接信息的比重也在不断加大；到了乡镇企业的成熟阶段，信息渠道不仅多样，而且信息传递的速度由于利用了先进的通讯手段而大大加快，信息量十分丰富，信息的使用周期大大缩短，出现了像扬中县长旺乡箱包厂平均每5天就更换一个新产品或新品种的局面。

信息的不断反馈与传递，不仅使乡镇工业得到长足的进步，而且使农村的社会面貌也发生了很大的变化。它就像一股巨大的冲击波，冲开了城乡之间封闭的闸门，使城乡之间形成信息环流，城乡联结的区域经济的发展越来越协调。我们不论从实践中观察或者在理论分析都可得出如下结论，一个高效率的社会系统总是开放性的，这是因为一个社会系统总是需要不断通过物流、能流和信息流的交换来保持其稳定发展，从而使其高度适应外界环境的变化，并有目的和有效率地去影响周围的环境系统。一个封闭的系统是不可能对外界发生影响的。而只有通过信息的不断反馈与传递，才能逐步使系统从封闭走向开放，信息恰恰也是对农村社会和乡镇企业发展的一个重要因素。

成熟的乡镇企业应当是一个开放性的社会系统，一方面，像以上谈到的那样，它要从城市输入大量的人才、信息；另一方面，它又要输出产品，投入市场，在交换中实现产品的价值。企业是否能在市场经济中取胜，不仅要看人才、信息等外来资源条件，关键的一环还在于企业内部，取决于乡镇企业这一社会系统的结构合理性，即有效的、灵活的、科学的管理。

乡镇企业在经营管理上是很有特点的。首先是经营上具有相当的灵活性。“一切决定于市场，一切为了用户”是乡镇企业的经营方针，市场是经常变化的，用户的需求是不断增长、翻新的，乡镇企业能够对变化了的情况迅速作出反应，调整自己的经营方向和服务内容，活就活在这里。乡镇企业往往一个厂挂好几块牌子，如扬中县一个乡的电力器材厂同时又是水表厂和钢木家具厂。水表生产处于滞销期时，工厂就大量缩减水表的生产，将人力、物力转入处于畅销期的电力器材和钢木家具上。三个主要产品相互支持，不同产品的滞销期，畅销期相互继替，从而稳住了生产。另外，乡镇企业中的众多的小企业转产是相当快的。扬中县1983年转产的企业有62个，占了企业总数的15%，我们还调查了扬中县的永胜、兴隆两个乡的60个乡村企业，这些厂从建厂以来共更新产品品种175次，平均每个企业将近3次。

乡镇企业的灵活性还表现在它为用户服务的方式是多种多样的，有上门服务，咨询服务，为用户培训使用人员的服务等各种形式。普遍流传于乡镇企业中的“人无我有，人有我优，人优我廉，人廉我转”的几句话更是形象地概括了乡镇企业的灵活性。

乡镇企业之所以能够在经营上采取灵活多样的方式，主要是由于企业有了相当大的自主权。地方政府如县、乡政府对企业的管理是指导性的而不是指令的，这种指导性的管理是通过税收、信贷、价格、利润、利息等经济杠杆以及提供信息等各种形式在内的服务方式进行的。直接的生产过程完全由企业作为独立的商品生产者自行支配。企业有权转产，扩建，上新项目，有权动用积累，加大投资也只需在企业内部决定。这是乡镇企业能够保持灵活性的根本保证。

乡镇企业在经营管理上的第三个特点在于层层实行了承包责任制，责、权、利分明，赏罚分明，充分调动了广大职工的积极性。在这次调查中我所看到的骨干企业普遍制定了严密的责任制。按照规定，每个职工每月不仅要完成一定的产值，还要达到一定的成本要求、工时要求及质量标准。各道工序和各个车间之间，实行了严格的核算制。前道工序的产品质量不好，后道工序有权拒绝接受，这样保证了产品质量，而且生产进度、工作优劣一目了然。被评为扬中县企业管理先进单位的联合乡砂轮厂厂长对我说，他们这一套承包责任制，使个人的报酬与贡献大小、完成任务好坏挂起钩来，与企业的生产状况、经济效益高低挂起钩来，克服了人与人、车间与车间之间的平均主义，充分调动了各类人员的积极性。现在，如果职工的奖金少了，他不是来找领导闹，而是自己按照百分考核标准细细地算一算，查出是质量问题，还是成本问题，然后努力去改正。

乡镇企业在经营管理上的第四个特点在于实行科学管理。目标管理、全面质量管理、价值工程、线性规划等现代管理方法在一些先进企业中已经开始实行。丹阳县与扬中县都有好几个厂是根据市场状况确定经营目标后，把这一大目标分解为许多小目标，做到各个环节、各个层次都能实现小目标，并围绕实现大目标建立了以计划管理为中心的生产、技术、质量、设备、劳动、财务、物资八大管理，从而保证了大目标的实施。

乡镇企业从第一代到第二代再到第三代，管理方面有了很大的变化。经营决策上，由消极的、被动的决策走向了主动地、多选择方案的决策；经营指导思想上，由粗放型的不重视经济效益的经营走向了集约型的注重经济效益的经营；管理形式上，从作坊式的集权管理走向了权力分散、责任明确的科层制管理；管理风格上，从单线条的管理走向了系统管理；管理的基础由以经验为基础走向了以科学为基础。

五

结束了扬中的调查，我就到泰州市和泰兴县走了一走。在泰州，我听到了一个值得引起注意并应加以研究的新问题，那就是在市管县的体制下，当前行政区划与经济区域之间还存在着不相适应的地方。

具体地说，一是扬州市在经济上带不动它属下的泰州市，人们把这种情况叫做“小马拉大车”。二是泰州市作为一个县级市划归扬州市管辖以后，它就与早先作为其经济影响范围的周围几个县处于同等的行政地位，它们相互间的经济联系就或多或少地受到行政区划的制约，因而泰州市不仅不能充分发挥它在区域发展上的中心作用，而且它本身的经济发展也就陷于没有后方、没有余地的局促状态。

从历史上看，扬州与泰州可以说是长江北岸毗邻的一对孪生子，这对同胞兄弟各自在自己影响的地区起着商品流转中心的作用。这两个兄弟城市几十年来都有长足的发展。据说相比之下，泰州市现实的经济实力比扬州市并不逊色。但是由于历史的原因，扬州市的名声要比泰州大。解放后，两市均属扬州地区，在事实上扬、泰之间虽有亲疏，但属同级。1982 年江苏省撤销地区一级行政，实行市管县新体制时，扬州市为省属市，领有原扬州地区的范围，泰州市变成了县级市，归扬州市领导。原来的同级关系就一下子变成了上下级关系。然而一个城市对其影响区域的经济联系是在长期的历史过程中自然形成的，有着必然的规律性，这种规律性并不能人为地加以割断或干预，因而就出现了上述两个方面的问题。

总的说来，江苏全省的市管县行政体制，对于打破行政区划，实行合理的区域经济联系，加速经济发展是有利的，并取得了实际的收效。但是由于当时实行新体制时，时限短促，不可能对区域经济发展作深入的研究，像泰州那样新问题的出现是难免的。

我在苏南与苏北的调查中，发现苏北的乡镇企业和小城镇发展相对弱小和缓慢，其主要原因就是缺少类似苏、锡、常、通那样的经济实力较强的中等城市。因而苏北的有些县城升格为市以后，“小马拉大车”的现象较为突出。在苏南则相反，表现为一些原先有一定发展特点或规律的城镇失去它所影响的区域。例如宜兴县的丁蜀镇，这个有悠久制陶历史的手工业名城受到了县属镇建制的束缚，无法施展它的影响力。

这一问题在苏北与苏南的不同表现，在泰州与扬州的关系上集中体现了出来。对此我们应当认识到，问题既然是在区域社会经济发展阶段引起，就必须在对区域社会经济发展的研究中去解决。现在有一批专家学者正在泰州作深入的调查，我相信通过他们的研究与实际部门的工作，这个新问题定能找到妥善解决的方法，并为我们对小城镇的区域社会经济发展研究提供有益的经验。我们也愿意建议江苏省能进一步开展社会经济区域发展战略的研究，并根据实际情况对现有行政区划作适当的调整。

这次的宁、镇、扬地区的调查，我把重点限于乡镇企业和城乡联结型的区域发展的研究。尽管这一研究还处于探索阶段，但这是小城镇研究的新开拓。我觉得乡镇企业从总体上已经走过了初创、发展阶段，正日趋成熟。从总体上看，乡镇企业的发展是极不平衡的，但正是在这不平衡中我看到了乡镇企业发展过程中显示出来的初创、发展和成熟这三个阶段。虽然处于成熟阶段的企业，现在只是乡镇企业发达地区的少数，是一个苗头。但这个苗头提出了不少新问题。乡镇企业处于成熟阶段的一个重要标志是趋向于智力、技术密集型。这就是说在这乡镇企业发展的第三阶段，一个老问题将会再度出现，那就是劳力的第二次剩余。乡镇企业从第一次劳力剩余发生起来，并在它的发展中引起了小城镇的复苏和繁荣，带来了城乡生产力和社会关系的一系列变化。那么第二次劳力剩余又意味着什么呢？我认为这绝不是一种简单的循环，在一些乡镇企业发达地区出现的第三产业队伍是一个信号，它或许就是城乡在坚实的经济联系基础上达到全面融合的前奏。因此，对于乡镇企业的发展过程及其社会经济后果的探讨，应当作为小城镇研究新阶段的主题。由此又可开出一批具体的问题来，例如乡镇企业对城市社会经济的改革的意义，两者之间有哪些普遍性，又各有什么特殊性？又如乡镇企业与城乡社会价值体系的关系等等。当然在开拓新问题的时候，对小城镇社区本身的分析还要加强和深化，这样我们就能承前启后，把小城镇研究再推进一步。

最后应对帮助我整理本文的沈关宝、李汉林、聂莉莉同志表示感谢。

温州行

近几年来，我主要是在江苏农村作调查，同时还到内蒙古、甘肃、北京郊区等地区进行比较性的观察。我看到了党的十一届三中全会后，农村经济普遍活跃了起来，而且发展速度出于一般人的预料，但也注意到各地的经济发展很不平衡，农民的致富门道各具特色。去年听说有人提出农村经济发展有着不同的模式，这引起了我的兴趣。于是抓住今年政协召开全国会议前的一段时间，来到浙南看看颇为闻名的温州模式。

2月27日从杭州出发，途经东阳、丽水、青田来到温州。3月7日取道台州、绍兴回到杭州，历时9天，行程1518公里。限于时间仓促，我在温州只走访了4个县、5个镇和参观了市区的两个街道厂，算不得是深入的调查，只能说是一次初探。

以商带工

比较是科学认识最常用的一种方法。行前，我脑子里带着的是一套苏南农村经济发展的模式。到了温州，就试图去寻求两地的异同，从而在具体的比较中去认识这一地区的发展特色。

从相同方面而言，首先是江、浙两省都具有人多地少的特点。浙江全省面积10万余平方公里，与江苏大致相仿；人口是4000万，比江苏少了2000多万。可是两省的地形特点差别很大，浙江是“七山一水二分田”，江苏是“一山二水七分田”，也就是说可耕田面积远少于江苏，因此，浙江的人均耕田比江苏更少，只有六分八厘。就温州来说还要少，人均不到半亩田。其次，在三中全会以后，特别是进入80年代的三四年间，温州地区的农村经济如同苏南一样，也有令人惊异的高速发展。1978年温州市农村的人均收入仅55元，1980年为165元，1985年达417元。农村的经济结构也同样发生了革命性的翻转，1978年温州总产值中，种植业占64%，工业与其他各业加在一起只占36%，而1985年的25.3亿元总产值中，种植业占25%，工业产值猛增到16.5亿元，占了60%，其他各业占10%。

同是人多地少，也同样是由贫变富，为什么人们对苏南肯定的较多，而对温州的看法却有较大的分歧呢？我就带着这个问题去探求它们之间的不同之处。

汽车刚驶进金华以南地区，只见公路两旁不时出现一块块木牌，上书“货运温州”、“货运山东”等字样，这是我在江苏未曾见过的新鲜事。运出运进的货物都是什么呢？来往运输的数量怎么会那么多？货又到底怎么运的？哪些人在运？我的这些疑虑直到走访了温州的桥头镇才得以释然。

桥头镇坐落在瓯江北侧的山峦之中，偏离杭温公路3.5公里，属永嘉县桥头区管辖。该区共有5000多户人家，近25000人，人均耕田0.28亩，如果只从事农业，全区8000名劳力就会有70%至80%

的剩余。据介绍，历史上桥头人解决人多地少的办法是外出经商，靠农商结合维持人们的生计。用当地流传的话说：“桥头生意郎，挑担奔四方”。70年代中期，桥头镇开始出现了一些经营表带、手套、发夹、塑料花等小商品的市场。1979年据说是一位姓王的弹棉郎从江西买回一批处理纽扣，在镇上摆起了纽扣摊。谁知这一摆竟成了气候，一年之后，镇上卖纽扣的摊子发展到100多家。1983年初，县政府批准桥头镇为纽扣专业市场，至今全镇有700多个纽扣店、摊，全国300多家纽扣厂生产的1300多个品种的纽扣在这里都有销售。1984年桥头镇销售的纽扣共计50多亿粒，相当于全国每人五粒，日成交额高达16万元。1985年的年成交额为8000万元。1981年，桥头人不再满足于单纯做买卖，他们开始用经商积累的资金办厂，生产纽扣，现在全区有430家钮扣厂，其中300家是家庭工厂。桥头市场销售的纽扣有40%是这些工厂自己生产的，年产值近2000万元。这是温州模式以商带工的一个典型。

桥头纽扣市场的繁荣不仅消化了本地的剩余劳力，还吸收了大批邻近地区的劳动力。现在市面上做纽扣生意的就有5000多人，全区工业从业人员也接近此数。特别引起我注意的是还有9000人在全国各地搞采购和销售，他们人虽不在桥头，但牵动着纽扣市场的生命线。据说这批人大多是昔日的“卖货郎”，现在的新名称叫“购销员”。这批购销员组成了遍布29个省、市、自治区的流通网络，将各色纽扣和其他生产资料采购进来，“货运温州”，同时把桥头的纽扣推销出去，“货运山东”等地，将商品直接送到各地的售货店、成衣铺和用户手上。正是有了这支队伍，桥头的市场才充满生机，越搞越大，被人誉为“东方第一大纽扣市场”。

小纽扣、大市场——桥头群众闯出了一条富裕之路。据估算，

1984 年全镇工商两业收入占总收入的 86%，全镇 600 余户人家中万元户达 80%，人均收入 600 元，纽扣市场上交国家的税利也逐年向上“翻”，1983 年是 95 万元，1984 年是 182 万元，1985 年是 311 万元。三年来，全镇建房 845 间。有趣的是在街道两旁鳞次栉比的三层或四层的新楼内，底层设铺面，一般由女主人经营，二楼是生产车间，大多由儿女当家，三、四层是居室，男主人则外出担任供销员的角色。设摊经商、办厂生产和外出供销等商品经济的环节，就这样有机地结合于一个个家庭之中。

听完介绍，我想去市场转一转，不料刚参观了一家店铺，就被看热闹的人群团团围住了，反倒成了“参观对象”。当地干部解释说，由于桥头纽扣品种齐全，在上海等大城市转悠一星期不能完成的采购任务，在桥头只需个把小时就可如愿以偿，所以现在每天来桥头镇的外地客商总有二三千人。这下可好，本来就很窄小的街道被挤得水泄不通，保卫人员怕出意外，就将我塞进车里一溜了事。

八仙过海

桥头的生意郎勾起了我对近半个世纪前的一段往事的回忆。那是 1937 年的夏天，我从伦敦到柏林去和我的哥哥一起度假。一天，有人敲我们的房门，打开一看是一位拎着手提箱的中国人。异国遇乡人自然是大喜过望，可我们彼此的方言不同，话语不通。只见他极有礼貌地鞠了个躬，然后打开手提箱，一看里面都是一些日用小百货，看来他是请我们买东西的。他走后，哥哥对我说：“在柏林、巴黎等欧洲大陆的不少城市中，这样的小生意人数以万计。他们大多来自温州、青田一带。起初他们背着青田石漂洋过海，在意大利、法国、德国做石刻手艺，待到石头用完了，就转而做小买卖。这些人靠着挨家挨户地送货上门和彬彬有礼的优良服务态度，经商赚钱。1938 年我回国时，打听到法国马赛有一些往返中国的轮船，有为欧洲华侨专设的低价统舱，我就买了这种船票。在统舱里我结识了一些语言相通的朋友，了解到他们千辛万苦的经历，可是从他们的脸上却看不出有丝毫痛苦的痕迹。我清楚地记得有一位老人对我说，他在欧洲过了一辈子，已经在家乡盖起了两栋房子，修好了自己的墓地，这次回去是想送老了。他觉得自己已完成任务，该到叶落归根的时候了，脸上露出一副心满意足的神情。

50 年前的记忆，50 年后眼前的情景，其间脉脉相通，也可说是历史的必然联系。从中我领悟到这里存在着所谓“温州模式”与“苏南模式”之间不同特色的关键。苏南的历史传统是农工相辅、男耕女织，可以说是“牛郎织女”；而温州地区的历史传统却是“八仙过海”，是石刻、竹编、弹花、箍桶、裁缝、理发、厨师等百工手艺人和挑担卖糖、卖小百货的生意郎周游各地，挣钱回乡，养家立业。这些飘泊异乡的手艺人和商贩同居家耕地的农家女相结合，是艺商与农业的结合。在这两种不同的老根基上，苏南长出来的是社队工业和后来兴起的乡镇工业，浙南冒出来的是家庭工业和加工专业市场。苏南是从农副业出工业，以工补农；浙南是从商贩业出工业，以工扩商。

不同的历史特点总是要顽强地表现自己，然而历史传统的现实体现必须具有强大的动力并满足一定的条件。苏南人说 70 年代初期的社队工业是因人多地少、农业上抢工分，而把搞工业的逼上“梁山”。在温州也听到了“抢”和“逼”这两个字。温州在那个时期，由于地更少，情况更严重。据说前几年苍南县金乡镇发生过群众到区机关食堂抢饭吃的事，出外逃荒的农民也不易统计，平阳县据说就达 60％。市委政策研究室的一位同志总结说，温州人走今天这条路就是群众生活的需要逼出来的。

温州与苏南被“逼”的时间虽然相同，可是温州家庭工业起步要比苏南约迟 5 年，这是由于温州的经济发展方式所需的客观条件成熟得较晚。苏南当时面临的是社会生产与社会需求之间的矛盾，即在城市里“停产闹革命”时社会需要并没有降低，而城市工业生产却严重不足，加上沪宁一线城市里长期培养出来的一大批技工被“文革的内战”驱散到乡下。农村劳力要找活路，城里下放的技工要工作，公社、大队等行政机关由于“分灶吃饭”需要自己找财源，最终是社会需要商品，这众多的因素凑合在一起，就出现并形成了初期社队工业的基本模式。温州地区情况却不同。它原是个名不符实的“商埠”，在历史上没有发展起像上海这样的工业基地。解放后又由于它面对台湾，地处前线，长期没有投资，加上温州人传统的商贩活动，又被斥为“资本主义泛滥”，多次被抑止。在这种情况下，温州要振兴经济是不可能的。只有到了三中全会以后，农村落实了生产责任制，农业经济有了起色，剩余劳力造成的压力就更显突出，外出找活路的人越来越多，才形成了一支劳动输出的大军。起初这支大军还是躲躲闪闪，在“地下”奔走，只有个体商贩合法化后，温州人民特有的传统技艺才有了用武之地。据估计，目前温州在外流动的手艺工人已达 22 万，其中经商的约 10 万。这是构成“温州模式”的骨干。

由贫致富

温州广大农民发挥了他们在特殊历史条件下培养出来的才能，在短短三四年的时间里改变了家乡贫困落后的面貌，特别是该市沿海的一些县，可说是发生了巨大的变化。择其要者来说，首先是商业活动异常活跃，至今全市已有 415 个大大小小的专业市场，其中类似桥头那样年成交额在8000万元以上的就有10个。这10个市场是：宜山的再生纺织品，金乡镇的徽章、标牌，肖江的塑料编织袋，北港的兔毛，仙降的塑料草鞋，塘下和莘塍的塑料拉丝编织，柳市的小五金、低压电器，虹桥和钱库的综合商品。据统计，每天上市的总人数达45万，1984年，全市商品零售总额为18亿元，其中十大市场就占了9.58亿元。

其次是商品生产高速发展。1985年农村的工农业总产值比1978年的6.6亿元翻了接近两番，其中引人注目的是13.3万个家庭工业和联户工业的发展。它们的年产值已占农村工业产值的60%以上。

第三是商品流通和生产的迅速发展，增加了国家税收。据称，六个沿海县的财政税收主要靠商品税，仅十大专业市场和生产基地1985年就创税收7450万元，比上一年增加了一倍多。

第四是结束了90%的农民搞饭吃的局面。1978年温州市农村劳动力为180万人，其中从事种植业的为160万人；1985年约210万劳动力中，务农的只有六七十万人，其余140余万农民从农田上解脱出来。这些解脱出来的劳力分配状况是：乡镇集体企业44万人，家庭和联户工业33万人，为商品市场流通服务的22万人，还有10万人是供销员，从事其他劳务输出有28万人。

最后是农村富裕起来了。如果以每户每年净收入超过5000元为标准，全市已有40万户，占总户数的三分之一。所到之处我见到的几乎全是崭新的楼房，联成街道，聚成村落。这些楼房盖得很有气派，连二层的都很少见到。我到有关部门了解，1985年温州地区的货币净投放为12.9亿元，镇上百户抽样调查所得的户均收入为6000元，这和我在现场观察到的情况可以说没有多大出入。

温州变化的基本经验是什么？有的同志总结了两条：一是在生产

领域发展了家庭工业，二是在流通领域开辟了专业市场。在走访了金乡、塘下、柳市、虹桥等镇之后，我觉得自己的认识还有待进一步深化。毗邻福建的金乡镇，主要是靠生产徽章、塑片、红膜、标牌四类小商品。现在全镇有2800余户家庭工业，1984年人均收入达574元。我走了几个家庭，一户用废铝作原料，制成“五好”家庭的牌照和新疆乌鲁木齐锅炉厂的标牌。另一户是一些姑娘通过印刷等工序制成各式粘贴塑料商标，其中一枚是北京人民大会堂用具的贴标。家庭工厂市场之广，真是令人惊异。

区政府的同志告诉我，金乡致富是靠了“一双手、两条腿、三分邮票、四种产品”。所谓两条腿是指最初抓购销的全靠供销员在各地到处跑，现在这种方式已部分被更快捷的邮寄方式所取代，即所谓的“三分邮票”。金乡用发信联系购销的有800多户，1984年全镇共发出业务信件1134万封。这种业务信又使邮局收入猛增，1978年为6.3万元，1985年为183万元。近来这里还产生了一套专门为发业务信服务的民间机构，从写信到封口、贴邮票、送邮局等均有专业分工。尽管如此，金乡仍有7000个供销员在外面搞活流通。

在塘下、柳市和虹桥，我分别寻访了几户家庭，并看到他们生产的松紧带、小电器。我们一再询问他们的生产是谁在组织，又是谁在帮助推销。我之所以提出这些问题，是因为我看到了当前在我国经济中一个极为重要的“大市场”。这个市场不仅包括在各镇上街巷里看得见的数以万计的店面或摊子，而且还包括撒在全国各地10多万个每天在火车、轮船上运转，甚至深入到偏僻边区活动的商贩大军；各家各户的生产者就是靠同千千万万零售商店和摊子，甚至同无数消费者个人之间建立起了一个生动活泼而又似乎无形的流通网络。这次我未能深入到供销员这一层次去摸清他们的活动，不能不是一个遗憾。

但又无时无刻不感觉到这一网络在温州经济中发挥的巨大作用，而且这个力量已冲出省界，在全国，甚至已越出“国境”，在国营商业渠道触及不到的领域里发挥着促进商品流通的作用。这是一件极有意义的新生事物，不仅为理论工作者提供了新的研究园地，而且是当前体制改革必须重视的民间自发的流通网络。

小商品　大市场

这10万供销员的前身大多是走南闯北的手艺人和货郎担。这些年我在北京随时都能见到叫卖棉胎、修补皮鞋的浙南人，就是远在新疆、内蒙古以及海拔3000多米的甘南高原，也都见过他们的身影。这次听人说，桥头镇每天收到从全国汇来的款子达六七万元。真是涓滴泉流，汇成湖泊。这些属于个人所得的劳务收入正是温州地区10余万家庭小工业的原始资本。有了资金，家庭工业才能在时机成熟时如雨后春笋般地遍地生长。家庭工业的发展又使原来到处流浪的手艺人和购销员摇身一变，成为这个地区生产事业的组织者。这些人物的发展历程是很有意思的。如前所述，他们最早是出卖手艺的流动匠人，即所谓劳动输出。后来他们就把外地商品捎带回家乡出售，成了商人；然后自家生产商品，出外采购原料和推销成品，又成了购销员；接着发展到和各地签订合同，带回家乡，分给各户生产，这时他们已是邻里间的经纪人了。有的甚至用贷款或预付贷款的方式支持外地生产，在这种情况下，他们所经营的商品的厂家，实际上已成了区域间产销的组织者。现在我们就可以看出，这些人物的个人经历正反映了商品经济发展的过程。

在温州，我没有听到有产品积压滞销的情况，桥头的商业资金约20几天就周转一次。这里甚至没有提到仓库储存的问题，也没看到家庭工厂出现关门转产的现象，因为温州基本上实行以销定产，合同来了就按约生产。看来，苏南的一些乡镇工业的供销员不少是产后为企业奔走的服务员，而温州的供销员很多是走在生产前面开拓销路、指挥生产的联络员。

由此可见，温州家庭工业或联户工业的发生和发展一刻也离不开“大市场”，也可以说它是依托这个大流通网络的附属品。因此，我觉得温州农村经济发展的基本特点是以商带工的“小商品，大市场”。

从这一特点看去，“温州模式”就超出了区域范围，而在全国范围内带有普遍意义。农村经济体制的改革，使农业的商品生产迅速发展。商品生产本身就要求有相应的流通服务。去年和今年的中央一号文件都提出和强调这个问题。年初我在北京跑了四个县，看来北京存在的主要问题也是商品流通不畅。在原来的流通体制下过于单一的渠道已远远不能适应农村商品生产的需要。由于这种流通渠道与生产脱节，这就迫使温州的农民自己行动起来组织流通网络。他们依靠自己传统的才能和遍及全国的手艺人，通过自己组织起来的这种流通网络，形成了面向全国的大市场，为流通体制的改革创造了新鲜经验，为从根本上解决买难卖难问题树立了一个标本。所以我认为“温州模式”的重要意义倒不在它发展了家庭工业，而在于它提出了一个民间自发的遍及全国的小商品大市场，直接在生产者和消费者之间建立起一个无孔不入的流通网络。

这种专业市场在流通上确实有它的优越性。制造工业需要的多种零部件，在专业市场上有充分的选择余地和诸多采购上的方便。在北白象镇的建筑材料专业市场上，从钢筋、水泥、木材到砖瓦、石砂、玻璃、油漆，应有尽有。消费者若想购买一幢楼房的建材，只需半天时间即可配齐。

专业市场本身的发展产生了各种各样的专业户。除信息、运输专业户外，还有信用专业户。前面讲到的金乡镇，有30家为家庭工业提供信息的专业户，还成立了信息协会。其中一位姓许的农民订了97种报纸，请了五个帮手研究整理信息，随后发信联系业务合同。1984年共签订20余万元的合同分别转让给生产者。家庭工业对商业信息反应灵敏。据说报上一公布信用社体制改革和颁发居民身份证的消息，金乡人就把社员股金证、身份证等样品送去，联系生产业务。具有这样经营头脑的“农民”，我在别的地方是少见的。这使我不能不又联系到温州长久的历史传统的培育了。

商品生产需要一系列为它服务的设施。在柳市镇和塘下镇，我们看到了技术、信息、维修、邮电、运输、包装等生产运销服务系统。有人若想把货物运出，打个电话或到河边叫一声，就有车有船。柳市的货物转运站能在20天之内将货物运往全国任何地方，这样的速度是国营单位远远赶不上的。

温州购销员所创立的大市场不仅地域不断扩大和深入，而且在市场结构、分工联系和内在性质方面也在不断发展，并出现了为生产者服务的多种方式。在肖江镇，供销员从外地订来合同，大部分是自己垫本购买原材料，然后公告规格型号、加工金额和交货限期，供加工户选择，合意者上门领料，回家生产，按期送货，经检验后领取加工费。据说平均一个供销员订来的合同可安排100人就业。

苍南县钱库镇往昔是个有名的“讨饭之乡”，现在已是万商云集的综合商品市场，成了浙闽交流的农村贸易中心。他们靠着能人当家、发挥专长、价格浮动、薄利多销、重视信息、勤进快出、讲究态度、热情周到等灵活的经营方式，全年销售总额已超过3500万元，流动资金周转期平均在25天至30天之间，比国营商业快3倍。

温州市农民搞活流通的具体经验不胜枚举，归结起来就是“服务”两个字。他们懂得在大规模的商品生产和日益提高的社会生活里，生产者和消费者之间必须有一批服务人员。这种分工是任何性质的商品经济所必需的。温州商品经济的发展使10万购销员和邮电、运输、信息、科技等众多的服务人员从直接的生产部门中分离出来。正是他们用“千山万水、千言万语、千辛万苦、千方百计”编织起的巨大的民间流通网络，把千家万户的商品生产同千变万化的社会需求衔接了起来。虽然流通网上的每个成员都要从商品流转中获取报酬，维持生计，甚至较易致富，可是作为社会的一个分工系统服务于生产者和消费者之间，其运转是否有效，这是商品经济能否发展的关键。从这个角度看去，才能理解温州各地为什么都如觅宝一般地招聘能干的供销员。他们服务于千家万户，人民群众需要他们的服务。由此出发，我们才能正确对待当前农村经济发展的“温州模式”。他们在商品流通环节上取得的经验是具有中国特色的，也是值得其他地区结合当地实际予以借鉴的。

走向联合

同时，我们也看到温州农民所创立的这个“大市场”的另一面，那就是它的自发性和原始性。自发性带来个体经济的盲目性。原始性表现于这个流通网络的联系纽带大多利用亲戚、朋友及其延伸的社会关系。这种自发性和原始性在商品生产发展的初期或许是不可避免的，然而随着开放和改革的步步深入，它的局限性会逐渐显现出来。这就意味着温州的民间流通网络有一个不断提高和完善的过程，需要正确地引导。也就是说，要为这一流通渠道提供它所需要的各种服务，使其合法化、公开化和社会化。如果设想这种服务性的引导能来自改革后的国营流通部门，那么，温州经济就有可能发展成有计划的商品经济的这种雏形。

温州的大市场是从小商品发展起来的，进而以商带工，把农户卷进商品生产的洪流之中，这固然有其城市工业基础薄弱、农村能工巧匠较多等客观条件。但是要看到现有的家庭工业对于生产力的进一步发展是有限度的。人们对桥头没有异议，而对柳市就不以为然，原因就是桥头生产的是纽扣，柳市生产的是电器，而电器在家庭工厂里生产，质量难有保证。

对此，我们首先应当想到的是，种地的农民在两三年内能转变为搞电器的工人是一件多么了不起的大事。可是从另一方面看，产品的技术、工艺要求较高，单家独户地生产电器的确暴露出技术不高、设备不足、测试手段不齐等弱点，于是对柳市家庭工业产品的各种批评责难纷纷而来，甚至怀疑家庭工业和专业市场的优点。我们必须承认，柳市现有产品中确实有一些质量没有过关，但是，我认为对此应当采取鼓励和帮助的态度，而不应该采取打击和扼杀的措施。事实上我们已经看到，为了克服这些弱点，柳市的电器生产开始出现了联合的苗头。听说这种联合体中不少是几户人家合股添置设备，仍以家庭为单位进行生产和经营，区政府也正在筹划建立一个电器测试中心。这些都是可喜的事情。

柳市的联合苗头给人以启迪。首先，联合是生产力发展到一定阶段的产物和必需。只要生产力继续向前发展，温州的家庭工业就必然趋向于“联”。我在塘下时，两位从事家庭工业的妇女告诉我，她们编织的电灯拉线和松紧带由于织户多，赚头越来越少，对市场激烈的竞争流露出忧虑之情。是的，我也在想，如果她们的家庭工厂利润再降下去，到了无利可图时该怎么办呢？如果停产关门，回到老路上去，群众是不甘心的。那么出路只有转产或提高劳动生产率，以保持一定的利润。而要避免频繁的转产，必须有一个高于个体的企业管理组织为家庭工业服务，只靠现在原始性的供销队伍怕是难以做到的。提高劳动生产率的途径必须是联合经济和规模生产。所以无论是柳市对产品质量的要求，或是塘下对生产利润的要求，最终都将迫使家庭工业在管理、资金、技术、生产、运销等方面走上多种形式的联合道路。这就是说，我们一方面应当吸取过去操之过急搞“一大二公”的教训，另一方面要积极地去创造促进生产力发展的条件，总结群众的实践经验。在此基础上建立起来的联合经济才能稳固。

其次，在我们看到的众多的联合形式中，大体上可以区分为两种基本的形态：一是单纯生产者之间的合作，二是各种基层政权的经济手段和力量加入其间的“联合”。上述的几家合股是前者，测试中心是后者。

在家庭工业个体经济的基础上，逐步走上联合的道路，这是温州模式发展的前途。但是，并不是所有的家庭工业全都会演化成联合企业。相反的，我认为家庭工业个体经济在中国国民经济中具有长期存在的客观历史条件。它所需要的是社会性的服务，而这些服务行业可以是联合性质的集体经济，也可以是国营经济，有类似于农业里“统”与“分”的双重结构。我们可以设想，在相当长的时期里，多种性质的企业可以共存，而且发生协作关系。从所有制上来说也是多层次的：除了全民所有制和集体所有制（包括乡镇企业和企业成员联合性质的集体所有制）外，还有基本上属于个体所有制的家庭企业，但由于它又依附于国家或集体的服务，所以也不是纯粹的个体所有制。我认为，这种结构可能是有计划的商品经济的轮廓。

在对苏南和温州两个模式的比较中，我对苏南乡镇企业的性质有了进一步的认识。苏南乡镇企业是从过去的社队企业演化而来的，而且现在还在演化过程中。这些社队企业是当时公社和生产队所办的企业，实际上还保留了它原来政企不分的性质，后来为了提高效益，政企开始分离，企业的经营管理逐步取得独立，但是依旧属乡、村政权领导。实际上它正向着地方政权领导下的社区联合所有制演化。社区联合所有制是指以村、镇等基层社区为单位，由全体住户联合成的经济实体，属联合性质。这和从个体经济基础上生长出来的联户经济还有所区别。联户经济并不一定包括整个社区的居民在内，它只是参加联合的各户的联合体。温州模式中的家庭工业就有从个体企业向联户演化的趋向。简单地说，苏南模式是从公社制里脱胎出来的集体企业；而温州的家庭工业则是个体经济，它们在这基础上正向着联合演进，其中部分已成为联户企业。

如果把温州模式说成是家庭工业加专业市场的话，那么，这就是突出这个地区经济特点的表述。温州经济中不仅有和苏南模式一样的乡镇企业，而且还有一些国营企业，加上个体企业，三者的比例大概是1∶3∶6。由于家庭工业比重大，而且比全国其他地方更为发达，所以作为温州经济的特点而予以强调是符合实际的。

在虹桥镇，我参观了一家很有生气的村办工厂，它是完全由村政权掌握的，村支书兼厂支书，村长兼厂长。这是政企未分的苏南模式早期形态。在金乡镇有一位名叫叶文贵的中年农民企业家，他从专业户发展起了一个为全镇家庭工业提供再生塑料薄膜的小工厂。在谈话中，他生怕被人扣上“资本家”的帽子，表示真诚地愿意在不改变现有企业管理方式下，接受地方政府的领导，成为一个地方社区联合性质的企业。

看来，温州也存在着苏南模式的乡镇企业，而且在家庭工业基础上已出现了向乡镇企业演化的趋势。可见，温州模式和苏南模式并不是互相对立的，而是相互补充的。

新事物　新问题

无论是苏南模式，还是温州模式或群众创造的其他模式，评价它们的唯一标准应当是视其是否促进了社会生产力的发展，是否提高了人民大众的生活水平。这些模式在中国历史上乃至人类发展史上都是古来所无的。惟其如此，方显出中国社会现代化的特色；惟其如此，才需要我们对伴随这些新事物一同出现的新问题进行科学的认识。

在温州地区我们可以看到，农业相对落后，以及西部与东部沿海区域之间的发展差距等问题，都是值得认真研究与解决的。尤其是在商品流通和商品生产中诸如金融、财政、税收、劳务和收入分配等方面出现的新问题，既相当之多又相当之深刻。

以劳务来说，我看到了雇工大户。这些雇主大多心神不定，为了扩大再生产，不能不雇工，而且从起先雇亲戚朋友逐渐向外扩张，可是雇多了又怕挨整。雇的工人从哪里来？我一问这些工人大多数是从温州落后的山区下来的，每年可得 800 元左右的工资，这样的收入在本乡是得不到的。在地区之间经济发展不平衡的情况下，劳动力的流动是必然的。在金乡我看到十五六岁就在干活的姑娘，总觉得她们应当在学校受教育。可是人们说这里小学毕业生的升学率不到 50%，升高中的比例更低，怕这些孩子闲着惹出事来，不如“穷人的孩子早当家”。我还看到几个五六岁的幼童一边嬉笑、一边跟着祖母在院子里拣塑料片，简直就像城市里幼儿园的孩子捏橡皮泥一般。这究竟是教育还是劳动，使人难以分辨。

再如，在收入分配上，市政协的一位同志说了一对在国营单位工作的大学毕业生夫妇，被三张同事婚礼的请帖难住的事。他俩的月工资只有 100 多元，可是吃这三次喜酒的花费却超过此数。总的来说，个人收入的情况是国营不如集体，集体又不如个体，城市不如农村，以致不少城里人眼热乡下人。因此，出现了不少国营职工搞“第二职业”，集体企业能人外流、散伙、各自经营的趋向。有人把这些现象归结为对国营和集体企业的冲击。从这股冲击力中确实反映出某些不正常的因素。温州市曾对 9 个县的 147 名供销员进行过调查，其中仅发现 10 人有行贿等行为，而绝大多数供销员、工商专业户的高收入主要来自创造性的经营和勤奋的劳动。从收入悬殊中我们看到一个显著的反差，即拥有先进技术、设备的企业，职工的积极性较低；反之则积极性较高。这一反差说明了生产力发展的桎梏，是一个值得注意的问题。

因此，要消除收入过分悬殊带来的种种问题，还得从消除这一反差入手。怎样才能把收入拉平一些？看来需要因地制宜地进行体制改革。目前所实行的“一刀切”的信贷控制等等，不仅不能缩小这些反差，反而在扩大反差，使一些集体企业趋向于分散成个体企业。反差的消除还有待于在城市经济体制改革过程中完善各项具体政策。在这一过程中，温州作为一个开放城市，是否适当下放一些权力，使地方能采取一些与本地区发展特点相适应的政策。这是温州各级领导极为关注的问题。

凡此种种新问题，我还缺乏研究，更谈不上有深入的认识。但是既然客观现实已经把这些问题提出来了，如果我们不去认识它，就必然会陷入盲目性，还有可能重犯过去“割尾巴”的错误，用“割”的方法是不能奏效的，割了还会长出来。我们只能创造条件去推进客观事物向高一级演变，以消除矛盾。要做到这一点，社会科学研究必须紧紧跟上实践的步伐，去深刻地认识它。认识的立场应当尊重群众的创造，认识的根本途径应当是实事求是地作分析。我们知道，中国社会主义建设的特色没有现成的概念，前所未有的新事物、新问题不可能在原有的本本上找到现成的答案。

1986 年 5 月

淮 阴 行

原来还想早一点来淮阴，开完政协会就想动身，暮春三月，江南草长，下扬州正是好时候。1984 年也是这个时候，我同几位同志一起从徐州到连云港、盐城、淮安，后来转到扬州，走了一圈，大约 20 几天，那是我第一次到苏北去看一看。

为什么我两年前要到苏北去看一看呢？这是因为我从苏南自己家乡出发，看到一些问题，想到苏北去比较一下。我研究工作的方法是从基层逐级上升，从一个村到几个镇，再从一个县到苏、锡、常、通四个市，这是第一年。第二年从苏北徐州到扬州，后来到南京绕道扬州，把江苏走了一圈，写了四篇文章，写的是这两年中看到的江苏农村经济的发展，特别是乡村工业的发展和小城镇的发展。在党的十一届三中全会之后，实行了联产责任制，放松了以前对农民的许多束缚，农民的生产积极性调动起来了，因而产生了一个蓬勃发展的形势。这不但在我的那个小村子里可以看到，在全国也都能看到。联产责任制的政策取得了极大的成功，改变了农村的面貌。

回顾我国解放后的30多年，近7年才是变化最大的7年。以前我们曾停顿了一下子，甚至走了一段回头路。这7年农村有了史无前例的发展。我每年回家乡去看，每年都有所不同，都有新的发展，出现新的问题。所以，我说在这个时代，正是学习研究的大好时机。尽管我年纪不小了，离80岁也只有4年多，趁我还能动脑筋、还能跑的这段时间里，多看看我们国家的这个大变化。同时还想把这个大变化记录下来，给我们的后代人也看一看。

我们这个国家是靠广大农民取得革命胜利的，我看经济体制的改革、经济的发展也得靠农民。目前经济方面农村正在包围城市。中国农民的力量确实很难估计，对此，人们常常估计不足。我们过去看不起的乡下人里面已出了新的一代。他们之中已有一批懂得经营、懂得商品经济，会搞商业、搞工业、搞现代化经济的新人物。

我这两年来心里常有一个问题，就是在一个没有大城市可依靠的、以农业为主的地区怎么发展起来？因此我就去看苏北了。两年前我从徐州下车向西走，到丰县、邳县，在这里我看到了与苏南的差别。我用两个指标来看：第一个是工农比例，第二个是小城镇数目。徐州城里我不讲，只讲附近的农村。这里工业和农业的比例是“三七开”，农大于工，而且这几个县的工业又集中在县城里。我说这有点像“独生子女”。一个县抓一个镇，这个镇因为是“独生子女”，所以喂得好些，打扮得不错，一看就比我们吴江县城要好看得多。可是一出这个县城，走半天也看不到几个烟囱，即便看到几个高一点的烟囱，也是石灰窑的，再看到烟囱时已到了另一个县城了。这些地方一般农民只靠土地过活，他们的收入相应地也不太高。这些地方的商品经济很不发达，建成的镇还很少，人们进行交换主要靠赶集。

从徐州向东到了连云港，工业比例就不同了，大约是4∶6，工业比例高了一点。这高了一点的地方就不是“独生子女”了。一个县里除了县城以外，还有两个到三个镇。从连云港向南便到盐城。盐城的农工比例大约是一半对一半；后来又到扬州，工业开始超过农业了；过了长江，农业的比例就更低了。我的家乡吴江是中间偏低的，和徐州、扬州相比，工农比例刚刚倒过来是7∶3。无锡、沙洲两年前就到8∶2。我说的只是大概情况。江苏的农业比重越来越低，并不是说农业不好。其实江苏的农业也在发展，我是说工农业的比例，农业的比例越来越低，工业比例越来越高。苏北北部农业占7分，到苏南逐渐降低，靠近上海的沙洲，低到了只占2分。

我那次苏北之行有一个空白，就是淮阴地区没有去，洪泽湖周围情况不清楚，我今年去就是要补这一课。

我心里有一些问题，想在这次摸出一个初步的印象。这次，淮阴市长可帮了我们很多忙。据她告诉我们，去年全市工农业总产值76亿，成绩很大。这76亿是怎么组成的？其中农业是39亿多，工业是36亿多，工业不如农业，如果把村一级的工业加进去，工业比重就稍稍超过了农业。1983年之后淮阴工业有了很大的发展，主要是市区，这是我的印象。看来农村里的工业发展还不很快，相当一部分农民的收入仍在200元到300元之间，收入200元以下的农民还不少，大约还有六七万的农民收入在150元以下。淮阴市各县的发展也是不平衡的。我上次来就听说从安徽划进来两个县，在洪泽湖的西部，这两个县的经济结构类同于安徽，就是说工业极不发达，所以总的平均数拉下了一点。因此，尽管淮阴在过去的三年中取得了很大的成绩，本身来说比过去发展得较快一些，但是就全省来讲，地位不是上升而是相对地下降了。因此我就注意到第二个问题，农村经济的发展常常反映在小城镇的发展上。淮阴市11个县共有22个镇，一个县两个镇。过去有一个“孩子”，现在比过去是多生了一个“孩子”，但毕竟只多生了一个“孩子”，可不可以说农村发展还是比较慢的。尽管如此，在这两三年里，淮阴还找到了自己发展农村经济的办法，有些人叫它“耿车模式”。我去看了一下，印象很深。

有人说耿车模式是温州模式和苏南模式的结合。在这里要问一问，什么叫苏南模式？什么叫温州模式？苏南模式的特点是什么？温州模式的特点又是什么？耿车模式是不是抓住了这两个模式的特点？苏南模式主要抓乡办、村办工业，叫乡镇工业。对于苏南模式大家都比较熟悉，我就不多说了。温州模式比较复杂，也是几个轮子一起转。它的乡办工业在产值上比重并不低，但是家庭工业较普遍，有些乡村几乎家家户户搞小工业。在家庭工业的基础上，又出现一种具有合作性质的联户形式。

温州名义上是个商埠，但是并没有发展成为“小上海”，因为它没有发达的工业。长期以来，由于它处于前线，面临台湾岛，所以国家也未投资发展工业，国营工业也很少。温州人均耕地比苏南还少，淮阴是一亩半，苏南是一亩，温州只有零点四六亩，人口密度很大。1980 年以前，人均收入约 55 元，比淮阴还差，的确没饭吃，很多人出去讨饭。靠近福建的县出去“讨饭”的占人口的 60%，甚至有到饭馆里、机关食堂去“抢饭吃”，可见人口压力比淮阴还要大。公社解体以后才产生工业，由于集体经济基础差，虽然也有一些乡镇企业，但主要是家庭工业、街道工业。

有人讲温州模式是家庭工业加大市场。这个说法基本揭示了温州模式的特点。我认为大市场是发展家庭工业的前提。什么叫大市场？举个例子，衣服上的纽扣，全国的五分之一都是从这一个地方买来的，但并不都是当地生产的，而是把全国各地几百家纽扣厂的产品拉到桥头镇，然后再贩卖到全国，甚至出国，这样形成了一个纽扣大市场。纽扣很小，市场却极大。

温州的发展速度快，主要是抓了流通。流通这个领域，几年来，始终没有搞好。原来的国营流通网络适应不了当前农村经济的发展。商品经济不能没有流通，流通要找套办法，要有人去干，要有一个网络。家庭工业要发展，必须要靠一个大的流通网络，否则就发展不起来。温州人懂得，要搞商品就得搞流通。你不办的我办，你不搞的我搞，“逼上梁山”，闯出了一条路子。学习温州模式，要学其实质，不能只看它的外形，要有商品头脑。要学温州模式，就要组织流通网络，这是要费很大劲的事。

现在谈谈耿车模式。淮阴急于找到自己发展农村经济的路子，我很感兴趣。耿车给我留下几个印象。第一点，他们做小商品，搞家庭工业，这点和温州相同。有一家父子四人做木锨，老头在外面有许多老相识，利用这些关系将木锨卖出去，这个家，甚至这个村没有他是不行的。他扩大了内外联系。这一点带有温州模式的性质，但是规模没有温州的大。还有个旋木专业村，生产简单的木器。温州是电气化，这里是人力化、脚踏手摇。温州生产的再生腈纶，成本很低，不太结实，但价钱很低，适合市场需要。我在耿车看到的再生塑料，也是这种性质。

第二点办工业要资金。温州人外出贩运和走码头卖手艺有了原始积累。淮阴怎么办？资金从哪儿来？看来由于公社已经解体，不易从农业里搞集体积累，乡一级的工业力量又不太强，积累不大。讲到贷款，又碰上宏观控制，能搞到的贷款也很少，只有靠农民集资。耿车村异型玻璃瓶厂就是靠集资搞上来的。不过，有个问题是要考虑到的，耿车搞用人力运转的、简单的小商品，它的市场究竟有多大？这需很好地调查一下，还要具体分析各种条件。

耿车模式并不是苏南模式和温州模式简单的相加。在基本特点上，它既不具备苏南模式集体经济的基础，也不具备温州模式的大市场。能不能这样说，耿车模式更适合那些缺乏工业基础的农村，因为它是走采取简单加工的方式，以制造工业为主来发展家庭工副业的路子。这对提高农民收入已发生良好效果。用当地干部的一句话说，叫“四个轮子一起转”。苏南和温州都没做到这一点，在苏南、家庭工业这一个轮子就太小了，不怎么转动；温州模式中，集体的轮子又没有家庭工业这个轮子转得快。所以，耿车模式是很值得研究的。

我们国家的整个经济里有许多轮子，也就是说有许多层次：第一层是计划经济的国营企业，原料国家给，产品国家销，按计划办事。第二层是小国营，部分原料是国家供应，部分产品国家收购，其中还分部属的、省属的、市属的，甚至是县属的，都是各级政府所办的半计划性的企业。第三层是“二轻”，就是以前各种合作社合并起来的轻工业，它不能进入国家计划经济，不能由国家供给原料。另外有一大批计划以外的企业，首先是社队企业，国家不投资，不给原料，不包市场，可是它属于地方政府，最初时期书记就是厂长，现在政企分离，搞现代化经营了。再下一层生产大队，现在是村，也办企业，也在计划之外，现在这些企业在尽量想办法和计划经济挂钩，为国营企业制造零部件等，尽可能取得一些国家供应的原料，但绝大部分还是在计划之外。

在计划之外的企业里还有个体专业户，即家庭工业，和专业户联合体，即合作工业。家庭工业是一家一户搞的小规模的简单工厂，这种简单工厂再发展一步，联起来，叫做联户。联户实际已进入合作性质的经济。这种联户，大体上都是用原来的老关系联起来的，如耿车乡五星村一位老大爷，三个儿子已分了家，现在大家一起做，通过老大爷关系联合起来。所谓老关系，主要是亲属关系。这种联合如果进一步扩大，亲戚关系就不够了。听说耿车乡有100户的联户企业，这就成了民间的合作组织，它们是在计划之外的，又不是政府所有的。

各种企业，总起来，可分为三个大部分：第一是完全或不完全的计划经济里面的国营企业；第二是国家基层政权所有的，但在计划之外的乡镇企业；第三是个体企业和合作企业。个体企业实际不能成为一个企业单位，它需要一个流通和服务网络。流通网络有几种方式，一种由个体户形成，一个一个人分别出去拉生意。如耿车乡的那个老头，因为他在山东有熟人，就可以包三个儿子的产品到山东去卖，他有力量的话，还可以包得更大一点。他已从生产劳动中分离出来，去跑码头，自己不做工了。这种人也可以成为专业户，即所谓商业专业户、流通专业户、贩运专业户。我在耿车乡还看见一种集体的服务机构，这个机构名称叫“两户一体服务站”或“农民企业服务站”。

这使我想起了在实行家庭联户承包责任制的时候，各地方采取了不同方式，解决统与分的双层结构。有的地方，比如北京市附近，统的部分较大，分的较少，而苏南在农业上则统得少，只保存了机耕一类的事情。现在都采取另一个渠道去为个体农户服务，由乡镇办的工厂去支农和补农。实际上是在个体户之上加一层集体的服务。这个方式用到工业上面去，就是我看到的耿车模式了。能不能说这是农业里面的双层结构转移到工业上呢？部分关系，是集体与个体的关系，有的地方集体多，有的地方集体少。耿车模式的要点是在个体户上边产生一层集体服务机构，造成一个草根工业的双层结构。这样，我们的个体户不是单纯的个体经济了，而是一个依附于集体经济的个体经济。这一点可能是将来我们农村经济的一个特点。有许多经济活动有必要分到个体，可是这个个体与西方资本主义国家的个体不一样，我们是在一个集体之下的个体。我在耿车模式中看到了这一点。在耿车模式里，这是刚刚出现的新东西。

现在摆在淮阴市面前的问题是，耿车模式怎么进一步发展。依我看：第一要有现代化的技术，第二要有灵活一点的头脑，能人要多一点。搞商品经济必须有市场观点。这里的潜力很大。大就大在这里身居要津，位置处得不错，四周的经济技术水平都比较高，可以利用外边的力量，外边的市场，外边的购买力。如果淮阴搞小商品，搞各种商品，又懂得市场的话，就能利用这个地方的优势了。

现在最困难的是资金，大家说没有钱怎么办？我并不悲观，我在福建看到过一件事情，他们搞乡村工业也没有钱，可是，有 5 个人，通过亲戚，各自串联几十家，共凑了 5 万元，然后，他们找到门路，到常州去买淘汰的便宜的针织机器，又请了两位技师。机器运到家没有厂房，怎么办呢？就将机器搬到五户中的一户家里去。没有工人，就叫儿女做工，两年没拿工资。他们说不搞也白吃饭，搞就有前途。我们去年去福建时，这个厂的厂房已经造起来了，虽然很挤，他们却对我说：我们以前挤在家里呀！现在一个厂起来了。资金就是农民自己搜口袋搜出来的。

我后来一想，苏南开始也是这种样子的，都是农民集的资。当时哪里有政府贷款？他们靠自己积累资金，大概三年就成功了。这些工厂的原始积累是从农业里面长出来的。农业里面挤出来的钱变成工业资本，是微血管活动，看着很小，可积少成多。现在江苏乡镇工业占全省工农业总产值的三分之一了！

生产出来的商品要有市场，我们吴江县以前是不很发达的，现在他们将丝织成绸，绸留下一部分做衣服，把衣服卖到外国去，这一下子赚得更多。吴江县这批人脑筋灵活，皮鞋厂几天就可换一个样子，一个星期一个新品种。所以现在我们要注意的是头脑灵活的人有多少，特别是干部，干部没有商品经济的头脑，就带动不了整个局面。

淮阴的技术不行，靠上海支援技术，比较远了一点。所以我想必须集中力量在这一地区发展一个中等城市，这样，这个地区才能真正建立一个有发展前途的经济实体。我的意见，在苏北中部应当搞两个中等城市，一个盐城，一个淮阴，各自带动十几个县，这是一个目标。有没有力量？有没有潜力？我看是有的。我很高兴地说，这里地下有盐矿，又有水。水是个好东西，怎么利用洪泽湖，完全有可能使之成为这个地区的聚宝盆。地下盐开采出来可以发展一系列的工业。当然我还希望县市能多“生”两个乡镇，在发展乡镇上不要搞“独生子女”，不要搞一县一镇。一个县大约要有四个卫星镇，有四、五个小镇。一个县几十万、上百万人，分散在农村，靠一个县镇是带不动的。耿车模式要推广，不管是简单的、复杂的，都叫它上去。同时必须提高，提高就要有个中心城市，有几个小城镇，这是我的设想。这个问题比较复杂，可能缺乏的东西还很多，但不要紧，越做越会感到困难多，困难越多就表示工作向前了。

两年前在徐州碰到一位干部，我和他聊天。他说：“现在好了，实行责任制了，我松快了”。这句话给我印象很深，直到现在我还记得。当时我说：“糟糕了，你这个领导怎么感到松快了呢？不去瞎指挥是对，可要你指挥的事情更多了”。这是一个新的课题，指挥好可不容易了，处处要你想办法。可是这种心理，两年前就存在于苏北，看不到当地任务的艰巨性，反而感到可以松口气了。这样不行，现在需要我们自己主观上有所改造。我们得看看这个问题，看看我们现在中国处在什么地位，看看江苏省在全国所处的地位。江苏的工农业总产值在全国占第一名，令人感到高兴。不少人说现在“鞭打快马”，发达的地位不好处。如果说我们江苏背了一个先进的包袱，那我看这是光荣的，能为国家多作贡献，还不光荣么？

江苏的地位也给淮阴带来了困难，因为淮阴是先进中的落后部分。在这个地位上应当怎么做好？不从全局找到自己的地位、自己的前途，那就没有紧迫感，没有紧迫感就没有责任感，主意就出不来。淮阴人说：“我们还得争一口气”。是的，自古以来，这里就是个发达地区，名人辈出，代代都有。周总理也是这儿人。淮阴有这么一个传统，一定可以后来居上的。

1986 年 9 月

盐 滩 行

江苏省以长江为界分为南北两部，简称苏北和苏南。以经济水平来说，苏北不及苏南。尽管江苏的工农业总产值已占全国首位，苏北还属中等地区。苏北本身发展也不平衡，南高于北，但近年沿陇海路各县发展较快，出现了两头高、中间低的形势。中间部分是指淮阴、盐城两市。这两市的北部，沿灌溉总渠两岸还有十几个乡被称作准贫困带。

有些地区先发达起来，有些地区相对地显得落后，那是客观规律。作为社会主义国家，一方面固然要承认发展上的不平衡，另一方面却有责任促进不发达地区赶快发展起来，缩小地区间的差距，进一步帮助他们力争后来居上。所以我认为，江苏近年来提出着重开发苏北的方针是正确的。为了跟上这形势，我这几年已三次访问苏北，最近一次是今年 9 月间到盐城去看滩涂，因写此“盐滩行”。

开发苏北看来不能硬搬苏南的经验，那是因为两地条件不同。苏南这 10 年来经济发展得力于乡镇企业的兴起，而这个地区的乡镇企业能兴起得这样快，是以原有的苏州、无锡、常州等中等城市为基础，还有上海这个大城市为依托的。苏北的中等城市不发达，特别是中部，淮阴和盐城还说不上是工业中心，因而苏北学苏南见效不大。

苏北却有它自己的优势，那就是自然资源比苏南丰富。且不说徐州的煤矿，最近在淮阴又发现了巨大的盐矿，矿层厚、幅员广，蕴藏量还在勘测中。还有那些显而易见、但过去却不大被人注意的，是盐城的滩涂。苏北的自然资源一旦得到开发利用，它的前景很有超过苏南的可能。

盐城市东倚黄海，海岸线有500多公里。这里正处于长江、黄河两股水流的汇合处，带来的沙泥靠这海岸沉积，形成滩涂。现在贯穿盐城市境的通榆公路就是以宋代范仲淹在这里所筑的海堤为路基的，离海岸线已有50多公里。据说目前还是每年以三四百米的速度向外延伸。盐城市所属滨海各县的滩涂共有700多万亩，正在初级开发中的仅有200多万亩。

潮涨不淹的叫滩，潮落才出水的叫涂，都是大可利用的宝地。1000多年前即在此地开场煮盐，至今这一带地名中还保留着场、灶、仓等名，乃是当时煮盐中心。扬州盛极一时，就靠盐商的集聚。

滩地去碱之后，即成沃土，宜于植棉。本世纪初，南通的实业家张謇就在这里废灶兴垦，开辟棉田。现在还可以看到范公堤以东早年人工开浚的纵横水道，布局整齐，规划一致，颇有现代农田的风貌。这里出产的棉花品质优良，是当时苏南纺织业赖以兴起的原料基地。

解放以来，苏北大兴水利，卓有成效。巨大工程之一就是在这滩涂建成四百多公里的海堤，配上30多座挡潮闸，围了几百万亩土地。这部分新从海里拾来的土地，现在已部分用来发展水产养殖业和畜牧业。这几年对虾丰收，成了创汇的重要商品。但是总的说来，这700

万亩土地还只有小部分做到了初级开发，离地尽其利的标准仍有很大的差距。

我过去没见过滩涂，所以到了盐城就驱车去大丰和射阳两县，沿滩涂访问和观察了三天。我们固然饱尝了对虾、鳗鱼、蛤蜊等新鲜海味，还见到了稀有的丹顶鹤，但是总的印象是地广人稀，在堤上环顾，使我想起了内蒙的草原风光。试想，就在每平方公里平均有600多人的地区，边缘上却有这几十万亩土地未用，怎不耐人寻味？

不妨算一算，盐城市现有700万人口，人均占有耕地在1.5亩上下。如果按此标准，这片滩涂不是可以养活其中的半数而足足有余么？人均收入不是很快就能翻一番了么？如果在这里进行多种经营，深度开发，像现在已行之有效的养殖水产，农牧结合，多种经营，广植果树，这块宝地完全有能力使这里的居民富过苏南。

但是为什么这样肥美的土地，人口却还是这样稀少？一是政策，二是条件。

先说政策。封建时代盐民是最低层的劳力，只有破了产的农民才愿意走上这一条可说是明知的绝路。悲惨的生活限制了人口的繁殖。废灶兴垦之后，果然吸引了一批移民，据说有10万人，但是这是苏南的“第三世界”，供应廉价原料，人民收入极低，贫困的生活不具吸引能力。解放后新围的这片处女地却采取了“国营农场”的体制，大多用来作劳改之用，经济上是赔本的。当“四人帮”在上海掌权时，在这块滩涂上还圈去了10多万亩土地，至今是上海飞地，鞭长莫及，任其荒废。直到拨乱反正之后，政策上才起了变化、不仅允许个体农民在优惠条件下移入滩涂搞生产，而且全民、集体和个体企业一齐上，开池培育鱼虾，植树造林，试种各种经济花木，找到了深度利用的路子。但在时间上说，实在还不到5年，只移入了2.5万人。

政策对头，开发滩涂的大门是敞开了。

开了门还得有人愿意走进去，那就看条件怎样了。条件主要有两条，一是包括运输在内的交通，二是体力之外的能源。论交通，现在固然可以坐汽车从盐城市区直达大丰、射阳等县的滩涂了，但是除市区到县城外，上滩涂的车路大多利用新旧海堤，还是早年的土石路面。这三天的旅行不能不说是对我这副老骨头的考验，最后还是以医生叫“暂停”而结束。在堤岸上行车，过几十公里，已有一些为附近居民服务的小镇。邮电通了，日用品的供应也有了。但是要比堤内的老区，就是解放前已发展起来的农村，似乎还有相当显著的差距。当然人多起来后，情况是会跟着好起来的。所以关键还是在怎样把滩涂的生产搞上去，改善居民的生活条件。

80年代开发滩涂应当和本世纪初的办法有所不同。本世纪初是废灶兴垦，从简单的采集自然资源提高到开垦种植，出售原料。80年代就不应当满足于“兴垦”了。就是说，要从第一产业进入第二、第三产业。对这块土地上所提供的资源要进行加工，不仅是粗加工，而且要深加工；不仅供应原料，而且要供应成品。这就需要发展工业。在这地区要发展工业还不是那么容易，一无铁路，二无港口。发展工业的先行条件尚不具备。铁路一时恐怕还谈不到，港口却是现成的，只待开发。

从连云港到长江口这条700公里的海岸线上，连一个可用作运输商品出海的码头都没有。这原是我国海运系统上的一个薄弱环节。从秦皇岛海运南下的煤，上海港现在已承受不住，中间少了一个接力的港口。盐城的射阳港却正处在这条海岸线的中距。但这个港一直是个渔港而不是个商港，据说只在日军占领期间，曾有千吨级轮船从这里深入内河，运输军需。原来从这里可直通日本长崎，相隔只有四百多海里，是中日间最短的航线。但是解放后为了需要蓄水防潮，所以在射阳河口造了一个闸，而并无通航的配套设备，从此这条内河通道也就堵塞了。

开发苏北中部地区必须在射阳河口建成一个海运码头，那是显而易见的。没有运输口岸就不可能在这地区大兴工业，发展商品经济，这大片滩涂也只有任其荒废或停留在初级开发的水平上。港口建设应当看作是开发苏北中部地区的突破口。据闻这项建设项目已列入国家计划。由于射阳河口不能停靠万吨货轮，所以正计划在河口海面上建一个平台，作为中转站。这个平台听说已经在设计中，愿能早日动工修建。

港口的建设还要有许多配套项目。其中之一是疏通内河航道，使汇集在射阳河口的五条河流都能畅通无阻，直通京杭运河，扩大这个港口的腹地，使苏北中部各县都能分享效益。

其次，也更重要的是兴建电站。缺电是苏北普遍的情形，而以中部的淮阴和盐城特别严重。盐城全市人均用电只有全省人均用电的40%。工业生产上因缺电，各厂开工率平均只达70%。一旦遇到旱涝，已有的水利建设由于缺电就不能充分发挥作用，农业损失更大。今年射阳县遇涝，没有电抽水，棉花减产15万担，少收粮食8000万斤。这一带的乡镇企业基本上还停留在手工业水平，也是缺电的结果。

瞻视前景，射阳港口却具有兴建电站的优越条件。一旦港口建成后北方的煤可由秦皇岛直运到此，运输成本低。在滩涂上设厂，需要多少土地就有多少土地，而且环境保护、储灰场地都容易解决。由射阳河供应的淡水可以保证100万千瓦电厂的需要。正如有关专家所论证的，在射阳港口建设电厂，位置上是适中的，条件上是优越的，技术上是可行的，经济上是合理的。万事俱备，只欠东风。“东风”就是建厂的资金。如果建一个40万千瓦的电厂，估计需要3亿元人民币。在优惠税率下，这笔投资据说5年可以收回。但这笔款子至今还没有着落。

开发苏北这个地区，资金不足已成了当前突出的难题。我所到的地方几乎都在叫“有计划、没有钱”。接下去又说：“生不逢时，刚起步就碰上了宏观控制，没赶上向国家贷款上马这班车。”在国家项目轮不上，外资引不进，贷款又无门路的形势下，他们眼睛不得不向下看了。苏北这个地区历史上原是比较贫困，但解放后水利建设见效后，农业有了很大发展，绝大多数农民温饱问题已解决。这几年农村里的副业搞得好，加上有些地方已有了家庭手工业，农民收入有显著增加。但由于主要是发展了千家万户的个体经济，所以集体积累少，农民的收入都分散在各自的腰包里，连存入银行的还不是大部分。所以在这类地区的问题，是怎样才能把这笔分散在民间个体户手上的资金集合起来办大一点的企业。我问不出来盐城市700多万居民腰包里究竟有多少钱，但是这个市为开办一个2.5万千瓦的小电厂采取了发行“股票”的办法，半年里已收到了5000万元。至于其它如带款入厂当工人等集资兴办乡镇企业的办法，那就更多了。总之，中国工业化的资金来源，说到底是农民的积累。中国农民既能勤俭起家，也就能勤俭兴国。我的体会，越下到农村里，越会被中国农民深厚的潜力所感动。

话还得说回来。成龙配套地把射阳港建设成一个能促进苏北中部迅速发展起来的发动机，单靠盐城市的农民是会感到心有余而力不足的。所以我认为既然兴建射阳港这个项目已经得到国家的重视，那就应当明确地列入“七五”计划，提早建成。如果国家力量还有所不及，不妨采取国家、地方、集体、个人一齐上的集资办法，加快配套工程。必须看到在东部沿海人烟密集之区增加这样一片700多万亩肥沃的土地，对国民经济带来的效益，一时还无法估计。这块宝地像现在这样半荒废下去，实在太可惜了。

我对盐城滩涂的开发是有信心的，信心来自这次访问中一路上遇到的许多新接班的各级基层干部。他们个个精明强干，大有摩拳擦掌争着上阵的气概。他们对当地情势了如指掌，分析得切合事实，很少空话；对今后工作心中有数，不说大话。事在人为，困难尽管大，我相信他们还是能一关一关地闯过去，把这大好滩涂建设成黄金海岸，赶上并超过苏南。

1986年10月

闽　东　行

海口明星

1985年冬我曾到日本能登半岛去访问一个名叫姬村的渔村，想不到还没有过一年，又会在闽江口参观到姬村的姊妹村——福建长乐县营前乡的海星新村。对姬村的传说是：很早的年代有个大官漂洋到此落脚，因为他有个秀丽的姑娘名传四方，被称姬村。我当时脑中一闪，这位大官和秀丽的姑娘会不会是从我们大陆飘流过去的呢？这次到了海星新村就不免联想起姬村，仿佛找到了答题的线索。

我们大陆上很早的时候确会有漂洋出海的渔民，至于是否有个大官，遇到了什么挫折，带了秀丽的姑娘亡命海外，那就难说了。要牵强附会的话，我们沿海渔村里原不乏秀丽的姑娘，著名的西施，还不是在钱塘江口水边长大的？“越女如花”，不也应当包括闽越在内么？福建古称闽越。

可是这两个隔海的姊妹村的身世却不大相同。姬村传说是大官之后，海星的先人在不到半世纪前还是被歧视的贱民。说起海星前身的历史就会牵涉到解放初期民族识别上的一番讨论。也不妨用“很早的时候”开头说起：我国大陆东南部浙闽粤诸省的大小港口常住有一些被称作蜒民的人（蜒音诞）。他们世世代代住在小船上，而且不知什么时代和什么人下的命令，不准他们在陆上居住。这些水上居民势孤力弱，贫苦困乏，历来被人贱视，多少有点类似印度种姓制度里的贱民。他们的起源我不清楚，但各地的蜒民都说所在地的汉语方言，排除了与汉族不同的另一民族的可能。他们散居浙闽粤各港口，虽有联系，在经济上并不形成一个聚居和独立的社区，也丧失了构成另一民族的条件。但是他们确是一种被压迫、被歧视的人，形式上有点类似民族压迫，所以在解放初期有人主张他们是一个少数民族，但是经过讨论和研究，还是否定了这种主张。他们是汉族的一部分。

这一部分汉族在生活上却有他们的特点。由于世世代代住在船上，经营渔业，生活也就不同于一般在陆上居住的汉族。这个特点有消极和积极的两个方面：消极方面是由于社会歧视不准上岸，他们的社会经济缺乏了正常发展的条件，长期处于贫困落后的状态。这必须加以改变。积极方面是他们长期在水上生活，创造和积累了传统的航海和渔业知识，成了他们的专长，这必须加以发扬，使其成为今后发展的基础。解放后，社会不平等的制度被废除了，蜒民翻了身。带着歧视意味的这个名称也取消了。所以这次同行的朋友中有些人对他们历史上的不幸遭遇已经不很清楚。但当我谨慎地询问他们的历史时，带领我们进行参观的这个海星新村的女村长却毫不忌讳地承认他们就是过去不准上岸居住的那一种人，而且还在一家后楼阳台上，指着下面河道里的一艘小船说，这就是留作忆苦思甜的旧物。她告诉我，人民当了家，封建时代那种不平等的禁律立刻被取消了，人民政府划了土地给他们，帮助他们在陆上定居。海星新村就是在这个基础上发展起来的。

被迫永远住在船里的生活，对我来说，用想象来描述都觉得困难。一家老小几口人怎样能在这样小小的船舱里挤着过日子的呢？这条小船不仅是生活资料，而且又是生产工具。他们得向大海里去讨生活。海里水产固然不少，但是靠这样小小的一条船怎么去捕捞呢？几百年，甚至超过千年，他们世世代代就是这样生存了下来。这种艰苦的生活也把他们锤炼成不怕海浪的人。他们视海如家，片叶小舟，在大浪里翻腾，北上渤海，南下南沙群岛，处处有他们的踪迹，真不愧是我们民族的一支久经锻炼的民间航海队伍。这支队伍里怎么不会发生有些秀丽姑娘被风吹到东海那边，留恋该地风光而留了下来的事迹呢？这可能是附会，也可能是事实，我们且不必多去辨别了。

现在这些水上人民都已经在陆地上安居落户了。闽江口还有他们的新村。那位女村长用她流利的普通话为我说明他们的经历：解放后，他们就开始上陆定居，不平等的歧视烟消云散。到 60 年代开始建村，但是我们这次并没有机会看到他们初上陆时所住的房屋或窝棚。我们所见到的是 80 年代开始翻造的新村。那时已开始用现在的村名。据说有一位领导同志看了之后说，这真是闽江口的一颗明星。他们听了高兴，就用海星作了当时大队的名称。近年改称海星新村。

这个新村是由一幢幢一个格式的长条楼房组成的。两条楼房中间是一条街道，楼房背后都有一条河道。前门是陆，后门是水，有点像我幼年时所熟悉的苏州格局。这样，出海的小船可以一直靠到家门口。我们被招待到好几家去做客，每户住房面积人均 16 平方米以上。上面是楼房，楼房后边有个平台，种着各种鲜花。从这里想起小小船舱真是小巫见大巫了。这些人家给我最突出的印象是清洁整齐，上楼梯都得脱鞋。看来这是他们从船上带来的优良习惯。船舱小，容不得杂乱，船靠水，随时可以洗刷。我没有看见过别一个农村比得上这个新村那样清洁整齐的。

接待我们的这位女村长能干利落，使我不住地连声赞叹，这地方的妇女真是能干。她笑着说，这里的男人都忙着出海，不常在家，一出去个把月不稀奇，地方上的事不就落在妇女们身上了，不能干也得干。这大概是渔村的特点，日本的姬村也是这样，白天在街头很难见到壮健的男子。我在海星访问的各家，没有遇到过一个男主人，他们都正在海上作业。

海星新村一共300多户，1700多人，迄今没有改变他们航海捕捞的专业。出海主要是男子，据说现在已有27个妇女跟着出海捕鱼。我一问起捕鱼的情况，主人们都很兴奋地说，现在和过去大不相同了，过去是各家各户划了小船出海，在风浪中颠簸，冒着生命危险，才捕得一些鱼，勉强维持生活。现在小船已不用来捕鱼了，他们已有24艘装有200匹马力的柴油机的小渔轮，每艘排水量150吨，载重80吨。过去在近海合作用网捕捞，出海一次大约一个星期。现在活动范围已经大为扩大，有些已到达渤海湾和黄海东部，可说是远海捕捞了，往返有时达一个月。他们在完成国家计划收购外，再向国家提供议价鱼1元一斤，这笔上百万元的收入对这样一个小村来说并不是一件小事。

他们在50年代已成立了生产大队，是个集体经济的实体。这笔巨额收入除了分给各户人均600元到800元外，都作为集体积累。这10多年的积累，使这个集体经济实力相当雄厚。他们有力量拨款盖造新村，并购买和装备这些出海的渔船。他们还逐步完成配套的渔业现代化的设备，如制冰厂、冷库、船舶修理、渔网制造等等，最近已向鱼品加工方面进行建设。那位女村长很自豪地说：我们的渔业已经实现了机械化、电讯化、渔网尼龙化。我对渔业是个外行，听到的许多名词，记都记不下来。我不会忘记的是集体经济在这里发挥的作用太显著了。而在集体经济里，每个人能那样勤奋的劳动，向大海索取财富，眼看集体积累得这样快，个人生活提高得又这样快，可见这决不是那些躺在集体身上吃大锅饭的人们所能做得到的。什么力量使他们这样不懈地劳动？我看这和他们念念不忘过去受歧视、被压迫的日子是分不开的。正如女村长指着河边的那条小船说：我们不能忘记那时的生活，对比现在，才心里明白社会主义实在好。

我们参观的项目排得很紧，准备告辞时，女村长却坚持要我们去看一看正在建设的码头。她又不只一次的惋惜，他们的渔轮全都出海了。但是指着两艘装饰得十分俏丽的别村的渔船说，海星的渔船都机械化了，船身要比这些高大得多；20 几条船一起整队出发时可气壮哩。这幅画卷我是能想象的，好像就在眼前，但是要能深切体会到这位在小船里生活过，翻身到拥有一个大队渔轮的新村村长的那种自豪感，那就不那么容易了。

我感谢海星新村给我的教育，依依惜别地让汽车把我带走，但这颗闽江口的明星却会永远亮在我的心头。

福建山海经浅识

这次访问闽江口只用了两天。时间过得很快，说不上调查研究，但求择要浏览。如果要用一句话总结此行，我想不妨说是匆匆翻阅了一遍福建山海经的摘要。福建面积广，闽江口只是它的小小一角，所以只能说是个摘要。

“大念山海经”这句话在福建几乎家喻户晓，对我来说是这次访问中学到的。这是福建省委近年提出的经济发展战略方针，意思是说福建的经济建设必须充分发挥它的山海资源优势。我短短两天走马看花的旅途中对此只取得了一点粗浅的体会。

从海星新村出来，我们就直奔长乐县城。车停在华发花岗石材厂的门前。这个厂用机器把大块花岗石切磨成薄薄的光滑的石板，板面上显出的天然纹理比大理石简朴优美，石质又结实得多，作为建筑材料用来铺地贴墙，耐用美观。福建利用花岗石作建材不是近年开始的。只要注意公路两旁的老房屋，就很容易看到普通人家都利用花岗石块砌墙筑路，甚至用石片密排竖立当作篱笆，这使我这个从江苏水乡来的人看来十分惹眼而且觉得颇为别致。大量利用石块来作建筑材料，表明了这地区山多地少的特点。依我想来，石料的运输和切磨决不如烧土为砖那么容易。舍易就难，必有苦衷。苦衷也许就在泥土太珍贵，而石料到处都有的缘故吧。福建确是个山国。

用机器把花岗石切磨成纹理大方美丽、光滑耐用的薄片，固然是有传统石工的基础，但这一加工，却起了质的变化。一大块没有切磨过的花岗石，作为建材，其价值不过几块钱，在机器里一切一磨，价格一下提高到几百元。它立刻成了值得输出的商品。我看了十分高兴。福建的山，连石头都能这样值钱，我过去实在没有想到过。

访问回来，我很兴奋，逢人便说这真是点石成金。有个内行朋友听了却说，充分利用花岗石切磨成高档建材当然是一条值得开拓的道路。但不是那么简单，关键是在机器。现在这套设备是引进的，而且日常所需的刀片和磨料都得用外汇去购进，我们的工艺也没有跟上，浪费太多，成本太大，加工过程里创造的价值给外商吃了大头。而且如果要建厂还得靠近专用矿，因为原料不宜从远处运来，运费太大，效益上不去，甚至还会亏本。这位朋友给我上了一课：如果引进的机器老是要靠外来配件才能运行，那就不是利用外资而是被外资利用了，这那里是开放的正道。大念山海经时这一点是值得注意的。

说过了山，该看海了。到了长乐的第二天，主人把我们引导到长乐的海边。我在苏北调查时只听说有广阔的滩涂，但始终没有机会亲眼去看一看。又是出于我预想之外的是这里海边上的沙滩，有的竟会和内蒙看到的沙丘一样凶猛，大风起时，飞沙走石，能把海岸上房屋门窗堵塞。但是近年来沿海种起了层层的树林，把风挡住了，把沙固定了。接着开辟了果园，大种福建有名的柑橘。橘树能在干干净净的沙地上丰满的成长，这也是我从来没有见过的。

我们踏着细白的沙径，直入果园。来得适时，一行行碧绿的橘树上挂满了橙黄的果实，压得树枝弯腰垂头，丰收喜人。我们一面在橘林里穿行，一面随手摘果尝新。回想到幼年时每过春节，老祖母一定要捧着一手福橘，分给全家儿女以取个吉利。福橘原来是福建的特产。我不禁又想到：如果带着这种象征意义的水果，推广到了凡事要讲吉利的香港人中，这个财源会有多大，真不易估计了。发菜不就是个前例么？当然，福橘要在国外畅销，单靠这个吉利的名字恐怕不够，它的看相是不差的，质量却似乎已没有我记忆中幼时的那样甘美了。这是出于我心理上的原因，还是这几十年柑橘品质发生了退化，我不敢断言。如果以现在的质量，特别是这么多的核，要在国际市场上特标一帜，恐怕还差那么一点儿。

关于海，我们还去看了海蟳的养育场，过去只靠自然捕捞的海味珍品，现在已能人工养殖了。提到海味，可谈的太多了，我的这几篇速写实在容纳不下，只能割爱。但从这部福建山海经里摘出的这几段短短的叙述，也够我们多思索一番了。这些摘要都告诉我们福建的山和海已出现了大变局。用历史眼光来编写这部山海经似乎不能不分前后两篇了。前后分期大致上可以党的十一届三中全会为界线。在前篇里的花岗石，只是些用来铺路筑墙不值钱的东西，滩涂又只是荒沙垒垒的废地，可是在后篇里，不值钱的石块变成了外销的热门货，荒沙滩涂变成了茂盛的果园。前篇穷，后篇富。前后联在一起，正写出了福建怎样走上富裕的道路。

福建原来是个边沿省份，和中原相比，也是个穷省。据说，如果以人均国民收入为标准，把全国各省区排个队，福建1980年站在21位，离尾巴不远；到去年，力争上游，才到了17位，还没有超过中间线。又据说在解放前的1946年，福建工业产值只占工农业总产值的1%，近于工业空白区。这是什么原因呢？过去不少人的答案是由于“八山一水一分田”，怪福建这部山海经不好。

这个答案也不能说错，如果把山水划开，人们只在一分田里打算盘、过生活，尽管这地方气候好，土地肥，但人均不到半亩耕地怎能养活得了不断增殖的人口。人口压力在福建一直是很严重的。幸亏是个沿海省份，还有一条漂洋出海的活路。现在世界各地福建籍的华侨估计有600万人。实际上从福建出海的人只会多不会少，因为许多出国的人，过了几代之后就同化于当地人了。而且现在1700多万的台湾籍人的祖先，绝大多数是从福建搬去的。加在一起，历年来从福建出去的人和现在留在福建的人数目上可能相差不大。从这个角度看去，福建的穷是穷在山太多，地太少；幸亏有个海，不然不知会挤成什么样子了。

山海经写到这几年可转了调。福建人明白了过来，原来八分山一分水并不是包袱，而是金山银水，何况还有个大海，财富会从大浪里滚滚地卷进来。福建山海经的后篇新章正在等着福建人民去编写。我这次只看了几行摘要，大好文章当在下文。

浪子回头金不换

长乐的主人听说我在江苏调查过乡镇企业，特地为我安排了一个半天去访问他们县里乡镇企业比较发达的金峰镇。金峰镇前几年曾经出过名，但不是好名声，这是1980年的事了。那年这个沿海小镇从9月到年底这几个月里突然成了商贾云集的焦点，那条狭小的土公路上天天有来自全国各省的几千辆汽车穿梭来往，卡车、轿车、面包车各色俱全，热闹得一时被称作小香港。

原来当时我们向台湾提出了“三通”，不知谁起的头，钻了这个空子，嚷什么“官不通，民先通”，在海面上搞起了个物物交换的大市场。大批手表、家用电器、布匹衣衫，从海面上倾销进来，既无检查，又不纳税，成了一条离奇的自由流通渠道。金峰这个偏僻小镇，由于它的地理位置，首当其冲，顿时成了个自发的港口和码头。摩肩接踵，热闹异常。到处是大小商摊，摊上摆了五颜六色的吸引人的洋货。汽车一行行把原来的农田挤满了，农民一天唾手可得几百元停车费。这真是经济战线上突然吹来的一阵台风，一时性质不明，措手不及。

不说这阵台风对国家经济秩序带来了多少危害，单说金峰镇这个镇损失也实在可观。金峰附近7个乡镇、50几个大队的群众直接间接地卷了进去，搞得农民不种田，渔民不捞鱼，工人不做工，学生不念书，正业停顿，精神失常。直到1981年中央下达政策，禁止走私，没收私货，这阵风才算刹住。这地方的干部整整3个年头没有好好过新年。

这种特殊历史条件下发生的传奇式的经济骚动怎么安定下来的呢？主人语重心长地说，根本上是靠发展了乡镇工业，老百姓有了正路走，就不再去走邪路了。浪子回头还得有个物质基础。

长乐这个县，现有人口 57 万，耕地却只有 27 万亩，人均只有 0.47 亩。这样一丁点儿地，怎样养得活 1 个人？1978 年集体分配一个社员 1 年只有 40 元到 70 元。这个地方隔海就是马祖列岛，地处前沿，长期以来谈不上投资建设工业，因而这地方的人活路太狭，一有机会就容易走上歪路。

长乐县 1982 年落实生产责任制，同时开始抓乡镇企业，情况才扭了转来，这几年的工农业总收入的增长就看得很清楚：1978 年是 2400 万元，1980 年就是大刮歪风时只有 6200 万元，到了 1983 年上升到 1.2 亿元，今年预计可以达到 3 亿元。

地少人多，农村里一直有大批剩余劳力，闲着无工可做，风吹草动，易起波浪。办了乡镇企业，为剩余劳力开辟了正当的生财之道。长乐全县有 17 万个劳动力，现在已有 7 万人吸收进了乡镇企业。他们每个人每月有七、八十元的固定收入，自然安心乐业了。长乐县这 3 年里发展起来的 18000 个中小企业是把社会秩序安定下来的主要因素。

我们在金峰用了半天时间去访问大街小巷里的小工厂。我们在一家针织印染厂里坐定。这个厂的厂房还正在建筑中，已完成的楼房屋檐下密密麻麻地晒满了刚染色的长条针织坯料，把屋里的光线都遮住了。厂房里黑压压挤得满满地转身都不容易。追问时才知道，这厂是前年投产，外地买来的机器最初都安放在股东们的家里，经过两年，积得了资金，今年才盖这厂房，边建边开工，所以显得杂乱和紧张。

这个厂是在 1982 年由群众集资兴建的，每股 1 万元，共 18 股。农民一家能拿出 1 万元来投资的实在是少有的。所以认股的人得分别去向亲友集资，几千几百不等，所以实际上是百家农民凑合力量办成的。这厂的工人开始时也就是股东家里的人，大多是小姑娘。他们说前两年不发工资，只记一笔账，算作股本。现在已向外招工，并发工资，但还是到年终才发。通过几年的积累，原来18万元资金已增加到了固定资产250万元，流动资金40万元，其中贷款只有10万元。今年计划产值250万元。发展的速度确是惊人的。

我用好奇的语气问他们怎么会想起办这个针织厂的呢？说是有人去江苏看到了苏南乡村里都办工厂，因而动了念头。长乐据说原来有点纺织的基础，所以想到办个针织厂。从苏南请了8个技工，又从苏南买回了一套机器，这样就把这个厂办起来了。先在各家借屋开工，积了钱才建厂房，孩子们先做工，站稳了才发工资。这些是土办法，而就是这样播下了乡镇工业的种子，逐步发展成长。

我没有料到在福建闽江口会又看到我最近在《九访江村》一文中所提到的“草根工业”的一个典型。“草根工业”的意思就是由农民省吃俭用，在农业里积累了资金，利用简单的机器设备，逐步成长起来的农民自己的工业。有限的耕地吸收不了不断增长的人口，农民在人口压力下千方百计找活路，要把农业里剩余的劳力转化为生产力。他们找到了工业这条路子，就抓紧不放，死劲地支撑下来，许多也就发展成了颇具规模的小工厂，在苏南甚至已出现了十分现代化的小型企业了。这种草根工业植根在农民，它不仅是靠农业里挤出来的资金诞生的，而且长成了也不忘本地不断“以工补农”。这种工业和农业是血肉相承，脉脉相通的。这是农民自己创造的活路，生产积极性极为旺盛，自己的住所可以让出来安装机器，自己的儿女可以不计报酬地参与劳动，这一切赋予了这种草根工业无限的生命力。亏本不认输，倒了又爬起来，真是野火烧不尽，春风吹又生。我在这里看到了祖国工业化初期可爱的秧苗。中国的农民取得了革命的胜利，又在为现代化工业建设里发挥出历史性的创业作用了。

我们在金峰走访好几个和上述针织厂性质相同，经历相似的小工厂，有些甚至是一家人开办的个体户企业。为了篇幅的限制，不多写了。

今天的金峰充满了朝气，5 年里完全改变了它的面貌，改变之大，改变之速，实在值得我们深思。过去那个不太好的名声相应地也根本上改变过来了。它将成为从正道上致富的一面先进的旗帜。我在结束闽江口访问的归途上，反复地对自己说：中国农民实在可爱，力量也实在大，只要政策对了头，振兴中华势在必胜。一旦农民抓住了工业，我们经济腾飞就会势不可挡。这不应视为奇迹，而是客观规律的必然结果。

1985 年 11 月

苏 南 行

今年5月下旬和6月上旬，我访问了苏南无锡、常熟、吴江、吴县四县。为了想跟上改革形势的发展，我这几年每年去苏南访问两次。这次访问的目的主要是了解这一地区工农关系的新发展和新问题。我看到在乡村工业的反哺下，这个地区的农业正在现代化的道路上迈出重要的一步。

我在苏南的工农关系上用“反哺”这个词，是想点明它们之间存在着有似亲子的血缘关系。苏南的乡村工业一开始就是农民用从农业里积累的资金办起来的，可以说这种工业是从农业的母胎里诞生出来的。工业逐步成长起来，不断地进行补农、建农，进而促进农业的现代化，这不正是一种反哺作用么？到目前，有些乡村工业比较发达的地方，已经有一部分地区通过增加投入逐步提高农业机械化程度，扩大农田经营规模，促进农业专业化，使得务农的农民在收入上赶上甚至超过了乡村工业里的职工，从而稳定了粮食生产，使农业向现代化的目标前进一步。这是当前农业改革的一个新台阶，一个值得重视的信息。

令人刮目相视的变化

1986年对苏南来说是个好年成。苏州和无锡两个市的工农总产值都超过了300亿元。在全国各市中进入了前五名，仅次于沪、津、京。这两支新秀之所以能红杏出墙头，靠的是农民办的乡村工业日益成长，农业也随之持续增长。

我在这一地区跟踪观察了5年，每次都不得不刮目相视。以无锡县来说，从1957年到1977年的20年里农民的人均收入每年只增加2.5元，始终在100元大关上徘徊不前。但是从1978年到1986年的8年里，人均收入每年平均增加78元，1986年已达853元，工农总产值达57.7亿元，创全国县级新纪录。这次我访问的其他三县1986年工农总产值：常熟49亿元，吴县32亿元，吴江28亿元。如果全国都能达到这个水平，我们就可以跨入中等发达国家的行列了。

这个地区发展得这样快，首先要归功于农业体制改革。1982年这地区实行了家庭联产承包责任制，打破了“八亿农民搞饭吃”的封闭僵化格局，亿万农民被压抑的巨大积极性释放了出来，不仅使农业生产力成倍提高，而且在乡村工业中创造出了“异军突起”的惊人成绩。

苏南的乡村工业可以说是被不断增长的人口压力迫上梁山的。70年代苏南的人口比解放前增加了近一倍，这使本来就人多地少的苏南农村压力越来越大，继续搞单一的粮食经济，只能越搞越穷。于是不得不“围绕农业办工业，办好工业促农业”，土法上马，办起乡村工业。乡村工业一上来就被看成是农业的辅助活动，所以当时实行“劳动在厂、分配在队”的制度。务工的农民的工资归入生产队统一核算，平均分配到全体社员。实质上这是以工补农的原始方式，也说明工农一体的紧密联系。

1982 年苏南实行农业体制改革，把集体所有的土地按三个指标分配到各户去经营：人分口粮田、劳分责任田、猪分饲料田。这里的口粮田一般在半亩上下，产粮 300 到 350 公斤，足够一人食用。分完口粮田和饲料田后再按劳动力分责任田，各村耕地面积不同，责任田多少各村不一致，一般也在半亩上下。责任田上所收的粮食上缴或卖给国家作商品粮。一个四口之家所经营的农田面积不到五亩。从集体经营转入包产到户，调动了农民的生产积极性，提高了农业产量，这是显著的成效。但同时也出现了农田经营面积过小和过于分散等对发展农业生产不利的因素。

与此同时，由于农业体制改革从农业释放出大量的剩余劳动力，促进了已经起步的乡村工业的大发展。80 年代初期，苏南农村产业结构是农大于工，农工比例为 7∶3。5 年的时间，这个比例翻了个身，工大于农，有些乡和村已达 8∶2 和 9∶1。这些如雨后春笋般在乡村发展起来的工业，继续保持了社队的集体所有制。公社制度解体后，尽管所有制没有变，名称上社改乡，队改村，但是付给职工的工资却从此直接交给职工，不再通过生产队统一分配了。只是工业利润仍由集体掌握。这样就使乡村里的农业和工业形成了双重结构。农业已分到户，而工业仍统在集体。

工资发到职工之后，在厂职工（即务工农民）和未能进厂的农民（即务农农民）在收入上出现了差距。从目前无锡的情形来看，一个种 4 亩农田的农户一年农业上的纯收入是 600 元。当地人均收入 853 元。以一家 4 口计算是 3412 元。这比纯农户高出 5 倍多。人均收入是务工务农两类收入加起来总平均的结果，纯农户虽然受惠于以工补农，收入有所增加，但和乡村的人均收入相比差额还是极大。务工和务农收入上差距的出现，乡村工业的发展是否会引起农业萎缩呢?

粮食稳中有增的原由

事实上苏南乡村工业的迅速发展并没有引起粮食减产。尽管苏南粮田面积有所减少，粮食产量在这年里却稳中有增。以乡村工业走在前列的常熟市为例：70 年代后期年产 4.75 亿公斤，去年已增到 5.2 亿公斤，同期农田减少 5 万亩。吴县也是这样，70 年代年产粮食 6.45 亿公斤，去年已增到 6.6 亿公斤，同期农田减少 8 万亩。

对农民来说，在收入上农不如工的事实面前，一般说并没有弃农就工，他们既不愿多种，又不愿不种，还是一心要把分到手的田种好。

“不愿不种”的原因首先是他们觉得手上有块田心里才踏实。土地是生活的保证和根基，这是长期自给经济养成的习惯意识。再加上一条：就是害怕政策变动。这种心理相当普遍和顽固。其次是苏南农民分到手的土地并不多，一家只有 4 亩以上。经营这样小的一块农田，一个劳动力就够了，而且家里总有些进不了工厂的人。即使主要劳动力进了厂，也只需农忙时回来几天，平时家里其他人照顾就行。第三是现在苏南农家生活主要已不靠农业收入来维持了。无锡农家收入平均只有 17.6%来自农业。但是口粮还得自给，所以口粮田还是放松不得的。农民说：“农忙苦一点，农闲带一带，口粮有保证，烧柴不用愁”。

还应当看到，农民自己办的工业一开始就是为了贴补农业收入的不足。尽管农业承包到户以后，社队工业改称乡村工业，但以工补农的功能未变。直到目前，乡村企业税后利润中至少要抽出 20%去补贴种粮的务农农民。去年以前，大多数地方硬是按责任田面积给予补贴。张家港市欧桥村，每亩责任田每年补贴 60 元。无锡有些地方高达 100 元，“六五”期间补农总数达 4.5 亿元。以工补农稳住了农民种粮田的积极性。

到目前为止，总的说来，苏南愿意放弃口粮田的农民还是极少数，愿意放弃责任田的也不多。他们一般还没有觉得手上的几亩田是束缚他们手脚的累赘。但是在工农总产值达到 40 亿上下的县，有大约 10％的粮田（主要是分散在各户的责任田），已开始集中成为较大的农场了。

试验中的规模农业

既“不愿不种”，又“不愿多种”是小农经营的停滞局面，固然可以保住现有的粮食产量。但是，从长远看却不利于农村经济进一步发展。承包到户，亦工亦农使农村经济摆脱僵化状态，走上了发展的第一台阶。至于这一步的巨大成就和带来的深刻变化，在这里不必多说了。现在应当指出的倒是这些改革的局限性。把农业经营分散到各户，打破了大锅饭，提高了农民的生产积极性，但是由于人多地少底子薄，农场的经营规模缩小了。在 4～5 亩的土地上搞经营，不易引进先进的技术，又拖住了一部分主要的劳动力。如果兼营工业，农业变成了一种附带性的产业，整个农业经济不可能进一步发展。

要使农民安心务农必须使他们的收入至少要等于乡村企业里的工人，甚至还要高一些。能不能做得到呢？能。现在一个农业劳动力的收入一年大约 600 元，乡村企业工人平均工资约 1000 元。如果一个农民所经营的农场能扩大一倍，收入不就有可能赶上工人么？所以问题在于怎样能扩大土地经营规模，这叫作“规模农业”。

我所访问的苏州和无锡两市里已经有一些地方进行规模农业的试

验，而且在实践中证明在保证农民平价口粮的供应和加强社会化农业服务的条件下，分散经营的土地是可以逐步集中的，而且粮食产量确能提高。各地采取的方式不完全相同，大致归纳为三种：

第一种办法是口粮田各家自种以保证农民口粮。原来分散的责任田集中起来，由种田能手承包，称“种粮大户”、“家庭农场”等。例如无锡县的东埄乡共 4500 户、2 万人口、1 万亩粮田，其中责任田 2000 亩。从 1984 到 1986 年两年里逐步在自愿基础上集中了 1100 亩责任田，分包给 87 户，117 个劳动力；每户平均约 17 亩，劳均 10.8 亩。又如无锡县的蓉南村，1984 年分散在 337 户的 529 亩责任田全部集中，由 70 个劳动力承包，平均 7.6 亩。无锡市乡村各级社会化农业服务体系办得较好，需要重劳动的翻地，收割等农作活动都已由机械代耕作，所以一个劳动力经营 10 亩粮田并无困难。为了保证务农专业户的收入，无锡市采取了务农专业户和乡村企业挂钩的办法。承包专业户和工厂签订合同，确定产量，扣除自给口粮后，全部交厂，超产有奖，亏空罚款。每月由工厂付给相当于工厂职工的工资。按农民的说法是“平时生产各有责任，基本报酬以工为准，福利待遇一视同仁，超产奖励各跳龙门”。目前无锡市已有 5 万多个种 5 亩以上责任田的务农劳力实行和工厂挂钩，占责任田总面积的 40％和粮田总面积的 10％。

第二种办法是口粮田和责任田一并集中，交种田能手承包。例如张家港市欧桥村，1985 年秋集中了所有耕地 1400 多亩，调整成片，由 68 个劳动力承包，劳均约 20 亩，最多的达 30 亩。除优惠提供包括插秧和收割在内的全套农业综合服务外，每亩补贴 60 元。承包户所产粮油扣除自给部分外全部以国家比例收购价出售给村，不务农的村民以人均 300 公斤原粮的标准按国家统购价向村购买口粮。全村向国家承担的商品粮任务由村统一交纳。采取这种办法的地方还不多。

第三种办法是村办合作农场，例如常熟市的元和村。该村四百户近1000人，粮田约500亩，人均只有半亩。地少人多，但村办工业很发达，1986年产值912万元，利润81万元。他们在1982年农业体制改革时没有把土地分到户，而承包到组。1984年在承包组的基础上创办了4个小农场，由18个劳动力经营，劳均22.5亩。农场和村签订承包合同。规定平价交售粮油基数，超产村场均分，每50公斤还补贴3元，减收由场赔村每50公斤1元。农忙时村办工业提供必要劳力。遇到灾年，农场劳动力收入低于村办企业平均工资部分由村补足。村还须向农场提供农作的综合服务。采取这种办法的地方也不多。

总的说来，苏州和无锡两市各县的规模农业尚在试办阶段，大多数只有两年时间，主要是从集中责任田入手，并强调自愿原则。到1987年上半年，估计这类所谓规模农场的总面积约占全部粮田的1/10。农场规模平均在20亩以下。初步实践的效果是好的，最显著的是进一步调动了务农农民的种粮积极性，亩产增加，劳动生产率提高，务农农民收入一般高于乡村企业里的工人。由于提高了粮食商品率，还保证了商品粮的供应。

据吴县1986年37个规模经营单位（种粮大户）统计，共经营粮田约3000亩，产粮130万公斤，劳均产粮6000公斤，产值3300元。劳均产粮和产值分别高于全县平均水平5.6倍。元和村四个小农场1986年劳均产值6700元是1978年的10倍。劳均提供商品粮15000公斤，商品率达97.7%。

由于农业专业化，投入有所增加，管理也较精细，加上社会化服务系统的支持，亩产量均有提高。蓉南村60家承包户，1984年水稻单产比全村平均水平高 14.6 公斤，1985 年高 54.5 公斤，比 1986 年高 57 公斤。元和村 1986 年夏粮单产 321 公斤，水稻单产 526 公斤，比常熟市平均水平分别高 17%和 21%。

专业务农的农民收入一般高于乡村企业的工人。据常熟市 22 个规模经营单位去年的统计，每亩产粮 524 公斤，收入 227.3 元，支出 109.9 元，纯收入 117.4 元，每个劳动力平均 25.4 亩，纯收入 2356.5 元，比同年乡镇企业平均工资 1120 元高出 2.1 倍。元和村的农场劳均收入 1986 年 2272 元，情况相似。实际上这些种田专业户比起乡镇企业里的工人有更多自由支配的时间，农忙季节总共不过 3 个月，其余期间都有空闲来从事其他生产活动。蓉南村里这些专业户 1986 年平均从多种经营的收入达 3000 元，一家育蚌的大户收入 2 万元。

需要较高的技术装备

规模农业能取得提高农业生产力和农民收入的效果，这是有条件的，即必须有较高的物质技术装备和社会化服务。不然，只求农场面积的扩大，效益并不能提高。我所知道的两个具体例子可以说明这个道理。

吴县越溪乡张墓村搞了一个合作农场，由 23 个劳力承包 400 亩粮田，人均 17.4 亩。按吴县的调查，如主要靠体力劳动来经营粮田，一个劳动力至多可承担 6 亩左右。这个合作农场在插秧和收割时，23 个劳力就照顾不过来了。去年一季请工就花了 1.3 万元，每亩 33.5 元。成本提高，效益大降。

又如吴江县同里镇仪塔村，有一家承包了 124 亩土地，家里只有 2 个劳动力。他利用较廉价的雇工来经营，共请工 1534 个，每工 5

元，单产914斤，亩均收入220元，支出高达127.6元。每亩平均收入92.4元，比全村平均低37.6元。这个大户总收入虽近万元，但是广种薄收，利用大量雇工的经营方式，不是发展农业的正道。这家大户去年也不再承包了。

要有效地扩大农场规模，农业机械化是必要的条件。据吴县的调查，用上插秧机每个劳动力可负担13～20亩，再用上收割机，每个劳动力可负担20～25亩。换一句话说，要有20～30亩的农场，必须配备全套农业机械；以水稻为主要粮食作物的苏南，要实现规模农场，插秧机和收割机是不可缺的设备。

我国在农业机械化这件事情上不能不承认走了一大段弯路。农业机械化作为发展农业的方向，早在50年代就已提出来了。60年代雷厉风行地办起了大型拖拉机制造厂，各县各乡办起了农机修配厂，但是拖拉机的实际使用率却提不高。原因很多，主要一条是农村剩余劳动力太多，机械化向农民抢工，因此不受欢迎。算算账就清楚：耕翻平整一亩地，使用机器机耕费约8元，使用手工劳动至少要花4个工，过去人工便宜，以一天一元计算，使人工就比用机器省4元，机器就吃不开。现在苏南农村里最低的工价一天至少5元，使用人工就比使机器贵14元。农民看到了机器的好处，对农业机械的态度也就改变了。但是，我们国家的政策又常常不配套，存在时间差。机械下不了地时大搞农业机械化；等到农民需要农业机械时，农机生产却停滞萎缩。农民说："机械化以前不是不想要，而是要不起；现在要得起了，却又买不到了。"

说来使人伤心。插秧机是我国最先发明的，但是日本接了过去，普遍推广，近年来在日本很少看到排成一行行弯腰的妇女在田间埋头苦干了。而我们呢？苏南的农民插秧时还得弯腰肩挑，几十年没有多大变化。他们说："但见卫星飞上天，不见插秧机下田来。"为什么下不来呢？苏州、无锡机械工业实力雄厚，生产配套农机历史不短，这几年就是不搞这一路货。这又是为什么呢？我请教一些内行朋友，他们认为主要原因是政策跟不上。农机生产正处在工农产品剪刀差的叉口上。在各种原材料和机械产品价格普遍上涨的当口，由于怕增加农业成本，农机价格因此受到限制，不准提高。制造农机的工厂当然不去理睬这个冷门了。现在农民急切需要农机，部分发达地区农民手上已有了钱，于是只有用外汇从国外进口了。我在苏南看到的插秧机全是日本制造的。

苏南农民购买农业机械的积极性是高的。1984 年苏州市乡村两级用于购买农业机械的钱达 1000 万元，比 1982 年增加一倍。这两年投资额还在增加。吴县农业机械总动力大约 56 万马力，亩均约 0.5 马力。但是"头大尾小"，配件不齐。主要集中用在翻地、灌水和运输上。栽插机只有 39 马力，联合收割机只有 6 台，都是进口货，可以说是一个大缺口。

尽快建立社会化服务体系

当然，只有机械可买还是不行。在以户为单位的小农经营下，不联合起来，个体农户也买不起机械。在苏南农村里，凡是用上机械的都是靠集体力量。县、乡、村三级都建立了社会化的服务体系，为各农户进行有偿服务，主要有两种形式：

第一种是以乡村企业为依托，把服务体系作为工厂里的农业车间，或是把农业服务人员纳入企业编制，由工厂给予经济支持，并保证农业服务人员取得略高于工厂里一般工人的收入。常熟市有 200 多个村采取这种形式。

第二种是农业服务体系自己成为一个经济实体，实行“以工养农”，基层同志把它叫作“条线工厂”。这种服务单位自办工厂，以工厂利润补贴农业服务。无锡县墙西村27人的农业服务站办有一个水泥综合厂。农忙时在田间操作，农闲时在厂里做工。蓉南村76人的农业服务站办有一个无线电配件厂，其中28人专门做工，另外48人农忙下田，农闲务工。

实际上苏南绝大部分农田已在社会化服务的覆盖之下。由于公社制解体过程中保住了乡村工业的集体所有制，通过“以工补农”，维持了农民经营责任田、生产商品粮的积极性。这里从1984年开始逐步加强“以工建农”，把补农资金重点投向农业基本建设，主要包括农机、农技、植保、水利等项服务。没有乡村工业的支持，农业的社会化服务是不能设想的。现在农业社会化服务的覆盖面还未普遍。无锡县587个村中有上述四项服务齐全的服务队476个，占81%。服务内容也不够全面，劳动强度最大的插秧和收割这两项服务还极少。这两项农作的机械化是当前农民急切的需求。

没有强固的乡村工业，农业现代化是空想

实现农业现代化必须增加投资。没有钱就买不起农业机械。我们和无锡有经验的基层干部一起计算过，在目前的物价下，实现该地以水稻为主的农业生产全过程的基本机械化需要多少投资。计算的结果是每亩1000元。无锡市共有粮田300万亩，共需30亿元。30年来农业建设上总投入是9亿元，而现有机械和设施大部分已陈旧，需要更新，匡算下来，全市实现全面机械化，还得25亿。1986年全市以工建农的资金，只有7000万元，以此速率全面实现机械化大约需要35年。1986年为了巩固“以工建农”的基金，无锡县规定：乡镇企业

税后利润提取 10%～15%，村办企业提取 20%用来建农，这样把乡村工业对农业的反哺作用制度化了。以这个比例计算，一个县要能每年提出一亿元作建农基金，使 10 万亩粮田机械化，这个县的工业总产值需在 50 亿元之上。稳定粮食生产和发展现代化农业，还得反求于从农业里生长出来的乡村工业，要使农业早日现代化也只有大力发展乡村工业。没有强固的乡村工业为实力，农业现代化是空想。

继续发展乡村工业是农业现代化的前提，不仅农业发展有赖于“以工补农”和“以工建农”，而且更重要的是把蓄积在农业里的劳动力进一步吸收出来，也必须有赖于乡村工业的继续发展。从上述已看得很清楚，农民只有在劳动价值提高了才愿意接受农业机械下田。现在的实际情况是，农民虽然已不愿多种田，但还是不愿不种田。他们伸在土地上的这条腿，仍是他们生活的保证。这种情形不改变，苏南能集中起来建成规模农业的农场至多也不过是农田总面积的一半。留在个体小农经营的那一半农田虽然可以因扩大农业服务体系的覆盖面而进入机械化的范围，但总是拖住大量的农民停滞在亦工亦农的状态中，不易从专业化中提高他们的现代化工业所需的劳动素质。

在短短的 10 多年里，农村的工农关系正在起着极有意义的变化。农民从农业生产中积聚了资金，投入工业，发展了乡村工业。他们中的一部分从单纯的农民变成了亦工亦农的农民。亦工亦农的农民人数日增，包括乡村里大部甚至全部劳动力。工农业收入上的剪刀差，引起了“以工补农”和“以工建农”，引进了机械化。在一个劳动力可以经营较大面积的农场时，有部分亦工亦农的农民放弃“亦农”兼职，成了乡村企业里的工人，同时一部分农民放弃“亦工”兼职而成了农业大户，出现了规模农业，提高了农业效率，为农业现代化开了路。

要推进规模农业，必须进一步使亦工亦农的农民继续向专业分化。只有更多的亦工亦农的农民放弃他们的小片农田，才能实现规模农业，这也需要在工业方面开辟更广阔的就业机会。张家港市欧桥村是向这个方面发展的典型。农民在有可靠粮食保证的条件下是愿意交出口粮田的，并达到在工农结合的社区里，实现工农分别专业化。这是具有中国特色的基层社区的新形式。

我国广大农民正在社会主义道路上探索自己发展的前途，尽管方向是一致的，可是各地有各地的具体情况，在方式方法上必须因地制宜，找出自己的模式。我把这次访问苏南所见到的关于这方面的情况写下来，提供读者参考。

乡土本色*

从基层上看去，中国社会是乡土性的。我说中国社会的基层是乡土性的，那是因为我考虑到从这基层上曾长出一层比较上和乡土基层不完全相同的社会，而且在近百年来更在东西方接触边缘上发生了一种很特殊的社会。这些社会的特性我们暂时不提，将来再说。我们不妨先集中注意那些被称为土头土脑的乡下人。他们才是中国社会的基层。

我们说乡下人土气，虽则似乎带着几分藐视的意味，但这个土字却用得很好。土字的基本意义是指泥土。乡下人离不了泥土，因为在乡下住，种地是最普通的谋生办法。在我们这片远东大陆上，可能在很古的时候住过些还不知道种地的原始人，那些人的生活怎样，对于我们至多只有一些好奇的兴趣罢了。以现在的情形来说，这片大陆上最大多数的人是拖泥带水下田讨生活的了。我们不妨缩小一些范围来看，三条大河的流域已经全是农业区。而且，据

* 本篇及以下四篇均选自《乡土中国》，上海观察社，1948 年。

说凡是从这个农业老家里迁移到四周边地上去的子弟，也老是很忠实地守着这直接向土里去讨生活的传统。最近我遇着一位到内蒙旅行回来的美国朋友，他很奇怪地问我：你们中原去的人，到了这最适宜于放牧的草原上，依旧锄地播种，一家家划着小小的一方地，种植起来；真像是向土里一钻，看不到其他利用这片地的方法了。我记得我的老师史禄国先生也告诉过我，远在西伯利亚，中国人住下了，不管天气如何，还是要下些种子，试试看能不能种地。——这样说来，我们的民族确是和泥土分不开的了。从土里长出过光荣的历史，自然也会受到土的束缚，现在很有些飞不上天的样子。

靠种地谋生的人才明白泥土的可贵。城里人可以用土气来藐视乡下人，但在乡下，“土”是他们的命根。在数量上占着最高地位的神，无疑的是“土地”。“土地”这位最近于人性的神，老夫老妻白首偕老的一对，管着乡间一切的闲事。他们象征着可贵的泥土。我初次出国时，我的奶妈偷偷地把一包用红纸裹着的东西，塞在我箱子底下。后来，她又避了人和我说，假如水土不服，老是想家时，可以把红纸包裹的东西煮一点汤吃。这是一包灶上的泥土。——我在《一曲难忘》的电影里看到了东欧农业国家的波兰也有着类似的风俗，使我更领略了“土”在我们这种文化里所占和所应当占的地位了。

农业和游牧或工业不同，它是直接取资于土地的。游牧的人可以逐水草而居，飘忽无定；做工业的人可以择地而居，迁移无碍；而种地的人却搬不动地，长在土里的庄稼行动不得，侍候庄稼的老农也因之像是半身插入了土里，土气是因为不流动而发生的。

直接靠农业来谋生的人是粘着在土地上的。我遇见过一位在张北一带研究语言的朋友。我问他说在这一带的语言中有没有受蒙古话的影响。他摇了摇头，不但语言上看不出什么影响，其他方面也很少。

他接着说："村子里几百年来老是这几个姓，我从墓碑上去重构每家的家谱，清清楚楚的，一直到现在还是那些人。乡村里的人口似乎是附着在土地上的，一代一代的下去，不太有变动。"——这结论自然应当加以条件的，但是大体上说，这是乡土社会的特性之一。我们很可以相信，以农为生的人，世代定居是常态，迁移是变态。大旱大水，连年兵乱，可以使一部分农民抛井离乡；即使像抗战这样大事件所引起基层人口的流动，我相信还是微乎其微的。

当然，我并不是说中国乡村人口是固定的。这是不可能的，因为人口在增加，一块地上只要几代的繁殖，人口就到了饱和点；过剩的人口自得宣泄出外，负起锄头去另辟新地。可是老根是不常动的。这些宣泄出外的人，像是从老树上被风吹出去的种子，找到土地的生存了，又形成一个小小的家族殖民地，找不到土地的也就在各式各样的命运下被淘汰了，或是"发迹了"。我在广西靠近瑶山的区域里还看见过这类从老树上吹出来的种子，拼命在垦地。在云南，我看见过这类种子所长成的小村落，还不过是两三代的事；我在那里也看见过找不着地的那些"孤魂"，以及死了给狗吃的路毙尸体。

不流动是从人和空间的关系上说的，从人和人在空间的排列关系上说就是孤立和隔膜。孤立和隔膜并不是以个人为单位的，而是以一处住在的集团为单位的。本来，从农业本身看，许多人群居在一处是无需的。耕种活动里分工的程度很浅，至多在男女间有一些分工，好像女的插秧，男的锄地等。这种合作与其说是为了增加效率，不如说是因为在某一时间男的忙不过来，家里人出来帮帮忙罢了。耕种活动中既不向分工专业方面充分发展，农业本身也就没有聚集许多人住在一起的需要了。我们看见乡下有大小不同的聚居社区，也可以想到那是出于农业本身以外的原因了。

乡下最小的社区可以只有一户人家。夫妇和孩子聚居于一处有着两性和抚育上的需要。无论在什么性质的社会里，除了军队、学校这些特殊的团体外，家庭总是最基本的抚育社群。在中国乡下这种只有一户人家的小社区是不常见的。在四川的山区种梯田的地方，可能有这类情形，大多的农民是聚村而居。这一点对于我们乡土社会的性质很有影响。美国的乡下大多是一户人家自成一个单位，很少屋檐相接的邻舍。这是他们早年拓殖时代，人少地多的结果，同时也保持了他们个别负责，独来独往的精神。我们中国很少类似的情形。

中国农民聚村而居的原因大致说来有下列几点：一、每家所耕的面积小，所谓小农经营，所以聚在一起住，住宅和农场不会距离得过分远。二、需要水利的地方，他们有合作的需要，在一起住，合作起来比较方便。三、为了安全，人多了容易保卫。四、土地平等继承的原则下，兄弟分别继承祖上的遗业，使人口在一地方一代一代的积起来，成为相当大的村落。

无论出于什么原因，中国乡土社区的单位是村落，从三家村起可以到几千户的大村。我在上文所说的孤立、隔膜是以村和村之间的关系而说的。孤立和隔膜并不是绝对的，但是人口的流动率小，社区间的往来也必然疏少。我想我们很可以说，乡土社会的生活是富于地方性的。地方性是指他们活动范围有地域上的限制，在区域间接触少，生活隔离，各自保持着孤立的社会圈子。

乡土社会在地方性的限制下成了生于斯、死于斯的社会。常态的生活是终老是乡。假如在一个村子里的人都是这样的话，在人和人的关系上也就发生了一种特色，每个孩子都是在人家眼中看着长大的，在孩子眼里周围的人也是从小就看惯的。这是一个“熟悉”的社会，没有陌生人的社会。

在社会学里，我们常分出两种不同性质的社会，一种并没有具体目的，只是因为在一起生长而发生的社会，一种是为了要完成一件任务而结合的社会。用 Tönnies 的话说：前者是 Gemeinschaft，后者是 Gesellschaft；用 Durkheim 的话说：前者是“有机的团结”，后者是“机械的团结”。用我们自己的话说，前者是礼俗社会，后者是法理社会。——我以后还要详细分析这两种社会的不同。在这里我想说明的是生活上被土地所囿住的乡民，他们平素所接触的是生而与俱的人物，正像我们的父母兄弟一般，并不是由于我们选择得来的关系，而是无须选择，甚至先我而在的一个生活环境。

熟悉是从时间里、多方面、经常的接触中所发生的亲密的感觉。这感觉是无数次的小磨擦里陶炼出来的结果。这过程是论语第一句里的“习”字。“学”是和陌生事物的最初接触，“习”是陶炼，“不亦悦乎”是描写熟悉之后的亲密感觉。在一个熟悉的社会中，我们会得到从心所欲而不逾规矩的自由。这和法律所保障的自由不同。规矩不是法律，规矩是“习”出来的礼俗。从俗即是从心。换一句话说，社会和个人在这里通了家。

“我们大家是熟人，打个招呼就是了，还用得着多说么？”——这类的话已经成了我们现代社会的阻碍。现代社会是个陌生人组成的社会，各人不知道各人的底细，所以得讲个明白；还要怕口说无凭，画个押，签个字。这样才发生法律。在乡土社会中法律是无从发生的。“这不是见外了么？”乡土社会里从熟悉得到信任。这信任并非没有根据的，其实最可靠也没有了，因为这是规矩。西洋的商人到现在还时常说中国人的信用是天生的。类于神话的故事真多：说是某人接到了大批磁器，还是他祖父在中国时订的货，一文不要的交了来，还说着许多不能及早寄出的抱歉话。——乡土社会的信用并不是对契约的重视，而是发生于对一种行为的规矩熟悉到不假思索时的可靠性。

这自是“土气”的一种特色。因为只有直接有赖于泥土的生活才会像植物一般的在一个地方生下根，这些生了根在一个小地方的人，才能在悠长的时间中，从容地去摸熟每个人的生活，像母亲对于她的儿女一般。陌生人对于婴孩的话是无法懂的，但是在做母亲的人听来都清清楚楚，还能听出没有用字音表达的意思来。

不但对人，他们对物也是“熟悉”的。一个老农看见蚂蚁在搬家了，会忙着去田里开沟，他熟悉蚂蚁搬家的意义。从熟悉里得来的认识是个别的，并不是抽象的普遍原则。在熟悉的环境里生长的人，不需要这种原则，他只要在接触所及的范围之中知道从手段到目的间的个别关联。在乡土社会中生长的人似乎不太追求这笼罩万有的真理。我读论语时，看到孔子在不同人面前说着不同的话来解释“孝”的意义时，我感觉到这乡土社会的特性了。孝是什么？孔子并没有抽象的加以说明，而列举具体的行为，因人而异的答复了他的学生。最后甚至归结到心安两字。做子女的得在日常接触中去摸熟父母的性格，然后去承他们的欢，做到自己的心安。这说明了乡土社会中人和人相处的基本办法。

这种办法在一个陌生人面前是无法应用的。在我们社会的激速变迁中，从乡土社会进入现代社会的过程中，我们在乡土社会中所养成的生活方式处处产生了流弊。陌生人所组成的现代社会是无法用乡土社会的习俗来应付的。于是，土气成了骂人的词汇，“乡”也不再是衣锦荣归的去处了。

差序格局

在乡村工作者看来，中国乡下老最大的毛病是“私”。说起私，我们就会想到“各人自扫门前雪，莫管他人屋上霜”的俗语。谁也不敢否认这俗语多少是中国人的信条。其实抱有这种态度的并不只是乡下人，就是所谓城里人，何尝不是如此。扫清自己门前雪的还算是了不起的有公德的人，普通人家把垃圾在门口的街道上一倒，就完事了。苏州人家后门常通一条河，听来是最美丽也没有了，文人笔墨里是中国的威尼斯，可是我想天下没有比苏州城里的水道更脏的了。什么东西可以向这种出路本来不太畅通的小河沟里一倒，有不少人家根本就不必有厕所。明知人家在这河里洗衣洗菜，毫不觉得有什么需要自制的地方。为什么呢？——这种小河是公家的。

一说是公家的，差不多就是说大家可以占一点便宜的意思，有权利而没有义务了。小到两三家合住的院子，公共的走廊上照例是尘灰堆积，满院生了荒草，谁也不想去拔拔清楚，更难以插足的自然是厕所。没有一家愿意去管“闲事”，谁看不惯，谁就得白服侍人，半声谢意都得不到。

于是像格兰亨姆的公律，坏钱驱逐好钱一般，公德心就在这里被自私心驱走。

从这些事上来说，私的毛病在中国实在比了愚和病更普遍得多，从上到下似乎没有不害这毛病的。现在已成了外国舆论一致攻击我们的把柄了。所谓贪污无能，并不是每个人绝对的能力问题，而是相对的，是从个人对公家的服务和责任上说的。中国人并不是不善经营，只要看南洋那些华侨在商业上的成就，西洋人谁不侧目？中国人更不是无能，对于自家的事，抓起钱来，拍起马来，比哪一个国家的人能力都大。因之这里所谓"私"的问题却是个群己、人我的界线怎样划法的问题。我们传统的划法，显然是和西洋的划法不同。因之，如果我们要讨论私的问题就得把整个社会结构的格局提出来考虑一下了。

西洋的社会有些像我们在田里捆柴，几根稻草束成一把，几把束成一扎，几扎束成一捆，几捆束成一挑。每一根柴在整个挑里都属于一定的捆、扎、把。每一根柴也可以找到同把、同扎、同捆的柴，分扎得清楚不会乱的。在社会，这些单位就是团体。我说西洋社会组织像捆柴就是想指明：他们常常由若干人组成一个个的团体。团体是有一定界限的，谁是团体里的人，谁是团体外的人，不能模糊，一定分得清楚。在团体里的人是一伙，对于团体的关系是相同的，如果同一团体中有组别或等级的分别，那也是先规定的。我用捆柴来比拟，有一点不太合，就是一个人可以参加好几个团体，而好几扎柴里都有某一根柴当然是不可能的，这是人和柴不同的地方。我用这譬喻是在想具体一些使我们看到社会生活中人和人的关系的一种格局。我们不妨称之作团体格局。

家庭在西洋是一种界限分明的团体。如果有一位朋友写信给你说他将要"带了他的家庭"一起来看你，他很知道要和他一同来的是哪几个人。在中国，这句话是含糊得很。在英美，家庭包括他和他的妻以及未成年的孩子。如果他只和他太太一起来，就不会用“家庭”。在我们中国“阖第光临”虽则常见，但是很少人能说得出这个“第”字究竟应当包括些什么人。

提到了我们的用字，这个“家”字可以说最能伸缩自如了。“家里的”可以指自己的太太一个人，“家门”可以指伯叔侄子一大批，“自家人”可以包罗任何要拉入自己的圈子，表示亲热的人物。自家人的范围是因时因地可伸缩的，大到数不清，真是天下可成一家。

为什么我们这个最基本的社会单位的名词会这样不清不楚呢？在我看来却表示了我们的社会结构本身和西洋的格局不相同的，我们的格局不是一捆一捆扎清楚的柴，而是好像把一块石头丢在水面上所发生的一圈圈推出去的波纹。每个人都是他社会影响所推出去的圈子的中心。被圈子的波纹所推及的就发生联系。每个人在某一时间某一地点所动用的圈子是不一定相同的。

我们社会中最重要的亲属关系就是这种丢石头形成同心圆波纹的性质。亲属关系是根据生育和婚姻事实所发生的社会关系。从生育和婚姻所结成的网络，可以一直推出去包括无穷的人，过去的、现在的、和未来的人物。我们俗语里有“一表三千里”，就是这个意思，其实三千里者也不过指其广袤的意思而已。这个网络像个蜘蛛的网，有一个中心，就是自己。我们每个人都有这么一个以亲属关系布出去的网，但是没有一个网所罩住的人是相同的。在一个社会里的人可以用同一个体系来记认他们的亲属，所同的只是这体系罢了。体系是抽象的格局，或是范畴性的有关概念。当我们用这体系来认取具体的亲亲戚戚时，各人所认的就不同了。我们在亲属体系里都有父母，可是我的父母却不是你的父母。再进一步说，天下没有两个人所认取的亲属可以完全相同的。兄弟两人固然有相同的父母了，但是各人有各人的妻子儿女。因之，以亲属关系所联系成的社会关系的网络来说，是个别的。每一个网络有个“己”作为中心，各个网络的中心都不同。

在我们乡土社会里，不但亲属关系如此，地缘关系也是如此。现代的保甲制度是团体格局性的，但是这和传统的结构却格格不相入。在传统结构中，每一家以自己的地位做中心，周围划出一个圈子，这个圈子是“街坊”。有喜事要请酒，生了孩子要送红蛋，有丧事要出来助殓，抬棺材，是生活上的互助机构。可是这不是一个固定的团体，而是一个范围。范围的大小也要依着中心的势力厚薄而定。有势力的人家的街坊可以遍及全村，穷苦人家的街坊只是比邻的两三家。这和我们的亲属圈子一般的。像贾家的大观园里，可以住着姑表林黛玉，姨表薛宝钗，后来更多了，什么宝琴，岫云，凡是拉得上亲戚的，都包容得下。可是势力一变，树倒猢狲散，缩成一小团。到极端时，可以像苏秦潦倒归来，“妻不以为夫，嫂不以为叔。”中国传统结构中的差序格局具有这种伸缩能力。在乡下，家庭可以很小，而一到有钱的地主和官僚阶层，可以大到像个小国。中国人也特别对世态炎凉有感触，正因为这富于伸缩的社会圈子会因中心势力的变化而大小。

在孩子成年了住在家里都得给父母膳宿费的西洋社会里，大家承认团体的界限。在团体里的有一定的资格。资格取消了就得走出这个团体。在他们不是人情冷热的问题，而是权利问题。在西洋社会里争的是权利，而在我们却是攀关系、讲交情。

以“己”为中心，像石子一般投入水中，和别人所联系成的社会关系，不像团体中的分子一般大家立在一个平面上的，而是像水的波纹一般，一圈圈推出去，愈推愈远，也愈推愈薄。在这里我们遇到了中国社会结构的基本特性了。我们儒家最考究的是人伦，伦是什么呢？我的解释就是从自己推出去的和自己发生社会关系的那一群人里所发生的一轮轮波纹的差序。“释名”于沦字下也说“伦也，水文相次有伦理也。”潘光旦先生曾说：凡是有“仑”作公分母的意义都相通，“共同表示的是条理，类别，秩序的一番意思”。①

伦重在分别，在礼记祭统里所讲的十伦，鬼神、君臣、父子、贵贱、亲疏、爵赏、夫妇、政事、长幼、上下，都是指差等。“不失其伦”是在别父子、远近、亲疏。伦是有差等的次序。在我们现在读来，鬼神、君臣、父子、夫妇等具体的社会关系，怎能和贵贱、亲疏、远近、上下等抽象的相对地位相提并论？其实在我们传统的社会结构里最基本的概念，这个人和人往来所构成的网络中的纲纪，就是一个差序，也就是伦。礼记大传里说：“亲亲也、尊尊也、长长也、男女有别，此其不可得与民变革者也。”意思是这个社会结构的架格是不能变的，变的只是利用这架格所做的事。

孔子最注重的就是水纹波浪向外扩张的推字。他先承认一个已，推己及人的已，对于这已，得加以克服于礼，克己就是修身。顺着这同心圆的伦常，就可向外推了。“本立而道生”。“其为人也孝弟，而好犯上者鲜矣，不好犯上而好作乱者，未之有也。”从己到家，由家到国，由国到天下，是一条通路。中庸里把五伦作为天下之达道。因为在这种社会结构里，从己到天下是一圈一圈推出去的，所以孟子说他“善推而已矣”。

在这种富于伸缩性的网络里，随时随地是有一个“己”作中心的。这并不是个人主义，而是自我主义。个人是对团体而说的，是分

① 见潘光旦：《说伦字》，载《社会研究》，第十九期。

子对全体。在个人主义下，一方面是平等观念，指在同一团体中各分子的地位相等，个人不能侵犯大家的权利；一方面是宪法观念，指团体不能抹煞个人，只能在个人们所愿意交出的一分权利上控制个人。这些观念必须先假定了团体的存在。在我们中国传统思想里是没有这一套的，因为我们所有的是自我主义，一切价值是以“己”作为中心的主义。

自我主义并不限于拔一毛而利天下不为的杨朱，连儒家都该包括在内。杨朱和孔子不同的是杨朱忽略了自我主义的相对性和伸缩性。他太死心眼儿一口咬了一个自己不放；孔子是会推己及人的，可是尽管放之于四海，中心还是在自己。子曰：“为政以德，譬如北辰，居是所，而众星拱之。”这是很好一个差序格局的譬喻，自己总是中心，像四季不移的北斗星，所有其他的人，随着他转动。孔子并不像耶稣，耶稣是有超于个人的团体的，他有他的天国，所以他可以牺牲自己去成全天国。孔子呢？不然。

> 子贡曰：“如有博施于民，而能济众何如？可谓仁乎？”子曰：“何事于仁，必也圣乎！尧舜其犹病诸？夫仁者己欲立而立人，己欲达而达人，能近取譬，可谓仁之方也已。”

孔子的道德系统里绝不肯离开差序格局的中心，“君子求诸己，小人求诸人。”因之，他不能像耶稣一样普爱天下，甚至而爱他的仇敌，还要为杀死他的人求上帝的饶赦——这些不是从自我中心出发的。孔子呢？或曰：“以德报怨，何如？”子曰：“何以报德？以直报怨，以德报德。”这是差序层次，孔子是决不放松的。孔子并不像杨朱一般以小己来应付一切情境，他把这道德范围依着需要而推广或缩小。他不像耶稣或中国的墨翟，一放不能收。

我们一旦明白这个能放能收，能伸能缩的社会范围，我们可以明白中国传统社会中的私的问题了。我常常觉得："中国传统社会里一个人为了自己可以牺牲家，为了家可以牺牲党，为了党可以牺牲国，为了国可以牺牲天下。"这和"大学"的：

> 古之欲明明德于天下者，先治其国，欲治其国者，先齐其家，欲齐其家者，先修其身……身修而后家齐，家齐而后国治，国治而后天下平。

在条理上是相通的，不同的只是内向和外向的路线，正面和反面的说法，这是种差序的推浪形式，把群己的界限弄成了相对性，也可以说是模糊两可了。这和西洋把权利和义务分得清清楚楚的社会，大异其趣。

为自己可以牺牲家，为家可以牺牲族……这是一个事实上的公式。在这种公式里，你如果说他私么？他是不能承认的，因为当他牺牲族时，他可以为了家，家在他看来是公的。当他牺牲国家为他小团体谋利益，争权利时，他也是为公，为了小团体的公。在差序格局里，公和私是相对而言的，站在任何一圈里，向内看也可以说是公的。其实当西洋的外交家在国际会议里为了自己国家争利益，不惜牺牲世界和平和别国合法利益时，也是这样的。所不同的，他们把国家看成了一个超过一切小组织的团体，为这个团体，上下双方都可以牺牲，但不能牺牲它来成全别种团体。这是现代国家观念，乡土社会中是没有的。

在西洋社会里，国家这个团体是一个明显的也是唯一特出的群己界线。在国家里做人民的无所逃于这团体之外，像一根柴捆在一束里，他们不能不把国家弄成个为每个分子谋利益的机构，于是他们有革命、有宪法、有法律、有国会等等。在我们传统里群的极限是模糊不清的“天下”，国是皇帝之家，界线从来就是不清不楚的，不过是从自己这个中心里推出去的社会势力里的一圈而已。所以可以着手的，具体的只有己，克己就成了社会生活中最重要的德性，他们不会去克群，使群不致侵略个人的权利。在这种差序格局中，不发生这问题的。

在差序格局中，社会关系是逐渐从一个一个人推出去的，是私人联系的增加，社会范围是一根根私人联系所构成的网络，因之，我们传统社会里所有的社会道德也只在私人联系中发生意义。——这一点，我将留在下篇里再提出来讨论了。

礼治秩序

普通常有以“人治”和“法治”相对称，而且认为西洋是法治的社会，我们是“人治”的社会。其实这个对称的说法并不很清楚的。法治的意思并不是说法律本身能统治，能维持社会秩序，而是说社会上人和人的关系是根据法律来维持的。法律还得靠权力来支持，还得靠人来执行，法治其实是“人依法而治”，并非没有人的因素。

现代论法理的学者中有些极重视人的因素。他们注意到在应用法律于实际情形时，必须经过法官对于法律条文的解释。法官的解释的对象虽则是法律条文，但是决定解释内容的却包含很多因素，法官个人的偏见，甚至是否有胃病，以及社会的舆论都是极重要的。于是他们认为法律不过是法官的判决。这自是片面的说法，因为法官并不能任意下判决的，他的判决至少也须被认为是根据法律的，但是这种看法也告诉我们所谓法治绝不能缺乏人的因素了。

这样说来，人治和法治有什么区别呢？如果人治是法治的对面，意思应当是“不依法律的统治”了。统治如果是指社会秩序的维持，我们很难想象一个社会的秩序可以不必靠什么力量就可以维持，人和人的关系可以不根据什么规定而自行配合的。如果不根据法律，根据什么呢？望文生义的说来，人治好像是指有权力的人任凭一己的好恶来规定社会上人和人的关系的意思。我很怀疑这种“人治”是可能发生的。如果共同生活的人们，相互的行为、权利和义务，没有一定规范可守，依着统治者好恶来决定。而好恶也无法预测的话，社会必然会混乱，人们会不知道怎样行动，那是不可能的，因之也说不上“治”了。

所谓人治和法治之别，不在人和法这两个字上，而是在维持秩序时所用的力量，和所根据的规范的性质。

乡土社会秩序的维持，有很多方面和现代社会秩序的维持是不相同的。可是所不同的并不是说乡土社会是“无法无天”，或者说“无需规律”。的确有些人这样想过。返朴回真的老子觉得只要把社区的范围缩小，在鸡犬相闻而不相往来的小国寡民的社会里，社会秩序无需外力来维持，单凭每个人的本能或良知，就能相安无事了。这种想法也并不限于老子。就是在现代交通之下，全世界的经济已密切相关到成为一体时，美国还有大多数人信奉着古典经济学里的自由竞争的理想，反对用人为的“计划”和“统制”来维持经济秩序，而认为在自由竞争下，冥冥之中，自有一双看不见的手，会为人们理出一个合于道德的经济秩序来的。不论在社会、政治、经济各个范围中，都有认为“无政府”是最理想的状态，当然所谓“无政府”决不是等于“混乱”，而是一种“秩序”，一种不需规律的秩序，一种自动的秩序，是“无治而治”的社会。

可是乡土社会并不是这种社会，我们可以说这是个“无法”的社会，假如我们把法律限于以国家权力所维持的规则，但是“无法”并不影响这社会的秩序，因为乡土社会是“礼治”的社会。

让我先说明，礼治社会并不是指文质彬彬，像《镜花缘》里所描写的君子国一般的社会。礼并不带有“文明”、或是“慈善”、或是“见了人点个头”、不穷凶极恶的意思。礼也可以杀人，可以很“野蛮”。譬如在印度有些地方，丈夫死了，妻子得在葬礼里被别人用火烧死，这是礼。又好像在缅甸有些地方，一个人成年时，一定要去杀几个人头回来，才能完成为成年礼而举行的仪式。我们在旧小说里也常读到杀了人来祭旗，那是军礼。——礼的内容在现代标准看去，可能是很残酷的。残酷与否并非合礼与否的问题。“子贡欲去告朔之饩羊。子曰，赐也，尔爱其羊，我爱其礼。”恻隐之心并没有使孔子同意于取消相当残忍的行为。

礼是社会公认合式的行为规范。合于礼的就是说这些行为是做得对的，对是合式的意思。如果单从行为规范一点说，本和法律无异，法律也是一种行为规范。礼和法不相同的地方是维持规范的力量。法律是靠国家的权力来推行的。“国家”是指政治的权力，在现代国家没有形成前，部落也是政治权力。而礼却不需要这有形的权力机构来维持。维持礼这种规范的是传统。

传统是社会所累积的经验。行为规范的目的是在配合人们的行为以完成社会的任务，社会的任务是在满足社会中各分子的生活需要。人们要满足需要必须相互合作，并且采取有效技术，向环境获取资源。这套方法并不是由每个人自行设计，或临时聚集了若干人加以规划的。人们有学习的能力，上一代所试验出来有效的结果，可以教给下一代。这样一代一代的累积出一套帮助人们生活的方法。从每个人说，在他出生之前，已经有人替他准备下怎样去应付人生道上所可能发生的问题了。他只要“学而时习之”就可以享受满足需要的愉快了。

文化本来就是传统，不论哪一个社会，绝不会没有传统的。衣食住行种种最基本的事务，我们并不要事事费心思，那是因为我们托祖宗之福，一一有着可以遵守的成法。但是在乡土社会中，传统的重要性比起现代社会更甚。那是因为在乡土社会里传统的效力更大。

乡土社会是安土重迁的，生于斯、长于斯、死于斯的社会。不但是人口流动很小，而且人们所取给资源的土地也很少变动。在这种不分秦汉，代代如是的环境里，个人不但可以信任自己的经验，而且同样可以信任若祖若父的经验。一个在乡土社会里种田的老农所遇着的只是四季的转换，而不是时代变更。一年一度，周而复始。前人所用来解决生活问题的方案，尽可抄袭来作自己生活的指南。愈是经过前代生活中证明有效的，也愈值得保守。于是“言必尧舜”，好古是生活的保障了。

我自己在抗战时，疏散在昆明乡下，初生的孩子，整天啼哭不定，找不到医生，只有请教房东老太太。她一听哭声就知道牙根上生了“假牙”，是一种寄生菌，吃奶时就会发痛，不吃奶又饿。她不慌不忙地要我们用咸菜和蓝青布去擦孩子的嘴腔。一两天果然好了。这地方有这种病，每个孩子都发生，也因之每个母亲都知道怎样治，那是有效的经验。只要环境不变，没有新的细菌侵入，这套不必讲学理的应付方法，总是有效的。既有效也就不必问理由了。

像这一类的传统，不必知之，只要照办，生活就能得到保障的办法，自然会随之发生一套价值。我们说“灵验”，就是说含有一种不可知的魔力在后面。依照着做就有福，不依照了就会出毛病。于是人们对于传统有了敬畏之感了。

如果我们在行为和目的之间的关系不加推究，只按着规定的方法做，而且对于规定的方法带着不这样做就会有不幸的信念时，这套行为也就成了我们普通所谓“仪式”了。礼是按着仪式做的意思。礼字本是从豊从示。豊是一种祭器，示是指一种仪式。

礼并不是靠一个外在的权力来推行的，而是从教化中养成了个人的敬畏之感，使人服膺；人服礼是主动的。礼是可以为人所好的，所谓“富而好礼”。孔子很重视服礼的主动性，在下面一段话里说得很清楚：

> 颜渊问仁。子曰，“克己复礼为仁。一日克己复礼，天下归仁焉。为仁由己，而由人乎哉?”颜渊曰，“请问其目。”子曰，“非礼勿视，非礼勿听，非礼勿言，非礼勿动”。颜渊曰，“回虽不敏，请事斯语矣。”

这显然是和法律不同了，甚至不同于普通所谓道德。法律是从外限制人的，不守法所得到的罚是由特定的权力所加之于个人的。人可以逃避法网，逃得脱还可以自己骄傲、得意。道德是社会舆论所维持的，做了不道德的事，见不得人，那是不好；受人吐弃，是耻。礼则有甚于道德：如果失礼，不但不好，而且不对、不合、不成。这是个人习惯所维持的。十目所视，十手所指的，即是在没有人的地方也会不能自已。曾子易箦是一个很好的例子。礼是合式的路子，是经教化过程而成为主动性的服膺于传统的习惯。

礼治在表面看去好像是人们行为不受规律拘束而自动形成的秩序。其实自动的说法是不确，只是主动的服于成规罢了。孔子一再的用“克”字，用“约”字来形容礼的养成，可见礼治并不是离开社会，由于本能或天意所构成的秩序了。

礼治的可能必须以传统可以有效地应付生活问题为前提。乡土社会满足了这前提，因之它的秩序可以礼来维持。在一个变迁很快的社会，传统的效力是无法保证的。尽管一种生活的方法在过去是怎样有效，如果环境一改变，谁也不能再依着老法子去应付新的问题了。所应付的问题如果要由团体合作的时候，就得大家接受个同意的办法，要保证大家在规定的办法下合作应付共同问题，就得有个力量来控制各个人了。这其实就是法律。也就是所谓“法治”。

法治和礼治是发生在两种不同的社会情态中。这里所谓礼治也许就是普通所谓人治，但是礼治一词不会像人治一词那样容易引起误解，以致有人觉得社会秩序是可以由个人好恶来维持的了。礼治和这种个人好恶的统治相差很远，因为礼是传统，是整个社会历史在维持这种秩序。礼治社会并不能在变迁很快的时代中出现的，这是乡土社会的特色。

长老统治

要了解乡土社会的权力结构，只从我在上篇所分析的横暴权力和同意权力两个概念去看还是不够的。我们固然可以从乡土社会的性质上去说明横暴权力所受到事实上的限制，但是这并不是说乡土社会权力结构是普通所谓“民主”形式的。民主形式根据同意权力，在乡土社会中，把横暴权力所加上的一层“政府”的统治揭开，在传统的无为政治中这层统治本来并不很强的，基层上所表现出来的却并不完全是许多权利上相等的公民共同参预的政治。这里正是讨论中国基层政治性质的一个谜。有人说中国虽没有政治民主，却有社会民主。也有人说中国政治结构可分为两层，不民主的一层压在民主的一层上边。这些看法都有一部分近似；说近似而不说确当是因为这里还有一种权力，既不是横暴性质，又不是同意性质；既不是发生于社会冲突，又不是发生于社会合作；它是发生于社会继替的过程，是教化性的权力，或是说爸爸式的，英文里是Paternalism。

社会继替是我在“生育制度”一书中提出来的一个新

名词，但并不是一个新的概念，这就是指社会成员新陈代谢的过程。生死无常，人寿有限；从个人说这个世界不过是个逆旅，寄寓于此的这一阵子，久暂相差不远。但是这个逆旅却是有着比任何客栈、饭店更杂复和更严格的规律。没有一个新来的人，在进门之前就明白这一套的。不但如此，到这“逆旅”里来的，又不是由于自己的选择，来了之后又不得任意搬家；只此一家，别无分店。当然，在这大店里有着不同部分；每个部分，我们称之为不同文化的区域，有着不完全一样的规律，但是有规律这一点却并无轩轾。没有在墙壁上不挂着比十诫还多的“旅客须知”的。因之，每个要在这逆旅里生活的人就得接受一番教化，使他能在这些众多规律下，从心所欲而不碰着铁壁。

社会中的规律有些是社会冲突的结果，也有些是社会合作的结果。在个人行为的四周所张起的铁壁，有些是横暴的，有些是同意的。但是无论如何，这些规律是要人遵守的，规律的内容要人明白的。人如果像蚂蚁或是蜜蜂，情形也简单了。群体生活的规律有着生理的保障，不学而能。人的规律类皆人为。用筷子夹豆腐，穿了高跟鞋跳舞不践别人的脚，真是难为人的规律；不学，不习，固然不成，学习时还得不怕困，不惮烦。不怕困，不惮烦，又非天性；于是不能不加以一些强制。强制发生了权力。

这样发生的权力并非同意，又非横暴。说孩子们必须穿鞋才准上街是一种社会契约未免过分。所谓社会契约必先假定个人的意志。个人对于这种契约虽则并没有自由解脱的权利，但是这种契约性的规律在形成的过程中，必须尊重各个人的自由意志，民主政治的形式就是综合个人意志和社会强制的结果。在教化过程中并不发生这个问题，被教化者并没有选择的机会。他所要学习的那一套，我们称作文化的，是先于他而存在的。我们不用“意志”加在未成年的孩子的人格中，就因为在教化过程里并不需要这种承认。其实，所谓意志并不像生理上的器官一样是慢慢长成的，这不是心理现象，而是社会的承认。在维持同意秩序中，这是个必需的要素；在别的秩序中也就不发生了。我们不承认未成年的人有意志，也就说明了他们并没有进入同意秩序的事实。

我曾说："孩子碰着的不是一个为他方便而设下的世界，而是一个为成人们方便所布置下的园地。他闯入进来，并没有带着创立新秩序的力量，可是又没有个服从旧秩序的心愿。"（《生育制度》，101页）。从并不征求、也不考虑、他们同意而设下他们必须适应的社会生活方式的一方面说，教化他们的人可以说是不民主的，但是说是横暴却又不然。横暴权力是发生于社会冲突，是利用来剥削被统治者以获得利益的工具。如果说教化过程是剥削性的，显然也是过分的。我曾称这是个"损己利人"的工作，一个人担负一个胚胎培养到成人的责任，除了精神上的安慰外，物质上有什么好处呢？"成人"的时限降低到生理上尚是儿童的程度，从而开始"剥削"，也许是可以发生的现象，但是为经济打算而生男育女，至少是一件打算得不大精到的亏本生意。

从表面上看，"一个孩子在一小时中所受到的干涉，一定会超过成年人一年中所受社会指摘的次数。在最专制的君王手下做老百姓，也不会比一个孩子在最疼他的父母手下过日子为难过。"（同上注）但是性质上严父和专制君王究竟是不同的。所不同的就在教化过程是代替社会去陶炼出合于在一定的文化方式中经营群体生活的分子。担负这工作的，一方面可以说是为了社会，一方面可以说是为了被教化者，并不是统治关系。

教化性的权力虽则在亲子关系里表现得最明显，但并不限于亲子关系。凡是文化性的，不是政治性的强制都包含这种权力。文化和政治的区别是在这里：凡是被社会不成问题地加以接受的规范，是文化性的；当一个社会还没有共同接受一套规范，各种意见纷呈，求取临时解决办法的活动是政治。文化的基础必须是同意的，但文化对于社会的新分子是强制的，是一种教化过程。

在变化很少的社会里，文化是稳定的，很少新的问题，生活是一套传统的办法。如果我们能想象一个完全由传统所规定下的社会生活，这社会可以说是没有政治的，有的只是教化。事实上固然并没有这种社会，但是乡土社会却是靠近这种标准的社会。“为政不在多言”、“无为而治”都是描写政治活动的单纯。也是这种社会，人的行为有着传统的礼管束着。儒家很有意思想形成一个建筑在教化权力上的王者；他们从没有热心于横暴权力所维持的秩序。“苛政猛于虎”的政是横暴性的，“为政以德”的政是教化性的。“为民父母”是爸爸式权力的意思。

教化权力的扩大到成人之间的关系必须得假定个稳定的文化。稳定的文化传统是有效的保证。我们如果就个别问题求个别应付时，不免“活到老，学到老”，因为每一段生活所遇着的问题是不同的，文化像是一张生活谱，我们可以按着问题去查照。所以在这种社会里没有我们现在所谓成年的界限。凡是比自己年长的，他必定先发生过我现在才发生的问题，他也就可以是我的“师”了。三人行，必有可以教给我怎样去应付问题的人。而每一个年长的人都握有强制年幼的人的教化权力：“出则悌”，逢着年长的人都得恭敬、顺服于这种权力。

在我们客套中互问年龄并不是偶然的，这礼貌正反映出我们这个社会里相互对待的态度是根据长幼之序。长幼之序也点出了教化权力所发生的效力。在我们亲属称谓中，长幼是一个极重要的原则，我们分出兄和弟、姊和妹、伯和叔，在许多别的民族并不这样分法。我记得老师史禄国先生曾提示过我：这种长幼分划是中国亲属制度中最基本的原则，有时可以掩盖世代原则。亲属原则是在社会生活中形成的，长幼原则的重要也表示了教化权力的重要。

文化不稳定，传统的办法并不足以应付当前的问题时，教化权力必然跟着缩小，缩进亲子关系，师生关系，而且更限于很短的一个时间。在社会变迁的过程中，人并不能靠经验作指导。能依赖的是超出于个别情境的原则，而能形成原则、应用原则的却不一定是长者。这种能力和年龄的关系不大，重要的是智力和专业，还可加一点机会。讲机会，年幼的比年长的反而多。他们不怕变，好奇，肯试验。在变迁中，习惯是适应的阻碍，经验等于顽固和落伍。顽固和落伍并非只是口头上的讥笑，而是生存机会上的威胁。在这种情形中，一个孩子用小名来称呼他的父亲，不但不会引起父亲的呵责，反而是一种亲热的表示，同时也给父亲一种没有被挤的安慰。尊卑不在年龄上，长幼成为没有意义的比较，见面也不再问贵庚了。——这种社会离乡土性也远了。

回到我们的乡土社会来，在它的权力结构中，虽则有着不民主的横暴权力，也有着民主的同意权力，但是在这两者之外还有教化权力，后者既非民主又异于不民主的专制，是另有一工的。所以用民主和不民主的尺度来衡量中国社会，都是也都不是，都有些像，但都不确当。一定要给它一个名词的话，我一时想不出比长老统治更好的说法了。

血缘和地缘

缺乏变动的文化里，长幼之间发生了社会的差次，年长的对年幼的具有强制的权力。这是血缘社会的基础。血缘的意思是人和人的权利和义务根据亲属关系来决定。亲属是由生育和婚姻所构成的关系。血缘，严格说来，只指由生育所发生的亲子关系。事实上，在单系的家族组织中所注重的亲属确多由于生育而少由于婚姻，所以说是血缘也无妨。

生育是社会持续所必需的，任何社会都一样，所不同的是说有些社会用生育所发生的社会关系来规定各人的社会地位，有些社会却并不如此。前者是血缘的。大体上说来，血缘社会是稳定的，缺乏变动；变动得大的社会，也就不易成为血缘社会。社会的稳定是指它结构的静止，填入结构中各个地位的个人是不能静止的，他们受着生命的限制，不能永久停留在那里，他们是要死的。血缘社会就是想用生物上的新陈代谢作用，生育，去维持社会结构的稳定。父死子继：农人之子恒为农，商人之子恒为商——那是职业的血缘继替；贵人之子依旧贵——那是身份的血缘继替；富人之子依旧富——那是财富的血缘继替。到现在固然很少社会能完全抛弃血缘继替，那是以亲属来担负生育的时代不易做到的。但是社会结构如果发生变动，完全依血缘去继替也属不可能。生育没有社会化之前，血缘作用的强弱似乎是以社会变迁的速率来决定。

血缘所决定的社会地位不容个人选择。世界上最用不上意志，同时在生活上又是影响最大的决定，就是谁是你的父母。谁当你的父母，在你说，完全是机会，且是你存在之前的既存事实。社会用这个无法竞争，又不易藏没、歪曲的事实来作分配各人的职业、身份、财产的标准，似乎是最没有理由的了；如果有理由的话，那是因为这是安稳既存秩序的最基本的办法。只要你接受了这原则，（我们有谁曾认真的怀疑过这事实？我们又有谁曾想为这原则探讨过存在的理由?）社会里很多可能引起的纠纷也随着不发生了。

血缘是稳定的力量。在稳定的社会中，地缘不过是血缘的投影，不分离的。“生于斯，死于斯”把人和地的因缘固定了。生，也就是血，决定了他的地。世代间人口的繁殖，像一个根上长出的树苗，在地域上靠近在一伙。地域上的靠近可以说是血缘上亲疏的一种反映，区位是社会化了的空间。我们在方向上分出尊卑：左尊于右，南尊于北，这是血缘的坐标。空间本身是混然的，但是我们却用了血缘的坐标把空间划分了方向和位置。当我们用“地位”两字来描写一个人在社会中所占的据点时，这个原是指“空间”的名词却有了社会价值的意义。这也告诉我们“地”的关联派生于社会关系。

在人口不流动的社会中，自足自给的乡土社会的人口是不需要流动的，家族这社群包含着地域的涵义。村落这个概念可以说是多余的。儿谣里“摇摇摇，摇到外婆家”，在我们自己的经验中，“外婆家”充满着地域的意义。血缘和地缘的合一是社区的原始状态。

但是人究竟不是植物，还是要流动的。乡土社会中无法避免的是“细胞分裂”的过程，一个人口在繁殖中的血缘社群，繁殖到一定程度，他们不能在一定地域上集居了，那是因为这社群所需的土地面积，因人口繁殖，也得不断的扩大。扩大到一个程度，住的地和工作的地距离太远，阻碍着效率时，这社群不能不在区位上分裂。——这还是以土地可以无限扩张时说的。事实上，每个家族可以向外开垦的机会很有限，人口繁殖所引起的常是向内的精耕，精耕受着土地报酬递减律的限制，逼着这社群分裂，分出来的部分另外到别的地方去找耕地。

如果分出去的细胞能在荒地上开垦，另外繁殖成个村落，它和原来的乡村还是保持着血缘的联系，甚至把原来地名来称这新地方，那是说否定了空间的分离。这种例子在移民社会中很多。在美国旅行的人，如果只看地名，会发生这是个“揉乱了的欧洲”的幻觉。新英伦，纽约（新约克）是著名的；伦敦，莫斯科等地名在美国地图上都找得到，而且不只一个。以我们自己来说罢，血缘性的地缘更是显著。我十岁就离开了家乡，吴江，在苏州城里住了九年，但是我一直在各种文件的籍贯项下填着“江苏吴江”。抗战时期在云南住了八年，籍贯毫无改变，甚至生在云南的我的孩子，也继承着我的籍贯。她的一生大概也得老是填“江苏吴江”了。我们的祖宗在吴江已有二十多代，但是在我们的灯笼上却贴着“江夏费”的大红字。江夏是在湖北，从地缘上说我有什么理由和江夏攀关系？真和我的孩子一般，凭什么可以和她从来没有到过的吴江发生地缘呢？在这里很显然在我们乡土社会里地缘还没有独立成为一种构成团结力的关系。我们的籍贯是取自我们的父亲的，并不是根据自己所生或所住的地方，而是和姓一般继承的，那是“血缘”，所以我们可以说籍贯只是“血缘的空间投影”。

很多离开老家漂流到别地方去的并不能像种子落入土中一般长成新村落，他们只能在其他已经形成的社区中设法插进去。如果这些没有血缘关系的人能结成一个地方社群，他们之间的联系可以是纯粹的地缘，而不是血缘了。这样血缘和地缘才能分离。但是事实上在中国乡土社会中却相当困难。我常在各地的村子里看到被称为“客边”“新客”“外村人”等的人物。在户口册上也有注明“寄籍”的。在现代都市里都规定着可以取得该地公民权的手续，主要的是一定的居住时期，但是在乡村里居住时期并不是个重要条件，因为我知道许多村子里已有几代历史的人还是被称为新客或客边的。

我在江村和禄村调查时都注意过这问题，“怎样才能成为村子里的人?”大体上说有几个条件，第一是要生根在土里：在村子里有土地。第二是要从婚姻中进入当地的亲属圈子。这几个条件并不是容易的，因为在中国乡土社会中土地并不充分自由卖买。土地权受着氏族的保护，除非得到氏族的同意，很不易把土地卖给外边人。婚姻的关系固然是取得地缘的门路，一个人嫁到了另一个地方去就成为另一个地方的人，（入赘使男子可以进入另一地方社区）但是已经住入了一个地方的“外客”却并不容易娶得本地人作妻子，使他的儿女有个进入当地社区的机会。事实上大概先得有了土地，才能在血缘网中生根。——这不过是我的假设，还得更多比较材料加以证实，才能成立。

这些寄居于社区边缘上的人物并不能说已插入了这村落社群中，因为他们常常得不到一个普通公民的权利，他们不被视作自已人，不被人所信托。我已说过乡土社会是个亲密的社会，这些人却是“陌生”人，来历不明，形迹可疑。可是就在这个特性上却找到了他们在乡土社会中的特殊职业。

亲密的血缘关系限制着若干社会活动，最主要的是冲突和竞争；亲属是自己人，从一个根本上长出来的枝条，原则上是应当痛痒相关，有无相通的。而且亲密的共同生活中各人互相依赖的地方是多方面和长期的，因之在授受之间无法一笔一笔的清算往回。亲密社群的团结性就倚赖于各分子间都相互的拖欠着未了的人情。在我们社会里看得最清楚，朋友之间抢着回账，意思是要对方欠自己一笔人情，像是投一笔资。欠了别人的人情就得找一个机会加重一些去回个礼，加重一些就在使对方反欠了自己一笔人情。来来往往，维持着人和人之间的互助合作。亲密社群中既无法不互欠人情，也最怕“算账”。“算账”“清算”等于绝交之谓，因为如果相互不欠人情，也就无需往来了。

但是亲属尽管怎样亲密，究竟是体外之己；虽说痛痒相关，事实上痛痒走不出皮肤的。如果要维持这种亲密团体中的亲密，不成为“不是冤家不碰头”，也必须避免太重叠的人情。社会关系中权利和义务必须有相当的平衡，这平衡可以在时间上拉得很长，但是如果是一面倒，社会关系也就要吃不消，除非加上强制的力量，不然就会折断的。防止折断的方法之一是在减轻社会关系上的担负。举一个例子来说：云南乡下有一种称上赊的钱会，是一种信用互助组织。我调查了参加赊的人的关系，看到两种倾向，第一是避免同族的亲属，第二是侧重在没有亲属关系的朋友方面。我问他们为什么不找同族亲属入赊？他们的理由是很现实的。同族的亲属理论上有互通有无，相互救济的责任，如果有能力，有好意，不必入赊就可以直接给钱帮忙。事实上，这种慷慨的亲属并不多，如果拉了入赊，假若不按期交款时，碍于人情不能逼，结果赊也吹了。所以他们干脆不找同族亲属。其他亲属如舅家的人虽有入赊的，但是也常发生不交款的事。我调查时就看到一位赊首为此发急的情形。他很感慨地说：钱上往来最好不要牵涉亲戚。这句话就是我刚才所谓减轻社会关系上的担负的注解。

社会生活愈发达，人和人之间往来也愈繁重，单靠人情不易维持相互间权利和义务的平衡。于是“当场算清”的需要也增加了。货币是清算的单位和媒介，有了一定的单位，清算时可以正确；有了这媒介可以保证各人间所得和所欠的信用。“钱上往来”就是这种可以当场算清的往来，也就是普通包括在“经济”这个范围之内的活动，狭义的说是生意经，或是商业。

在亲密的血缘社会中商业是不能存在的。这并不是说这种社会不发生交易，而是说他们的交易是以人情来维持的，是相互馈赠的方式。实质上馈赠和贸易都是有无相通，只在清算方式上有差别。以馈赠来经营大规模的易货在太平洋岛屿间还可以看得到。Malinowski 所描写和分析的 Kulu 制度就是一个例证。但是这种制度不但复杂，而且很受限制。普通的情形是在血缘关系之外去建立商业基础。在我们乡土社会中，有专门作贸易活动的街集。街集时常不在村子里，而在一片空场上，各地的人到这特定的地方，各以“无情”的身份出现。在这里大家把原来的关系暂时搁开，一切交易都得当场算清。我常看见隔壁邻舍大家老远的走上十多里在街集上交换清楚之后，又老远的背回来。他们何必到街集上去跑这一趟呢，在门前不是就可以交换的么？这一趟是有作用的，因为在门前是邻舍，到了街集上才是“陌生”人。当场算清是陌生人间的行为，不能牵涉其他社会关系的。

从街集贸易发展到店面贸易的过程中，“客边”的地位有了特殊的方便了。寄籍在血缘性社区边缘上的外边人成了商业活动的媒介。

村子里的人对他可以讲价钱，可以当场算清，不必讲人情，没有什么不好意思。所以依我所知道的村子里开店面的，除了穷苦的老年人摆个摊子，等于是乞丐性质外，大多是外边来的“新客”。商业是在血缘之外发展的。

地缘是从商业里发展出来的社会关系。血缘是身份社会的基础，而地缘却是契约社会的基础。契约是指陌生人中所作的约定。在订定契约时，各人有选择的自由，在契约进行中，一方面有信用，一方面有法律。法律需要一个同意的权力去支持。契约的完成是权利义务的清算，须要精密的计算，确当的单位，可靠的媒介。在这里是冷静的考虑，不是感情，于是理性支配着人们的活动——这一切是现代社会的特性，也正是乡土社会所缺的。

从血缘结合转变到地缘结合是社会性质的转变，也是社会史上的一个大转变。

《花蓝瑶社会组织》编后记

我完全没有预想到这一本花蓝瑶社会组织的专刊是会在我半麻木的心情中编成的。同惠死后，我曾打定主意把我们两人一同埋葬在瑶山里，但是不知老天存什么心，屡次把我在死中拖出来，一直到现在，正似一个自己打不醒的噩梦！虽则现在离我们分手的日子已经多过了我们那一段短促的结婚生活，但是一闭眼，一切可怕的事，还好像就在目前，我还是没有力量来追述这事的经过。愿我的朋友们原谅我让这一出悲剧，在人间沉没了罢。

我拖着半残废的躯体，抚着我爱妻的尸首，从瑶山里出来，“为什么我们到瑶山去呢?”我要回答这问题。

我们是两个学生，是念社会学的学生。现在中国念社会学的学生免不了有一种苦闷。这种苦闷有两方面：一是苦于在书本上，在课堂里，得不到认识中国社会的机会；一是关于现在一般论中国社会的人缺乏正确的观念，不去认识，任情批评，话愈多而视听愈乱。我和同惠常在这苦闷中讨论，因为我们已受了相当社会学理论的训练，觉得我们应当走到实地里去，希望能为一般受着同样苦闷的人找一条出路，换言之，想为研究社会的人贡献一个观点，为要认识中国社会的人贡献一点材料。

我们所要贡献的是什么观点呢？简单说来，就是我们认为文化组织中各部分间具有微妙的搭配，在这搭配中的各部分并没有自身的价值，只有在这搭配里才有它的功能。所以要批评文化的任何部分，不能不先理清这个网络，认识它们所有相对的功能，然后才能拾得要处。这一种似乎很抽象的话，却正是处于目前中国文化激变中的人所最易忽略的。现在所有种种社会运动，老实说，是在拆搭配。旧有的搭配因处境的变迁，固然要拆解重搭，但是拆的目的是在重搭，拆了要配得拢才对。拆时自然该看一看所拆的件头在整个机构中有什么功能，拆了有什么可以配得上。大轮船的确快，在水滩上搁了浅，却比什么都难动。

当然谁也不能否认现在中国人生活太苦，病那末重，谁都有些手忙脚乱。其实这痛苦的由来是在整个文化的处境变迁，并不是任何一个部分有意作怪。你激动了感情，那一部分不该打倒，那一部分不能拆毁，但是愈是一部分一部分地打倒，一部分一部分地拆毁，这整个的机构却愈来愈是周转不灵，生活也愈是不可终日。在我们看来，上述的一个观点似乎是很需要的了。在这观点下，谩骂要变成体恤，感情要变成理智，盲动要变成计划。我们亦明白要等研究清楚才动手，似乎太慢太迂，但是有病求艾，若是中国文化有再度调适的一天，这一个观点是不能不有的。

这一个观点是我们从书本上获得，从老师们的口中传授，从我们有限的观察中证实，而且由我们的判断中认为至少是一个研究文化，认识中国社会最好的工具。但是我们亦明白要把这观点贡献给人家，给人家采用，抽象的说理是没有用的，只有由我们自身作则，做一个实例；树立一个实例证明了这观点的用处，自然会使人家共同乐用。谁不想改造中国，又谁不想要明了一些实况？一个观点证明有用时，谁不愿采取？

但是一个生长在某一文化中的人，好像鱼在水中，很不容易得到一个客观的态度。在研究自己的心理状态时，自省法最是难用，所以“结构派”的学者要练习参禅般地受严格训练。

研究本身的文化亦是须要一番训练，训练的方法就是多观察几个和自身不同的文化结构。比如说：一个生长在100年前中国文化中的人，根本就不会对“孝”字发生问题，于是根本就不会懂得“孝”在文化中真正的作用。“由之”的是不会“知之”的。若是这时有机会到澳洲去看见有一种土人到父母年老时就杀了来充饥时，“孝”的意义和方式自然地成了问题，有要求解答的机会了。因之我们觉得要研究和批评中国文化的人，最好多得到一些比较的材料。

还有一种研究中国文化的困难，就是它的复杂性，不但地域上有不同文化型式的存在，就是在一个型式中，内容亦极错综。

又正值激变之中，若不受相当训练，一时极难着手。在这种种困难之下，使我们想到边境上比较简单的社区中去，开始我们的工作。

同时，边境社区的研究材料本身是认识中国文化的一部分极重的材料。现在遗留在边境上的非汉族区，他们的文化结构，并不是和我们汉族本部文化毫不相关的。他们不但保存着我们历史的人民和文化，而且，即在目前，在族团的接触中相互发生着极深刻的影响。这里供给着的不单是民族学的材料，亦是社会史的一个门径。至于这些材料对于实际边疆问题的重要，更不待我们申说了。

这时，刚好广西省政府有研究“特种民族”的需要，所以我们就决定结了婚同去。在文化研究中，女子有许多特殊方便的地方。这是人情之常，觉得女子是不可畏，而且容易亲近的。文化研究需要亲切的观察，女子常能得到男子所调查不到的材料。虽则明知女子在生活上会受到比男子更困苦的遭遇，但是我们为这一点雄心所驱，决定不顾一切地走入了瑶山。

我们在瑶山中的工作，真使人兴奋，我们已忘了一切生活上的困苦，夜卧土屋，日吃淡饭，但是我们有希望，有成绩；一直到我们遇难，一死一伤，三个月中，我们老是在极快乐的工作中过活。在遇难前一日，我的妻还是笑着向我说，“我们出去了会追慕现在的生活的。”

本来，任何事业不能不以勇敢者的生命来作基础的。传说烧一窑磁器，也得抛一个小孩在里面。我妻的死，在我私人的立场之外来看，并不能作为一件太悲惨的事。人孰无死，尼采所谓，只怕死不以其时。同惠可以无愧此一生，我只是羡慕她。

我在此也得附带声明，瑶山并不都是陷阱，更不是一个可怕的地狱。瑶山是充满着友爱的桃源！我们的不幸，是我们自己的命运，所以希望我们这次不幸并不成为他人的“前车之鉴”，使人家裹足不前，我们只希望同情于我们的朋友们能不住地在这路上走，使中国文化能得到一个正确的研究路径。

我既不死，朋友们一路把我接了出来，我为了同惠的爱，为了朋友们的期望，在我伤情略愈，可以起坐的时候，就开始根据同惠在瑶山所搜集的材料编这一本研究专刊。这一点决不足报答同惠的万一，我相信，她是爱我，不期望着报答的，所以这只是想略慰我心，使我稍轻自己的罪孽罢了。

我相信同惠一定能原谅我，要我在这个哭笑不是的心境里，在这个颠沛流离的旅途中，写成一个满意的报告，是不可能的。只是为我私人的原因，所以把它发刊行世，恕我这一种仓忙紊乱的笔调。

本刊的前三章是在广州柔济医院的病房中写成的，我要感谢我的二姊，她不但替我照顾了医事，还给我写作的鼓励。我伤愈后本应即刻去安葬同惠，幸亏有华节的帮忙，替我负责办理了我这一桩最不敢亲视的怕事。又因了他能替我办理葬事，使我可以回沪再治我余伤，及整理这部未完的稿子。在船上，在亲戚的客房中，我又写下了第四第五两章。在上海我遇见了老友薛君文雄，靠了他我能把印刷这书的事务交出，独自返平。在北平，我得到了师友的安慰和督促，使我有勇气把全稿结束。我应当特别感谢我的老师吴文藻先生，他不但自始至终协助及指导我们的工作，并以最真挚的同情来恢复我重入人世的勇气。他更为我写这书的导言。没有他，我相信，这一本书不会有写成的机会的。

1936 年 6 月

《盘村瑶族》序

胡起望、范宏贵两位同志所写的《盘村瑶族》即将出版，因为这个研究是出于我的倡议，所以他们要我在书前写几句话，说明这项研究的目的和意义。实际上我想说的话已经在1981年12月7日中央民族学院民族研究所举行的一次座谈会上讲过。这篇讲话的记录曾以《民族社会学调查的尝试》为题发表在《中央民族学院学报》(1982年第1期)，后来收入《从事社会学五十年》这本集子里（1983年天津人民出版社)。另外范宏贵同志也在《广西民族学院学报》(1983年第1期）发表过一篇《在大瑶山进行微型研究的体会》，叙述了大瑶山的基本情况和这项研究的主题。这篇序言实际上不过是这两篇文章的重复和引申。

先说一说我为什么倡议在广西大瑶山（即今广西壮族自治区金秀瑶族自治县）进行社会调查。一九三五年我在清华大学研究院毕业后，接受导师史禄国教授的意见，在出国留学之前先到国内少数民族地区进行一次实地调查。当年秋季我偕同前妻王同惠一同进入广西大瑶山。我们的分工是：我主要测量瑶山居民的体质，前妻做社会调查。

该年 12 月 16 日，我们在从花蓝瑶地区转移到坳瑶地区的旅途上迷失道路。我不慎误踏猎人设下的陷阱，腿背受伤。前妻下山呼援，天黑路险，溺水丧生。后来我虽获救出山，这次调查却并未完成。我在养伤期间把前妻所遗材料略作整理，编成《花蓝瑶社会组织》，而我的体质测量资料后来全部遗失在昆明。因此，我一直遗憾在心，觉得是一件此生没有回清的欠账。1978 年我应邀去参加庆祝广西壮族自治区成立廿周年，返途上我去访问了一别 45 年的大瑶山。当地的瑶族同胞还记得我，而且听说当年接待过我们的老朋友还有不少在世。他们的热情，鼓励了我想继续在瑶山进行上次没有完成的调查。这是我做出大瑶山社会调查倡议的来由。

我这次访问为时虽短却得到不少新的启发，提出不少问题：首先是瑶族是怎样形成的，其次是瑶族这一类山区民族有什么特点，第三是它们的发展方向是什么，第四是我们怎样下手去研究这许多方面的问题。在这里不妨把我个人的想法说一说。

瑶族是一个有悠久历史的民族，在汉文的记载中南北朝时期就有“莫徭”之称，这个民族称谓亦见于唐代大诗人杜甫和刘禹锡的诗中。瑶族更早的先人在汉文记载中一般认为是被包括在蛮人一类里。按已有的文字记载看来，从秦汉时起长江中游南部山区从湖南到广东都是他们聚居的地方。过去研究瑶族历史的学者对他们的来源和迁移路线都有过值得称道的研究。但是以我自己来说，过去心目中总是把瑶族看成是一个具有某些民族特点的集团，子子孙孙一代代地传下来的；他们在某一个时代聚居在某些地方，有时分散，有时聚合；他们的社会经济发生过某些变化。这样构成了一部瑶族的历史。由于这种看法，我总是想从史料中去追寻瑶族的来源，多少是认为有一条线贯彻始终，不论这条线的某一段中这种人曾被人称过什么名称。这种看法并不能说是错误的，因为我们可以设想，人总是一代代传下来的，现在还存在的民族总是有个源流可查考的。但是我从广西大瑶山的瑶族形成的具体过程中却看出了上述观点未免过于简单了些，因而也会妨碍我们对民族历史的研究深入下去。

大瑶山里的情况是这样：自己认为是瑶族的人有五种不同的自称。汉人也用了五个名称分别称呼他们作：茶山瑶、花蓝瑶、坳瑶、盘瑶和山子瑶。他们的汉名除了坳瑶外都不是自称的音译，比如茶山瑶自称是“拉加”，花蓝瑶自称是“炯奈”，盘瑶自称是“勉”，山子瑶自称是“金迪门”。坳瑶则自称“坳标”。如果问他们是不是瑶人，他们没有否认的。可是在他们的自称中都不加上个瑶字，不说“拉加瑶”或“炯奈瑶”等，而承认拉加和炯奈等都是瑶。瑶这个族名很可能是汉人称他们的名字，他们也用它来指这五个不同自称的人所形成的共同体。

我 30 年代初到大瑶山时，由于缺乏语言学的训练，没有从语言学的角度来研究这五种不同自称的人的关系，而简单地把他们看成是大瑶山瑶族的五个支系。所谓支系意思是一个根本上分出来的支条。这次我和学过语言学的同志们一起去调查，他们熟悉过去这几年语言学者对于这五种不同自称的人所说的语言所作的研究。根据这些研究我才知道居住在大瑶山里的瑶族在语言上并不是统一的，而可以分为勉语、布努语、拉加语三种。它们虽然都属汉藏语系，但不能说是一个语言的不同方言。勉语属苗瑶语族瑶语支；布努语属苗瑶语族苗语支，接近苗语；拉加语属壮侗语族侗水语支，接近侗语和壮语。换一句话说，茶山瑶的话近侗水语，盘瑶、山子瑶和坳瑶近瑶语，花蓝瑶语近苗语。

从语言上暴露出了这五种不同自称的人可能有不同的来源，或者说，他们很可能原来不是一个民族的人，进入了这个山区之后才形成现在大瑶山的瑶族。他们不是出于一个根本的枝条，而是不同支流汇合而成的一条河。如果称他们是“支系”，只是支流的意思。我觉得不如避开支系这种说法，而称他们作不同的集团。大瑶山的瑶族就是由这些集团凝聚而成的一个民族共同体。

据这五个集团自己的传说，他们迁入大瑶山的路线也不相同。茶山瑶是从广东经广西梧州取道藤县、平南进山的，但也有说是从湖南取道浔州、贵县象州入山的。花蓝瑶是从贵州经柳州、象州入山的。盘瑶是在湖南被打散后进广西入山。山子瑶从广东进广西由平南入山。坳瑶从贵州进广西经百色、南宁，然后入山。这些传说表明现在居住在大瑶山里的瑶族来自四面八方。入山的时间上也有先后。至于谁先谁后他们还有不同意见。从盘瑶、山子瑶没有土地的事实来说，可以设想是出于他们入山时山里的可耕地已经有人占据的原因，占有土地的茶山瑶、花蓝瑶和坳瑶应当比没有土地的盘瑶和山子瑶早入山区。但是盘瑶却认为他们先进山，但由于游耕所以没有占有土地权。姑且不论这种说法是否符合于历史事实，在入山先后问题上各集团是各持己见的。

这些集团是不相混同的，比如，茶山瑶不能变为花蓝瑶。但是从各集团的姓氏来看既有不同于别的集团的姓，也有相同于别的集团的姓。都有槃瓠传说和说瑶语的盘瑶和山子瑶，有六个大姓：盘、黄、赵、冯、李、邓是相同的，但是还有许多姓是相互间不相同的。比如盘瑶的包、周、胡、唐、雷，在山子瑶中就没有；山子瑶的蒋、卢、陈、谭、覃、郑、莫、冼、刘在盘瑶中就没有。说瑶语的坳瑶中有盘、赵两姓但没有其他四姓。说侗语的茶山瑶里却有姓莫、刘的人。

花蓝瑶中有姓冯的。各个集团都有别的集团所没有的姓，比如茶山瑶的陶、金、龚、田、龙，盘瑶的唐、雷，山子瑶的卢、陈、谭、覃、郑、冼，坳瑶的罗、苏，花蓝瑶的侯、相。如果假定同姓之间有相同来源的话，各集团间在历史上可能也是有互相渗透的部分。

本书有关盘村瑶族世系关系的叙述中可以看到，他们一方面极重视姓的世代延续，而另一方面却又实行双系并行，兄弟姊妹间可以分别从父姓或母姓。形成特有的复杂体系。从具体例子里还可以看到他们吸收汉人归族，至于是否也有吸收其他集团的成分，我还不清楚。总之，不仅在血统上看，就是在族系上看，大瑶山的瑶族这个共同体并不是一成不变，单系纯种的血缘团体。其他民族共同体也有类似的情形，因此，我们必须从具体历史过程中去认识每个民族形成的过程。

就大瑶山瑶族的形成来看，我们不能简单地用语言一致的标准来进行民族识别。我们不能说大瑶山的瑶族不是一个民族的共同体，尽管它是由五个来源不同集团所组成，而且还说着分属三种语支的五种语言。于是这里产生了一个值得在理论上探讨的问题：什么是形成一个民族的凝聚力？一个民族的共同体中能承担多大在语言、风俗习惯、经济方式等方面的差别？民族共同意识是怎样产生的，它又怎样起变化的？为什么一个原本聚居在一起的民族能长期被分隔在不同地区而仍然保持其民族共同意识？依然保持其成为一个民族共同体？一个民族又怎样能在不同条件下吸收其他民族成分，不断壮大自己的共同体？又怎样会使原有的民族成分被吸收到其他民族中去？这些问题将为我们今后的民族研究开辟出广阔的园地。

放眼我国境内的民族，从上述这些问题看去，在这几千年里的确呈现着一幅规模宏大，成分复杂，有来有去，有分有合的历史长卷。我们对这个历史过程的知识实在太少，以致我们对这样一个有长期文字记录，又是当前世界上人口最多的汉族怎样形成的过程都说不清楚，至于对当前五十多个民族怎样结合成为不可分离的中华民族这个共同体，我们也只见到它的结果，而还没有理解它凝聚的过程。这不能不使我想到我们这些肩负着研究中国民族的责任的人面对着怎样艰巨的任务了。我从广西大瑶山里的瑶族——他们只是分布在国内外各地的瑶族的一小部分——的历史经过，从而想到中华民族的形成，因为我意识到从这微型的研究里确是接触到了贯穿在各民族历史中具有一般性的规律。怎样把实际的观察和分析，提炼出我们各民族形成的规律，形成具有中国特点的理论，也许是我们这一代研究民族的学者必须认真对待的任务。

那么我们在广西大瑶山的瑶族中看到了怎样一个历史过程呢？从现有不充分的资料来说，在明代以前，即 14 世纪以前，瑶族在南岭山脉一带，跨湖南、广东、广西三省的聚居区和现在相比幅员较广，人口较众。他们对当时采取民族压迫政策的封建王朝的反抗在汉文史书中的记载可以远溯到宋代，斗争的中心地区却一代代由北向南，由较开阔的丘陵地带向险恶的山岭移动，表明了瑶族在一千多年里逐步被分散在高寒山区的过程。最后一次大规模的斗争是在明代发生于广西大瑶山附近的大藤峡，当时的统治者发动了几十万军队，在近一百年中先后三次对瑶民进行大屠杀。瑶族人民受到极大的摧残。经过了这场斗争大约从 15 世纪后叶起，瑶族放弃平地，分散聚居在高山区，形成“无山不成瑶”的局面。

有人认为瑶族这个族名出于“莫徭”，而“莫徭”就是免于徭役的意思。瑶族自己的传说和现在还有保存的“过山榜”都说他们祖先有开垦山地的特权，而没有向王朝纳税服役的义务。用现在的语言来说是不受历代王朝的统治的人。有人根据“过山榜”和其他传说猜测：在春秋战国时代瑶族的祖先有可能曾聚居在淮水流域。到了秦汉之后，已退居南岭山脉的一带，即今湖南、广东、广西地区。到明代之后凡是要坚持不受封建统治、不纳赋税传统的瑶族就只有以险峻的山岭为屏障，聚居在高山区，靠山吃山地自力谋生了。从整个瑶族说，由于分散在具体条件不同的地区，他们的经济发展是很不平衡的。有一大部分居住在自然条件较优地区的瑶族占有的可耕地较多，可以进行定居农耕，早期就在土司制度下，接受了王朝的统治。其中有一部分瑶族有可能已逐渐被吸收到汉族里去了。像广西大瑶山那样的瑶族是属于坚持不受统治的那一部分瑶族。

另一方面，受到封建王朝压迫的少数民族在华南地区不仅是瑶族。和瑶族相近的苗族看来也遭到过和瑶族相似的命运。此外还有侗族、水族等历来都是聚居在南岭山脉附近的侗壮语系的民族。他们定居在湘、黔、桂边区的时期可能还早于苗瑶。他们也同样和统治势力进行过长期的斗争。其中也有一部分溃散、流动到不同的山区以求自保的。广西大瑶山的地势和位置正是容纳附近各族流散成分的安全场所。这个山区处于柳江、桂江和浔江形成的三角地区的中心，在海拔较低的平原中突起的一个山区，方圆几百里，最高山岭海拔 1900 多公尺。山势陡峻，落差极大，易守难攻。实际上，这座山给了入山的瑶族近五百年的安全，山外压迫他们的势力直到这个世纪的 40 年代才武装侵入，但最后还是被解放军消灭在山里。

这段历史说明了不同来源的民族集团在共同敌人的威胁下，为了生存必须团结一致，形成一股自卫的力量。这种凝聚力使他们形成了一个共同体，接受共同的名称。他们在语言上、风俗习惯上的区别并不成为离异的因素，因而得以长期共同生存下来。尽管在婚姻上还是各自实行族内婚制，他们共守石牌的法规维持山内的安定，结成密切的联盟，有难共当，确保团结。30年代我初上瑶山时，对他们路不拾遗的社会秩序印象极深，曾说过陶渊明的“桃花源记”并非虚构。但是当我们再进一步了解各集团间的关系，也就看到了他们之间还是存在着矛盾。这种矛盾性质上是集团间的剥削关系，就是这五个集团又可以分为山主和山子两类。当地语言中也作出这种区别，前者称长毛瑶，包括茶山瑶、花蓝瑶和坳瑶，后者称过山瑶包括山子瑶和盘瑶。山区的土地包括水流和飞鸟走兽的所有权都属于长毛瑶，过山瑶得向长毛瑶租种土地，而且要服役。但是这种集团间剥削关系在长期间里并没有引起瑶山内部的分裂，可以说那是由于当时的主要矛盾是山内外的民族矛盾，而不是山内的集团间的阶级矛盾。最后国民党反动武装势力侵入山内，多少还是利用了山内集团间的矛盾而得逞的。

由于山内集团间的矛盾，各集团经济的发展是不平衡的。占有瑶山土地所有权的长毛瑶，利用山沟里的平地种植水稻。他们的农作技术和山外的汉族和壮族并无高低之别，所产的稻谷质量很高。没有土地所有权的山子瑶和盘瑶，只能租用山坡上的土地，进行简单的刀耕火种的农业。他们在一块山坡上种了几年，由于地力衰退，就得迁移到另一块山坡上去。他们不可能长期定居在一地，而且山坡上种的玉米和旱稻产量低，一大片山坡只能养活一、两家人，所以他们又不能很多人家聚居在一起构成村落。大瑶山里还实行一种种树回租的剥削制度，就是过山瑶租了山坡后要替山主种树。在树苗的间隙处种粮食自给。四五年后，树苗长大了，不能烧草作肥，只能搬走，把成活的树当实物地租交给山主。这样就加速了他们的移动。所以本书作者把盘瑶的耕作制度称作“游耕”，暗示有一点类系牧业中的“游牧”。这个概念是否恰当还可以研究，至少应理解为耕地常常流动的农业。

由于历代封建王朝实行民族压迫制度，使得许多少数民族迁移到深山中去，凭险自保，远离汉族才是安全。这种处境使他们在经济上停滞落后，在文化上闭塞保守。新中国成立后，民族压迫制度被消灭了。民族间的不平等关系改变成为平等的关系。新中国是一个社会主义性质的国家，人剥削人的制度宣告结束。在大瑶山里不仅瑶族和其他民族得到了平等地位，瑶族内部集团间的剥削关系也被废除，从此不再存在山主和山子的区别了。这些社会性质上和民族关系上的根本变化为各少数民族开辟了一条社会经济迅速发展起来赶上世界先进水平，成为现代化民族的道路。他们怎样走上这条道路，在发展中发生着些什么问题，正是我们当前民族研究的主要课题。

要研究上述这些课题，我们必须从具体出发，就是按各民族的具体情况来观察、分析他们怎样走上和怎样走着社会主义革命和建设的道路。由于我们的许多民族一方面具有他们的共性，另一方面也各有其个性；所以我们认为必须从“解剖麻雀”入手，树立类型，进行比较，明确特点，发现共性。以大瑶山的瑶族来说，它在宏观世界里的地位只是作为中华民族大家庭一个组成部分的瑶族中的一部分。瑶族一共大约有120多万人，分布在六个省（区）的130多个县里，其中居住在广西的占总数的67%，约80万人。居住在广西大瑶山的瑶族只有3万多人，在全部瑶族中只占2.5%。但是有3万人形成一个聚居区，在瑶族中是不多见的。有瑶族居住的县瑶族人口平均不到一万，而且一般是分散居住在各山，并不能形成一个较大的联接在一起的聚居区。我们要解剖一个瑶族聚居区，广西大瑶山是个比较好的对象。但是这只是一个“麻雀”，固然具有瑶族的共性，但也有它不同于其他瑶族聚居区的特点。从研究方法上讲，它只能作为瑶族研究的开始。至于这个聚居区在瑶族中有多少代表性，或是说哪些是瑶族的共性，还得在其他瑶族聚居区进行比较研究之后才能作出答案。

就大瑶山这个范围来看，还存在着五个不同的集团。这些集团固然都承认自己是瑶族，而且有共同的一方面，但是他们还是各自有特点的，不但语言有别，经济发展不同，社会习惯也有差别。因此，我们要解剖麻雀，还得一个集团一个集团的进行。1935 年前妻王同惠调查过花蓝瑶，原本就想一个一个集团地继续调查下去，后来因为发生了事故没有完成。这次我有机会再上瑶山，还是想采取这个办法。但是先调查哪个集团呢？

这次从盘瑶入手进行具体的微型调查是本书的作者决定的。除了考虑到具体的条件外，他们认为在这五个集团中有三个是说瑶语的，其中又以盘瑶人数最多。如果着眼于整个瑶族联系到广西大瑶山之外的瑶族来看，在这山里的盘瑶可能作为研究整个瑶族的一个突破口。我自己在 30 年代访问过盘瑶。那时他们还没有形成村落的聚居点，只有两三家人住在一起。我在盘瑶家里住过几天，测量过他们的人体，在《花蓝瑶社会组织》里有一张当时所摄的相片，但印象不深，听了本书作者的意见，我认为这样设想是可取的。盘村的瑶族可能和其他地方的瑶族具有更多的共同点。所以从大瑶山的盘瑶调查可以引导我们向山外发展，去研究其他地方的瑶族。换一句话说，盘瑶可能是瑶族的基本成分，就是很早从淮水流域，逐步南徙，后来退入山区，进行刀耕火种的游耕的所谓“过山瑶”。说他们是基本成分是因为在他们游动的过程中，不断吸收其他民族游散的成分，构成各地瑶族共同体。这种设想是否符合事实，还得在今后各地瑶族进行比较的调查才能作答。作为开展研究的一种设想是可以成立的，因为这种设想并不是凭主观的想象，而是综合了对大瑶山的初步了解和对其他地区的概况而形成的。但是设想还只是设想，不是经过客观事实充分证明的定论。

广西大瑶山的盘瑶据 1979 年的人口统计有 1.7 万多人，占大瑶山全部瑶族人口的 1/3 弱，他们居住得很分散。解放后他们获得了土地所有权，而且已有部分水田，开始定居，在较高的经济水平上，较多的人家能聚集在一起居住而形成了村落。"盘村"是指盘瑶的村落，在他们的历史上是一种新生事物，是发展过程上的里程碑。我同意本书作者把"从游耕到定居"作为他们研究的第一根线索。

游耕不只是指"刀耕火种"的农业技术，也不只是指几年一迁移的不定居的生活。它是一个从生产力到生产关系、意识形态综合性的概念，一种社会经济模式。我认为通过微型调查，对这种模式进行系统性的研究，可以得到可取的科学成果。当然，现在大瑶山的盘瑶已经定居了下来，我们已不能直接观察到实在的游耕模式，对于这种模式的直接观察还得谋求其他研究的机会。但是在大瑶山的盘瑶的现实生活中还可以观察到从游耕到定居的过程。这个过程我相信不只发生在大瑶山的盘瑶中，也发生在山子瑶中，而且还在大瑶山之外的瑶族及其他民族中发生。解剖这个"麻雀"，可以增加我们对于经历着或经历过同一过程的那些民族的认识，而这种认识也将使我们明白怎样可以帮助这些民族更好更快地在社会主义道路上向前迈进。

本书作者提出的另一个主题是从封闭到开放的过程。这个过程包含的内容更为丰富，而且更广泛地适用于其他少数民族，虽则程度上可以有所不同。这个过程发生于民族压迫制度被消灭后，中国国内各民族间的关系从不平等改变成为平等的重要历史事实。过去在民族不平等，少数民族受压迫和歧视的时代，凡是封建统治势力进不去的少数民族地区一概是被封锁的，甚至少数民族日用必需的盐、茶都有时列为禁运品，更不用说生产工具和武器了。这对少数民族社会经济的发展极端不利。造成了至今还不能很快克服的各民族间事实上的不平等。统治阶级的封锁政策在少数民族中也产生了封闭心理。他们的历史经验使他们认识到离开压迫他们的民族越远越安全，因而，对族外的人和事都抱着疏远和怀疑的态度。民族隔阂是长期历史的产物。现在民族平等了，封锁政策已经彻底摧毁，为民族互助政策所代替了。民族互助在现阶段主要是先进的汉族对后进的少数民族在物质上和智力上的支援。这就需要汉族克服大汉族主义，少数民族改变固步自封的思想。过去被民族压迫制度所封锁的大门要大大地打开。这就是从封闭到开放的过程。民族之间经济和文化上的交流是各民族共同繁荣的关键。在社会主义建设的前进中，越来越明白地显示出少数民族离不得汉族，汉族离不得少数民族。具体分析这个历史过程，取得应有的经验教训，对今后各民族的发展是十分重要的。

我原本打算自己亲自参加大瑶山的社会调查。曾在 1979、1981、1982 年三次访问金秀。但是在实践中发现自己已不是 40 多年前的青年人了。在这样的山区里做实地调查需要一定的体质条件，而我已经在蹉跎岁月里丧失了这些条件。出门就要爬山的地形和我的体力和体重发生了难于克服的矛盾。有一次我到离开我所住的招待所不远的一位朋友家里去吃饭，不到 100 公尺的山坡，我在路上歇三次才爬上去。不料在吃饭时一阵大雨，返途上石路滑得我无法下脚，只能由两个大汉挟着提下坡来，看来不服老是不行了。当然，我心中一直放不下的这一笔欠账，今生很难有亲自偿回的希望了。假如我投身到这项调查工作中去，我又不能满足于听汇报和座谈的。社会调查关键是在有丰富的感性知识，在有行为有感情的实际生活中去观察、去发现问题、去分析研究。我现在已缺乏在瑶山里参预当地居民生活实践的条件，这也就丧失了我作为一个名符其实的调查者的资格。这对我本人来说不能不是件憾事。但是使我高兴的是具备在瑶山里进行实地调查的本书两位作者响应我的倡议，在1980～1982年的三年里三上瑶山，不仅对大瑶山的情况进行了初步的全面了解，而且选择了盘村进行了“解剖麻雀”的微型研究，取得了初步的成果。

科学研究是人们对客观世界的认识过程。它必然是一个由粗及细，由浅入深的过程，也是个由局部、片面到全面、完整的过程。我们不能对一个初学者作出过高的要求，我认为只要树立了实事求是的科学态度，具备了锲而不舍、绝不自满的精神，做一分工作，就是在学术大路上前进一步。人类对客观世界的认识是没有止境的。多一分符合实际的知识，也增加一分控制客观世界的力量。人类社会就是这样一步步发展起来的，是知识的不断积累和更新，是人的主观世界对客观世界不断的认识和控制。本书的两位作者为了增加我们对瑶族的认识，这三年里付出了大量劳动，不仅是脑力劳动，也包含着艰苦的体力劳动。不说别的，从金秀去盘村就得翻过一座高山，一般人要花几个小时，对我来说已是个不可逾越的自然阻碍。我相信他们的劳动是有收获的，这本书就是他们收获的证明。

也许应当在这篇序文里说明一下，我对这项研究除了倡议之外，并没有出过多大的力量。我不愿意脱离实际地妄作主张，影响实地观察者的思路，甚至挫伤他们的主动性和创造性。学术工作是复杂细致的脑力劳动，我们作为老一辈的先驱者对下一代的长成固然具有辅导的责任，但是必须认识到这种脑力劳动贵在自觉和创造。拔苗助长，包办代替都是犯忌的。当然，我在和大瑶山居民有限的接触中和在听本书作者向我叙述他们所见所闻所想的过程中，我也有我的思想活动。我受到启发，发现问题，做出设想。这些我都毫无保留地告诉本书的作者以及对这问题有兴趣的人。如果我的思想活动对他们发生过影响，那是出于他们主动的吸收，而且是经过他们的消化和改造的。应当老实说，我也从他们的工作中得到很大的收益。他们在做我想做而已做不到的事。我通过他们的工作学习到很多知识。比如我在上边已说过，30 年代我根本没有想到过大瑶山里瑶族的五个集团有不同的语言。这一点新知识的确使我发生了一系列的问题，而且使我对中国各民族形成过程有了新的探索。这三年，我确是紧紧跟着本书两位作者的工作在学习。同时，我还得说，正因为我一直很注意尊重调查者的主动性，所以这本书里所表达的看法，有些和我的看法不完全相同的。换一句话说，假如我自己做这项调查，我所得到的结果，也不会完全和这本书一样的。我尽管不断地向他们提供意见，但是并没有自己动笔去修改过他们的原稿，我希望能看到中年的研究工作者能自己站立起来向科学进军。

这本《盘村瑶族》只是我倡议的瑶族研究的一个开始。我希望这项研究能继续进行下去。今后发展的一个方向是继续在大瑶山里一个集团一个集团地进行“解剖麻雀”的微型调查。已经调查过的花蓝瑶和盘瑶还应当深入下去，没有这样调查过的茶山瑶、坳瑶和山子瑶更需要有人去调查。为了全面了解大瑶山的社会，决不能忘记，这座山里除了瑶族还有其他的民族，如壮族和汉族。我最近越来越感觉到在民族地区做社会调查不应当只调查少数民族，因为在民族地区的汉族常常对这地区的发展起着重要的作用。少数民族的社会不能离开他们和汉族的关系而存在的。要研究民族地区的社会也不能不注意研究当地的民族关系，特别与汉族的关系，希望今后做民族研究的人能考虑我的这种体会。

瑶族研究的另一个发展方向，如我上面已提到的，是走出去研究大瑶山之外的盘瑶。只有从比较研究中才能检验我们从研究大瑶山盘瑶所得到的一些设想是否正确。比如我曾设想，盘瑶可能是从中原南移进入南岭山脉，然后又有部分更向西南移动，甚至移出国界的这些瑶族的主干。在他们的移动中不断吸收着从其他民族分散出来的游离成分，而形成今天的瑶族。这个设想还没得到证实。要证实或否定这个设想只有扩大研究的范围到各地去观察和分析。

如果再进一步，那就可以提出瑶族和跟他相当接近的苗族和畲族有什么关系的问题。这并不只是个历史上的渊源问题，而是对相类似的山居民族进行比较研究。他们之间有什么相同之处，有什么不同之处？他们在发展过程中有相互学习的必要。

在研究工作的方法上说从按民族的单位分别地一个一个研究已经出现了它的局限性，因而我曾主张今后这类研究应当和宏观的研究结合起来，就是以地区为研究对象进行综合调查。我在支持西南六江流域的民族调查时曾说过广西大瑶山的调查可能是另一个地区的综合调查的开始。这个地区就是南岭山脉的民族走廊。

向前看，我们有着丰富的研究园地，有着急迫的研究任务，现在需要的是赶快培养出新的一代民族研究工作者。在研究的问题和研究的方法上尽可能百花齐放，不拘一格。在研究成果上也应当是百家争鸣，相互促进。在研究队伍里老、中、青三代人各有其用武之地。一切努力都向着一个目标，就是我们祖国民族大家庭在社会主义大道上的共同繁荣富强。

让我借《盘村瑶族》书前的篇幅，表达我对民族研究工作的深切期待。

1983年6月30日

迈向人民的人类学*

在这样一个时刻，千里迢迢，远涉重洋来到这北美胜地丹佛，接受应用人类学学会给我今年的马林诺斯基纪念奖，我的心情已经远远超过了寻常的欣慰和感激。这一时刻把我带回到了42年前我和我的这位在我一生的学术事业上打上了深刻烙印的老师分手时的情景。他再三叮嘱我，一定要把对中国社会文化的研究继续下去。他对我们中国人民和中国文化怀着深厚的同情和爱慕，具体地表现在他对我们这些中国学生的那种诲人不倦、关怀体贴的教育上。他期望他所创导的社会人类学的研究方法也能在中国的社会科学的园地里作出可能的贡献。可是时至今日，就我来说，岁月飞逝，成绩安在！在这一时刻，要我来接受以纪念他的名义授予我的荣誉，除了深深地感到惭愧之外，我还能说什么呢？更使我不安的是在这位老师的巨星陨落之后不久，世事的变化使我和海外同行长期阻隔。今天又能

* 1980年3月在美国丹佛接受应用人类学学会马林诺斯基奖的大会上的讲话。

欢聚一堂实属喜出望外，但试问我能带些什么来奉赠给久别重逢的老友呢？如果朋友们容许我冒昧地利用这个讲台来叙一叙我个人这多年来从事社会人类学或社会学这门学科的经历和体会，我将感激你们的宽容，这种私人间的恳谈其目的无非是在疏浚那一度被堵塞的思想渠道，为今后的切磋砥砺扫除一些障碍。但愿别久增情谊，枝异见新妍。

回想起来，我师事马林诺斯基教授为时不久，只有两年，从 1936 年到 1938 年。我就教于他的门下并非出于偶然，实有我内在的原因。这些原因中首先可以提到的是我学习社会人类学的动机。我在《乡土中国》一书的导言中有过一段自白。当时作为一个 30 年代的中国青年，处于民族和国家存亡绝续的关头，很容易意识到个人与社会集体的密切关系，而觉悟到不解决民族和国家的前途问题也就谈不到个人的出路。要在这个史无前例的大变动的时代里心安理得地做一个自认为是有意义的人，当时像我一样的那些青年人，开始认识到必须对我们所生存在其中的中国社会有清楚的理解，因而要求摸索出一条科学地研究中国社会的道路。

今天我一上来就提到我这一生学术活动的出发点可能是恰当的。因为今天聚集在这里的来自世界各地的朋友们，都是矢志于应用人类学这一项学术事业的。我早年所追求的不就是用社会科学知识来改造人类社会这个目的么？科学必须为人类服务，人类为了生存和繁荣才需要科学。无须隐瞒或掩盖我们这个实用的立场，问题只是在为谁实用？用来作什么？我们认为：为了人民的利益，为了人类中绝大多数人乃至全人类的共同安全和繁荣，为了满足他们不断增长的物质和精神生活的需要，科学才会在人类的历史上发挥它应有的作用。

抱着这个目的，这些要学到一些能改造社会、为人民服务的知识的青年人不能满足于当时学校里、课堂上所传授的有关中国社会的书本知识。他们中间有一些人跑出了书斋，甚至抛开了书本，走入农村、城镇等社区去观察和体验现实的社会生活。

社会生活本身归根到底是一切社会知识的来源，这一认识开动了当时的一些青年人的脑筋，开展了当时被称作“社区调查”的这项通过实地观察和体验社会生活来了解中国社会的学术活动。

这种研究中国社会的方法对当时的青年人是有吸引力的。我就是提倡和实行这个研究方法的积极参预者。但是通过实地观察体验得到的许多资料怎样去整理、分析、解释以达到认识中国社会的目的呢？为了解决这些问题，我找到了马林诺斯基教授的门上。在这位老师的指导下，我把去英国前在我家乡一个农村里所记下的调查资料，整理和编写成《中国农民生活》（1939）这本书。这本书是实践上面这段话的一个试验。

我这位老师主张到活生生的人们社会里去研究人类社会，这是很早就闻名于世的。这正是我不远千里求教于他的吸引力。早在1926年，他在纪念他的老师夫累塞的著名的文章“初民心理中的神话”里已经写下这样号召：“我将邀请读者们走出关闭着的理论家的书斋进入人类学开阔的园地里的新鲜空气”。这种人类学开阔的园地里的新鲜空气就来自他自己多年和当地居民生活在一起的大洋洲的一群名叫特罗布里恩德的小岛，一个和我们自己的社会一样充满着悲欢离合、动人心魄的戏剧般的人生的舞台。我并没有问过他，什么动机驱使他背叛了他前辈那种闭门瞑索的经院派传统，去开创出一个当时不免令人侧目的非正统的学派。对于像我这样从改造社会出发而追求科学的社会知识的人来说，他的这种主张似乎是不成问题的自明之理。也正是因为这样，长期以来使我对这位老师在人类认识自己的社会生活的自觉上所做出划时代的贡献没有能予以充分的估计。最近，重读他早年的一些著作，才体会到他同当时统治着人类学领域的传统观点决裂是一个多么值得我们后辈敬佩和学习的榜样！这一个决裂，我觉得今天在这里提出来，也是十分有意义的，因为我认为这一突破在根本上为应用人类学破了土、奠了基，使他能够在 1938 年果断地宣告“人类学一定要成为一门应用的科学。”

他号召人类学者到过去一直被认为是非我族类的野蛮人的原始社会里去参预他们的生活，进行观察和体验。这不只是人类学研究方法上的创新，更重要的是为历史被侮辱为还不够人的标准的那些“野蛮”、“未开化”的化外之民恢复了人的尊严和地位。在他这枝文质并茂的笔下，又生动又令人信服地使读者理解到了人类的集体生活尽管形式上多种多样，但是根本上存在着一致的共性。当前地球上各地的居民，尽管由于地理与历史条件的差别，经济文化发展的程度有所不同，所采取的生活方式有所殊异，但是他们都是人，都具有人所共有的发明创造的才能，都具有发展进步的资质。他们都是通情达理、有思想、有感情的人。把人和人、民族和民族之间划下具有质的差异的不可逾越的鸿沟，是完全出于一些人的偏见、臆度或别有用心，和客观事实绝不相符，所以是不科学的。不幸的是，过去的人类学的传统中却充满了这一类不科学的偏见，而这些偏见一般又以道貌岸然的学者衣冠为掩饰。与这些不科学的传统相决裂，需要勇气和才能。我感到幸运的是我所师事的这位老师不仅具备了这些条件，而且及身看到，由于他不断的努力，这门曾经为那些屠杀、欺侮、剥削、压迫各殖民地人民的暴主们提供理论根据的人类学开始转变成为一门为建立一个民族平等的世界，为各族人民发展进步而服务的学科。在今天这个应用人类学者的集会上，回溯一下这个学科的历史转折点，也许并不是多余的，尽管新的一代人类学者或者会认为人类社会文化的基本一致性已是自明之理，世界上各民族的共同繁荣是必然要实现的前景。如果真是这样，那么我在这里只需要向他们提醒一下，这种基本认识的确立是得来匪易的。我们不仅要珍惜这些信念，而且要对前人留给我们的遗业作出充分的估价。这正是为了我们自己应当承担起当前历史给我们的任务。也许我们还需要有比前人更大的勇气和才能，才能真正地实现一个能使科学知识完全为人民服务的世界。

我们必须看到，科学本身是一定社会文化的构成部分，它既对社会文化的其他部分发生着推动和限制的作用，而其本身也受到其他部分的推动和限制。研究人的科学，包括人文学科和社会科学，和当时当地的政治、经济等等方面结合得更为密切。所以我们对一位学者的评价决不能忽视他所处的时代和他所在的社会在这时代里所处的地位。我们既要从他的具体处境里去理解他在推进时代前进中所起的作用，而同时又要看到他所受到时代所给他的局限性。

我这位老师所处的时代和我们当前所处的时代有相同的地方，也有不同的地方。他是第一次世界大战之后崭露头角的人物，而现在离开第二次世界大战的结束已有 30 多年了，其间已超过半个世纪。当今虽然我们还依然生活在新的世界大战的阴影之下，世界上还存在着各种称霸的强权，大多数民族的人民还在受贫穷和饥饿的折磨，但是第一次世界大战后还作为胜利品来瓜分的殖民地现在在世界地图上并不能再公然出现了。这个变化对我们这门学科不能不说是相当重要的。因此回想起我那位老师当时进行人类学研究的情况，我们也就不应当忘记那时的殖民地制度所给这门学科的烙印。

当时的人类学者总是把自己的研究领域限制在殖民地上的被统治的民族。现在看来这未免是人类学者的自我嘲弄——把自命是研究人的科学贬低为研究“野蛮人”的科学——而在当时，还不过是一代人之前，却是金科玉律。这种传统曾使得我们这位号召走出书斋去研究人的青年也只能走到那些受着异族统治的殖民地上去。更不幸的是在殖民地上被统治的居民的眼中，前来跟他们生活在一起寻根问底地到处观察的外来者和统治他们的人是属同一族类。殖民地制度中统治者和被统治者的关系，白种人和当地居民的关系，给了当时人类学实地调查者难于克服的科学观察上的局限性。调查者与被调查者，或是观察者与被观察者之间既不太可能有推心置腹的相互信任，那就限制了调查到的或观察到的社会事实的真实性和深入性。

尽管很多亲身体验这种局限性的人类学者能以无可奈何的心情来摆脱由此而产生的苦恼，但是这种客观上存在的调查者的环境总是会曲折地反映在调查者内心的感受上。就是以我们这位以善于处理和当地土著居民关系著名的老师来说，在他的著作的字里行间还是不难找到当地居民对他的调查活动的反感。我固然没有向这位老师触及过调查者在调查过程中内心活动的问题，但是当我听到这位老师一再对我说，要珍惜以中国人来研究中国社会这种优越的条件，他甚至采用了“引人嫉妒”这个字眼来表达他的心情时，我有一种直觉的感受——也许是我的过敏——他在科学工作中所遭受到的，在他所处的时代和他所处的地位所难于克服的，存在于调查者与被调查者之间的那一条鸿沟，一直是他内心的苦恼的来源。

去猜测我敬爱的老师的内心活动应当说是不适当和鲁莽的。不同时代的人有不同的苦恼，这是我们共同的体会。我常常喜欢置身于前辈的处境来设想他们所苦恼的隐情。试问：尽管当时有些人类学者已经摆脱了那种高人一等的民族优越的偏见，满怀着对土著民族的同情和善意，他所做的这些民族调查对这些被调查的民族究竟有什么意义呢？究竟这些调查对当地居民会带来什么后果呢？那些把被调查者当作实验室里被观察的对象的人固然可以把这些问题作为自寻烦恼而有意识地抛在脑后，但对一个重视人的尊严的学者来说，应当清楚这些问题所引起的烦恼并非出于自寻而是来自客观存在的当时当地的社会制度。我有时在读完了我这位老师的著作后，突然会发生这些问题：这些可爱的特罗布里恩德岛民现在怎么样了呢？他们自己有没有读到过这些关于他们社会生活的分析呢？他们读了之后对他们的生活会发生什么想法呢？他们对自己的社会会采取什么行动呢？……我这些遐想带给我的是一种怅惘和失望，因为许多人类学者所关心的似乎只是我们这位老师所写下的关于这些人的文章，而不是这些人的本身。这些活生生的人似乎早已被人类学者所遗忘了，记着的，甚至滔滔不绝地谈论着的，是不是可以说，只是他们留在我这位老师笔下的影子罢了？我有时也不免有一点为我的前辈抱屈。他们辛辛苦苦从当地居民得来的知识却总是难于还到当地居民中去为改善他们的生活服务。我有时也这样想，这种在我看来令人惋惜的情况现在是不是已经改变了呢？在人类学中那种把调查对象视作自然资源一样任意挖掘来为自己谋利的行为确已被现代的人类学者予以正义的抨击，但是产生这种行为的根源，时代的局限，是否已经消除，那却还是个值得我们正视的问题。

我在上面所说的这些话，固然是由于想起了我这位老师而引起的，其实也是反映了自从和他分别以后我自己从事这门学科中所遭遇到的种种矛盾。我尽管怀着改善农民生活的宿愿开始我调查农村的工作，而且正如我老师所羡慕的那样，我在本国进行这种调查，但是我在一段时间里还是受到了当时社会条件的局限。

以我最早的江村调查来说，我是这个县里长大的人，说着当地口音，我的姐姐又多年在村子里教农民育蚕制丝，我和当地居民的关系应当说是不该有什么隔阂的了。但是实际上却并不是这样简单。当时中国社会里存在着利益矛盾的阶级，而那一段时期也正是阶级矛盾日益尖锐的时刻。我自己是这个社会结构里的一个成员，在我自己的观点上以及在和当地居民的社会关系上，也就产生事实上的局限性。这种局限性表现在我对于所要观察的事实和我所接触的人物的优先选择上。尽管事先曾注意要避免主观的偏执，事后检查这种局限性还是存在的。从我亲身的体验中使我不能不猜测到，在殖民地上进行调查工作的白种人所遇到的局限性可能比我在家乡农民中所遇到的还要严重得多。

如果我的话说到这里就结束了，我想我在朋友面前只重复了大家多少已经体验到的矛盾，一种沉重而无可奈何的心情不应当是我和久别的朋友重叙时的气氛。我敢于回忆我前面所讲的那个时代的人类学者遭受的苦恼，那是因为我在和各位分离的期间，还体验到另一种情况，其中有一些经验，我认为可能对解除我上述这些苦恼有所帮助。

接着我要讲的是我在 1949 年我们中国人民得到解放以后我在学术工作方面的一些经历和体会。人民中国的建立对我们中国人民是一个历史性的巨大变化。这个变化必然影响到我们中国的每一个人和每一件事。我这个人和社会人类学这门学科也发生了很大的变动。当然，过去的三十年本身是一个不断变动的时期，我个人的遭遇和这门学科的遭遇都发生过很大的曲折和波动。我今天不是来叙述这一段历史，而是想讲一些我在这段经历中所身受的而认为对上面提到的问题有关的体会。这些体会涉及三个方面：一是我们怎样决定我们调查研究的问题？二是我们这些调查者与被调查者的关系是怎样的？三是调查者对自己调查的后果采取什么态度？

在解放以前，如上所述，推动我去调查研究的是我们国家民族的救亡问题，敌人已经踏上了我们的土地，我们怎么办？我们在寻求国家民族的出路。这也就决定了我们调查研究的题目。人民革命的胜利使我们彻底改变了过去殖民地半殖民地的地位，彻底改变了过去严重地受着外国帝国主义和国内封建阶级的控制的状态。摆在中国人民面前的是一个怎样迅速建成一个社会主义现代化国家的问题。要解决这个问题，需要科学知识。这就给解放以后的中国社会科学指引出了总的方向。

以我个人的经历来说，解放后我就投入有关我国少数民族的研究工作。我们的中国是一个统一的多民族的国家，曾经存在过民族压迫，解放后，各族人民一致要求改变这种不合理的状态，实现民族平等。我们的各级人民代表大会里要有各民族的代表参加，我们的少数民族聚居区要建立民族区域自治。各民族可以使用各自的语言文字，对于各个民族的风俗习惯和宗教信仰也受到合理的尊重……这些是实现民族平等的根本措施。要落实这些措施，许多具体的民族情况必须要搞清楚。比如，中国究竟有哪些民族，各有多少人？分布在什么地方？——这些基本情况，由于长期的民族压迫，在解放初期我们是不清楚的。通过调查搞清楚这些情况的任务就落到了民族研究者的头上。过去学过社会人类学的人参加到这项工作中去是理所当然的。我在进行这项调查工作时的心情确是和过去不同了。因为这项工作的目的性很明确，我明白这项工作的意义，只要我努力工作就有可能实现我一心愿意它实现的事情。所以我的主观愿望和客观要求是一致的。在这种情况之下工作，我必须说，对个人是一种难得的幸福。

我所参预的研究工作是跟少数民族地区人民的要求和政府在民族方面的工作的开展相适应的。各少数民族为了要改变他们历史上遗留下来的落后面貌，发展他们的经济和文化，要求进行必要的社会改革，而这些改革却必须从他们本民族当时的发展阶段出发，由他们本民族人民自愿进行。这里就需要这一种科学研究——如实地分析各民族的社会当时已达到了什么发展阶段，用我们的话来说，就是他们属于哪一种社会形态，是奴隶制还是封建制等等。我们过去在社会人类学里学到的那些有关社会发展的知识在这项研究工作中是很有用处的。当然，我们研究各民族的社会历史目的是在帮助各民族发展起来，而在研究过程中我们需要比较社会学的知识和社会发展一般规律的理论作为我们分析具体社会的工具，这就是说，我们的理论是和实践相结合的。我们并不是为了解而了解，为提出一些理论而去研究，我们是为了实际的目的，为少数民族进行社会改革提供科学的事实根据和符合少数民族利益的意见。所以这可以说是一种应用的人类学。

应当指出，我们这种科学研究工作虽则是为当时国家的政治工作服务，但是既不是从属于政治工作也不代替政治工作。我们的政治是为广大人民服务的政治，它必须要根据社会经济的客观规律和各个民族的具体情况办事，所以需要科学调查作为依据。科学调查的任务就在于它如实地反映客观事物，它不应当以任何个人的意志为依据。它服从于客观事实的要求而不服从于主观的不符合实际的行政意向。它固然是为政治服务的，但它只提供对客观事物的知识。对解决实际问题作出决定的则是政治工作者，科学工作者不应当也不可能代替政治工作者去为解决实际问题作出决定，科学工作者只为政治工作者提供实际情况和意见。

我们这样的调查研究在根本上改变了调查者和被调查者的关系。实现民族平等和帮助少数民族发展起来，不仅是调查者的目的，也是被调查者的要求。因此我们完全可以把调查的目的公开地告诉被调查者，而且被调查者完全可以懂得和乐于接受这项调查工作。我自己常常想到解放前在农村里调查时遇到的苦恼，那就是被调查者并不真的理解我为什么要去进行调查，这种调查对他们有什么好处。他们可以认为我并无恶意而容忍我向他们寻根问底，但是也不免引起一些人的怀疑和讨厌。由于有过这种经历，解放后，我在少数民族里做调查工作时也就特别感觉到温暖和亲切，像是在亲人中向他们学习一样。这里其实并没有什么窍门，只不过是因为被调查者明白并相信调查者是为他们服务的，是要解决他们自己的问题，实现他们自己的愿望。在这里用调查者和被调查者来区别双方已经是不切合了，因为事实上是双方在共同工作，把客观存在的社会现象和问题如实地反映出来，以充实和提高人们对这些社会现象和问题的认识。从这种切身体会中我似乎见到了社会科学的一种新的境界，就是社会科学的调查研究完全可以帮助人类摆脱改造社会的盲目性和被动性，进入科学性和主动性。

当然，在我们实际调查工作中，由于历史上余留下来的民族隔阂，有时也存在着需要耐心克服的困难，但是这些困难在我们的社会里是可以克服的。调查工作中调查者与被调查者水乳相触的关系是可以建立的，也就是说，我预见到的那种境界是可以实现的。

我们这种调查研究也为调查者带来了一个新的问题，那就是对调查后果的责任感。尽管调查者和被调查者新的关系使调查者可以得到更能确切反映客观社会事实的条件，但是人类对自己社会生活的科学认识实在还是处在开始阶段。以人类对自然的知识来和他对社会的知识相比较，其间的差距是十分明显的。因此在这种水平上一个社会科学工作者要为改造社会的实践服务难免发生力不从心的情况。前辈的人类学家一般不关心他自己的调查对被调查者的影响，因而也不发生对被调查者负责的问题。即使有人注意到这个问题也只是从个人的道德观点着眼的。至于谁运用他调查的材料来作什么事，这些事对被调查者产生什么后果，似乎已超出了学术界考虑的范围了。我们固然可以理解在那种理论和实践、学术和政治互相脱离的社会制度中，追究科学工作者对其工作所引起的社会影响和责任是不现实的。但是在我们这种社会制度中，理论和实践相结合，科学要为政治服务，科学工作者对自己工作的社会后果的估价是必要的。这不仅是个人的道德问题而是人民的利害问题，也是社会研究怎样日臻于科学化的问题。只有不断在实践中检查理论的真实性才能不断推进研究工作的科学化和使研究工作成为促进社会发展的动力。

但是也必须说明，我们并不是已经在中国建立起了有系统的应用社会人类学，因为在向这个方向迈进的途中，出现过一些干扰和阻碍。我们的道路是曲折的。特别是在一段时间里，我们的新中国曾出现了逆流，受到封建法西斯主义的“四人帮”的严重破坏。我们惨痛的经历给了我们许多值得牢记的反面教育。其中一条就是社会调查的目的一旦脱离了广大人民的利益，而用来为那些反动的掌握了一部分权势的人服务时，调查可以蜕化成逼供，用来打击和株连反对他们的人。这种所谓调查实际上是捏造和虚构，不仅是不科学的，而且是反科学的，结果给国家和民族带来了巨大的灾难。这段历史证明了一个真理，就是科学的、对人民有用的社会调查研究必须符合广大人民的利益；也就是说真正的应用人类学必须是为广大人民利益服务的人类学。这就是我在题目中所说的人民的人类学的涵义。

我是为了纪念我的老师马林诺斯基教授而来到这里和同行们见面的。我们一起在这个时刻回忆了这近半个世纪人类学的发展，不由得我们不对这一位杰出的应用人类学的开路人表示敬爱和感激。他无愧于被推崇为现代人类学的缔造者，在他已经为后辈一致所公认的许多功业里，我个人作为一个曾经体验过半殖民地人民生活的人，特别感激他从科学的实践里确立各民族对自己文化的自尊心和对其他民族文化平等相待的基本准则。对当前世界上各族人民来说，这是相互促进、共同发展的必要前提。

在我和海外的同行们分别的三四十年里，我从正面的和反面的教育里深刻地体会到当前世界上的各族人民确实需要真正反映客观事实的社会科学知识来为他们实现一个和平、平等、繁荣的社会而服务，以人类社会文化为其研究对象的人类学者就有责任满足广大人民的这种迫切要求，建立起这样一门为人民服务的人类学。这门学科的目的——请允许我瞩望着不应当太遥远的将来——应当是使广大人民对自己的社会具有充分的知识，能按照客观存在的社会规律来安排他们的集体生活，去实现他们不断发展的主观愿望。这门学科目前还只是一部分学者的奋斗目标。我愿意和在座的许多志同道合的朋友们一起，竭尽我的余生，向建立这一门人民的人类学而迈步前进。

赤　峰　篇

赤峰市，旧称昭乌达盟，包括三区、七旗、二县，面积8.4万多平方公里，在内蒙古自治区里赤峰市是人口较密和经济较为发达的地区。现在人口375.9万，占自治区总人口的19%，人口密度自治区是每平方公里16人，赤峰是45人。赤峰市1983年工农业总产值17.45亿元，居全区第二位，仅次于包头市；工业总产值8.29亿元，占工农业总产值的47.3%，居全区第三位，在包头、呼和浩特两市之后；农副业总产值5.5亿元，占工农业总产值的31.5%，居全区第二位，仅次于哲里木盟，而林牧总产值3.6亿元，占工农业总产值的20.6%，居全区首位。

我们挑选赤峰市为研究内蒙古开发问题的入门口，是因为在它的境内，具备农区、半农半牧区、牧区三种不同的社会经济类型，而且在民族结构上则和内蒙古总体一致，系蒙古族和汉族等多民族杂居。我们这次为了制定今后边区开发的研究计划而进行的初步考察，从1984年8月15日起到9月2日止共19天。参观访问了赤峰郊区的农区，翁牛特旗的半农半牧区，和基本上是牧区的巴林右旗南部，不同类型的考察点共 34 个。行程 1000 公里。在这样短的时间里能对这些不同社会经济类型的地区以及他们之间的关系取得初步的概念，主要是由于自治区和赤峰市的党政领导及各地干部的细密安排和热情支持。根据我们亲身的见闻和当地各级领导提供的资料，现将一些认识和体会，简述如后。

一

赤峰，蒙语乌兰哈达，地处长城之北的塞外。对一般没有到过这一地区的人来说，不免因塞外两字，往往带来荒凉之感，想象中不免是一片草原，平野无垠，人烟稀少，生活简陋。事实上，不仅是今天，更不用说不久的将来，甚至远古时代，这西辽河平原都是我国的富饶园地，只是在历史上的一段时期中由于生态平衡被破坏，局部出现过荒凉的景象。我们要正确认识这个地区的面貌，决不能脱离历史的兴衰起伏。

我们在赤峰所上的第一课就是这地区的历史。在赤峰的文物展览馆里，我们看到了在这地区出土的公元前 16 世纪的铜器，属于考古学者所说的夏家店下层文化。这说明在夏商时期这里已出现青铜文明，和中原的青铜文明几乎是同时并存，甚至有人认为为时更早。我们又看到夏家店下层文化的石器，有铲、锄等农耕工具，而且石锄厚重，刃端多崩落的疤痕，正是适应当地地表碎石块较多的松土工具。这些事实纠正了我们过去认为长城之外的农业是近世才传入的错误看法。根据随后看到有关地区的考古学论文，可以肯定早在中原的夏商时期，西辽河上游西拉木伦河（汉语黄河）一带曾经有过在技术上并不低于黄河流域的农业文明。当时的居民不仅懂得用石器耕种，而且发明了含锡的青铜冶炼技术。他们还聚居形成村落，具有农业社区的特点。据一些考古学者的意见，这些居民应与中原的夏商有联系，这联系可能不仅是文化的传播，还有可能有种族的联系，即殷人的一部分。

在夏家店下层文化的地层之上还有一种和下层文化不相衔接的上层文化，这两层文化的交替正当我国的春秋时代。这是说，上层文化也就是后起的文化。曾于春秋年代在这个地区取代了早先的下层文化。上层文化之区别于下层文化恰恰在陶器的退化，和金属武器的突出增多，并发现了前期没有的马的遗骼和青铜马具。结合中原文字的记载，使人觉得有理由认为后来进入这地区是东胡民族，在经济上带来了牧业。

对于考古学我不是内行，上面所引的这些见解在学术上是否已经能确立，我无法判断。但是使我深受启发的是，我自己过去总是以为牧业落后，农业进步，牧业在发展上早于农业，而实际上这两种生产活动都是从采集经济中发展出来的，一是在动物范围内驯养了牲畜，一是在植物范围内培植了粮食作物，在同步并进的过程中，由于各地条件不同而发生农牧的区别。

如果再进一层看，农牧这两种生产活动，在早期的社会里存在着既依存又矛盾的关系。从满足人的生活需要来说，农业和牧业都不能单独形成完全自给自足的经济，农民需要肉食和畜力，牧民需要粮食和日用品。但是农牧在靠天经营的水平上对土地利用存在矛盾。靠天养畜的游牧时期，人跟着牲畜移动，不能定居，需要大片草场以便放牧。而农业却需要长期在固定的田间劳动，即使在刀耕火种阶段，要等几年以后，地力耗尽后才移动，所以一般地也一定要定居一个时期。在一片土地上，就不能同时经营牧业。因此，靠天种地的粗放农业对牧场草地来说是一种破坏力量。而且凡是丢荒之地，在天旱地区植被破坏后，很快就会沙化，农耕所及，草场荒废。加上农业社区人口增殖，一定要扩大耕田面积，即使在较高的轮作和施肥的农业水平上，也会和牧民争夺土地。所以在这种技术条件下，农区和牧区既互相依存，需要互通有无，而又互相排斥，难于长期和平共存。这种关系在传统生产技术没有突破以前，决定了过去我国边区农牧接触界线上长期发生的你去我来，我来你去的拉锯局面。上面所说赤峰地区考古学的考证，只是这地区历史上早期由农而牧之变化的第一回合。

如果赤峰地区在殷商时代确曾存在过和中原水平不相上下的农业文明，这种文明在春秋时代就被由北而南的牧业文明所代替了。在历史的记载上，我们又看到战国时代燕国的秦开挡住了东胡的南下，把他们赶回北方，“辟地千里”。这时代所建的“燕秦长城”正穿过赤峰而向东延伸。它的遗迹还可以在赤峰市区附近的红山上看得到。可见赤峰南部正处在燕秦长城和至今尚存的元明所修长城之间，胡汉交叉之地，也正是农牧交替之区。秦开以后，这个地区历经突厥、契丹、女真、蒙、满等不同的北方民族先后占有，农牧之间的来回往复，当可想见。

如果容许我冒失地总括秦汉以后直到清代这个地区的总形势，也许可以说，骑马的牧民总是于武力上处于优势和主动地位。他们尽管可以一时受到中原武力的回击，如早期的秦开，以后的刘彻（汉武帝）等等，挥鞭塞外，但是以农业为主的居民，总是处于守势，对飘忽不定的骑马民族，主要只有采取筑城防御的战略。但每一次防线被突破，就必然有大批牧民进入塞内，其中固然有许多人满足于得到了一些粮食衣帛，回去继续他们的游牧生活，但是如果要在农业区站住脚跟，建立统治地位，就无法在农业区继续原来那种游牧生活，只有弃牧为农。正如我们这次所看到的赤峰南部蒙古族的情况，在几十年里基本上放弃了放牧生活而成了农民。当前华北的居民中一定有很多人可以从家谱上追溯到经过这种转变的“根”。

还可以注意的是，汉代以后以长城为界，出现了南北两个大统一的局面，北是匈奴的游牧区，南是中原的农业区。游牧区的东端包括西辽河平原，现在的赤峰市就在这个统一体的边缘。其后在这地区或这地区附近兴起了势力扩及华北的鲜卑、契丹等以牧区为基础包括广大塞内农区在内的政权，我对北魏和辽金的社会史实知识不足，不能作出概括的描述，但可以看出，当时这些北方政权，军事上尽管依靠牧民的武力，经济上华北农业区一直是他们的基础，而且在统一的政权下，农牧区之间的依存关系一定受到保护和发展。契丹所建的辽国上京在今巴林左旗的林东镇，中京在宁城，均在今赤峰市境内，而其西京则在大同，南京在今北京城附近，表现出了农牧并重之势。同时也可以推知当年这地区的繁荣景象。原林东和大板的大塔保留至今，雄伟屹立，本色犹存。因此我们不能想象今赤峰地区在历史上曾经是单纯的牧区。

至少我们可以指出，公元后 1500 年的历史中，还难以找到赤峰地区曾经是一片沙砾荒无人烟的记录。相反的，远在唐代，这里就有“平地松林”之称。宋代文人欧阳修（1007～1072）的《春使契丹道中五言长韵》中有“山深闻唤鹿，林里自生风”的描写。到辽代，翁牛特旗据称是“平地松林八百里”，至今这地方还有三四百年的油松大树。不说远的，就在解放前夕，在这地区和敌伪斗争的同志亲口向我说，他至今还记得当时清晨在这片草原上驰马出行时，露湿两腿及腰部，当时草长有一米多高。这样的草原至今有一部分还保持着“风吹草低见牛羊”的优良水平。换一句话说，那时这地区的生态平衡还没有严重地被破坏。

二

在这个地区人口由北向南的移动逆转为由南向北的移动，可能是在清代开始的。满族是女真之后，兴起在东北，入关统一中国之前，先并吞了蒙古的牧区，并和蒙古族建立了联盟，实行对蒙古族的和亲政策。今赤峰地区康熙、乾隆两代就有7、8个公主下嫁给昭乌达盟的蒙古贵族，其中三个是在巴林右旗。我们参观了至今还作为文物重点保护的巴林右旗大板镇的庙宇，据传说，就是当时下嫁公主时，陪嫁的72行匠人所建。这些人的后代现在已作为蒙古族繁衍在这一地带。和亲政策的内容显然包括了文化流传和人口移动。这种移动不仅促进了当时牧区的社会发展，而且一直受到群众的欢迎，作为美好的传说，留传至今。又据说，当时的蒙古族王公为了自己的享受和蒙民的粮食供应，曾主动招收关内的汉人来归，给予土地，让他们开荒耕种。但是在清代初年，依法汉人是不准出关的，所以由南向北的流动总属少数。

17世纪末，18世纪初，出现了新形势。一是中原经过几十年的安定和引进了新的粮食品种，人口大增；二是北方的帝俄已侵入西伯利亚，到达我国边境。一方面人口压力使华北的一部分贫苦农民为了寻求出路，大批出关；另一方面康熙、乾隆看到边区增加人口的重要性，不得不开放边禁，采取“借地养民”和“移民实边”的政策，这样大批汉人在政治力量支持下移向东北，其中一部分进入了当时蒙古族的游牧地区，首当其冲的是今赤峰地区。

我们还没有掌握近百年来，这地区人口流动的具体数据，但在这次访问中注意到在西拉木伦河以北，以牧业为主的地区，有一个务农汉族占90%以上的林西县。询问之下，才知道清末已开始有汉人入境，民国初期军阀割据，移入的汉人更多，据说当时在热河称霸的军阀，强占牧场，分封部下，招募农民，高利盘剥，硬是把林西这片牧场开垦成农田。这只是一种强力移民的方式。更多的恐怕是通过早到的移民的同乡和亲戚，一个牵一个，一家拉一家地进入这在农民眼中看来是一片大可开垦的“荒地”。而实际上这都是改牧为农的过程，而这个过程是在无计划、无领导、落后的农业技术水平上进行。其中固然有开垦成功的耕地，但直到1952年，平均每亩粮食产量才开始超过50公斤，以前一般只有几十公斤，实质上是一种广种薄收的对土地的掠夺。人们占有了一块草地，挖草开垦，靠天种地几年后地力耗尽，就丢荒另开。这片被丢的土地不久就沙化，最严重的寸草不生，成为流沙，或称移动沙丘，进一步侵蚀草场，形成难于抗拒的破坏力量。

人口增加，不仅当地所需粮食增加，必须扩大开垦，而且建筑房屋，生火取暖，起炊造饭，这一切都需要木材和燃料。只砍不植，日久天长，使原来森林茂密的西拉木伦河流域到了近几十年已成了一片树木稀少的平旷大地。树木日稀，水土流失，加速了沙化。以牧区来说，由于牧场缩小，单位面积载畜数相应增加，超过了自然恢复饲草的限度，引起草原退化。这一系列破坏生态平衡的因素，形成了恶性循环，引起了一般所说的“农牧矛盾”，在民族杂居地区又表现为民族矛盾。

解放后的30多年，尽管在植树造林和草原建设方面做了大量工作，但是从林草的植被状况看，沙化的程度还是十分严重的。以赤峰地区中部的翁牛特旗来说，基本是“五沙、四山、一分田”。已经沙化的一半土地中，流动、半流动沙丘占全镇总面积的41%。水土流失的面积占总面积的一半，全旗土壤有机质含量平均仅为0.5%。因此，可以说赤峰地区生态平衡至今还没有恢复。而且这几十年里在一定程度上还加速了生态环境的破坏。据当地同志的总结，这种情况主要是由“四滥”造成的，即滥砍、滥牧、滥垦、滥采。

滥砍。解放以来林木砍伐量远远大于林木生长量。30 年中有两次大的破坏：一次是修建红山水库，1960 年水库坝合龙时，使用大量木材，砍伐达 4 个月，附近地区几乎都剃了光头，至今这一带森林植被没有得到恢复。第二次是十年动乱期间，仅翁牛特旗就被砍伐了 100 多万棵树木。

滥牧。多年来，牧业的最大弊端是过度放牧，靠天养畜，不注意草场建设，造成草畜矛盾牧草减少，牲畜羸弱，大量死亡。原因之一，是领导部门误以牲畜存栏头数增加来衡量牧业是否发展的结果。解放初期，翁牛特旗牲畜仅 15.6 万头（只），而现在已有 80 万头（只），折合 170 万羊单位。载畜量过重，草场和牲畜质量都大大下降，形成夏秋抓膘不足，羸弱牲口不易过冬，到春天大量死亡，每年都在 5％上下，灾害年份高达 10％。如 1984 年干旱，死亡率达 10.8％。

滥垦。开地垦荒，广种薄收，靠天吃饭，为害最烈。翁牛特旗粮食单产一般仅为百余斤。解放初期该旗耕地面积 150 万亩。现在实际已达 240 万亩，30 年开荒面积达 90 万亩。人们所说“越穷越垦，越垦越穷”的恶性循环，还在发展。

滥采。主要是由于农村燃料供给不足。翁牛特旗 7.3 万户中缺烧柴五个月以上的就有 2.9 万户，估计全旗缺柴 7500 万公斤，先是砍树，树完割灌木，进而刨树根、挖草根，使草原沙化。草原上生长着许多贵重土产和药材，1983 年夏季兴起一阵大挖黄芩之风，由历年挖 10 万斤增到 400 万斤，破坏了大片草原。

经此“四滥”破坏所及，林草俱尽，农牧双衰。总结这段长期没有扭转的恶性循环，人们往往总是归咎到流入的人口过多所引起的农牧矛盾。所以一听说我们要研究人口流动问题，犹如惊弓之鸟。从这段历史遭受中，他们的感情是完全可以理解和同情的。

人本来是自然界生态环境中的一个主要因素。但这一个因素是主观能动的因素，它可以成为消极因素，也可以成为积极因素。这地区的游牧经济原是当地居民早年创造的一种生态体系，人们帮助牲畜找草吃，保护他们不受其他动物的袭击，引导它们避开寒冷的气候，使牲畜得到繁殖，然后人又靠牲畜提供生活资料。农业原本也是一种生态系统。有人说在东亚这片大陆上，中国人能从土地上耕作了五千年，而地力不竭，明显地掌握了自然界的生态平衡。所以人成为生态环境中的积极因素是常态。

但是当靠天放牧和粗放农业碰在一起，问题就发生了。农民开垦土地，把原来的牧场变为耕地，人口多了，耕地面积扩大，更缩小了牧场。粗放农业不能经久地在一块土地上耕种，必须不断更新耕地，也就要不断丢荒，被丢荒的土地不久就沙化，沙丘会因风移动，吞没草地，又是对牧场的一种重大威胁。这样的农业在这个过程中确是破坏牧业的消极因素。它之成为消极因素也由于被破坏的牧业是靠天放牧的低级牧业。这种牧业是让牲畜在草地上自己去找自然生长的草吃，并不是人种了饲料去喂牲畜。如果我们把“农”理解为人工种植，那么靠天牧业中包括不了“农”的成分，因而同农对立了起来。如果牧业提高一步，人用自己种植的草和其他精饲料去喂牲畜，种草和种精饲料的活动应当可以包括在“农业”之中，农牧不仅不对立，而是结合在一起，可以说农业为牧业服务了。我对牧业固然没有专业的研究，但在访问英国和澳大利亚时确实看到过这种比我们靠天放牧高一级的饲育牧业。看来，只有提高牧业发展生产力才能根本扭转农牧矛盾的恶性循环，恢复这个地区已经破坏了的生态环境。要发展生产力，关键还是人这个能动因素。因为只有通过人的智力，才能实现这个转变。在这一层次上，我们一定会看到成为积极因素的人受到人口稀少、经济落后地区的欢迎，正如早日公主下嫁，72 行技工进入内蒙古一样。我想，争取这一天早日到来，也正是我们所提出的开发边区的主题。

三

我对草原和牧业很不熟悉。过去只来过内蒙古自治区四次，两次到呼伦贝尔，50 年代和 60 年代各一次；两次到呼和浩特，都是短访，不是调查研究。1954 年我在《话说呼伦贝尔草原》里说过，当时我看到的草原上的草，长得矮矮的，够不上“风吹草低”，不如用“浅草没蹄”来形容似乎更恰当些。我还提到老乡们认为草矮好养羊的话。1961 年又去呼伦贝尔，所见的没有多大改变，只听说草场在退化，牛羊喜吃的草越来越少了。1983 年访问呼市，到草原去转了一下，那是个为旅游开辟的参观点，草长得和 50 年代所见的差不多。矮草是不是好，暂且不论。但这四次都没有看见沙化了的草场，更不明白沙丘怎样会移动的。关于这些情况还是我这次到赤峰地区得到的新见识。沙化有害于牧业，即便是外行人也会一看就明白。现在翁牛特旗这个西拉木伦河和老哈河所形成的三角地带，沙化面积已超过草场的 40%。赤峰市的其他地方情况可能更为严重。如果今后内蒙古自治区的发展方向是以林牧为主，那么也很清楚，治沙应当是着重的要着了。这一点多年来有远见卓识的人是早已明白的。

我在上面说，解放以来的 30 年，从草场的情况来说，不能不承认赤峰地区生态环境中的恶性循环还没有根本扭转。尽管如此，我们却不能说没有注意治沙工作。当我们的车子刚出赤峰市区，同行的朋友就指着路前的一个小丘说，在这上面有块石碑刻着朱老总和董老的题诗，纪念当年治沙的成绩。解放初期，沙化的威胁已经达到赤峰市区的北郊。经过种草种树，挡住了风沙，经过这 30 年，这里已成为一片郁郁葱葱的密林了。这说明在这个地区，沙化和反沙化的两种势力长期以来一直在较量。人这个因素，扮演着相反的两个角色：一方面是自发的破坏，另一方面是理智的建设。上面所说的情况只表明到现在为止，后者还没有压倒前者。要把生态环境扭转过来，看来还得作一番努力。

我们在这次考察中看到了这方面一系列的科研成绩。可以肯定，经过长期地坚持工作，确已为扭转生态的恶性循环找到了因地制宜的有效办法。现在的问题已不是在这地区能不能恢复生态平衡，而是怎样把各个环节上找到的治理方案成龙配套，付之实施，推广到全境。

我们访问的第一站是参观赤峰市郊区太平地乡的农田防护林。这是赤峰市林业科学研究所在 1966 年开始的一项科研课题。这个乡 1959 年有 4 个村、54 户人家，当时是一片沙化土地。经过山、水、田、林、路、机、电的统一规划和综合治理，1965 年成功地营造了大面积的农田防护林，造林 7500 亩，形成四百多条林带。把整片土地划成 370 多个网眼，每个网眼有 200 亩农田，共保护了 6.6 万亩农田。林带是由几层树木构成，定期分行栽植，分期成材，老树砍伐，新树接班。如果把这些树木按双行排列，有 500 公里之长。在林带保护下，改善了农田的小气候，风速降低 37～75%，温度提高 7%，土壤含水提高 35%，这就控制住了沙化。粮食产量逐年增加，1965 年单产 109 公斤，防护林发挥作用的 1975 年单产达到 225 公斤，1983

年又提高到300公斤。他们津津乐道的是1982年5月里赤峰市遭到11级暴风，全市灾情严重，唯独太平地林网内98.5%的农田平安无事。最近几年，第一批种的树已经成材，每年可采伐5000立方米，出售收入超过100万元，而且建立了一个胶合板工厂，把残余木片胶合成木板，制造家具，只是林业一项就吸收了劳动力1400多人，每人每年收入600元。太平地乡以林护农，林农并茂，而且开始发展乡镇工业，走出了一条沙治民富的道路。我屈指一算大约是20年。到一户老乡家里访问时，看到这个家里正使用电磨机碾玉米。小型机械已进入农家了。

四

在太平地乡看到的是治沙的成就。怎样治理沙化的过程我们还是没有感性知识。当天又到离太平地乡北大约85公里的乌兰敖都，参观治沙基地。在路上我开始看到沙丘，很远就反射着强烈的光线，像是在绿草和蓝天中划出了一条条白色界线。车驶近时，但见高低起伏，一片白沙，寸草不生。有一处我看见有几个人躺在沙上沉沉熟睡。一问，原来草地上蚊蝇扰人，不易休息，而在沙丘上因已成为不长生命的空白点，则完全可以安卧了。沙丘凭借风力还会移动。大风把沙刮起，大量地吹向一方，在不太长的时间里，一个沙丘可以移动好几米，而且在移动过程中越长越大，越大越狂，积年累月，良田沃野甚至房舍道路都可以被它吞没。其力之大，难以挡避。

怎样治沙呢？沙化出于植被破坏，水土流失，治沙之道也就只有重盖植被，防风固沙。困难是怎样能在沙丘上长植物。科学工作者和当地生长者捉摸沙生植物的规律，找到适宜在这地区生长的包括沙打旺、沙蒿、沙柳、锦鸡儿在内的各种草本、木本植物。这些植物只要在发芽期得到一定雨量，就能把根深深插入沙里，吸取水分，继续生存。这样也就把沙固定了。风吹来，不至于把沙刮走。沙固定后就可种灌木。灌木是较厚的植被，改变土质，造成可以种植乔木的条件。这个公式称作草灌乔，和过去习惯的乔灌草公式刚刚颠倒过来，反弹琵琶。

乌兰敖都的治沙站，是 1974 年开始的，由中国科学院林业土壤研究所与赤峰市、翁牛特旗合作的科研项目，主攻方向是流动沙丘的治理。他们采取林业、土壤、气象、植物、微生物等多学科综合治理，通过工程措施与生物措施，在 1.2 万亩流沙治理试验区内，用草灌乔结合、针阔叶相结合、封育恢复和人工措施并举的方法，建立了沙生植物园，形成了固沙林、饲料林、公路林、草场防护林综合配置，治沙面积 3000 亩，覆盖率已达 40%左右。十年内把原来一片沙丘，变成绿荫如盖的林园，给我们初识沙丘的人以极大的鼓舞。参观时，我们还吃到了在原来的沙丘上建成的葡萄园的果实。味道虽则还比较酸，但是这一成果为牧区栽培葡萄开辟了道路。沙丘出葡萄应当是值得赞扬的“奇闻”。

在总的沙化面积中，像乌兰敖都那样的沙丘是少数，更多的是正在退化中的草场。场上草长得又小又稀，如果继续放牧，让牲畜把少量的草连根啃掉，加上畜群的践踏，就会很快退化到沙丘的状态。治理的办法就是把它围封起来，防止牲畜闯入；或把草场分成块，分别围住，轮流放牧，使草有生长的间歇时间。这种围封的草地，蒙语称草库伦。这是保育牧场的有效办法。我们这次在翁牛特旗旅行中几乎一路都看到围封的铁丝网。

封育的办法是恢复草场的有效办法，但是所需时间较长。要提高草场利用的效率，还可以加上人工措施，建设基本草牧场。其中最简单的是不破坏原有草根而在地面上开沟播种苜蓿等有根瘤菌的豆科作物。这些植物不仅是优良牧草，而且可以改良土壤，使草场较快地兴旺起来。

为了逆转已经恶化的生态系统，恢复和巩固新的生态平衡，人不断地在和沙化作斗争，使我们在这里看到了科学的威力。

五

牧业的基础在草，有了草养活了牲畜，才谈得到改良品种；有了好品种，要抓膘育肥就需要精饲料；用了精饲料，牧业就进一步由靠天放牧向人工饲育转化了。这也就是我在上面说过的发展牧业的道路。在这几个发展牧业的环节上，科研工作者已在赤峰地区找到了有效的改良办法，这是十分可喜而应当记下来的事情。

巴彦他拉处在西拉木伦河以西大草原的西端，再向北是巴林左旗的林东镇，即早年辽国的上京。“巴彦他拉”系蒙语富饶的草甸之意。据当地同志介绍，解放初这里还是柳树成片、野鸡成群的好地方。现在柳树没了，野鸡飞了，一片黄沙。草场退化严重的原因如前所述，而这里更直接的原因是开荒造成的。1966～1976 年，植粮地增加了 3 倍，达 7 万多亩。1970～1975 年，部队开荒 3 万亩，全部荒，日益沙化。其结果是 1966 年以前的 10 年，牲畜增加了 4 倍；后 10 年，反而减少了 1 万头（只）。

1976 年春，苏木草原站开始治理这块沙化地，主攻方向是半干旱沙化草场的改良建设。他们建设了水、草、林、机四配套的 3 万亩基本草场，种树 50 万株，形成 40 个网眼的林网，控制 2.4 万亩草场，种植了优质牧草 2800 亩，青贮 100 亩，树木、牧草长势很好。我初次看见长到我胸前肩旁的青草。草势长得这样好，据说是由于他们还采取了引洪淤灌的措施。这块地靠近一条河，每年春水涨，他们就开好沟渠，按网眼轮流把水引进漫灌地面。这种水里含着上游冲下来的沙和有机物，漫灌地面留下厚厚的一层土，相当肥沃，因而改变了沙化的土质。治理前亩产牧草只有 30 公斤，经过治理提高到 150 多公斤。过去这个苏木每年买草需 10 万元，现在单以支援别处牧草就可收入 10 万元以上。他们又围封了近 5 万亩沙化土地，现在已可以轮流放牧。

以巴彦他拉为例，我们看到过去因开垦而破坏的草场，可以成为牧草生产的基地。如果再加上围封治理，已经退化的草场在十年里是可以转变为优质牧场的。这个经验在边区重振牧业中具有重大意义。这个以牧为主的巴林右旗，各类沙丘面积估计有 400 万亩，占全旗面积的 26%，而且现有风沙土面积比 1964 年增加了近一倍，沙化每年平均以 11 万亩的速度发展。要扭转这个严重形势，每年得添加 5 个和巴彦他拉这样的乡，才能在 10 年内把巴林右旗真正地转变为富饶的草甸。事在人为，已经有了榜样，这个目标是可以做得到的。当然在方法上还得因地制宜，但是林网和围封的基本方法是到处适用的。

发展牧业，首先在草场建设。草场的恶性循环主要表现在草畜矛盾。传统的牧业不讲经济核算，不计经济效果，接羔和出栏没有计划，造成死亡率高和畜群老化。这种习惯至今没有彻底改变，以致现有牛群里尚有 13 岁的高龄犍牛还在饲养。据估计，1982 年巴林右旗尚有 7000 多头 6 岁以上的犍牛没有适时出栏，3 岁以上的羯羊达 2.5 万只。这些老牲畜拉长了畜群生产周期，使有限的草场在冬春受到过重的压力，反过来增加了畜群的死亡率。同样一片草场，定量的草料，如果多养适龄母畜，繁殖率就能上升；再加上及时提高出栏率，加快畜群周转，使用草料喂给能多出肉乳毛皮的适龄牲畜吃，牧业效益就能大大增加。

我们过去有一段时期，以牲畜存栏头数来作为牧业指标，头数增长认为是牧业的发展。片面强调牲畜存栏头数势必导致降低出栏率。赤峰情况就是这样。在草场沙化的发展并没有扭转的30年中，牲畜总头数由1949年的100万头发展到1983年的676万头，单位牧场载畜量增加了近6倍。在表面的繁荣中包含着阴暗的一面，那就是由于草地超载，畜群不够结实，难于抵御自然灾情。1983～1984年春就出现高死亡的现象。所以当务之急，不仅要从草场建设上稳定和提高草料的供应，而且需实行科学畜牧，就是分析畜群结构，加速周转，提高草场效益，解决畜草矛盾。农业要提倡科学种田，牧业同样要提倡科学养畜。

六

从提高经济效益的观点出发，一项根本措施就是改良畜种。用同量牧草养育一条牛，因品种不同，所得到的畜产品，价值可以有很大的差别。比如原来的本地品种一只绵羊只产羊毛1～1.5公斤，自从敖汉细毛羊的改良品种试验成功后，一只绵羊平均可剪羊毛3公斤。这几年羊毛总产量提高了11%，1983年总产量达1000多万公斤，创历史最高水平。

我们参观了海金山牧场，当时他们正准备接待自治区派来的人员验收定名为草原红牛的改良品种。我们遇到该场最早引进英国短角牛的负责同志，听他讲述了引进和试验的经过。还是在50年代初期，东北某农科所处理英国短角牛，昭乌达盟分得了18头。这18头原种和当地蒙古牛配种，获得成功，肉乳兼用，产量都超过母种，而且适宜于在这个地区生长。

接着进行了人工授精。冷冻精液使得草原红牛的繁殖得以大面积推广，现在全市已有120000多头，海金山准备验收的牛群就有2000头。我们见到了负责这项改良品种工作的一位土专家，他是中专毕业生，学过一些有关牧业的基本知识，从实践中摸索，坚持了30年，最后见到良种的评定。科学事业，贵在坚持。这位土专家没有用文字写出什么论文，但是他的论文就写在畜群日益增长的草原红牛身上。

我们在短角牛场停留时间不长，但得到很大启发。这是一个以牧为主、繁育短角牛的种畜场，也就是培育草原红牛的种畜。这里沙化面积达40%，他们坚持围封淤灌，造林治沙，根治了流沙。在改良并合理利用天然草场的同时，注意了野牧草驯化、优良草种繁殖和人工草场的建设。几年来，先后引进150多个牧草品种进行对比试验；同时驯化当地野生优良牧草12个品种，选出适合本场栽培的优良牧草品种，1980年开始繁育牧草良种，其中有制作青贮较理想的品种。有适合晒制干草的品种。与此同时，建成了人工饲草饲料基地，以农促牧，不但自产羊草、优良牧草、青贮饲料，还生产多汁饲料和精饲料，粮料自给有余。场内建立了乳粉厂、酒厂、木工厂、面粉加工厂和饲料加工厂。饲料加工将从草粉加工向颗粒饲料和配合饲料深度发展，现工业产值达40多万元。

20年来，前十年该场赔了118万元，而后10年盈利达140万元。在这里我不想强调品种的改良，治沙的效果，而想从农牧业结合，促进牧业发展，走上发展工业的道路去看，这里不是提供了从靠天养畜向建设养畜转变的具体启示么？

我们接着访问了接受联合国援助的翁牛特旗示范牧场。这个场的目的为在集体经济基础上建立一个草场、饲料、牲畜集体化生产的试点，成为北方干旱半干旱地区，一个现代化的生产、科研、教学相结合的示范中心。联合国提供了全套机械设备。我国提供了5万亩饲草饲料地，修建所需的建筑，包括青贮设备、机械仓库、人员办公住宿用房。为了引水入场，还修筑了一个水渠体系。从1981年开始建设，1984年已完成了第一期计划。尽管这个牧场是否有推广的条件还成问题，但在这里至少可以看到现代牧场的一些梗概。他们初步摸索到了草原畜牧业如何向现代化畜牧业过渡的途径，其中重要的一条就是饲养业一定要和种植业并举，放牧和半舍饲相结合。简单地说就是靠天放牧和人工饲育的区别。如果能利用现有条件，总结和分析这个示范中心所遇到的种种具体问题，正给我们理解在牧业现代化道路上必须通过实践来克服的一系列困难。其中重要的一条是如何走出具有中国特点的道路来。从这个角度来说，这个示范牧场是一个有价值的试验。

七

我们从巴林右旗沿西线折回翁牛特旗。翁牛特旗从整体说来是个半农半牧区。它正处在以牧为主的巴林右旗之南，以农为主的赤峰郊区之北，夹在北牧南农的中间，也可以说赤峰市农牧两区的交接地带。在这个旗里我们曾沿东线参观了上述几个治沙和改良畜种的典型，但并没有接触到半农半牧的特点。在回程上才访问了有半农半牧代表性的巴汉他拉苏木。巴汉他拉是“小草甸”的意思。这个苏木，一共有1100户，分成4个嘎查。我们听到黑塔子嘎查的情形之后，认为这里具体而微地集中表现了赤峰这地区的一般经历并有力地指出了退农回牧的前途。让我在这里简单把这个嘎查的情况介绍一下。

黑塔子嘎查是1947年解放的，当时共有64户人家，347人，其中蒙古族49户，230人，蒙古族以牧为主，全嘎查上有大小牲畜

1235 头（只），耕地只有 436 亩，主要属于汉人所有。当时商品经济不发达，牧业和农业都处于自给状态。上等好耕牛价一般不超过百元。务农的汉人技术上同样很落后，称作“漫撒子”的粗放农业，种的主要是糜子和谷子，产量很低。务农的家里也养少数牲畜。务牧的在村子边头也撒些谷子。当时黑塔子不像现今我们所见到的那样荒凉，草甸子平均每亩青干草在 500 斤以上。草甸子上长着碱草、野苜蓿、德日苏等草，牧草称得上很丰美，而且还有麻黄、黄芩等名贵药材。

解放后这 30 多年来几乎每年有 30 口汉人流入草原。1966 年已有 242 户，1029 人。牲畜增至 3104 头（只）。耕地增至 3871 亩。1983 年又有增加，达到 345 户，1705 人，其中蒙古族 88 户，448 人，还不到总数的 1/4。嘎查土地总面积 4 万亩中，草牧场 3 万多亩。牲畜 5390 头（只），比解放时增加近 3.5 倍。耕地 4000 多亩，比解放时增加近 9 倍。土地总面积是增加不了的，耕地增加则草牧场缩小，牲畜头数增加则每头牲畜草料供应相应降低，这样就引起严重的草畜矛盾，降低了牧业效益。

党的十一届三中全会前多年强调“以粮为纲”，大量种植粮食作物，亩产量不到 50 公斤。1972 年劳动日值下降到 5 分钱。所以从 1963 年起，一直到 1980 年，连续吃返销粮，到后来连返销粮也买不起，只能靠国家救济过日子。这种情况到三中全会后实行大包干的责任制才得到扭转。特别是这几年种植了向日葵，全嘎查 1983 年交售商品油料 15.5 万公斤，加上牛羊肉 8000 多公斤，人均收入达到 240 元，群众的生活才逐渐好转，解决了温饱问题。

黑塔子嘎查的经历告诉我们，这个地区的所谓半农半牧，并不是农牧结合，而是农牧并存。从民族上看是蒙牧汉农，杂居共处。这个草甸子原来是优良的牧场。六、七十年前开始有务农的汉人移入，但是到解放时该地人口汉蒙还是三七开，所以保持了以牧为主的经济。30多年来发生了变化，成为半农半牧。这变化在经济上说是走了下坡路。移入的汉人越多，农田越多，日子越难过。这是该地居民每个人的切身教训，也是引起民族矛盾的经济基础。我们要加强民族团结，就是要切切实实地改变这种经济状态，而只有走上农牧结合，民族共同繁荣的道路才能扭转这局面。

我们倾听了黑塔子的干部们根据他们实践的经验所提出发展这地区的方案，真是为我们上了一堂富有启发的课程。如果总结这堂课的主题，可以说是“退农还牧”四字，看来这也是整个半农半牧区应走的道路。如黑塔子嘎查那样的地方，首先要解决的是土地的沙化问题。治沙的办法正如我上面所说过的，是现成的。黑塔子嘎查准备用3～5年的时间，采取“引洪淤灌”的方法开沟挖渠，引进附近少郎河的水淤灌2.5万亩盐碱地；同时对现有的草牧场实行封育，轮流放牧；并着手营造防护林，使这里草料在两年里每亩增产50公斤，这是走巴彦他拉的路子。

他们还计划“卖羊买牛”，在几年里使这个嘎查建成一个奶牛基地，做到每头母牛有“一亩青贮、一亩草料”，种植青贮作物是一种为牧业服务的农业，这才真的做到了农牧结合。这种结合不仅是以农促牧，而且通过“过腹回田”，牲畜又为农田提供了有机肥料，以牧促农，彻底地改变农牧矛盾的恶性循环成为农牧结合的良性循环。这是走上牧业现代化的路子。

“卖羊买牛”是牧业专业化。过去传统的牧业是自给的牧业，一家牧民要在牲畜身上取得日用所需的种种原料，所以必须是肉奶皮毛样样俱全的综合供应。从自给经济提高到商品经济，那就要根据商品的需要而选择品种，一头既能长膘，又能出奶的牛是不多的。黑塔子嘎查想把现在喂羊的草料转过来喂牛，把现有的羊全部处理掉，换成几百头奶牛，然后用精饲料饲育奶牛，并且计划开办奶粉厂走上工业化的路子。这是一种先进的设想。以农促牧，以牧促工，整个经济就搞活了，也就提高了。他们估计完成“卖羊买牛”的计划后人均收入可以达到450元，比现在翻一番。路是人走出来的。但是采取这种措施的具体条件是否具备，那是还应具体研究的。

八

从巴汉他拉更往南行，就进入了翁牛特旗的农业区。这里有一条足以利用来引洪灌溉农田的少郎河。可以得到灌溉之利的土地称作平川地，但只占可耕地的小部分，大部分是丘陵地带的坡地，只适宜种植旱地作物。在一定程度上这里可以代表赤峰市中、南部农业区的一般情况。我们从半农半牧的巴汉他拉出来，就去访问乌丹镇附近的山咀子乡农业科技村驿马吐大队。这个大队现在是赤峰市商品粮基地之一。自从大搞农田基本建设，推广普及农业科学技术，这个大队的粮食产量从1978年就开始大幅度上升，从该年的135万公斤，已经提高到1982年的217.5万公斤，四年里产量每年递增25万公斤。1982年实行了“双包”生产责任制，1983年试办农业科技村，效果非常显著，粮食总产达到268.5万公斤。1983年向国家售粮27.5万公斤，成为名副其实的商品粮基地。

我们在访问该村之前，脑里就存在着一个科学成果怎样推广的问题。上面我们已经介绍了赤峰市在治沙、造林、改良草场和牲畜品种等方面所取得的科研成绩，但是这些都是局限于较小范围里的成绩，还没有大面积地推广来改变赤峰市经济的整个面貌。在我们看来，当前的问题是怎样把这些已经找到的发展手段大力地运用起来发挥效力，关键是怎样使这些已经行之有效的科学知识能传递到广大群众手上，变成千家万户的生产力。这里包括着两个问题：一是怎样形成一个扩散知识的社会组织，二是怎样建立起一个扩散知识的队伍。听到驿马吐大队的初步介绍后，觉得这个科技村的实验可能对上述问题提供一些答案。这次访问并没有辜负我们的期望。

这个科技村为科技知识的传播建立起一个五层结构的塔形梯队组织，最高层是负责全村科学普及推广工作的科学技术委员会；其次是受过农民业余技术学校培训的有文化知识的农民技术员；第四层是示范户，是些能在群众中起模范带头作用的农户，其中选出若干重点示范户作为第三层；基层称科技户，包括所有愿意接受科技知识的农户。凡是一时还不愿接受科技指导的为一般农户，是这个组织的预备队。

全大队五个自然村有630户。1983年落实了420个科技户，占全大队总户数的67%，其中示范户有70户，占总户数的11%，一个示范户指导6个科技户；其中再选择14户为重点示范户，占示范户的20%。全村共有农民技术员10几人，他们都是具有初高中文化程度，经过农民业余技术学校里的培训，工作热情高，干劲大，接受事物快，在科学种田方面有一定实践经验的农民。经过考试合格，发给证书。他们是青壮年科技骨干，通过他们抓对示范户的指导咨询工作。负责全村科技普及推广工作的科技委员会是全部工作的领导小组，有成员七人，其中村干部五人，农民技术员、科技示范户代表各一人。通过这个塔形梯队，达到了上通下达，抓骨干、带一片的信息流动运转的系统。

自从包产到户后，改变了过去出工听哨子，操作听指挥的劳动方式，各家各户都得自己决定田地上种什么作物，串换哪些种子，购买哪些农药、化肥等等农业经营上的问题。解决得好，收成就高，解决得不好，产量就低。农民开始要求自己掌握农业科技知识。当然农民对现代科技知识不是一下子就容易接受的，认识有先后迟早。有些自以为能靠老技术种田的人，并不急于采用不熟悉的新办法，一直到他们在实践中发现自己田地上的产量赶不上科技户时，才改变主意。

接受科技知识需要一定文化条件。驿马吐这个村子，据说已普及了小学，但只有少数达到初中程度。实践中他们感到文盲和小学程度的农民，必须通过具体的直观示范才能跟着做。这是在愿意接受指导的农民中，还得通过多层媒介，才能跟上的原因。在科技知识传递的塔形梯队中，能起带头作用的范围还不到 10 户，文化水平是局限性的主要因素。所以这个科技村的领导小组已经下决心要采取措施普及初中，为进一步推广科学种田创造条件。

科技知识能得到推广是因为它在实践中确能提高生产力。驿马吐有许多生动的例子。其中之一是烧锅地科技示范户许桂东。1983 年，他承包 25.4 亩土地，单产平均 475 公斤，水地单产 575 公斤，平均每人 1000 多公斤，人均收入达 565 元，比过去多了好几倍。他在种好自己承包地的同时，带领 11 个科技户，帮助他们安排种植计划，购买农药、化肥，搞好种子处理，组织引洪防虫等，使他们都获得了好收成，人均持有粮达 1850 公斤，比上年增加 400 公斤，人均收入 400 元，比上年增加 80 元，这个小组比其他农户每人多得粮食 300 公斤。

重点示范户、示范户、科技户的层层带动，促进了生产，在田间管理上，只要科技示范户一动手，其他户也一齐动手。比如过去追肥正赶上天旱，示范户根据技术员指导推迟四五天，全大队都跟着示范户一样行动，推迟了追肥时间，获得良好效果。

有了这个能带动群众的塔形梯队组织，是否能产生良好效果，还得依赖带头的技术员。这种合格的技术员和示范户在一般农村里，需要从无到有、从少到多地自行培训。驿马吐大队在赤峰市和翁牛特旗有关部门的帮助下，从1980年开始就举办了农民技术学校，1983年扩大培训范围，开门办学，凡是有一定文化水平并能坚持学习的农民都可以参加。一年来一共开办五次，每次都结合当时农事的实际需要授课，如玉米、谷子、高粱三大作物的高产栽培，春季播种、夏季田间管理，秋季选种的知识。每次21天，一共参加690人次。这样培养出了一批掌握基本农业科学技术的骨干。他们不仅自己能种好田，帮助科技户种好田，而且其中还有一些人承包了六项有关新品种、肥料、高产栽培、新农药、生长刺激素等科研试验项目，积累了年度数据，提出试验报告，1984年作出了示范应用，扩大了科研效益。

驿马吐科技村在智力扩散、科技传播上取得了很可宝贵的实践经验。现在的问题是怎样能把这个成功的经验推广到更大的范围，不仅包括农区、也应当包括牧区在内，推广这个多层塔形梯队组织，首先是需要有科技知识的人。从驿马吐的经验看，每六家科技户需要一个示范户，五家示范户需要一家重点户，这些基层科技人员用二、三年时间可以从一般农民中培训出来。驿马吐这样的600多户3000多人的大队，至少要两个中专程度、一个大专程度的技术指导员，全市75万户，376万人就需要中专以上指导员2500人，大专以上指导员1250人。而现在全市农牧系统大中专程度的科技干部约2200人，显然在数量上相差很大。所以从点上的成就要推广成面上的事业，还需要在短期间培养出大批大中专程度的基层工作人员。这些人员不可能从外地调用，只有在本市培训，那就需要立刻着手在本市开办大专程度的专业学校。

我们在上面所叙述的还只是大队一级的基层机构。这个梯队并不是自足的，它还必须接上更高的层次，至少还要有市、旗（县）两级的科技指导机构。如果与农牧研究机构配套，所需的人才为数就更多了。我们在这次访问中，所得到的有关材料还不够作出初步的智力规划，只能提出这个问题。但是为了实现赤峰市农牧的现代化，这个规划是不能缺少的。

九

“有工则富，无商不活”，这句话在赤峰市是同样适用的。赤峰市1983年工农业产值17.45亿元，其中农牧业9.16亿元，工业8.29亿元。农牧和工业在产值上相差不大。但是这里的工业主要是集中在赤峰市区和若干国营厂矿，在广大农牧地区基本上没有现代工业。农牧副业1983年产值约2.7亿元，只占农牧产值的30%，所以农牧区人均收入还不到300元。

我们所访问的那些牧区和农区，确是很少见到工厂，甚至较大的作坊也不多。除在太平地听到过，由于20年来种的树已经陆续成材，有一部分木材可以加工制造胶合板；在黑塔子谈过打算发展奶牛开办奶粉厂外，各地很少谈到农牧产品的加工和兴办其他工业的话。这使我们产生一种印象，赤峰的农牧地区似乎还没有达到发展工业的阶段。但是我们又同时常听到关于赤峰地下资源的谈话，而且知道在赤峰市东南角的元宝山已经建立起大型的火力发电厂。我们在返京的夜车上，还看到沿铁路线的山坡上灯光闪烁，说是来自采金的矿区。这些又告诉我们赤峰实际上已具备工业大发展的若干条件。

从潜力上说，赤峰市确是极为雄厚的。在地质上，它处于华北地区与大兴安岭的褶皱地带，是各种矿藏较多的地区。北部背靠大小山脉，峰峦起伏，由东向西连绵延伸，形成了境内长达 300 公里的各种金属和非金属矿带。目前又发现有色和稀有金属 30 多种，还有石灰石、大理石、萤石等非金属矿大小几十处。南部以煤炭、黄金为主，元宝山的发电厂就是利用附近开采的煤作燃料的，现在它的发电颇为可观，主要用来支援辽宁的工业。如果充分利用当地提供的电力来发展采掘工业，前途是极有希望的。

正在访问期间，我们接触到建设集通铁路的计划。集通铁路是拟议中从集宁经多伦和赤峰北部到通辽市的铁路。主要是为了使西煤得以东运，同时，也给包括赤峰在内的内蒙古东部开发提供重要动脉。可以预测，这将使赤峰经济发生重大的变化。

如果这条铁路能够建设，我们想到的是怎样使这条铁路成为导致广大赤峰的农牧民实现现代化的动力，而不是一条单纯用来为采掘的物资外运的工具。这就有赖于在铁路建成之时，赤峰市农牧区的经济是否能全面地发展起来，更具体些说，能否从自给经济转变成商品经济，因为只有进入了商品经济，才能充分地利用像铁路一样的运输工具为本地经济服务。

赤峰市内农牧区的商品经济原来是很不发达的，还停留在定期的集市水平，市镇为数很少而且规模也很小。我们访问过巴林右旗的大板和翁牛特旗的乌丹这两个相当于内地的县镇，以及居于北面进入赤峰市区要道上的桥头镇。

大板镇现有 1.6 万多人口，解放时只有 2000 多人，因为清代下嫁到昭盟的几个公主都居住在这个镇附近，又在镇上建造了几座庙宇，也就形成了集市，每年农历六月有一个月的庙会，成为昭盟北部的重要商业中心。蒙族地区的庙会相当于内地的集市。在赶集的那个时间，买卖双方从四面八方聚集在这个地方进行交易。集期过后，各自分散。牧区庙会的特点是集期间隔较长，往时一般一年一次。而每次庙会可以拖长相当多的日子，有的长至一个月。据说那时牧民以游牧为主，并不定居，生活基本自给，日常生活中依赖于外地供给的粮食、茶叶、盐、布帛等都是耐久的物品，可以贮存，跟着畜群流动。牧民一年就赶几匹马、几头牛、几只羊到庙会上来，换取一年所需的这些东西。实际情况当然比所说的复杂些，但这也表达了基本生活形式。在赶庙会时，平时分散放牧的牧民聚会到一起，在热闹的场合下赛马比赛，歌舞娱乐，盛极一时。会期届满，人又星散。所以在大板一样的所谓镇上，平时只有几家杂货铺和饭馆。庙里当时却有七八十个喇嘛。

这次我们到大板，若和上面所说的早日情况相比，已大有发展，有百货商店、招待所和两所有相当规模的中学。但是如果和内地的县镇相比，也就显得冷清多了。

作为翁牛特旗政治中心的乌丹镇和大板镇相比，确是高出一筹。人口约4000户，1.7万人。市容很有规划，穿市而过的是绿化了的现代街道，两旁有高层建筑的百货商店、电影院和一些行政机关。它是赤峰市南北两部分的交通枢纽，所以商品流通和运输等方面较其他地点为优越。据说在1948年解放时，人口已有1.4万人，工农业产值据估计只有50万元。在“文革”时期，虽说有一些社办企业，但时兴时衰，曲线发展，动荡不定。经济上翻身是在党的十一届三中全会之后。1978年以来，五年中社办企业由17个增加到27个；从业人员由560人增加到1785人；固定资产从55万元增长到161万元；工业总产值由65万元增加到113万元；在边区，可以说是已经开始走上发展乡镇工业的道路。人均收入也从1977年的115元增加到210元。

镇上已有电视机 255 台，自行车 10024 辆，成年人 80％都戴上了手表，人民生活确实有了显著改变。

如果分析一下乌丹镇的企业，还是以建筑业为主，配上一些建材、加工、商业、饮食和修理、劳务等初级服务业，还没有提高到制造业的阶段。全镇总产值 729 万元中，工农业的比例是 15∶85，差距还是很大的。

乌丹镇南面的桥头镇，相当于内地的乡镇，1978 年被列为翁牛特旗的商品粮基地，粮食已比七十年代初翻了一番，商品率达到 35％，人均收入从 1978 年前的几十元增加到了 256 元。生活上的改变和乌丹镇相似。

从上面几个镇的情况看来，单纯依靠农业，尽管粮食产量有了大幅度的增产，人均收入还是不容易超过 300 元，到 2000 年达到小康水平还是有困难的。农牧地区要较快地走上富裕的道路，看来还必须发展乡镇工业。事实上，目前赤峰市已有一定的条件，那就是走上面我们所已指出的：牧业从靠天放牧改变为人工饲育；改变粗放的农业为饲料基地，为牧业服务，提供饲草和饲料。一旦畜牧业有了大发展，走上专业化的道路，牲畜浑身是宝，就可以成为工业原料，发展肉类、奶类加工的食品工业和毛绒加工的纺织工业，以及畜皮加工的制革工业。总之，加一道工就增加一项收入，以牧业为基础发展起来的轻工业是不胜枚举的。

我们对赤峰市的远景是十分乐观的。如果能贯彻林牧为主的方针，首先改变生态环境，农牧结合，发展饲料种植，加速牧业改造，在林牧的基础上建立多种多样的小型轻工业，使千家万户都能得到收益，走上工业化的道路；同时，由于铁路交通的发达，矿产的采掘，以丰富的自然资源和能源为基础，建立起 21 世纪的新赤峰。这个前景不是太远，主要在于能及时解决当前所缺乏的智力和财力两项关键性的问题。关于这些方面，也正是我们今后开发边区的研究应当注意的课题。

包 头 篇

1984 年我开始在内蒙古进行社会调查。内蒙古幅员辽阔，概括地讲是东林、西铁、南农、北牧，一个地区有一个地区的情况。农、林、牧、矿各有特点，要了解内蒙古只能分区、分段进行。那年我还去了赤峰。通过赤峰地区的初步考察，注意了解内蒙古地区农牧之间的关系。在当前传统农牧业经营方式和生产技术条件下，发生了农牧矛盾，破坏了自然生态的平衡，即广种薄收的农业破坏了草场，使草原沙化，牧业衰退。为了克服这一矛盾，只有变生态环境的恶性循环为良性循环。群众在这方面创造了各种各样的办法。

我们和当地领导一起，观察和总结了群众的经验。这些经验说明，只有提高农牧业生产技术水平，使农业为牧业服务，发展舍饲与放牧相结合的牧业，这个地区才能恢复自然生态平衡。同时，农牧业生产的发展一定要有为农牧业服务的工业的支持，如饲料工业及各地农牧产品的加工工业，而且这些轻工业也要有机械工业为后盾。就全局看是农、牧、林业和工业的系统结合。

如何发展自治区的工业是我们当前要研究的问题。“西铁”主要是指包头钢铁基地，所以 1984 年我到内蒙古自治区就提出到包头考察的想法，并请包钢经济研究所的同志带个信，着手做准备。后来又派了两位同志当先行官到包头向各企业和有关单位请教，做了进一步的准备。我自己于 1985 年 6 月 1 日来到包头，除参加“边区开发”科学研究工作会议外，还参观访问了中央、自治区、市所属一些厂矿和研究单位，与干部、科技人员和工人进行了座谈讨论，学习到很多新东西，也提出了一些问题，明确了一些看法，为今后开展研究工作做准备，也可以说是做了“破题”的工作。总之，我们想在包头研究边区开发中真正抓出一些问题来，然后针对问题，选出典型对象，“解剖麻雀”，并在一个或若干企业中进行细致的调查工作，用材料来证实或否定提出的看法。这样才能得到反映实际的基本观点。

如果把包头的情况与赤峰地区的情况相比较，赤峰是自然生态平衡失调，要恢复它的平衡，种草种树是前提，然后发展为牧业服务的农业，才能使农牧林优势得到充分发挥。包头则产生了工业企业中人文生态环境失调的问题，要调整这一生态环境，需要把大型骨干企业的能量扩散出去，成为发展边区工业的发动机，在一个区域内扩散工业的同时建设城市，发展小城镇，使之形成一个由大小企业构成的群落，一个有生长活力的社区。

一

包头，是内蒙古人民在全国各族人民的支援下，经过三十多年的努力，在草原集市的基础上建立起的一个具有较大城市规模的工业基地。包头的中年人都参与了创业，而且都为此作出过贡献，所以现在一谈起这段历史都那么亲切和生动。他们告诉我们，包头，过去是个富饶美丽、人烟稀少的草原，蒙语就是“有鹿的地方”。这里到解放前还不过是一个人口不到 7 万的“水旱码头”。所谓水旱码头，是指它地处黄河要津，是有名的西北皮毛集散地，多年来形成了内蒙古皮毛牲畜和药材汇集内运和内地输入商品的转运中心。据说当时每到黄河开冻，各式各样的船只就不断地汇集此地，7 月中旬达到高潮，码头上停驻的船只有三四百条，长达好几公里。包头城内大街小巷过往的马车有五百多辆。集市上车水马龙，盛极一时。但是，城内除了一些小的手工作坊外，根本谈不到工业。

包头巨大的变化开始于 1953 年初。那年，中央决定利用白云鄂博矿产资源，在包头建设一个大型钢铁联合企业，作为我国第一个五年计划重点建设项目之一。随后中央还决定把第一个五年计划的另外三个项目定在包头。我那时正在做民族工作，听到中央把这些重点企业放在包头，当时就体会到这是一件意义深远的措施。看来，中央为的是要使民族地区走上现代化的道路。

我深信，如果民族地区不实现现代化，少数民族的前途是不堪设想的。长期的封建统治和民族歧视已造成了各民族事实上的不平等。在社会主义条件下，要实现民族平等，不但要从政治上、法律上给予各少数民族平等的权利，而且要在物质基础上提高起来，使这些权利得以实现。因此就要大力发展各民族的经济、文化。现在这个道理已被大家承认了。没有生产力的发展，什么事都办不好。发展少数民族地区的生产力，首先要发挥他们传统的优势，并且要引进工业以加快他们优势的发挥。中国的现代化是离不开少数民族地区的工业化的。

内蒙古地区在继续贯彻以林牧为主、多种经营的方针的同时，还必须发展现代化工业。但是，边区没有工业的传统，甚至手工业作坊都很不发达。在自然经济状态下，怎么样发展工业，智力、资金和有技术的工人从哪里来？不解决这些问题，是谈不上边区的工业化和现代化的。

客观条件决定了边区的工业发展要有外助，必须充分利用从外面引进的智力、财力和劳力来发展边区的工业。在这一点上，边区与沿海地区是不同的。沿海地区已有相当的工业基础，一百多年来已培养出了一支相当强大的技术队伍。

沿海地区工业的蓬勃发展是令人鼓舞的。但同时，这也使我想到了沿海地区和边区必将出现更大差距，边区将如何对待这一挑战呢？我多年做民族工作，对少数民族有深厚的感情，因此特别重视这个问题，决定把我的研究工作的重点从江苏转移到边区，为开发边区出一分力量。

中央领导早就看到了这个问题，50年代周总理曾动员知识分子支边。内蒙古是最早建立民族自治区的地方，希望在一定的时间里建设成一个能起模范作用的民族自治地区。当时大批知识分子响应中央号召，来到内蒙古工作。1984年我到呼和浩特市，看到那里有文、理、工、农、林、医、师范等高等院校，各种教育设置成龙配套，在全国的新兴城市中是少有的。

当然，光引进智力是不够的，还要引进工业。边区的优势在于资源丰富。我国大部分工业资源都在西部，这是中国自然地理的特点。从民族方面看，汉族人数最多，善于耕作。五千年来，汉族在东亚的这一块土地上精耕细作养育了亿万人口，而地力迄今尚未衰竭，这是伟大的业绩。但是与此同时，他们把从事其他生产活动的民族，不是吸收了进去，就是排挤在外围，居住在不宜于耕种的地方，形成了当前民族分布的形势。这种格局是在农业时代形成的。现在已进入工业时代，工业化将改变这种情况。在社会主义制度下，在工业化的过程中，要实现民族的共同繁荣，就得使开发的资源成为共同发展的基础。

依靠边区本身的力量发展工业是有困难的。建国初期中央决定把部分重点企业放在边区，利用其资源优势发展工业，技术、资金、劳力则从外地调去支援，这不是偶然的，而是适应中国特点的道路。看来今后还要这样做下去。我们现在所提的“三力支边”，实际上是继承开国以来开发边区的精神。

包头是一个很突出的例子，它是国家有意识在内蒙古这个民族地区建设的一个工业化的发动机。包钢、一机厂、二机厂的建设，都是在这一精神指导下进行的。当时的口号是：“全市支援包钢、包钢带动全市”。换句话说，就是全地区支援重点项目，重点项目要带动全地区经济建设的发展。这个方针是很全面的。

现在的问题是，中央的这个精神是否得到贯彻？原来要求的目标是否实现了？先让我们看看 30 年来这里所经历的曲折道路。包钢是从苏联引进的技术，开始建设时有许多苏联工程技术人员参加规划和设计。但是建设不久，中苏关系发生变化，合同被撕毁了，我们蒙受了巨大的损失。最后我们靠自己的力量还是顶住了。进入 60 年代后又遇到了“十年动乱”，技术进步无从谈起，甚至近来世界新技术革命的浪潮，也未能影响我们边区的这些大企业。这些大企业的技术和设备基本上还停留在 50 年代的水平上，30 年来未获得多大提高。

尽管如此，包头的那些国营大企业在广大职工的努力下，生产并没有停顿过，不论任务完成得怎样，成绩是必须肯定的。但是如果再看一看，这些大企业是否带动了本地区的工业发展，问题就比较复杂了。我们对这个问题还刚刚开始注意，不可能有较全面的看法。据我初步的印象，这些大企业在一开始就没有充分意识到自己有带动地方发展工业的任务。不仅如此，在设计时采取的“先生产、后生活”的方针，对企业中职工的生活也没有全面考虑。企业和所在地方的社会关系也并未得到应有的重视，以致职工生活设施一直跟不上企业的运行，至今仍处于被动地位。尤其是一上来就走上了企业自己办社会的路子，使这些企业和当地社会处于隔离的状态，自身搞“大而全”，形成一个封闭性的社区。这就严重地限制了这些企业向外的辐射力，限制了它们带动地方工业发展的作用。

二

企业不光有机器，还有人。人是生产力的主要要素，而人是要生活的。在时间紧迫的情况下，短期内固然可以采取“先生产、后生活”的做法，但“后”到什么时候，就值得研究了。我早年就听说，包钢建成不久就发现青年男职工在边区找不到老婆，于是不得不在附近建设了一个棉纺厂。后来又发现男女职工结婚后要生孩子，不得不办起幼儿园。随着孩子长大，又办起小学，办起中学。大约在70年代新的一代青年的就业问题就出现了。包钢不但要“包钢”还要“包人”，一步步地形成了一个封闭式的企业。随着人口的增殖，需要企业自己去“消化”。在这种情况下，就出现了“顶替”的办法，把有技术的父母顶下来，替上未受严格训练的小青年。这种办法是对企业原有技术力量的消耗。这些大型企业，除了没有火葬场和监狱，样样都有：有公安处，有经济警察等，仅包钢一家，教育经费就达400万元。企业办社会的问题在全国带有普遍性，但在边区更为突出，包钢的困难自然要比首钢多。

去年我去香港看了一下，那里只有1000平方公里的面积，人口达500多万。人多地少，只有发展高层建筑。一个居民社区有近百幢高层楼房，近10万人住在一起，楼房下层有全套的生活设施，人们居住在里面，到外边去工作，生活和工作互相配合得比较好。这样的人文生态环境是比较协调的。边区则不然，大企业职工衣食住行一直很紧张，吃菜、住房、儿童教育等等，经常出问题。厂长要当“家长”，劳碌终日，影响企业经营。这种企业与市政脱节的状况，明显地影响了企业劳动生产率的提高。企业利润很少，甚至长期亏本，以这种状态进入市场有什么竞争力！

在这里我们看到了封闭性企业本身产生的人文生态失调。包钢建成近30年，职工已进入第二代、甚至第三代。由于封闭，职工子女的婚姻与就业问题，都得由包钢本身解决，不断内婚和顶替的结果，很多车间已结成为亲属网络。青年人称老工人不叫师傅，而叫伯伯、阿姨。在车间管理上出现了新的复杂性，也影响了劳动生产率。人口在继续增长，近亲繁殖，封闭社区的活力不断消耗，这样形成了这类边区企业人文生态的第一个恶性循环。

人文生态的第二个恶性循环更为严重，这表现在地区之间。边区的大企业是作出了贡献的，但没有能带动整个地区的经济发展。现在就全国来讲东西差距拉大了，引起了边区的智力外流。1984年我在呼和浩特讲话时曾强调落实知识分子政策，以确保边区的智力资源。这一年来自治区在这方面确实做了很多工作，但是还不能说知识分子外流的趋势已经扭转，主要原因是由于东西差距拉大后产生的影响。

江浙一带乡镇企业急需人才和技术，而大学毕业生一直分配不到集体企业和县级以下的单位。所以知识分子成了财神。登报招贤等种种办法都出现了。我在江苏省扬中县听说，他们在《光明日报》上登了一条招聘技术人才的广告。这条广告只登了一天，他们就收到了1000多封回信。我让他们分析一下信的来源，结果大多数来自边区。

这说明沿海地区乡镇工业的兴起，对人才产生了一股很大的吸引力。另一方面目前有一大批知识分子还冻结在边区，其中很多是50岁上下的老支边人员。一边有需求，一边人想走，配合起来，就出现了“一江春水向东流”的局面。这对于边区开发的影响十分严重，有如水土流失那样出现了人才流失的问题。唯一挽救的办法是发挥边区知识分子的作用，扩散他们的力量，把他们吸住，继续为边区服务。在这种新形势下，封闭的、大而全的企业看来是维持不了的，对内对外都难以为继。可是，随着有计划的商品经济的发展，大企业不可能继续再搞封闭的模式了。现在回头再看50年代“包钢带动全市”这个口号，寓意就更深刻了。

三

怎样扭转这人文生态的恶性循环呢？

第一，思想上要解决点问题。企业的领导人一定要认识，不从“大而全”和封闭模式中解放出来，不开放，就不能生存、不能发展。要开放就要有人接应。包头市能否接受和吸收大企业的扩散？这里还有一个群众的思想问题。目前，人们的观念还停留在前商品经济的阶段，需要改变。

我在包头坐车到旧城所在地东河区跑了一趟，看到有不少成衣铺，挂出的牌子上都标明是浙江人开的。后来一问才知道在包头除了成衣铺之外，还有修鞋、家具、理发等各种各样的服务行业都是沿海各省的人来开办的。这对沿海地区来说是一种劳务输出。这批人在边区劳动很辛苦，但一年可赚几千元寄回去。

但这却是一个触目惊心的现象：当前的边区，一方面是知识分子外流，另一方面却是手艺人滚滚而来。这说明本地居民自己，一方面缺乏现代化工业技术，另一方面又不愿办第三产业。这样下去不但人才外流，而且资金也会外流。是否可以下命令冻结，一面不许走，另一面防止进来呢？那就更不行了。如果这样做，边区将会成死水一潭，根本谈不上开发了。应当欢迎这些为当地居民服务的手艺人进来，设法使他们赚的钱留下来，投资扩大再生产。也就是说，得对他们采取开放政策，让他们落户。同时边区居民为什么不可以自己学一学，开些铺子呢？外地手艺人的涌进已经有五年了，当地居民就是没有人去搞。我想，究其思想根源，就是自给经济培养出来的轻商和贱役的陈旧观念在作祟。

这种观念一下子改变也不容易，可是必须想办法改变。比如说，办缝纫学校，请老师教，甚至给文凭，说是“成衣学校”的毕业生，地位高了，有了面子，就会逐步把青年引进第三产业里面去。要欢迎外面来人输入技术，外助自立，边区人民要从自给经济的观念中解放出来。

第二，体制得进行改革。目前，包头的“三张皮”正在进行结合，即中央、自治区、地方三级的协作，过去各管各的状态开始改变。这样做了，三级企业通力合作，发展地方工业，就可使已经聚集在包头的人才发挥出应有的作用，不再外流了。发挥科技人员作用的方式可以各种各样：让他们出去帮助人家解决技术问题，改造旧设备；筹办新厂，发展乡镇工业等等。技术人员有了前途和事业，干劲就会起来的。这样边区对他们就有了吸引力，他们也就不愿离开边区了。留人得靠吸引力，不能靠行政命令。

相对而言，当前包头还拥有相当雄厚的智力资源，只要采取一些措施是可以使之发挥更大作用的。我在北京曾到首钢参观过沙发厂、成衣厂、饼干厂，这些小厂吸收了首钢两万多职工，解决了首钢剩余劳动力的问题，也解决了待业青年问题，并以小厂养了大厂，把首钢搞活了。农村体制改革推行了家庭承包责任制，打破了大锅饭，转移了大批剩余劳动力，出现了小城镇。大企业同样也有一个剩余劳动力和技术能力转移的问题。技术和劳动力留在内部发挥不出作用，还会造成人文生态失调，一旦转移出来英雄就有了用武之地。

另外要找拳头产品，包头耐火器材厂就是一个例子。瓷砖是他们的拳头产品，是从唐山传过来的。厂里曾有40多个技术骨干是从唐山来的。他们始终与唐山保持联系。传入这么一个拳头产品，便使这个厂活了起来。这说明外地的智力支援对开发边区是何等重要。包头大企业的技术力量并不小，要设法把这股力量释放出来。

目前包头正在进行城市体制改革，把“三张皮”结合起来，互相配套，重点放在地方企业的发展上。这个方向是对头的。但是包头还要看到自己的任务：要把工业扩散到外围乡镇中去。作为一个城市，有150万人口是够大的了。苏州市人口60万，无锡市不到100万，而这两个市的工业产值都已超过100亿元。包头没有必要搞得人烟稠密。人多了市政费用太大，但是要在城市外围搞一个乡镇网络，一个大小企业的群落。

我还是主张在边区也要发展小城镇。这样能使基层人民生活较快地提高起来。但小城镇不会从天上掉下来，苏南的乡镇发展得快是因为有上海作为依托。相对而言，南京附近的县就比较落后，这是因为南京的大企业和军工企业，长期以来和这里一样是封闭的，智力资源扩散不出去。1984年以来，南京市把大企业和军工企业从“高墙深院”中引了出来，与小厂进行联合，收到了很好的效果。

同一个道理，平地起家搞工业是很困难的，苏北就是这样。苏南的一位县委书记调到苏北去当县委书记，用同样的办法搞乡镇工业就搞得不如苏南，甚至搞不起来。为什么？就因为上海的技术没有辐射到那里。过去无锡人到上海当技工，其中不少是钣金工。十年动乱，他们回到家乡，就把无锡的小型机器工业办了起来。苏北的盐城地区也有大批人到上海去做工，据说上海十分之一的人口来自盐城地区，但他们过去多数是干苦力活。同时，因为生活贫困，多数又是举家搬迁，没有留根，所以很少人回家乡传技术。现在盐城正朝着一个中等城市的规模发展，打算成为工业向乡镇扩散的“二传手”。包头市也是这样，要把包钢这个工业发动机的作用扩散出去，应以包头为“二传手”，把整个地区经济带动起来。因此内蒙古也要发展小城镇。我看还要补上这一课，不能直接学苏南，先要把大企业中的智力和技术扩散出去，发挥中等城市的作用。

第三，工业结构要起点变化。包头的工业建设是从重工业开始的，因为这里有资源，从重工业开始是很自然的。但是如果停留在重工业的片面发展上，地区经济是起不来的。边区从内地吸引了大批重工业技术力量，有了这一批技术力量就应当设法培养轻工业。重工业投资多，收入少；轻工业搞起来快，回收力强，而且还可以搞小型的，投资可以量力而行。重工业小了不行，要有一定规模。轻工业则可大可小，甚至以小为宜。纺织厂就是如此。我在日本看到一种家庭小工厂，夫妇二人管十几台织机，24 小时不停，劳动生产率高过大厂。可见，包头要以重带轻，以轻养重，光有重工业是不行的。地区经济发展了，就业问题解决了，市政收入也增多了，就有力量改善对市民的服务。只有在这种情况下，企业办社会的封闭状态才能逐步扭转过来，使人文生态形成良性循环。封闭的重工业是不能常葆青春的。

第四，要充分利用超距离辐射。类似包头这样地区的工业发展，一方面可以依靠大企业的扩散，另一方面要对外开放，从先进地区尽可能地引进智力、财力和劳力。在我们这个时代，技术的传递已经不是靠口口相传和当面指点的方式了，而是可以通过各种信息系统把新技术传进来。前面已经讲过，目前我国东西两部分的差距正在拉开，产生一种人文生态的恶性循环。边区人才和资金外流是个大问题。从资金外流来看，江浙手艺人赚走的还是少数，大量流出的是购买外地日用品引起的边区和沿海贸易逆差。要改变这种逆差，一方面要调整边区出产的原材料价格，一方面是发展轻工业和原料加工业，制造日用品。边区起点低，发展轻工业还需要外地支持，要善于利用外力，自己站起来。提倡外助自立，不能靠出卖原料过日子。大量从外面引进智力、财力和劳力，为当地增加生产能力，有什么可怕呢？我看应该欢迎。30 年来，大概有 600 万人从内地移入内蒙古，一部分被称为盲流，过去曾采取“挡”的政策。现在情况变了，不能再这样做了，因为内地的农村富起来了，还要发展。听说，内地去东北的一些移民，现在已经开始回归家乡了。我想，将来会有一天，请人家进来都不容易了。可见，人口移动并不可怕，问题在于如何使流进的人发挥作用，为提高本地的经济出力。

第五，要大力发展第三产业。包头早年就是“水旱码头”，为什么现在第三产业还没有发展起来呢？思想没有转过来是原因之一，大企业封闭也是原因之一，主要原因恐怕是当地工业没有发展。第三产业不是一下子就发展得起来的。它是随着第一和第二产业发展而发展的。从现在起我们就应当注意培养第三产业的人才，提倡和鼓励人们经营第三产业。

第六，国家在对边区的政策上要采取一些特殊措施，也就是采取保而不护的优惠政策。这里说的是要保住边区发展的条件，而不是保护落后，不是护短。补贴的办法是保护落后的办法。为什么不向边区投资，去发展产业呢？现在的基本情况是边区廉价输出原料，中央从受惠的企业中收了钱，再补贴到边区。我认为这是对边区“输血”，而不是“造血”。“造血”的方法是让发达地区向边区投资，发展边区的产业。过去相当长一段时间里边区依赖中央，伸手要钱。要了钱来不是“造血”，搞生产，而主要是用来维持边区的行政开支。对于这一点，我期期以为不可。世界上没有一个民族能在贴补中站起来！

我认为对边区不应采取贴补政策，但是又必须看到边区发展一定要依靠外力支援，所以应采取优惠政策。优惠不同于贴补，因为这是扶植而不是救济。利税政策应当研究，边区的税率应动用民族区域自治法，由中央与边区协商决定优惠办法，并且给企业生产的原料定出留成比例，利用留下来的部分去发展当地的生产事业，层层把企业搞起来。

现行的原料价格政策也要认真研究。我国的工业资源主要集中在边区和少数民族地区。这些地区输出的原材料价格影响着他们的资金收入和积累。要照顾这些地区的发展，价格需要适当调整。另外，现在边区企业的设备还多是50年代配置的，已经相当陈旧，按目前的折旧率，需要15～20年才能更新，速度太慢了。大企业的“老牛破车”，无法使其发挥发动机的作用，无力带动地区工业的发展。我们的政策要有利于边区大企业设备和技术的及时更新，使大企业始终保持先进的根基。

还应当提出，现在内蒙古和北京的地区工资类别是相同的，而内蒙古的日用品价格一般高于北京。在民族地区支边的人们生活水平至少不应低于原地区的水平，否则人才外流是挡不住的。

在这种形势下，我们除了采取一切必要措施，保住边区现有的智力资源和加速发展边区经济外，还应大力提倡爱国主义，鼓励支援边区，恢复50年代的精神，而且要防止再走弯路。我们要坚定不移地把改革进行下去，使大中企业真正活起来。这样，建设在边区的重点企业才能真正发挥发动机的作用，带动地方工业的发展，成为现代化农、林、牧业发展的好后盾。

四

留下的问题是：边区大企业怎样扩散它们的技术力量，带动全区的工业发展？我带了这个问题观察包头的情况，看到了许多值得注意的具体事例。

上面已提到，不论包钢还是包头的其他国营大企业，过去基本上都是封闭性的"大而全"的单位，封闭性的企业的一个特点就是企业办社会，职工和他们家属的生活，包括孩子的就学和就业问题在内，企业全都得管，最后不得不采取"顶替"的办法来安置职工家属，但是包头这些大企业近十年来每年待业的职工子女有上千人，只靠"顶替"解决不了问题。

另一个解决职工子女待业问题的办法是办所谓的大集体。我起初听到这个名词实在不明白，一问才知道，他们先把待业的职工子女集中在厂里训练，然后把他们分散到各车间去帮师傅们操作劳动，实际上是当了工人。但是由于没有招工指标，他们只能是"计划外用工"，工资和福利待遇都低于正式工人。

人口在继续增长，"大集体"也不能无限扩大，于是又出现了"二集体"。"二集体"是把待业的职工子女组织起来，成立各式各样的加工厂，承包大企业的活，或成立各种劳动服务公司为大企业打杂。"二集体"和"大集体"的不同之处是，这些公司是按"全民所有、集体承包、独立核算、自负盈亏”的原则建立的。现在这些“二集体”的工人每年还在增多，不得不一个个再分出去，成了“三集体”。

从“大集体”到“三集体”都是封闭性企业用来解决本单位由于人口增殖而发生青年就业问题的办法。由于这些青年都是职工子女，所以大企业和这些“集体”也是由亲属关系联系起来的。懂得中国传统社会结构的人一看就明白，这个企业实质上成了一个大家庭。主干企业像是家长，“二集体”像是长大了的子女，分房自炊。分房自炊的集体实际并不脱离主干企业，和没有分家的子女并无两样。

主干企业采取了“派、请、培、帮”的办法来照顾他们分出去的“集体”企业。“派”就是由主干企业选派有经验的技术骨干去担任“集体”企业的各级领导，而且明确规定这些领导干部是向主干企业负责，主干企业随时可以撤换他们。“请”就是聘请退休的老技工、老干部当“集体”企业的顾问和老师，进行传、帮、带。“培”是选择“集体”里的青年职工到厂内或厂外去深造。“帮”就是主干企业在资金、材料、设备等方面无偿贷予集体企业使用，并且协助后者开发新产品，推广销路。总之，是大家庭里家长对待分房自炊的儿女们的一套传统做法。他们之所以做得那样自然，那是由于这种所谓大集体、二集体的设置实质上是按传统家属模式行事的。

如果我们在包钢看到的有些集体可以称之为大家庭里的分房自炊的模式，那么我们在内蒙古第一机械厂看到的却是儿女分家自立的模式了。一机厂开始也走过分房自炊的道路。但是，现在他们遵循中国亲属制度的轨道，又向前走了一步：在生产和经济上能够自立时，就让它们独立。独立是指不再作为主干企业的一部分，成了名副其实的集体所有了。

我是初次在工厂企业里进行社会调查，没有料到一开始就见到这样的经营方式。这不由得使我想起具有日本特点的“Z”型经营模式了。看来现代工业引入东方国家，确实一下子离不开当地民族特点。

从包头见到有限的事实中，作出具有概括性的理论为时过早。但是在包头所见到的绝不是一种偶然现象，用亲属原则来经营我们的企业，甚至其他社会机构，恐怕在全国具有一定的普遍性，近亲繁殖的现象显然不限于边区一隅。这是一个值得深入研究的课题。

且不论上述这种近亲繁殖的企业扩散的方式是否利少弊多，我们可以想象，只靠这种方式是很难贯彻“包钢带动全市”方针的。利用亲属关系来进行扩散，实质上是企业封闭的结果，不能认为是一种开放的模式。大型企业真正的扩散是不能走亲属渠道的。不过我们毕竟在包头见到一些开放性扩散的苗头，虽然还没有成为一种趋势。

包头地方国营拖拉机厂生产的小四轮拖拉机，就是在包头国营大企业一机厂的帮助下投产的。一机厂为拖拉机厂提供技术资料，做好某些生产准备，还派了技术人员协助解决技术难题，在投产过程中又为小厂培养了技术人员。这样才使“小四轮”在内蒙古转动起来，并成了一种畅销产品。又如包头内燃机配件厂接受国营大企业的外协任务，培养了一批技术力量。在这基础上用两年时间从美国引进了内燃机活塞的先进技术，成功地搞出了一代新产品。

包头的内蒙古第一机械厂还采取“走出去”的办法，主动与地方企业联系，对地方企业的设备状况、生产能力、技术力量、质量水平进行调查分析，把适合于地方企业制造的零部件委托它们制造。同时还把一些地方企业的人员请到自己工厂里来，召开专门会议，把准备扩散的零部件提供他们选择。在地方企业承担制造零部件时，一机厂还提供锻料、铸件毛坯等等。以大企业为中心，采取产品扩散的形式可使各级企业成龙配套，协调发展，在技术上、人才上、产品上以及经营管理上，国营大企业对地方企业进行有系统的、有计划的能量扩散是边区发展工业大有前途的一条道路。

最后，包头的大企业究竟具不具有扩散或辐射的能力呢？我们见到大企业里人浮于事的现象，曾问过一些厂长和经理：如果允许他们精兵简政，在维持目前生产任务的条件下，有没有多余的人力可以转移？他们回答说，只要现有人力的一半甚至 1/3 就够用了，况且这还没有把机器设备的更新估计在内。如果这个估计是实事求是的，那么城市经济体制改革后，城市企业和农村一样会发生劳动力的转移问题。由此看来，智力和人力的扩散是边区大企业本身的需要。其中部分有技术的人员，可以转移到地方或乡镇企业中去，一部分非技术人员则可以转移到方兴未艾的第三产业。这正是边区企业逐步走上开放的有效途径。

我在包头访问只是为今后关于边区开放的调查研究做一些破题的工作。着眼点在于提出问题，而不是在分析和解决问题。我是按所见到的和想到的作如实叙述，仅供读者参考。

定　西　篇

开发西部边区，面临两大问题。一是如何变自然生态的恶性循环为良性循环；一是如何缩短、消除西部与东部之间在社会经济上的差距。1984 年 9 月，我首次考察了甘肃省的定西地区。提出要用大系统的观点看待生态环境的改善和以东支西、以西资东、互利互惠、共同繁荣的发展设想。1985 年 8 月，我再访定西。实际的变化使我认识到，定西人民正在走出一条改造山河治穷致富的现实路子。

一

地处甘肃中部的定西地区，就是历史上被人称作“陇中苦甲天下”的陇中。这块地方是在什么时候苦下来的?我没有考证。但贫困的原因和表现是显而易见的。高寒干旱，水土严重流失，生态恶性循环，使定西长期以来的灾荒不断。无以为生的人口，能走的就逃出去打工，要饭；留下来的便挖草根当柴烧，爬几十里山路去背水喝。解放以后，每逢遭灾年份，国家就得运粮解款。可年复一年的救济，仍未能使定西人民摆脱半饥饿状态。

1983年，该地区旱象减轻，农民收到了一季好庄稼，情况有了转机。然而久灾造成的问题还是成堆。1984年我第一次走访定西贫苦农户印象深刻。在一间除了炕和空锅别无他物的土屋里。一位中年农民流着眼泪诉说着他妻子的病况和断炊的困境。据说当时还有约1/3的农户与他一样不得温饱。干部还反映，一面在落实种草任务，一面仍有部分植被在继续遭到破坏。

时过一年，再上定西，面貌有了较大的改观。

从粮食来看，在1983年全区总产6.4亿公斤的基础上，1984年达到6.7亿公斤。1985年的麦子当时正在收割，预计总产可达7亿公斤上下。这三个数据表明，定西农村已连续有三年人均产粮在250公斤以上。统计数字与我在走访时看到各家或多或少都储有粮食的情况是相符的。

在恢复生态平衡方面，定西的种草也初见成效。1983年累计有草地107万亩，1984年增加到280万亩。草的长势也不错，既提高了植被覆盖率，又产出了较多的干草。据估计，1985年的干草和庄稼秸秆的收获量可达10.5亿公斤。现在挖草根、铲草皮的现象已基本停止，路边还留着不少应当收割以待来年再发的柠条。

在日常生活用水方面，农民在这几年里修复了以往损坏的家庭水窖。据介绍目前全区的农户平均拥有的水窖在两眼以上，每眼水窖蓄有30～40立方米的雨水。

有粮吃，有柴烧，有水喝，这是眼下定西农民对于温饱的理解。在如此短的时间内，在“苦甲天下”的定西，温饱问题初步得到了缓解，这的确是一个了不起的变化。

应当看到，在上述变化中，气候条件是一个重要的因素。三年来定西大部分地区未受灾，平均降雨量都接近500毫米，这在干旱和半干旱地区是少有的。因此，定西干部在总结成绩时把“天帮忙”放在首位，并没有盲目乐观。

然而，我们必须充分肯定定西人民依靠自己去治穷致富的主动性，用他们的话来说就是“躺着吃不如干着吃”。明知随时有灾荒的可能而不屈服，可以得到救济而不愿躺着吃国家。这种边区人开发边区的主动精神与基本的温饱条件相结合，便产生了进一步提高生活水平的要求和实践。

二

前几年，为了贯彻种草种树，治穷致富的方针，甘肃省拨出专门的款项和粮食，补助给种草种树的农户。在定西，按照耕地种草和三荒地种草的等级，种一亩草分别补助 5 元或 2.5 元。这种以钱、粮补草的办法在初始阶段是有效的，它起到了提高群众种草积极性的作用，可是随着种草面积的不断扩大，以钱、粮补草的效果却越来越弱，甚至还引出了新的矛盾。

据介绍，因种草同进一步的经济利益还没有挂起钩来，在初步解决了烧的问题以后，有许多农民种草的积极性不高。他们只是为了完成任务和可以拿到补助款还在继续退耕种草。因此，有个别乡、村虚报种草亩数，还有个别农户发生了上年种草，下年度又把草地翻过去种上了粮食。

由积极种草到消极应付，原因就在于草的价值在定西农民心目中发生了变化。过去，因缺柴草，有救济粮也变不成锅里的饭，因此，那时人们视柴如命，加上种草还有补助，种草的热情也就自然高涨起来。可是，现在的定西，柴垛成行，干草有余，人们也就不再用煮饭不大方便的节柴灶，而将大把的草丢进炉膛中烧掉。柴草余量较多的农民，还觉得储草是个不必要的累赘。听说干部在动员一位家中只养一头小猪、却有三年存草的青年农民完成种草任务时，他反问道：草不能当饭吃，你还叫我种，难道让我吃草？

草不能当饭吃，这句话说明了一个道理，那就是种草种树、恢复生态平衡这件大事必须与农民切身的经济利益相联系，成为群众致富的手段，才能得到切实的保证。

草固然不能当饭吃，可是在一定的条件下，草可以转化为吃得更好的“饭”。在我的家乡吴江县，有好几个乡都腾出一些亩产超过千斤的好地栽种花卉和席草，还办了花木公司和编席厂，农民的收入远比种粮食高。在内蒙，听说牧民不时为争草而发生纠纷，原因就在人食牛羊，牛羊吃草，草通过牛羊的转化成了他们的生活的“食粮”。民以食为天，草的争执自然性命攸关。

因此，草的转化就不单是自然生态的问题，而是一个人文生态如何与自然生态协调平衡的大课题。这里所说的人文生态，是指社会劳动力，据其所处的经济地理条件和它达到的智力水平，形成何种生产结构以达到最高的生产率，以及劳动力的组织形式、劳动成果的分配形式等达到最佳配合的历史进程。说通俗一点，就是人们干什么最为有利？怎么干才最有效？

从定西的实际情况，该地区共有 1076 万亩耕地。其中在靖远、会宁北部和临洮、渭源西部有引黄河、洮河之水灌溉的水田 112 万亩，有梯田 260 万亩，其余绝大部分是广种薄收的坡田，坡田中已退耕种草的为 280 万亩。如果我们把在一般年份平均亩产粮食约 100 公斤上下的梯田也算作适于耕种粮食的土地，再加上旱涝保收的水浇田，共计有 372 万亩，只占总耕地面积的 1/3 强。除了水田，定西有 90％的耕地要靠雨水滋养。然而据统计，全区耕地有 70％以上处于年降雨量小于500毫米的干旱或半干旱地区，还有一小部分耕地在海拔2300米以上。

土地状况和自然条件表明，定西很大部分地区不宜种粮而适于种草。这两年栽种的280万亩草地长势良好也说明了该地区的种草优势。

有种草的优势，然而人们并没有在种草上得利。问题就在于草的转化还不具备条件，自然优势受到社会经济结构的制约，它不仅不能得到充分发挥，反而成了种草无用的证据。

鉴此，定西的干部意识到，以钱、粮补草的老办法应当改变。要发挥优势，就得从改变农村经济结构着手，大力发展畜牧业，为草的转化提供条件。他们设想将原来的补助款粮作为牧业生产的基金，发放扶助性的低息有偿贷款，实施以牧促草的新措施。

三

在定西大力发展畜牧业，可以说是为生产力的提高找准了突破口，走上了正道。可是从原有的经济结构上看，牧业不是正业。因此，要实施以牧促草的措施，必须认识定西经济结构的现状及其形成的历史原因。

1983年，定西农村的经济结构是，乡镇工业占总产值的11%，农业占89%。在农业产值中，包括畜牧业的产值。1984年，据定西县的一个乡介绍，种植农业占总收入的比重为76%，牧业比重为1.5%，其余主要为工业收入。另据有关部门的统计数据计算，1984年，全区每个农户平均饲养的畜禽数为：牛、驴等大牲畜1头，猪2头，羊2头，鸡4只，兔0.1只。

由此可见，定西经济结构的现状仍是以农为本，以种植业为主的封闭自给性结构。在这一结构中，牧业不但微乎其微，而且完全是从属于种植业、为种植业服务的畜禽饲养。据介绍在全区每户一头的大牲畜中，绝大部分是毛驴，因为毛驴是上山下坡最好的脚力，运送肥料、种子靠它，驮回粮食、柴草也要靠它，其发挥的生产作用比城市工人上下班的自行车还要大。养猪羊也多半是为了生产有机肥。定西干部称这种牧业为农本牧业。

长期以来，在一个基本上不适宜种粮的地区，居然能形成以种粮为本，畜牧为种粮服务的生产结构，这不能不发人深省。

根据 1982 年的人口普查资料，全区少数民族人口只占总人口的 1.26％，其余均为汉族。那么这些汉族人是从哪儿来的呢？据考证万历六年，整个西北地区大约只有 400 多万人口，清代大量向这一地区移民，使这一地区的人口急剧增长。我问了几个定西的老年人，他们都说自己的祖宗是从山西的“大槐树”迁来的。这使我联想到内蒙的赤峰地区见到的情形。历史上汉族移民一到那儿，就在草原上抡起锄把开“荒”种庄稼，搞广种薄收，种一块丢一块，使土地大量沙化。游牧的蒙古族不得不一步步退缩，两种原始的生产方式的对立造成了民族之间的隔阂。据位于定西西南的甘南州的藏族同胞说，很早以前藏民游牧的地区比现在要广阔得多，后来才退却到现在这块海拔在 3000 米左右的甘南州。由此看来，在定西这个地区有可能是内地去的汉人，把自己数千年的农本传统，移植到定西这块不宜种植作物的土地上。

以农为本的传统发展到它的顶峰，便是不到十年前还普遍实行以粮为纲。这一政策在这地区带来灾难性的后果甚于其他地区。尽管不顾条件的以粮为纲使人们尝到了苦头，然而在以农为本的基础上培植起来的文化传统是不那么容易改变的。

看来，在思想观念里也要“反弹琵琶”，来一次意识领域的革新。要确认自然条件和商品经济规律是决定利用土地的原则。我在定西访问的几家农户，就看到他们中间已有一些专业户开始改变了见了土地就想种粮食的观念。

在定西县内官营乡，一户姓张的家庭由老兄弟三对夫妇及他们的子女组成，有 15 口人，10 个劳动力。管家的是老二。他分工搞家庭牧业，养着十几头猪、几十只羊、一群鸡和几个蜂窝，老大负责种植业。由于牧业的需要，他已抽出 5 亩粮田种上了牧草。老三则开粉坊、磨坊和负责饲料加工。这是一个种植业、牧业和农产品粗加工混成一体的家庭经济结构。这户农民在没有搞牧业和加工业之前，1983 年全家收入仅 1083 元，1984 年收入一年就翻了三番，达到 8470 元，今年上半年仅出售羊毛一项就收入 800 元。

在同一个乡，有一户养兔专业户。那是一对有三个孩子的年轻夫妇，男的初中毕业，才 31 岁，他家的庭院内共有 4 个兔房，两个是半埋地下的泥土结构，每个混养着几十只皮肉两用兔；另外两个则是用砖砌成的分层隔笼式兔房，有 6 层，每层 10 个笼子，每个隔笼养一只长毛兔。在男主人卧室的墙上，一排挂着 6 种报纸，有《农民报》、《市场信息》等。他告诉我，为了学习养兔，他自费跑了好几个省去寻师取经。现在家里的 4 亩水田也种上了兔草，夫妇俩一心扑在兔子上，全家收入也只靠出售兔毛和小兔。

这两家农户具有的共同特点是，靠发展商品化的畜牧业生产勤劳致富，而且都把种植业作为畜牧业的基础，使其为牧业服务。这一特点在定西被称为牧本农业，即以牧业为主，农业（种植业）从属于牧业的需要。

在由农本牧业向牧本农业的转化过程中，我们看到这两家的程度是不同的。前者保留了一部分农本，后者则完全是牧业专业户。这或许反映了定西发展商品化畜牧生产的必经之路，即由农本牧业到半农半牧再转向牧本农业。

四

定西的乡镇工业起步并不晚，1976 年前后曾掀起过一阵工业的热潮，可此后又沉寂下去，走了一段弯路。

1983 年，是定西乡镇工业摆脱起伏，走上健康发展道路的新起点。从统计数字上看，1982 年全区的乡镇企业才 220 个，职工 2 万人，收入为 1925 万元。1983 年企业数增加到 766 个，职工 3.3 万人，收入为 4737 万元。1984 年地委书记带着各县县长到江浙沿海去考察学习找差距，回来后办工业的劲头更足，到 1984 年底，企业数增至 2913 个，总收入为 8000 万元。

两年来，定西发展乡镇工业有三大特点。

第一是企业规模小。从现有企业数与职工数来看，每个企业不足 6 人。据介绍，定西对于发展工业提出了户办、村办、乡办、县办、区办五个轮子一齐转的要求，其中以户办为主。例如临洮县搞编织地毯的就有一千多户，今年该县的乡镇企业的收入正向亿元奔进。

以户办和户联办小企业为主，既符合现阶段资金薄弱、技术和经营水平较差等具体条件，也符合办工业要使千家万户富起来的根本出发点。因此搞工业的神秘感破除了，群众觉得工业不难办，在家里就可以干，热情一起来，门道也就越来越多。现在除了众所周知的农牧产品加工业，建设、运输、服务业以及小采矿业等，一些原来不为人注意的资源优势也正在利用起来。例如那些形状奇异的老树根被用来制成根雕艺术品，又如不少农家姑娘用新发现的一种低档玉做成可与酒泉产品媲美的夜光杯。据介绍，类似的工艺美术项目就有 61 项。由此可以说，办工业进一步挖掘了资源的潜在优势。

第二个特点是联系面广。听说渭源县有一姑娘嫁到陕西，她在那儿学到了刺绣技术，于是就动员丈夫一起回到老家，办起了刺绣厂。这是群众自发的联系。在定西的城关，我看了一个杏脯厂，女孩子坐在那一边剥杏核，一边说笑。这是去年定西与北京市议定的 21 个项目中的一项。北京市郊一家果脯厂派出一位女同志正在那儿传授技术，把质量关。这是政府之间的无偿援助。我到定西的前一天，该地区的专员领着各县县委书记刚从江苏回来，听说这次与镇江的四县一区已初步议定了大理石开采加工、猪毛加工等七个项目的联营或技术协作。这些项目还需要企业对企业进一步洽谈订立合同，这是企业之间的联系。在定西县的一个乡，从济南市以技术转让方式引进了一个项目，我没有想到的是，这一联系是《市场信息报》发生的作用。

现在，定西正在组织专门搞横向联系的干部队伍，准备用各种方式加强地区之间的经济交流。

第三个特点是再生力强。在内官营乡，有一家与兰州化工厂挂钩的塑料编织厂，原料由兰化提供，制成的塑料编织袋送回兰化装化肥。有趣的是这个只有 340 人的小厂却蕴含着另外四个生产项目：涂料、超薄型地膜、丙纶和化妆品。这些项目虽说都属化学工业，但它们在工艺上与塑料编织完全是两码事。听说这些生产项目上路以后，就要分厂了。像这样一个厂可以裂变，孵生出几个厂的情况是很普遍的。

上述三个特点是定西乡镇工业健康发展的表现，它来自干部群众对乡镇工业地位、作用的正确认识。地区干部算了这样两笔账，一是从 1983 年以来两地区农村的人均收入的比较，本地区每年只增 5 元左右，而苏南乡镇企业发达地区这两年每年增长值为100元。二是即使在工业基础较差的情况下，几年来定西农民乡镇企业直接获利人均55元，乡镇企业利润用于支农和修建农村设施的总额为2200多万元，还吸收占全区30万农业剩余劳力的1/5以上进了工厂。由此他们认识到，无论从发展农、牧业商品生产的需要，或是从治穷致富、赶上先进地区发展水平的需要出发，定西必须大力兴办乡镇工业，而且非办好不可。

五

要办好乡镇工业，当前突出的问题是缺资金，缺技术。一位同志到无锡考察，看到那儿的乡镇企业把泥土变成了值钱的惠山泥人，联想到定西农民用大理石垫猪圈的情形，他深有感触地说，有技术点土成金，没有技术金子化为土。

缺乏资金办不了厂，没有技术开不了工，怎么办？应当缺啥找啥，创造条件。那么技术、资金在哪儿呢？首先要把眼光盯住东南沿海的城市和乡镇工业。

定西的干部这样做了，而且取得了初步成果。为什么会有成果呢？我认为那主要是东部的城乡企业到了必须向外扩展的时机。东部在这几年里发展很快，可是在城市受到土地、劳力（招工指标）的限制，在乡镇受到原料、能源的限制，使它们的技术与资金不能充分利用。然而市场的需求和竞争又不允许它们停顿下来，一停顿就意味着企业生命的终止。在这种两面夹击的情况下，它们要生存、要发展，就必须进行内部的改造和地域的扩展。这是工业发展的规律。所以西部的发展要到东部去找技术和资金，东部本身的发展也产生同样的需要，只不过需要的内容是场地、劳力、能源和原料。前两年苏南就有一些出资与边区共同开掘煤矿。今年由于宏观控制，在资金外流上表现不明显，但宏观控制不会是长期的，企业发展的经济规律还是在发生作用。因此，西部地区应不失时机地与东部地区挂起钩来。

当然，西部与东部之间的钩能否挂上，还得看采取什么样的原则，对东部来说，西部如果是穷亲戚上门，就不容易建立联系。定西的领导说，过去他们总有一个观念：我穷，请你来帮忙，结果就不那么理想，这就是说，只有单方面得利，联系不易建立，也不可能牢固。所以东西部之间的挂钩应遵循互利互惠的原则。

西部地区的主要优势在于资源和土地，要互利互惠就得提供部分资源或场地给对方。一句话，就是用资源换技术，借你的脑子，发挥自己的优势，共同致富。

最近，我听说西部地区的几个省为保护地方工业，相继采取了限制羊毛出省的措施，这种措施能否保住地方工业值得研究。在这种措施下羊毛实际的流通状况如何又值得研究。而类似羊毛等资源的限制，对于东西部的资源、技术互助的影响倒是实实在在的。鉴此，我建议有关部门订立一条原则，只要在对等基础上的技术、资源互换，就应当允许流通。

东、西部之间的挂钩，建立在各自经济发展的基础之上，这就要求在联系的过程中，采取企业与企业直接挂钩的方式。定西的干部就尝到过行政领导满口应承，跑到基层毫无踪影的酸果。当然，行政应当有领导权，可企业也必须有洽谈权和自决权。这两者并非一对矛盾。这里我想强调的是东西挂钩要进行毛细血管活动，即企业与企业直接见面、商定，这样的互通有无才有基础。

六

在对外协作联系上，定西乡镇企业提出的要求是背靠兰州，面向全国。这就是说，除了上述与东部直接发生的横向联系，他们把兰州作为省内纵向联系的支柱和乡镇企业的中心。问题是在西部重镇兰州市，是否起到了它对地方工业的应有的辐射作用？从上面说到的那个塑料编织厂来看，兰州化工厂的确是背靠的支柱。可从总体上看，兰州的工业体系尚未充分发挥这种作用。有人认为兰州的技术力量本身薄弱，再要扩散是心有余力不足，对此我了解得还不够。但从苏（州）、（无）锡、常（州）、（南）通四个中等城市的经验看，前些年它们采取“产品脱壳”、“一条龙”等各种形式扶持乡镇企业，结果是越向下扩散，城市本身的企业素质越强。道理有两条，一是通过区域性的联结，使企业取得了规模效益，这叫以多取胜。二是周围的乡镇工业发展了，就迫使城市本身作结构调整，并向上海、南京等大城市伸手求科技。这叫更上一层楼。

由此而言，兰州市的扩散是有潜力的。它不仅可以成为甘肃全省工业体系的核心，还能对整个西部地区的经济起到中坚、枢纽的作用。因此，兰州的地位十分重要，它有可能在将来建成“中国的芝加哥”，东部的经济力量通过兰州这块跳板，促进西部的开发和经济振兴。

由兰州市的地位，我进而想到甘肃各地区的首府、各县的县城乃至有条件的乡镇，都应当敞开城门，发散各自的力量，扶持乡镇企业。这种由上而下的层层扩散将造就一个错落有致的地方工业群落，这一群落的良性生长又能起到自下而上，层层保护的反馈作用。

五六十年代，中央各部在边远地区布了不少点，叫做三线工厂或二线工厂。这些企业现状如何？乡镇工业的发展是否也能借助它们的力量呢？这些问题值得有关部门深入调查。

今年我走访了就在定西城里的敬东机器厂。敬东厂是1970年由四机部投资1200万元办起来的三线厂，生产军用电子产品。地区干部介绍说，在1983年以前的十几年中，工厂与地区是鸡犬之声相闻，老死不相往来。地区的同志觉得自己是种洋芋蛋的，而工厂是搞电子的，高攀不上，工厂也自成体系，凡事不求人。

从1983年开始，地区和工厂的领导才互相走访，热络起来。就在那一年，工厂主动帮助地区扶持一家常年亏损、濒于倒闭的毛巾厂，改产由工厂扩散的电视机高频头的零部件，当年就扭亏为盈。1984年，这个已成为电子元件厂的小厂，产值达到140万元，实现利税15万元。现在小厂职工人数已从最早时的100余人扩充到320人，今年计划产值为300万元，实现利税为22万元。

除此以外，在1984年5月，敬东厂又拉出一条生产线，与地区劳动服务公司搞实体联合。即工人在总厂培训，技术由总厂指导，原材料供应、质量检验、产品销售等全由总厂负责。实际上是总厂的一部分，一年来该厂收入加工费42万元。

今年3月，敬东厂资助7.5万元给城关的乡办塑压厂，塑压厂为敬东厂加工零部件。4个月来完成产值30万元，实现利税3万元，安排了农村社员50人。

听完地区介绍，我就到敬东厂，厂长和总工程师热情接待了我，他们坦率地说，扶持地方办厂是该厂发展的需要。原来在1980年以前，这个中型军工厂按计划生产的产品销不出去，连年亏损，亏损总额达137万元。工资发不出，只得靠贷款吃饭，在这种情况下，工厂决定转军工为民用，生产电视机的高频头、偏转线圈以及骆驼牌收录机，这一转马上见了效。

1983年，工厂生产高频头的数量达到了50万只，为初转产时的八倍多，这时再要提高产量，工厂感到力不从心，招工指标不足，场地、资金都受到限制，扩厂不可能。面对市场上越来越大的需求量，怎么办？于是，该厂打开大门，采取实体联合、协作加工、外协合同等多种形式，与省内外的30多家工厂挂上钩。其中有上述定西的三个，省内其他地区八个和浙江十几个。一搞对外协作，这个厂也就如鱼得水，迅速发展起来，成为全国的先进企业。1984年生产了185万只高频头，今年有把握拿下300万只。工厂基本上只做总装，现在每天装配5000只。据说全国每天生产电视机为4万台，这就是说，全国1/8的电视机采用敬东厂生产的高频头，1984年该厂盈利1200万元，还招了本地职工440人，现在共有职工2800人。

敬东厂的厂长总结说，产品救了一个厂，发展带动一大片，如果不搞扩散，达到这样一个生产规模，工厂就要胀死。

敬东厂为所有的三线厂提供了很好的经验，它表明，国营大企业只有走开放扩散道路，扶持地方工业，形成区域性的工业发展体系，其自身才能保持经济活力。

可是，只在生产上搞产品扩散仍然是半开放。敬东厂的企业结构仍然是封闭式的工厂办社会。对此，厂领导也颇感烦恼。职工宿舍要厂里造，分房纠纷还不少；职工子女要厂内包，托儿所、幼儿园、医务所都要厂来办。总之，职工的衣食住行，生老病死基本上都要由厂来管。幸亏这是一个年轻的工厂，老职工和成年子女还不算多。即便如此，厂领导仍必须拿出1/3的精力应付生产管理以外的事务，看来，长此以往，这里也会如同包钢那样发生人文生态的失调，即一个企业系统如果与环境割断了社会性的能量交换，那么由系统内部社会结构变化产生的力量就会形成内耗，内耗力量滋生到一定程度，原先的社会结构就会瓦解，系统也就崩溃。

定西地区和工厂的领导都赞同关于封闭性企业不能永葆青春的看法。我希望他们能够携起手来，再创造出一条好经验来。

七

要办好乡镇工业，必须有一大批精明能干的企业人材。这些人材从哪儿来？如果靠学校分配的大专生，定西每年只有百来名，其中绝大部分是教师，而且如果学校教育的内容与现实经济发展的需要不相适应的话，大学生也未必能顶用，如果靠引进，目前定西的人材流失尚未止住，而且从长远观点来看，必须要以边区人为主体开发边区。那么，造就人材的途径在哪儿呢？

去年我曾谈到在定西的万余个体专业户里有一批能人，我还走访了其中几位，觉得他们很有前途，只要各级领导注意选拔培养，其中的一部分是可以脱颖而出，担当起发展乡镇企业重任的。

一年后，他们的情况怎样呢？我选择其中两位作了重访。

一位是姓谢的电焊工，去年他新盖了五楼五底的楼房，屋内还是空荡荡的。今年他让我在卧室边的会客室落座喝茶。一套捷克式的沙发，前面是茶几，书桌上放着四喇叭的收录机，沙发旁是 18 英寸的日立彩电。我注意到他手上的表也由“海鸥”换成了“英纳格”。除此以外，家门口还停着一辆价值 2800 元的“嘉陵”轻骑。不用问，我就可估出一年来他的收入不下万元。

这位初中毕业生告诉我，他妻子虽然还是在务农，但已学会了电焊操作，农余时间就做电焊工。可是他觉得家庭电焊工厂再办下去就要忙不过来了。因为从去年开始，他承包了县医院两幢大楼的建筑任务。他说，接受承包以后，他先后组织起了一支有120余人的农民建筑队伍，现在大楼已基本竣工。我听说承包合同签订后，建筑材料费涨了价，于是就问他有没有再向医院提出增加建筑开支的要求？回答说是既然订了合同，就得守信用。

从客厅出来，在他家的阳台上，看到不远处由他指挥盖起的那幢三层楼房，我同时看到一个经营管理人才的成长。

第二位是一个开磨坊姑娘的父亲，他叫刘仰吉，40余岁。去年他正在制作自己设计的提斗，可以用电把麦子提升到一定的高度，倒进磨斗中。据说后来他一共做了7部提斗，有一部就装在他女儿的磨坊内使用，为女儿省了不少力。今年，磨坊中增加了他的一个儿子，只有17岁。我估计那是为了女儿出嫁后，由弟弟来接班作准备的。

那么，刘仰吉本人现在在干什么呢？原来，他与另一位同村人一起承包筹建一个村办榨油厂。三大间新厂房，机器正在安装，预计到9月胡麻籽成熟后就可以开工榨油。

我听说县城早已有一家国营的榨油厂。我就问他，如果他们办的油厂竞争不过国营油厂，投资收不回来怎么办？他说，他有把握在一年内收回投资数。因为村办油厂与国营厂比有三大优势，一是开工时间足，可以不受上、下班限制。二是他肯定即将招收的20来名工人的服务态度要比国营厂好。三是办厂初期工人工资可订得略低些，并节约开支。

如果地、县、乡各级领导能注意和重视类似谢、刘这样在基层成长起来的人才，用短期集训等各种方法为他们助长补缺，定西发展乡镇工业的人才是会层出不穷、源源不断的。

八

发展牧本农业要考虑肉给谁吃，毛为谁用，发展工业更要考虑如何开拓商品市场。那么，定西工业和整个西部工业发展起来，它的市场在哪儿呢？

从国内市场来看，至少可以在畜类加工产品和重工业产品两大类上占领全国的主要市场。在不便于运输的其他食品和毛纺产品上占领西部市场。我在甘肃三周，跑了三个地区，喝到的汽水都是上海生产的。我未曾作统计，但心想这样的瓶瓶罐罐，装运到数千里外的西北，所占的运输量比重一定不小。

从国际市场看，如果面向东面海外，则西部的产品恐怕很难冲出去。因为东面有两道关口，一道是与西部唇齿相依的东南沿海工业区，另一道则是环绕沿海的日本、南朝鲜、台湾、香港和新加坡等所谓东亚几只小老虎。这种格局至少在一段时期内相对稳定。

“何立从东来，我向西方走，”这是一句佛家寻找极乐世界的语言。西部能不能也向西方走，去找到西部轻工业产品的“极乐世界”呢？

我们的祖先曾用丝绸和瓷器，敲开过西部亚洲、中东、欧洲和北非各国的大门。这条陆上商道就是举世闻名的“丝绸之路”。这是可以借鉴的历史。

南亚有巴基斯坦、印度、尼泊尔等，中东有两伊，与新疆接壤的北部有苏联、蒙古，再向西是东欧各国。这块广阔的地区都有经济结构失重的方面，正是我们可以分析的现实。

这次定西考察之后，我又到了临夏回族自治州和甘南藏族自治州。在临夏，回民制作的羊肉的确是地道的清真，完全靠得住，而且味道鲜美。我建议他们与阿拉伯国家建立贸易关系，开拓伊斯兰市场。听说他们已经有了这种计划，而且实施计划可能性很大。因为除了合同，临夏与阿拉伯之间还有不少民间关系和往来。在甘南，听人介绍说，甘南藏族不仅几乎独占拉萨的酥油市场，而且甘南出产的极普通的塑料底布鞋在尼泊尔市场大受欢迎。这可以说是甘肃人民重开丝绸之路的尝试。

有历史，有现实，有尝试，重开丝绸之路不仅可能，而且应该说是势在必行。问题在于我们必须对西北的工业方向作深入的研究，抓得准，抓得早。那么西北市场的开拓或许比东南沿海更有发展的潜力。

丝绸之路得有路，公路、铁路和空运都应该有一个适应开拓西方市场的计划，尽快改变那种类似马帮式的赶着牛羊、驴驮皮毛进行交换的西北交通落后的现状。

甘 南 篇

一、上高原访藏族

一个人大概总是会有一些想要做而事实上又不大可能做得到的事。在我来说，上西藏就是这样的事。1956 年，陈老总率领中央代表团去西藏，我当时还年轻，未过半百，而且又报上了名。但临行前却让医生给否决了，没有去成。我心里一直憋着一口气：不能上西藏，见不到藏族的实际社会生活，怎配得上说是个研究中国民族问题的人？时间过得真快，一瞬间已近 30 年，我亦老矣。年过 70 还要向医生乞求为我上西藏开绿灯，该认为不太有自知之明了吧。但是上高原，访藏族之心，我却并没有死。

1984 年我伴随民盟一批专家去甘肃，在考察定西种草种树时，听说从兰州坐一天汽车就可以到甘南。甘南是高原又是藏区，已建立自治州，称甘南藏族自治州。于是又打动了我上高原、访藏族之心。1985 年我再一次跟这批专家去定西，回到兰州，就同他们分道扬镳，单独南行了。西藏去不成，甘南不妨试一试。

西藏是世界屋脊，海拔平均 4500 米，拉萨市区据说不到 4000 米。甘南在青藏高原的东北隅，是它的边缘，和西北黄土高原相接；在长江和黄河的分水岭上，海拔在 3000 米上下。4000 米我高攀不上，3000 米也许还有我的份。我说服了接待我的主人，在保证“有反应，即回头”的条件下，取得试一试的机会。沿途还有医生同车，每天要检查血压三次。

1985 年 8 月 13 日一早，我从兰州启程。同去定西考察的专家临行时还在汽车旁一再叮嘱：少说话，少活动，少劳累。为慎重起见，一天的路程分两天走，中途在临夏打尖休息，住一晚。临夏海拔 1986 米，离兰州 160 公里，刚逢有一段公路正在修整，车行近 4 小时。

第二天从临夏启程去甘南州首府合作。合作是个地方，藏语原名是 ju:ou，意思是羚羊出没的草滩，音近汉语“作”字，好事者取民族团结之义，加上了个“合”字，这样的地名和青海的互助土族自治县，无独有偶。

合作海拔 3000 米。比临夏高 1000 多米。行程 107 公里。地势逐步上升，很少陡坡，对新客威胁不大。我闭目静坐，一任车座颠簸，时而瞌睡，时而清醒，不知不觉中竟被提升了千米。

海拔高，空气稀薄，氧分低，所以不习惯高原生活的人，突然被提升会有头痛、憋气的反应，心脏弱的人更会心跳加速，难受，晚上不易入睡。说来确实出于意料之外，我这次在合作三天，在夏河三天，又几次越 3000 米上线到草原家访，活动频繁而体检正常，除了每过几分钟自然地深呼吸一次外，没有发生什么高原的特殊反应。

18 日从甘南归来，所见所闻的记录比较杂散，不宜成文，因用杂文体裁写“甘南篇”。

二、陇西走廊南端的民族

我这次从兰州去甘南是沿洮河，靠着陇西黄土高原西部边缘南下的。到合作就跨入了青藏高原的东界。紧接青藏高原的这一缕黄土地区出现了一条成分复杂、犬牙交错的民族地带，不妨称之为陇西走廊。在现有的分省地图上，这条走廊正是甘、青两省接壤地区，往南延伸便到云贵高原的六江流域。这里是对民族研究工作者具有吸引力的地区。

我对西北各民族很不熟悉，过去只限于一些书本知识。书本上告诉我，在青海和甘肃接壤的地区居住着一系列的小民族。这些民族不但人数少，而且只在这地方有。其中不满 1 万人的就有撒拉族、保安族和裕固族。较大的土族不到 1.5 万人，东乡族不到 3 万人。为什么有这么多小民族挤在这个陇西走廊的南端呢？

这次路经临夏回族自治州，虽则只住了一个晚上，也没有下乡访问，但从言传口说中听到了许多富有启发的提示。临夏本身是个少数民族自治的地方——回族自治州，而在它境内却还包含了两个自治县：一个是东乡自治县，另一个是多民族联合自治地方，即积石山保安族东乡族撒拉族自治县。这是一个少见的多民族聚居的地方。

从临夏到甘南的路上，汽车越爬越高，沿途我看到四围变化的景象，便开始体会到地形对民族分布的制约作用。海拔超过 3000 米之后，体质上不具备一些特有适应能力的人是住不长的，而且自然地理条件使高原上的生态环境与平原地带不同。这里一般不宜耕种；如要耕种，不长稻麦，只长青稞，但广阔的草原却适宜放牧。这些地方对于习惯农业生活的民族是不具有吸引力的。所以青藏高原长期以来几乎成了藏族所独占的生息之地。

当然，我不是说其他民族不能上高原或没有上高原的人，何况人的体质是有适应能力的。但是看来历史上许多来源不同的民族一上青藏高原，就会逐步接受已在这个地区创造了适应这个地方的生活习惯的藏族文化，而和藏族相融合。这段历史现在还没有被人发掘出来。但是我们知道不同地区的藏族自称不同：有自称“兑巴”、“藏巴”、“卫巴”、“康巴”；“巴”是藏语，译成汉语是人。在西藏北部、四川西北部、甘肃南部、青海地区的藏族却自称“安多娃”。安多语和藏语及康语有区别，前者没有声调，而后者有声调。这些事实表明藏族也和汉族一样，是个在历史过程中融合于许多不同成分的民族统一体。

那些上了高原的民族，很可能还留下一些人在靠近高原的黄土地区，或是有些外来民族移动到高原脚下就停住了。这样，高原的外围地区，如陇西走廊，就会存在一些保留了自己原有面貌的民族集团了。

现在居住在这走廊里的各个民族的人，大多还说得清他们祖先并不是本地人，而是从别地方迁来的移民。从历史记载来看，汉族进入甘肃的时代很早，甚至早在秦、汉之前。但是，现在在洮河流域的汉人却很多还是明代移民的子孙。我去甘肃前从朋友处借到一本顾颉刚先生写的《西北考察日记》。这本日记是抗战初期 1937 年 4 月～1938 年 1 月间写的。日记里有一段话说：洮河流域一带的汉人都说祖先来自南京、徐州、凤阳三地，乃“明初戡乱来此，遂占田为土著。”许多人家如宋姓、李姓等都有家谱，记录着可以追溯到明代封过官的祖先。看来明代曾在这一带用过兵，中原的军队带进了一批移民，扩大了汉人在甘肃分布的范围。

至于这个地区的回族，一般都认为：13 世纪蒙古军队征服了中亚，回戈东征时把中亚信伊斯兰教的各族人民编为“探马赤军”签发东来，称“回回”。后来其中相当重要的一部分就在甘肃河州一带“屯聚牧养”，蕃衍至今。临夏一带的回族就是其中的一部分。

在回族前后移入黄河两岸的还有驻扎在这军事要地的蒙古军队和其他中亚移民集团。他们的后裔形成了目前居住在这个地区的一些小民族。土族就是蒙古军队和曾经统治过这地方的吐谷浑的后裔霍尔人相混杂而成，至今说蒙古语。东乡族和保安族都是信奉了伊斯兰教的蒙古人的后裔，说蒙古语。撒拉族说突厥语，是另一群中亚的移民，信伊斯兰教。

至于这些外来移民进入之前住在这地区的究竟是什么民族？我现在还说不清。这次访问甘南时，听到当地藏族说，他们的祖先曾经在洮河流域居住过，后来回族进入才退居高原。这种传说是否有根据，我也不能判断。但联系我上面所说的话，可以设想，原来有一些居住在青藏高原外围的民族，在某一个时期，由于某些原因移上了高原逐渐为藏族所吸收，成为现在居住在青藏高原北部的藏族，即自称为“安多娃”的藏人。这只是一种设想，是否符合历史事实，还待进一步研究。

包含在一个较大的少数民族聚居区里的某些民族小岛有它们的特点。这种“少数中的少数”在民族工作上很容易被忽视。这个问题在现代化发展过程中更为突出。由于人少，他们必然要和其他较大民族紧密协作才能开展自己的物质和精神建设。而在这种协作中既能贯彻开放和改革的方针进行现代化建设，又要维持民族平等的地位，发扬民族特点，确是个必须重视的问题。

三、藏族现代化的跳板

甘南在甘肃的西南角上，西接青海，南通四川，占甘肃省总面积的1/10，约4.5万平方公里。地方不小，但聚居于偏僻省份的偏僻地区，历来不太为人所注意。我本人对它也只有耳闻，多少有一点过高难攀之感。直到这次亲身到了这里，才发现地势不算过高，在现有交通设备下，离甘肃中心兰州也不算远，当天就能到达，而且在促进藏族现代化的工作上有它特殊重要的地位。

甘南是甘肃省内藏族聚居的地方，所以成立了藏族自治州。甘南藏族人口24.7万，占甘南全部人口的46％。在甘肃省总人口中虽然只占1.9％，但在整个藏族382万人中却占6％，而且相当于西藏藏族的1/10。甘南的藏族重要性不仅在其人口比重上，而且还在于它地处藏、汉接触的前哨。它有条件成为藏族现代化的跳板。

我们一提到藏族，一般就容易想到居住在西藏自治区境内的藏族。其实西藏自治区里的藏族只有174万多人，不到全部藏族的一半。有一半以上的藏族住在自治区以外的青藏高原上，分别建立了十个自治州（其中一个是和其他民族联合自治的）和两个自治县。这些自治州、县分布在甘肃、青海、四川、云南等省。甘南藏族自治州就是其中之一。

为什么各地建立起行政上不相隶属的同一民族的自治地方呢？这要回溯一下藏族的历史。在公元10～12世纪期间，青藏高原分布着相互独立的许多藏族的部落，是一个分裂割据的局面。这时候甘肃中部和青海西部的藏族有些却已受中央王朝的册封，并发展了汉、藏之间的茶马贸易。元代结束了藏族的分裂局面，使其统一在中央王朝的统治之下。为了适应当时具体情况，设立了三个行政区域，平行地直属中央领导。现在的青海和甘肃的藏族属于一个单位。这里采取了土司制度，分别册封当地上层，受中央王朝管辖。明、清两代这些地区均沿袭这种行政区划，西藏地区则实行着和甘、青、川各地藏族不同的行政体制。清朝末年到民国初年改土归流，取消了土司制度，西藏地区之外都实行了和内地一般的行政设置。各省区内的藏族早于西藏地区得到解放，先后在50年代按原来的行政区划成立了自治地方。嗣后西藏地区和平解放，1965年西藏自治区才宣告成立。

这段历史告诉我们，藏族和汉族人民之间的接触最早是发生在青藏高原的西北部，也就是现在的甘青地区。我在这里提出这个历史背景是因为它还有现实的意义。藏族要现代化必须和其他民族一样走开放和改革的道路。开放要有具体渠道。熟门熟路，甘南藏族聚居区的历史地位就值得我们重视了。

从地理上说，甘南离拉萨航空距离1400多公里，地形图上看去更使人吃惊；要翻越多座崇山峻岭，其中唐古拉山海拔6000米，真是比上青天更难。但是出于我意料之外，听说甘南藏族竟有一半人到过拉萨，玛曲县的藏族去拉萨是人均1.8次。现在经常来往于甘南和拉萨搞运输的私人汽车有302辆，车上固然可以搭些人，但进藏的人并不都是坐汽车去的。他们和祖祖辈辈一样靠步行和骑马。

曾在拉卜楞寺住过多年的李安宅先生在他所著的《拉卜楞》一书中提到：从拉卜楞寺到拉萨共28个马站，就是说骑马要走28天，步行得好几个月。这样艰苦的路程对甘南藏族来说却并非畏途。这种勇气一般说来和他们的宗教信仰是分不开的，但是信仰后面却还有经济的动力。我已说过，在七八百年前甘南已经是汉藏茶马互市的中心。藏族生活上离不开茶叶，所以很早这个商品就成了汉藏接触的媒介。甘南也成了汉藏物质和精神文明流通的渠道。

甘南入藏的商道至今还是畅通的。上面所说302辆卡车主要是运输商品入藏的。其中单是酥油一项去年一共运出了75万公斤。这不是个小数目，试问在没有卡车运输的时代，要多少人、多少马才运得完？我们还听说，近来甘南运去的塑料底布鞋，在尼泊尔是项热门货。今天拉萨的自由市场据说基本上是由甘南藏族所控制的，拉萨市仅坐商中就有二三百人是从甘南去的。各种日用品都有出售，其中啤酒是重点。从西藏带回来的有不少从印度进口的手表、呢料，甚至西服。在拉卜楞，我们就看到有人穿印度制造的西装。

如果现代化和商品化是不可分离的话，甘南藏族已经在藏族地区起着商品流通的作用，为现代化开了门。我们看到合作市内有许多运输用的马拉板车，一问很多是藏族，不少原是住在郊区的牧民。他们这几年发现运输业容易致富，就投入了这个行业。这不是件小事，藏族牧民开始变了。

少数民族的现代化必须由少数民族的人自己来搞。藏族的现代化就得在藏族聚居区里由藏族人民自己接受新的科学技术开始。从历史上看和从这次我访问的印象来说，甘南大有条件可以作为藏族现代化的一个起点。也就是说，我们可以集中一点力量，帮助这个地区的藏族在现代化建设上先走一步。

四、白龙江话林业

开发少数民族地区必须从发挥它的自然优势着手，以甘南来说，就是林和牧。先说林。

我这次去甘肃，先是重访定西。从定西回兰州，通过兰州经临夏去甘南。车出兰州，进入洮河流域，心神为之一畅。那是因为我已被光秃秃的黄土高原憋了一个星期的气。尽管说定西这几年种草种树大有成绩，但荒山面积太大，种上草、种上树的还不过是集镇附近的一些山头。沿公路看去，被急流冲刷成的条条深沟，把黄土割裂成为无数大大小小的丘壑，这些黄土丘壑像是剥光了皮，赤裸裸地撅起背脊，伏在大地上的大爬虫，看上去令人恶心难受。坐飞机去过兰州的人，谁也忘不了从机场到市区路上所见到寸草不生的一片荒山。想到这曾经孕育我中华民族文化的摇篮，现在被糟踏到如此地步，怎能让人心平气和呢？

一进临夏境内，景色焕然一新。四周山色，虽说不上郁郁葱葱，但满山浅绿宜人。我不禁回头和同伴们说，哪一天全甘肃都能装扮得这样就好了。山坡上有草、有灌木，偶尔还看得到一些范围不大的密林。平地上的村庄都有绿树为屏，公路两旁的穿天杨已粗壮成材。大田里的玉米长势正旺，割下的小麦，一垛一垛地排列成行。我好似刚从黄土堆里钻出来，看到这一派丰收景象，真觉得换了一个世界。向导见我露出欢愉的情绪，也笑了，但是接着他便说：假如你能早来20年，到甘南白龙江去看看，不知会高兴成啥样了。

白龙江藏名舟曲，东西横贯甘南南境，主要在迭部和舟曲两县境内，系嘉陵江的支流。甘南南部的岷迭山脉（海拔4920米），是洮河和白龙江的分水岭。洮河流入黄河，白龙江通过嘉陵江流入长江，属我国的两大水系。这两条河的两岸往昔同是甘南的富庶之区。

白龙江流域是我国重要的林区，盛产云杉、冷杉，面积220万公顷，木材蓄积量1.56亿立方米。这地区分属甘、川两省，但海拔都是三四千米，居民以藏族为主。1958年实现公社化，森林全部收归国有。1966年建立了直属于林业部的白龙江林管局。1972年下放到省，由川、甘分管。

自从林管局成立之后的20年里，林区的变化是很大的，向导所说白龙江媚人景象指的是20年前的事。据藏族人士告诉我，这个林区实际上并不同于东北的自然林区，绝大部分原来都属部落村寨所有。林区里住着16万多居民，90%是藏族。他们历代以林为生，这片森林同时也就受到居民的保护和栽培，因而能经久不衰，保持了山清水秀、熊猫出没的胜地美景。以林为生的藏民生活向来优于甘南的牧民和农民。但是，这20年里却颠倒过来了，林区居民已退居末位。甘南在甘肃原来是个偏僻的不发达地区，1984年全省人均收入是189元，甘南是156元，林区舟曲只有83元，最穷是40元。20年来的变化和林管局的经营大有关系。

看来林管局并不是依靠当地藏族来经营白龙江林业的。在这20年里，这里已从东北和四川移进了一万几千名林业工人，加上他们的家属现在已超过3万多人。据说林场和原来林区的藏民不同，对这个丰茂的林区除吸取经济收入外别无感情。砍伐很积极，栽培则无心。想一想，一万几千工人整天用现代化工具在这林区里砍伐木材，像是用剃刀刮胡子那样，怎能不很快地把白龙江两岸的山坡一片片地刮得精光?！林线后退，生态破坏。被撇在一旁的藏民，对这片有着深厚情感的森林，现在只剩下保护的义务，而没有染指的权利了。他们只能在高寒山坡上种青稞度日，日子当然越过越穷。

据统计，现在和50年代比较，森林面积已缩小了1/3，木材蓄积量已少了1/4。完全是过量砍伐造成的。因而白龙江的含沙量增加了60%，流量减少了约8%，生态平衡已遭破坏，白龙江成了“黄龙江”，这些变化使甘南白龙江流域水旱受灾面积达60万亩，仅舟曲岩石滑坡就有260处。上游犹如此，对长江中下游的影响不言可喻了。

把破坏森林的责任全算在林管局的账上是不公道的。应该说，这主要是那个现代过“左”的政策造成的恶果。在少数民族地区这样对待当地资源，明明是违反民族区域自治原则的。1980年有了一些改正，村寨附近的林木大约4.3%的面积已划给藏族群众作为护村林，归群众自己管理，其他的还是由国家、州、县企业来经营，情况并没有根本扭转。问题不是在林场所有权上，而是在林木的经营权上。群众得不到直接利益，很难使他们对森林起保护作用。市场上买不到木材，在急切的需要下，就会纷纷到林场来自行砍伐。所谓滥砍乱伐的现象当然也就挡不住了。看来要使白龙江变成名副其实的白龙江，还得从经济体制上贯彻各民族共同繁荣的政策入手。这件需要下决心进行改革的事，在这“天高皇帝远”的地区，更需要有人替他们反映情况，说说话。

五、河源草甸的牧业

说过林，该说牧了。

甘南西部和青海接壤的边区，包括夏河、碌曲和玛曲三个县，地属青藏高原的边缘，海拔都在3000～4000之间。这里是九曲黄河的第一曲，恰把玛曲县绕了个大半周。玛曲就是黄河的藏名。黄河的两条支流——大夏河和洮河都在这里起源。这里水源充沛，多开阔滩地。河谷宽广，形成一片片微有起伏的平岗。气候高寒湿润，适于长草，被称为亚高山草甸，是理想的优良牧场。甘南全州有草原3700多万亩，平均每亩产草165公斤，是甘南的一大资源。主要牧区就在上述三县。

这三个县坐落在高寒地区，常冬无夏，6月里会下雪，而且阴晴变化无常，忽而晴空万里，忽而大雨倾盆。我到夏河草场赴宴，算是好天气，虽遇到两场雨，不算大，也没有冰雹，大家说我福大。这里没有无霜期可言。除了一些谷地外，显然不宜于种植其他农作物；农作物中也只有青稞适应这片土地。但是，青稞播下 20 公斤种子，也不一定能收到 100 公斤粮食。甘南全州在 1949 年只有 25 万亩粮田，后来强调粮食自给，毁草种粮，最多时达 110 万亩，总产量不过 1 亿公斤。现在政策对了头，已退耕还草 70 万亩，1984 年共收 8500 万公斤。看来，农业在这里是搞不好的，要发挥当地优势，只有发展牧业。

我们打算到牧业的重点县——碌曲和玛曲去访问，但是主人怕我吃不消，竭力劝阻，所以只能在夏河参观了牧场。车子离开市郊不远就是开阔的草地。空气清新，使人胸襟为之一敞。正值草花盛开之季，阵阵香风，令人心醉。

车子停下来休息时，我一阵高兴，弯腰摘了满手的草花，有白、有紫、有黄，十分欣赏。不料主人却指着这些草花对向导说，“这片草地怎么退化到这样地步，你看满地是这样的花。”原来开花的不是好草，有不少还是毒草，牛羊不吃。草场退化是当前甘南牧业的一个严重问题。

当地主人支起了三个帐篷，就在帐篷里设宴招待我们。大家边吃边谈，使我了解到当前牧业发展上遇到的一些困难，草场退化据说主要是由于多年畜量超载。超载是指一片草地上负担的牲畜太多了，好草被吃掉，来不及长，毒草则蔓生，草场逐渐变质退化。

据统计，全州牲畜头数已有好几年超过了 90 万头。按每个羊单位需 7 亩草地计算（1 头牛合 5 个羊单位），现有草地面积实际上已超载 20 万头。牛羊多而草少，结果越吃越不够。发展牧业不能只看存栏的牲畜头数，牲畜多不一定好。这是个牧业效益问题，在商品化之前牧民是看不到这个道理的。

有效地利用草地必须从自给牧业转变为商品牧业。也就是说，养了牲畜不是为自己食用，而是准备出卖，换得货币来购买消费品，从甘南来看，这种转变还刚刚开始。过去这几十年来，藏族牧民已过上了没有剥削的太平日子。我在合作镇通过翻译和藏民谈话，发现他们对当前生活充满着满足的乐观态度。一家人养两三头牛、三四十只羊，骑在马上扬鞭驰骋，真是其乐陶陶。当地民谚："三十只羊、两头牛，骑上马，满山游。"当然在这种精神世界里讲求发展商品牧业是有困难的。

比如说要讲求效益，就得讲究畜群结构，多养那些强壮年轻的母畜，幼畜出生率就可以提高。及时出卖，以减轻草地负担。同样一片草地，同样定量的饲料，回收的价值就大得多了。这应当是很容易明白的道理，但是在自给牧业中就难以做到。牧民们只看谁家牛羊多就算谁家富，牛羊群里壮大的牲畜多就算养得好。而这种传统的标准恰恰与牧业效益相反。效益重在出栏率，畜群结构重在生育期的母畜所占比重，要牧民从传统意识中转变过来，还得加强工作。

然而，现实却在教育牧民。草地超载，秋天牛羊吃不饱，抓不到膘，到冬天就容易死亡。这点牧民是清楚的。但是怎么办呢？近来甘南出现了一种新的办法，就是在严冬降临之前，就把畜群赶到北面的临夏去出售。关于临夏，我在前面已说过，是回民自治区。回民以务农为本，但各家各户都要养几只牛羊供自家食用。他们不从事放牧，而习惯于舍饲，各家各户把少数牛羊养在棚圈里，用饲料喂它们。这样到了冬天，既不怕寒冷的气候，也不愁饲料缺乏，因为这个地区种的是玉米，有大量的精饲料。他们在初冬从甘南牧民那里买回牛羊，舍饲一冬，长得肥肥的，过年上市，就可获得高利。这可说是商品牧业的开始。

我觉得这种区域间和民族间在牧业上的协作，是很值得有计划地推广的。这种协作可以使放牧和舍饲结合起来。甘南牧区闹牲畜超载，如果冬季把大批牛羊及时赶到临夏农区去催肥，不是可以减少目前畜群过冬大量死亡的情况发生么？看来发展牧业也需采用农牧协作的办法。这个办法会促进牧业的商品化。商品化使得牧民明白牧业效益的意义，而接受改良草地，防止退化的措施。不仅如此，这个办法也会在经济上把两个自治州结合起来，加强民族团结。这不是一举两得的好事么？

六、培养人才第一

按上两节所谈到的关于林牧的情况来看，把甘南建成藏族现代化的跳板是不是空想呢？我看不能这么说，但得承认，要实现这个设想确是要费一番工夫。甘南要在藏族现代化上先走一步，就得恢复林牧业和发展工业。发展工业一要原材料，二要能源，三要技术，四要资金。我说的不是空想，是因为甘南在原材料和能源上底子好，得天独厚；我说还得费一番工夫是因为技术和资金两不足。

得天独厚的资源主要是指森林和牧场。现在情况诚然不那么好；森林还在破坏，草场还在退化。但是情况一明，扭转局面决心就大，领导上确实是在为改变恶性循环、朝着平衡生态的方向努力，并采取了一些有效措施。金饭碗毕竟还是金饭碗嘛。

说到能源，甘南不用愁。它有两条江，即白龙江和洮河。它们分别是长江和黄河的上游，水势湍急，落差很大，大可发电。据估计可以利用的水力资源有2400万千瓦。现在只开发了20万千瓦，还不到1%，可谓潜力巨大。

技术和资金不足是甘南发展工业的最大困难。技术要人去掌握。从目前情况来看，能够或已经掌握现代工业技术的人在少数民族中确是不多的，甘南也不例外。要迅速发展甘南的工业，第一位重要的是必须抓紧人才的培养和引进。培养人才之关键又在于教育。说到这里我们不妨了解一下甘南的教育情况。

民族地区办现代学校教育可不简单，民族间语言不同。如果缺少会说本民族语言的教师，上课时学生听不懂老师说的话，教学实际上是无法进行的。甘南在 1974 年前就碰到了这个困难。甘南人口几乎一半是藏族，但是连小学都找不到合格的藏族老师。请了汉族老师来，学生不懂汉话，教室里秩序很难维持。据说有一位老师在教学生念书时，学生乱闹，他大声喝了声“不要吵”，全堂顿时齐声跟着说“不要吵”，还以为是在念课文。这样的课堂自然吸引不住学生，学生到课率很低。有些家长索性不让孩子上学，入学率因之也很低。

1974 年以后，情况好些，少数小学里对藏族学生用藏语上课了。目前这个问题据说基本上已经解决了。但是教师质量不高，小学的入学率还不过 64％。我没有得到分民族的统计，说不出在入学率上藏、汉的比例。

这里的中学，除了民族中学外，其余都用汉语上课。之所以可以请汉族老师，是因为藏族学生已经学会汉语，语言上没有隔阂了。但是要到外地去请老师上高原来执教又很不容易。尽管已经采取优惠政策，在甘南工作的干部一律有高原津贴。现在一个小学教师每月的工资可以有 100 元；中学教师 150 元。可是这点优惠吸引力并不大，甚至留不住人。从 1979 年到 1985 年这 7 年里，省里分配到甘南来的师资名额为 193 人，实际报到的只有 157 人；同期调走的教师为 96 人，结果实增仅 61 人，平均每年不到 10 人。分配来的是新手，调走的大多数是老教师。可想而知，在这种情况下，要保证教学质量是很困难的。根据当地教育机关的统计，目前各中学共有教师 1400 人，缺额达 469 人，竟占 1/3。

另一方面，1977 年恢复高考以来，从甘南录取的大专院校新生共 605 人，每年约 75 人，这些学生毕业之后回来的极少。甘南不仅教育战线上人才流动出现出超，其他战线上同样发生人才外流的情况，主要是外地干部要求回原籍工作。

当地人才要当地培养最为可靠，这是这几年的一条经验教训。甘南教育战线已有打算。他们准备设立一所培养本地中小学教师的师范学院。这所学院的师资又从哪里去请来呢？这又回到老问题上了。但是，现在他们已经摸到教师的心理，要把他们调到高原来是困难的。有句话说："上珠穆朗玛峰不怕，因为下得来；去甘南可不成，一去回不来。"因此，他们想出了个办法，这个学院筹划着要同兰州师范学院联办。教学部分由兰师负责，拨出一部分兰师的教师来甘南担任教课，每周、每月来回，半年、一年轮换都行，经费由甘南担负。

联办学校是一个提高民族地区教育的新构思，在甘南这样离开城市不远的民族地区是具有可行条件的。我想各地民族学院是否可以考虑采纳这种创见，灵活机动地发挥民族教育师资的作用，在民族地区就地培养本民族的工作干部。当然这种设想能否实现，还有待于甘肃省当局和兰师是否有决心、肯出力把甘南迅速发展起来。

甘南藏族的现代化可能是整个藏族现代化的先行者，而走上这条道路的第一步是培养人才，教育要先行。要办好教育，师资的培养又是第一位的。我对甘南师院的创建寄托厚望。

七、外助自立建设工业

我们花了一个上午和甘南领导同志讨论教育和人才问题，会上空气并不那么令人舒畅。虽则我们找到了联办师院的设想，但目前人才似乎还在流失。甘南是不是真的吸引不了人、又留不住人呢？

饭后，和我一起去的同志说皮鞋跟脱落，走不成路子。一打听，市中心街头就有修理皮鞋的摊子。我午休起来一看，那位同志的鞋跟竟然已经修好了。他兴冲冲对我说："谁说人们不敢上甘南，街上有的是内地来的手艺人。"接着他讲了以下的情况：

修鞋的是一位女工，浙江诸暨人，在这里设摊修鞋已经两年了。同她一起来的有 20 人，都是修鞋的。她和另外一个同伴合租一间房，月租 14 元，每天收入多则十几元，少则六七元，一年净收入可以达 2000 来元。家里有个孩子由婆婆带，每年回家一次，家里的田地请别人种。

从外地到甘南来做活的人并不只是修皮鞋，更多的是做成衣的，干木活的，理发的，等等。做成衣的南方叫裁缝师傅，他们在甘南有的只替人裁剪款式时兴的衣服；有的来料缝衣，还有的是备好各种花色的衣料，供顾客选择。顾客可以不费事就做成一件合身合意的衣裳，因此很受人欢迎。这些从内地来的手艺人有摆摊子的，有租房开铺营业的，有的还挂招牌。木匠大多是流动的，由顾客提供膳宿，承做各种家具，一家完工，再走一家，似乎没有空闲的日子，收入比修鞋的要多得多。最艰苦的要算养蜜蜂的人。他们以同乡关系结成一个小帮，搭火车，包卡车，到这遍地是花的草原上来放蜂采蜜。在公路上我们常常看到放蜂的帐篷。我曾经下车访问过他们。他们操着四川口音告诉我，他们每年结伙来草原，住四五个月，回家时可以净收 2000 多元，兼制蜂乳的人收入就更多了。采蜂的每人一个帐篷，食宿都在里面，基本上是各自经营，风风雨雨，生活十分艰苦。

这种流动的手艺工人，现在在边区各地都会碰到。1985 年我去赤峰，深入到小镇上去，就见浙江人挂牌的成衣铺。后来我在包头、伊克昭也见到这样的手艺工人。真想不到这次上高原，又遇到他们。他们分别来自浙江、江苏、四川等省，总数不好估计。从本乡来说，他们是劳动输出的一部分。我以前曾说过江苏省劳动输出大约有 1 万人，但只指地方集体单位同其他地方订立合同的建筑工人，并不包括这些单干的流动手艺工人。

这些流动手艺工人是以自己的劳力为边区居民服务的，所以受到边区居民的欢迎。边区城镇服务行业不发达，穿了皮鞋蹩了跟没人修。有这些手艺工人前来不是正中下怀么？这些外地手艺工人一方面是由于当前的户口规定不能落户，另一方面还有离乡不离井的习惯，所以他们有较大的流动性。通过这些流动手艺工人的手，边区每年要汇出大笔资金。我在伊克昭盟东胜市得悉，通过当地邮局每年汇到浙江去的小宗汇款总数达 40 万元。以每人汇去 2000 元计，50 个人就是 10 万元。东胜这个镇上的流动手艺工人不下 200 人。如果以此类推，整个边区通过这个渠道外流资金必然数以亿计。

从表面上看，这可以说是边区的资金流失。但事实上，这些外地工人把手艺送上门来，比向外地购买时兴服装、家具等消费品，还是便宜些。归根到底，边区自己的工业还不发达，手艺工人还没培养起来，第三产业尚未发展，资金外流是挡不住的。目前边区经济的实况只能用原材料到内地去换工业品，入不抵出，就要靠中央补贴。这决不是长远之计，可说是一种输血的办法。

变输血为造血，就应改补贴为投资，帮助边区发展工业。工业发展了，西北自己就有钱维持自己的行政机构，而且可以积累资金，自己发展工业了。这才是造血，也可以叫作外助自立。

当前边区技术力量不足怎样发展工业呢？看来，是得在人才上采取造血措施。上一节所说联办学校的意义就在这里。学校教育是基础工作，但远水救不了近火。当务之急是要引进一些手艺工人和工厂里的技工和工程师。手艺工人虽然已经来了，但是属流动性质。变流动为固定，首先是使那些愿意落户的人落下户来。更重要的是引进他们的手艺，培养一批本地工人。撒种出芽，落地生根。

我们那天下午参观了合作市的毛革厂。接待我们的是该厂负责人，一个藏族转业军人。这个厂原是夏河皮革厂的一个毛皮车间，1980年独立建厂，当年投产。现在已有职工286人，其中158人是汉族，73人是藏族，还有回族、满族，是个多民族的工人队伍。1985年产值达174万元，利润8.7万元。一年定制皮夹克两万件，远销东北。厂里甚至想向国外“伸伸腿”，已经和美商联系出口兔毛皮加工品和土拨鼠皮毛套。我参观这个厂，看到这番情景很激动，这是甘南工业化的种子，生机勃勃，充满活力。

我问起他们的技术状况。他们告诉我起先是从夏河制革厂里传下来的。这是我曾说过的乡镇工业细胞分裂法的例子。这位藏族转业军人，就在夏河厂里结识了三个南京同行，建立了联系。一个是南京皮革研究所的，一个是南京虹光皮革厂的，一个是南京黎明皮革厂的。靠这三个人，合作市的毛革厂得到了传递信息的渠道和技术支援。他们每年来甘南几次，带来制革所需的机械和化学药剂。1985年这个厂为东北制造的皮夹克就是他们穿针引线的。这也是我曾说过的超距辐射。南京的技术能力可以直接辐射到甘南，不必经过中间梯度媒介。

我又问：南京人为什么愿意帮忙呢？他们说：一是有交情，二是靠优惠待遇，三是不要求他们长期住到高原上来。他们还在南京供职，每年来几次就行了。但是，到甘南来的时间，工资加倍。

群众是聪明的，他们在实践中创造了符合当时当地具体情况的行之有效的办法。上述三条，我看也适用于其他民族地区。这是一条兴办新厂、吸引技术的道路。交情一条可以扩大一些，超出个人之间的关系，代之以支边的各种渠道。

我们对甘南人才外流的担忧，至少已看到了解决的办法。也就是说，“造血”有门了。如果能推广毛革厂的经验，最近几年甘南的小型企业就能搞出个底子来。更值得提出的是，在这里我们看到了少数民族工人队伍的形成。正是这支队伍在把甘南建设成藏族现代化的跳板。如果把这个实例和白龙江林区那种撇开当地藏民而去移入汉人来开采的情形相对照，何去何从，不是极为明白了么？

八、访拉卜楞寺

甘南行的最后一站是夏河拉卜楞寺。拉卜楞寺是甘青地区喇嘛教的圣地，每天有从各方来的藏族善男信女到这里朝拜。他们绕着寺院打转，口中念念有词，有些甚至每步一叩，四肢舒直，五体投地。拉卜楞寺自从开放以来又成了各国旅游者的胜地，他们手持相机，东跑西窜，寻觅新鲜镜头。

我去拉卜楞寺既非朝圣，又非猎奇，也许可说是还愿，偿还我很久以来的宿愿。人类学这门学科里最难念的一课应当说是宗教。一个无神论者怎样去认识另一个民族的宗教精神世界呢？耳闻不如眼见，我总想有个机会亲自访问一个藏族地区的喇嘛教寺院。这次既然到了甘南，怎能不去久已闻名的拉卜楞寺呢？8月16日午休后，我们从合作启程去拉卜楞寺的所在地夏河，行程只有70公里，但因正在修筑公路，傍晚才到达。

车子在曲折的山岗里走了半天，夕阳西下时刻，接近夏河，眼前豁然开朗。遥望山谷里一片人烟稠密之区，平顶土屋中矗立着不少寺院的金顶。公路穿过市区，一座座宏大的庙宇，闪过眼前。夏河市容别具一格，和临夏、合作迥然不同。直到此时，我们才真正感到身入藏区。

拉卜楞寺初建于清康熙四十七年（1708年），正是《平定朔漠方略》编成的一年。这一年可说是清朝统一版图的鼎盛时期。其时与清皇室联盟的青海和硕特蒙古前首旗黄河南亲王创议在他的势力范围内的甘青地区建寺，一方面迎合清廷“兴黄教即所以安众蒙古”的政策，一方面用宗教巩固他的地方势力，他物色到了本地出生、正在拉萨“留学”的嘉木样大师，迎他返籍选择扎希奇谷地建筑这个寺院。最早称扎希奇寺，后来因为嘉木样的名声大振，就用他住所专称拉卜楞作为一般习用的寺名，而且在拉卜楞寺的势力扩大的过程中又被用成该寺控制地区的地名。

该寺创始人嘉木样一世，从他的传记来看，是一个好学深思，在神学上颇有造诣的喇嘛教徒。他矢志要在他的家乡建立一个可以和拉萨匹敌的喇嘛教佛学中心。拉卜楞寺不只是一般祀奉神明的寺院，而主要是个喇嘛教的高等学府。从嘉木样一世起，拉卜楞寺在230年中不断发展，陆续建立了六个学院，不但在神学上，而且在天文、历算、医药、艺术等学科上都有专业设置，在保持和发扬藏族文化上起了很重要的作用。

拉卜楞寺作为一个高等学府，它的主干部分是嘉木样一世创业时（1710年）建立的闻思学院。在这里进行喇嘛教经典的基本训练，因而也是藏族文学的研究中心。学习时间最长，课程也多。解放前在学院学习的经常有3000喇嘛。其次是续部下学院，也是嘉木样一世1715年建立的，可称之为神学院。第三是时轮学院，1763年嘉木样二世所建，可称之为艺术学院，学习宗教舞蹈和音乐。第四是医药学院，1784 年嘉木样二世所建。第五是喜金刚学院，可称之为历算学院，1881 年嘉木样四世所建，学习天文和算法。第六是续部上学院，是与续部下学院性质相同的神学院，1939 年嘉木样五世所建。在这五个专科学院里学习的喇嘛为数较少，最盛时也不过百余人。

作为一个高等学府，该寺有严格的学制、课程、班级、考试和学位。无论什么人都可以入学，但必须拜一个在寺的有学问的喇嘛为师。一个老师只收少数学生，负责指导他们参加各学院各班级的日常功课学习。学生的生活都得自理，对寺院或老师不交学费，但要为老师服役。师徒之间存在着亲密的关系，听来他们确有尊师爱徒的好传统。寺内所有喇嘛都是由自己家庭供养的，只在有人来寺布施时才能吃到“大锅饭”。每个学院的公共厨房里都有个大锅，可以煮几百人的斋食。普通喇嘛生活清苦俭朴，当然寺庙本身过去拥有巨大的财产，因为许多信徒甘心情愿地把一生劳动的积累，一下子都施舍给寺庙，自己再去过乞讨的生活。

这座藏族的高等学府在群众眼里只是一般的大寺庙。在这里进香朝拜，做功课，祈求来世的幸福。我这个世俗者的心里实在有说不尽的感叹。这是一种社会制度，一个人生出来就在这种制度里成长，把这种制度的一切思想和行为规范视作当然，封锁在这笼子里过一生。他们那种忠厚虔诚的性格只应引起人们的尊敬，但是他们所得到现世的报答却是艰苦和悲惨，那又怎能使我心安呢？

我这次到拉卜楞寺做客被视为嘉木样大师的上宾。承蒙他和我同起同坐、同车出游，我对他的热情真是不胜感激。出行时，所遇到的藏民无一不毕恭毕敬地低着头，鞠着躬，摊开双手，站立在路旁。车子一停，他们就一拥而上，把头伸过来，意思是要求我们摩顶，有人甚至用头冲撞我们的汽车，这些行为，完全是他们内心世界一片虔诚的自发流露。我对他们真是感愧交加。他们是值得尊敬的人，因为他们是有理想的人，没有理想怎能这么虔诚？但是他们自小从社会接受的理想又给他们带来了什么呢？如果一个无神论者也可以用祈祷来表达他的心愿，我很想祈求他们所信奉的神明能允许他们在现世预支他们后世应得的报应。

我参观拉卜楞寺的藏书院和医药学院时，听到闻思学院 1985 年失火的事件。当我看到这么多珍贵的经书重屋叠架地堆积在黑黝黝的经堂里，想的却是这样一大批藏族文物的安全保障。与其受灾之后动用大笔款项去重建，实在不如赶紧采取一些防卫措施。亡羊补牢，未为迟也。

我是 18 日离开拉卜楞寺返回兰州的。朝发夕至，乘对草原印象犹新。在车上口吟一绝：

朝辞甘南古寺前，千寻高原早入秋。
草香醇处如容醉，牛羊同群不羡仙。

临 夏 篇

过去两年里我曾到甘肃省临夏回族自治州访问过两次。第一次是1985年8月，访问甘南藏族自治州时，往返路上都在临夏停过，听到了一些有关这地方的情况。第二次是1986年8月，先去定西，再到临夏住了一周。时间短，还是走马看花，了解不深。但现场观察总有一些印象和想法。早想写篇访问记，一拖已过半年。今天追记可能还没有完全过时。

一

临夏回族自治州在兰州之南，甘南之北，东接定西，西连青海的海东。黄河自西过境北上，地处青藏高原与黄土高原之间的过渡地带。从经济上看，正是介于青藏牧区和内地农区之间的一条走廊上。我在《甘南行》里称它作“陇西走廊”。这条走廊沿着甘青两省边界，北起祁连山，南下四川，接上横断山脉的六江流域。民族成分颇为复杂。临夏处于这走廊的中段和古代丝绸之路的交叉点上。它是个回族聚居区。总人口145万，其中回族有51.6万人，占该州人口的35%。如果加上同样信仰伊斯兰教的东乡族和保安族，总数略大于汉族。临夏回族自治州建立于 1956 年，州内包括积石山保安族、东乡族、撒拉族自治县，及另一东乡族自治县。

我初访临夏时，刚从荒秃的黄土高原进入洮河流域，精神为之一爽。四周山岗已染上淡淡的一层绿色，路旁农田里长着丰茂的庄稼。当时我心里想，这地方农民不至于太贫困了吧。这次在州内转了一圈，才知道该州脱贫还只有三年。1983 年人均收入不到 100 元，1985 年才提高到 226 元。为什么呢？原来这个地方也是吃了人多地少的亏。全州耕地只有 220 多万亩，人口 1950 年约 70 万，1985 年增长到了 145 万，人均耕地从约三亩半减少到了一亩七分。粮食产量又不高。70 年代以来，老是在亩产 300 斤上下摆动。人均粮食相应下降，50 年代到过 600 斤，1985 年却只有 420 多斤。

临夏要靠农业致富看来很不容易。靠工业一时还困难。1985 年全州的工业产值，包括个体专业户在内，按 1980 年不变价格计算，约 7700 万元，为农业产值的 1/3。农大于工，八二开。人均工业产值在甘肃各州中为数最低，仅 33 元。这样说来，这几年里怎样脱掉贫困帽子呢？

当地居民给我的答复是：临夏居民大约一半是信仰伊斯兰教的少数民族，其中回族有 50 万人。他们善于经商，农业搞不过汉人，在以粮食为纲的时期，吃了苦头。所以他们对农业体制改革最积极。临夏是甘肃最早落实责任制的一个州。这倒并不是因为农民承包了土地提高了农业的积极性，而是因为农村里的劳动力从此可以自由流动了。这几年里大批劳动力从农业里解放了出来，有的外出劳动，有的搞远距离贩运，一下子把农村经济搞活了，生活很快得到了提高。

劳务输出看来是贫困地区脱贫效益最快的路子。因为这种致富措施不需要本钱，吃苦耐劳又是中国各族农民的最大优势。临夏输出的劳动力大多是到青海、西藏、新疆、宁夏等地去承包建设，其次是到黄河上游去淘金。搞建筑的小工每月可以有100元的收入，淘金的每天可以到手10元到15元。还有不少是到各城市去串门走户的工匠。这些人得来的钱养家活口之外，还可以有些积蓄。出门惯了，熟悉了外地的门路，结交了朋友，不少人就搞贩运。贩运所得又刺激了家庭手工业的发展。一些家庭开始制造商品运到别处去卖。这几年，不少个体专业户或家庭小企业发了财，造了新房子，改变着这一带的农村面貌。

我在广河县城关镇拱北村访问时，走进了一所新盖的楼房。楼旁的边房里，贮满了一屋子的皮毛，气味很大。这家主人是个20多岁的回族青年，名叫杨麻尼。他家原来很穷，靠贩运蔬菜过活。1979年听人说四川藏区的人们需要穿毛皮袍子，肯出价钱。他就在街上买了一些羊皮，缝了几件袍子，一路打听，换了几次车，到了甘孜。一下车就被人围住，争着要买。一件皮袍成本不到20元，在那里可以卖到上百元。从此，他家里的妇女一有空就缝皮袍子。他跑单帮往来售货，4年来已走遍甘孜各地。现在新房子也盖起了，一个小小的家庭皮袍作坊也很像个样子了。

我一连走了好多家小作坊，几乎全是这样起家的。这使我想起了《温州行》。和温州相比，临夏的家庭手工业规模和水平还差几个档次，主要是缺少专业市场，还是停留在各家各户各自小本经营的阶段。

我曾问当前临夏在外地搞劳务和经商的人数。据估计，全州50万个农村劳动力中外出的约16万多人，占33%。其中从事建筑的有6万人，在陕西、宁夏、青海、西藏、新疆、内蒙等地承包建筑房屋、桥梁、堤坝、公路、铁路等；从事淘金、采矿、伐木的约有3万人；经商的有 5 万人，大宗商品是茶叶和皮毛。拉萨有 2 千多人，已形成了有 6 百多家商店的一条街。广州、北京、南京、西宁、拉萨、乌鲁木齐都有临夏人开的穆斯林饭馆，共有 118 处。这些饭馆也是他们提供信息的中心。另外零星外出，三五成群，搞收购，修理等业务的，约 2 万多人。临夏外出劳动力之多居甘肃各地区之冠。其中大多数是回族，当地汉人也跟着多起来了。看来就是靠这批人把临夏人均收入的水平提高起来的。

二

临夏是回族在甘肃的一个重要聚居区。回族善于经商可以说是他们的民族特点。如果要问个为什么，那就得从回族的历史和分布上去找答案。回族的先人是中亚各地信伊斯兰教的人。他们很早就从丝绸之路进入中国内地，海运通航后又有不少来到我国沿海诸港口，定居下来，繁衍生息，当时被称为蕃客，至今广州、泉州、杭州、扬州、长安等地均有他们遗下的墓地。

回回这个名称最早见于北宋的文献，但到元代才通行。公元 13 世纪初叶，蒙古军队大举西征，横扫中亚各地。一路把所征服的各城市中的工匠、商人和文人编入后勤队伍，为远征军服务。据述撒马尔罕城陷落后被征的工匠即达 3 万多人。当蒙古军队回师灭宋，统一中国时，这支被称为“探马赤军”的伊斯兰教信徒的队伍随着进入中国，在各军事重镇“屯聚牧养”，定居下来。其后即和早来的蕃客混合，并不断吸收汉人形成了各地大小的回族聚居区。这段历史说明了回族善于工艺和经商是有悠久传统的。

甘肃临夏和青海的海东这个地区在唐宋时称河州，正处在上述陇西走廊和古丝绸之路的交叉点上。从民族方面看正处在藏汉两大民族之间。藏族一向在青藏高原上经营牧业。在历史上虽曾多次扩张到平原地区，但是很少能适应海拔低地区生活，久住下来。汉族自古以农为本，擅长精耕细作，尽管有些汉人上了高原而且生存下来，但为数不多，更说不上大规模的移民。汉藏两族杂居的情况比较少。这条陇西走廊可以说是汉藏两族的分界，也是农牧两大经济区的桥梁。

这两大民族和两大经济区并不是相互封锁和隔绝的。农牧之间经常互通有无，彼此依赖。这种经济上的往来在史书上称为“茶马互市”。茶是牧民生活必需品，并用以泛指其他农产品和生活用品。马是农区所必需的畜力，而且是重要的军用品，当然也包括其他如羊毛、牛皮等牧业产品。“茶马互市”是农牧贸易的简称。这条陇西走廊为农牧贸易提供了便利的场所。河州原是欧亚交通要道，丝绸之路的商站，从历史和地理背景就不难看到这地方在商品流通上的重要地位。明代就在这里设立了管理农牧贸易的行政机构“茶马司”。

明代挑选建立内陆商埠的河州正是元初以来已形成的回族聚居区。即使撇开这地方由于回族经营了近百年在事实上已成为农牧贸易的中心不说，也可以设想河州经济地理上的地位原来就具有十分适合于回族发展的条件，建立“茶马司”之后更便于他们进行商品流通活动，因而巩固了这个民族聚居区。

以上这段历史回顾，给我深刻的启发，结合当前形势，似乎在眼前展开了一幅重兴“茶马互市”和重开“丝绸之路”的前景。

三

自从前年访问甘南藏族自治州以来，我心里老是惦记着怎样开发青藏高原广大牧区的问题。现在这高原上的牧民基本上还是在自然经济里过日子。饲养牲畜主要是为了自己的食用。他们衣食住行的日用必需品大多取自牧业产品。自给自足，和外界往来很少。他们用畜群的大小来衡量贫富，以致较大的畜群里老弱牛羊占了多数，增加了草地载畜的负担，一遇风雪，大批死亡。因为商品经济的程度太低，谈不上科学牧业。这是藏族牧民长久以来摆脱不了贫困的经济根源。

怎样改变这种自然牧业为商品牧业呢？怎样使牧民为了出卖牲畜去换取消费品和生产资料而经营牧业呢？这一条改变青藏高原经济面貌的必由之路并不是短期里可以走得通的。最初的一步，我认为必须有人把提高牧民生活所需的用品送上高原去换取牧业产品。也就是说要在流通上找出个突破口。看来只有商品的力量才能逐步打开封闭性的牧业大门，使其改变成开放性的牧业。治贫致富有赖于牧业的改革，改革则有赖于开放，开放主要就是让商品流通。这样说是容易的，但不应忘记藏族牧民是居住在 3 千米上下的高原和交通十分不便这一事实。商品自己不会走动，要有人去运输，还要有人去出售。这支流通队伍在哪里呢？藏族牧民还很少有商品意识，汉人又大多不习惯上高原去活动。我曾为此发愁。这次访问临夏，却见到了这支队伍事实上已经形成，而且正在活动。这支队伍主要就是我在上节里所谈到的历史上形成的，生长在陇西走廊里的回族。

访问期间，我在广河买家巷乡王家村见到一家靠沟通甘藏贸易而发迹的回民。他名叫马达吾，35 岁左右，全家 18 口，三世同堂，兄弟四人没有分家，但都已成亲，父母健全。1978 年开始加工皮衣，销往四川、青海等藏区。1981 年积了钱，买一辆卡车，贩运小百货上西藏，回程从拉萨运回羊毛、皮子和尼泊尔的呢料，摸出了一条经商之道。在拉萨和西藏的一个汽车队联办了一个门市部，后来又自立商店，有 2 人常住拉萨，接着添置了一辆卡车，每周有车往返一次，可收入 1 万元。去年在临夏县城里开了一个门市部，家里盖了一座三层楼的住宅。他从1982年开始和同村的马继业合伙经营，先带一户，逐步扩大，现在已有70多人参加甘藏之间的流通活动。全村只有42户，所以这村子里家家都有人上西藏做买卖。

据说这几年来像马达吾一样起家的人不少。确数不明。一般估计全州6万个出外经商的人中大部分是在藏区活动。有人告诉我，现在拉萨的临夏坐商大约有6百多家2000人，他们所开的铺子已形成一条街。他们在亚东有个站头，通过藏人和尼泊尔人做买卖。现在临夏街上可以见到穿尼泊尔运来的西装的人。看来，在过去不到十年里甘藏之间的农牧贸易已经在民间自发地恢复了。现在临夏的民间卡车有1千多辆，1985年据说由卡车贩运的销售总额约2.4亿元。4吨的卡车往返拉萨一次，可以获利3000到4000元。

目前甘藏间的商品流动可能主要是靠这一支民间的自发队伍。他们还没有引起应有的注意和扶持。举例来说，商业活动需要资金。这些白手起家的企业家，一般是靠个体户劳动输出积累的资金开始营业的。要达到马达吾的经营规模至少要五、六年。他们最感困难的是缺乏流动资金，现在唯一的办法是向私人借贷。利息很高，而且多是以市集周期计算，负担很重。1984年在临夏出现过一个称为“便民银行”的民间金融组织，周转金只有5万元。当时很受到这些跑高原的商贩所欢迎。但是不久这个“银行”由于不符合国家规定而被取缔。我同这些搞商品流通的个体户谈起这事，他们还迷惑不解，因为事实上是帮了放高利贷的人而让搞流通的人吃亏。从大处看，也就是限制了这个正在发展中的流通渠道。“便民银行”违法固然应予取缔，国家银行是否也可以做一些“便民”的事呢？

如果我们认为要促进青藏高原的经济发展必须推动农牧贸易，那么我们应当对这支民间自发的流通队伍加以扶助和培养，不仅在提供流动资金上可以做些“便民”之事，流动过程中许多环节上都有“便民”之事可做。比如货源供应、仓库设备、交通设施、运输工具、市场信息以至各种保险，处处可以为这些搞流动的个体户服务。更重要的我认为是如果一开始就以国家或集体的力量为这些积极性很高的个体商贩提供服务。我们就可以通过服务使他们不越出社会主义的大道运行。

四

处在农牧中间地带的陇西走廊，应当自觉地抓住经济地理授予它的特殊地位，来发展自己的优势。上面只提到了作为农牧间互通有无的流动媒介，我还看到农牧结合的具体实例。

在临夏拜家村我们访问了一位阿訇，他有个儿子，28 岁，很精干，会驾驶卡车，从当司机开始，现在已买了车，自己搞贩运，上个月才从拉萨回来。去年这位阿訇出了个主意，从甘南买进架子牛 55 头，在家宅边起了一个饲育场。经过一冬把这些牛育肥后，屠宰了，由他的儿子把牛肉运到拉萨去出卖。本地一斤牛肉只有 2 元，在拉萨却可卖 4.5 元。贩运一次净收一万多元。这位阿訇兴冲冲地带领我们去参观他的饲育场，有 100 只羊买来不久，准备育肥后赶上古尔邦节出售。他说，只是牛奶一项，每月可收入 350 元。这几年里这位阿訇已成了一个面团团的农民企业家了。

这种从草原上买了“架子畜”到农区育肥是这地方的老传统，称作“养站牛”。在草地上放牧的牛或羊到了秋天骨架已经长成，肉层还没有肥厚，需要大量吃草的时候，由于已经超载的草地，供应不足，缺乏营养，到了冬天就有许多在冰天雪地里死去。牧民想出了一个办法，在冬天来临前，把牛羊赶到农区卖给当地的农民。农民有饲料，在冬天可在自己家里喂牛羊，使他们继续长膘，称作育肥。架子畜育肥是农牧结合的一个方式，既充分利用了草地来放牧，又利用农田长饲料进行舍饲。放牧和舍饲相衔接，实际上是初级产品和再加工相结合，双方都可以取得较大的经济效益。我前年在赤峰访问半农半牧区时，曾提出过这种意见，主张在这类地区发展为牧业服务的农业，除了必要的粮食作物外，尽量发展饲料作物。粮食作物和饲料作物并不互相排斥，麦子和玉米可以衔接成两季作物。想不到这次在临夏访问到了具体的实例。而且听说，在临夏这种经营“养站牛”的人家正在增加，那是因为这几年临夏的农民手上有了钱，能出去买架子畜了。采购架子畜的地区也正在扩大，从附近的甘南、海东扩展到了川北、海西，甚至内蒙、西藏；销售的地区也同样扩大，远到银川、西安和拉萨。原因是现在有了现代运输工具。临夏千辆卡车在改变经济面貌上起着重要作用。

养架子畜育肥是商品牧业的一种方式，是促进牧业发展一个值得重视的信息。

五

如果在临夏市上走一圈确会得到一派兴旺的印象。同样的，如果到传统皮毛中心的三甲集去赶一次场，那种车水马龙热闹拥挤的景象，令人直觉地感到这个地区的经济正在苏醒，前途宽广。现在可以清楚地看出，近几年来这个地方经济转机的关键是在一个商字。经商是这个地区的老根子，这个根子，在当前政策的雨露下，正在茁壮成长。但是如果进一步去观察他们所从事贸易的商品，却可以发现其中绝大多数并非本地特产，还没有突破近千年来“茶马互市”的老框框。主要商品还是农区来的茶叶和牧区来的皮毛。换一句话说，现在临夏是在以贩运为主的传统经济模式里取得复苏的，刚刚开始有了一些贩运和生产相结合的苗头。临夏要再前进一步，我认为必须注意使这些苗头发展起来，简单地说就是“以商带工”。

我在上边已经说过，临夏的工业底子是很薄弱的。但这几年中却出现了一大批户办和联户办的家庭企业，为数在1万以上，大多是我上面所说过的那种皮毛加工成皮袍一类的家庭小企业。业主既管企业，又参加劳动，还要从事贩运。劳动力来自家庭成员，全家老小人人动手。

我们在从临夏市经广河回兰州的路上，参观了七、八个比较大的家庭企业，有少数是联户办的，并雇用一些工人：计有拖车厂、皮革厂、化工厂、翻砂厂、元钉厂、食品厂、啤酒厂等。其中规模最大的有工人20多人，但资金总额没有一个超过20万元。厂房都是住宅的一部分，或在院落中搭了个工棚。据统计全州户办和联户办的企业1985年的总产值大约有7000万元，所以这还只能说是尚在初级阶段的一些可喜的苗头。

怎样才能把这苗头培育成长呢？我根据在温州所看到的情形来说，主要一条就是这种加工业必须与流通结合起来，工要联上商，也就是说，要掌握市场上需要什么，就制造什么。

临夏商品的市场在哪里呢？答案是很清楚的，现在是在西边，主要是青藏高原。我在临夏市上逛过一条街，几乎所有的商品全是出售藏族的生活用品，从妇女围在腰下的氆氇到代替念经的转轮，种类繁多，几乎像是置身于藏族文物馆里。我没有调查这些商品是在哪里制造的，看来大宗还是从别地贩来。

像临夏这样一个没有工业底子的地区，怎样从简单的手工业发展较为现代一些的工业呢？这不是轻而易举的事。主要的困难，一是没有资金，二是没有技术。

论资金，向上看确有困难，国家投资希望不大是事实。能不能向下看呢？不妨先看看现在这 1 万户家庭小企业的资金是从哪里来的。大体上说，最初是来自劳务输出，接着是来自贩运。目前那近千辆的卡车每天都带回来可观的利润。这些钱分散在千家万户。问题是怎样能把民间分散的资金集中起来。

我在临夏市访问时，市中心新建的民族市场正接近完工，我前往参观。这市场规模不小，是座有 7200 平方米建筑面积的 5 层大楼。在临夏是最高的大厦了，造价 240 万元。这笔资金就是采取了民间合股集资的办法得手的。每股 2500 元，有 150 户入股。股东有在大楼里租设商柜的优先权。这座大楼全部启用后，商品总值约 1000 万元，全将由民间集资。我参观后觉得如果能发动群众，临夏要办小型现代工业，资金不会是个过不去的难关。

技术哪里来？这使我回想起前年在甘南看到的皮革厂。我在《甘南行》里已经提到过，这个厂是由 3 个南京来的技术工人帮助建立起来的，现在这 3 个师傅已经回去，但是这个厂还是从他们得到信息和技术的支援。这个事例启发了我，为临夏提出“东引西进”的方针。从东部发达地区引进技术，在本地发展加工工业，向西开辟市场，为牧区服务。

现在“横向联系”这个名词已经不胫而走，确是这几年群众创造的一条发展较不发达地区有效的战略概念。横向联系的概念改变了过去想开发西北眼睛总是盯住国家投资的观念。现在看到资源丰富的西北地区如果能为东部工业保证原料供应，就能从对方取得技术支援。而且认为许多原料的初级加工可以在原地进行，把一批工业移到边区。这种内移的工业如果能和内地乡镇企业挂上钩，就能在内地培养出大批现代技工，边区工业也就生了根。

“东引西进”在目前向西固然还只能进到青藏高原，但是如果临夏这个地区工业果真能发展起来，西方的市场还可以大大的扩张。我们不要忘记了历史上的丝绸之路。这条陆路上的国际商道就从长安通过包括现在临夏和海东的河州向西延伸的。更值得我们注意的是这个商道经过许多伊斯兰教徒的聚居区。也许正因为这个原因这个商道上的临夏在伊斯兰教世界里被称为东方麦加，至今科威特和临夏还有民间的联系。这许多伊斯兰地区和国家正是一个待开发的市场。举例来说，如果临夏的食品工业能以青藏高原的牧业为基础得到发展，它就具有在伊斯兰世界市场上的特殊地位。这个前景我们应当及早看到，成为促进我们加紧建设临夏地区的动力。这是重开丝绸之路的一个重要措施，希望我们不致坐失良机。

悼福彭*

一个以解除别人的痛苦为自己的职责而乐在其中的人是应当受到别人的尊敬的。福彭*就是这样的一个人。我以有他这样一个人做朋友而感到自豪。

福彭曾告诉过我：他立志学医是因为他早年患过严重的骨症，痛苦万分；当时许下了个愿：如果他还能活下去，这一生就应当用来解除患同样病症的人的痛苦。正当他病危之际，一个比利时的骨科大夫，他父亲的朋友，来到中国探望他们，动手术挽救他的生命。以后的60多年，他就用来实践他许下的心愿。

坚持这个志愿，岂是易事？福彭在比利时学医，学成时，国内抗战爆发。像他这样学有专长的医生，在国外哪处得不到安定富裕的生活，但是福彭却毅然返国到云南大后方投身医学教育工作。抗战后方当教师的生活是艰苦的，医学院里的教授个人不开业而集中精力于教学工作的不多，福彭是其中之一。个人的享受不在他的心上。他一刻都不肯放松的是他的业务：研究和教学。1928年我和他在同一张桌子上做实验时，他就是这个劲儿，他总是最后一个离

---

* 青岛医学院教授沈福彭。

开实验室。1945年我从呈贡移居云南大学晚翠院的教员宿舍，正在医学院解剖室的附近。他一早来上班，过我家时，常常推门进来，看见我还高枕未起，总是话也不说，捶我一拳，翻身就走。我心里想，这家伙，这样早又来报到了。他就是这样起早摸黑地搞他的实验。

他的学生中有些也和我很熟，我从他们的谈话中知道学生们怎样的敬爱他。当他的学生是不容易的。他称得上是个严师，但是学生们心里都明白，只有这样才能出高徒。最使得学生们心服的是他以身作则。他是严己以律人。严格要求自己的学术在他已成了习惯，真是五十年如一日。我最后见到他是1980年。我们自从1957年遭受同样的打击后，一直没有见过面。这次见面一进他家门第一件事却是给我看他正在绘制的一叠关于心脏的解剖图。年已过古稀的福彭还是我最初相识时的福彭。

我和福彭在一起的时候少，分离的时候多。但在我们，在一起和分离差别不大，在一起时，我们的话不多，捶一拳，翻身就走。一拳传达了语言不能表达的深情。什么深情呢？他知道我明白他，我知道他明白我，这就够了。以1957年这件事说吧，我早就料到他会受到和我一样的遭遇。像他这样一个刚直不阿的性格，注定在劫难逃。但是对于他，我心中有数。他一定能支持下来，而且不怨天，不尤人，利用一切条件搞他念念不忘的业务。至于他能有多大成就，那不是由他本人的努力所能决定的了。他这个劲是夺不掉的。我在和他最后一次见面中，我感到一种说不出的安慰，福彭果然是我所了解的福彭。我们分手时，我真想捶他一拳，用以告诉他，“我明白你。”

明白什么呢？他明白他懂得什么叫生，什么叫死，什么叫痛苦，什么叫愉快。他最后的遗言要把他的遗体作实验之用，集中地表达了他对上面这些问题的答案。他懂得有一个东西比他的躯体更重要、更高贵。有此，这个躯体才有意义。这是什么呢？那就是他许下的愿，立下的志：用这一生来解除别人的痛苦。这样死可以化为生，痛苦可以化为愉快。这一点我相信，福彭是明白的，有体会的。他就是这样做了一生。

临别时的一拳，我没有捶出去，留一点余地也好。人之相知，贵相知心，我究竟对福彭懂得多少，还得他捶回我一拳，才能检验。这样的机会已经不存在了。这一点在他留下的躯体里现在的人还是解剖不出来的。无论怎样，我相信，福彭是没有留下什么遗憾地永息的。我能做到像我这个朋友所得到的结束，我也就没有遗憾了。

1982 年 4 月 7 日

潘、胡译《人类的由来》书后

胡寿文同志送来他和潘光旦先生共同翻译的达尔文著《人类的由来》一书的清样，并告知此书出版有日矣。他知道我熟悉这书翻译和出版的经过，要我在书后写几句话。这是我义不容辞的事，略写几页以记其始末。

这本书的翻译，是潘光旦先生一生学术工作中最后完成的一项业绩，充分体现了他锲而不舍、一丝不苟的治学精神。我师从先生近40年，比邻而居者近20年。同遭贬批后，更日夕相处、出入相随、执疑问难、说古论今者近十年。这十年中，先生以负辱之身，不怨不尤，孜孜矻矻，勤学不懈，在弃世之前，基本上完成了这部巨著的翻译。

记得早在1956年商务印书馆的友人来访，谈及翻译介绍西方学术名著事，先生即推荐达尔文一生的著作，并表示愿意自己承担《人类的由来》的翻译。随后他即函告在国外的友人，嘱代购该书原版。书到之日，他抚摸再四，不忍释手，可见其对该书的深情。先生早岁在美国留学时，学生物学，并亲听遗传学家摩尔根之课。他结合自己人文科学的造诣，发挥优生学原理和人才的研究；后来在执教各大学讲社会学课程时，亦特别着重社会现象中人类自然因素的作用。他推崇达尔文由来已久。

达尔文是 19 世纪英国学术上破旧立新的大师。他身患痼疾，为探讨自然规律，苦学终生。1859 年他的《物种起源》一书问世，总结了他自己多年在世界各地亲自观察生物界的现象，发现自然选择在物种变化上起的作用，探索了物种的起源和进化的规律。达尔文忠实于反映客观实际，勇于把见到的自然现象公布于世，成为人类共同的知识。尽管达尔文当时并没有把物种起源直接联系于人类，他只说了一句话：通过《物种起源》的发表，“人类的起源，人类历史的开端就会得到一线光明。”但是这书的发表，对上帝造人的宗教神话和靠神造论来支持的封建伦理却不啻发动了空前未有的严重挑战。当时保守势力的反扑顽抗和社会思想界的巨大震动，使一贯注意不越自然科学领域雷池一步的达尔文也不能默然而息。他发愤收集充分的客观事实来揭发人类起源的奥秘。终于在 1871 年（《物种起源》出版后的 12 年），发表了《人类的由来》这本巨著，用来阐明他以往已形成的观念，即对于物种起源的一般理论也完全适用于人这样一个自然的物种。他不仅证实了人的生物体是从某些结构上比较低级的形态演进来的，而且进一步认为人类的智力、人类社会道德和感情的心理基础等精神文明的特性也是像人体结构的起源那样，可以追溯到较低等动物的阶段，为把人类归入科学研究的领域奠定了基础。这是人类自觉的历史发展上的一个空前的突破。

100 多年过去了，对人类的由来研究已有许多新的发现。这本书中有些论点很可能已经过时，正如达尔文在本书第二版序言中说过的那样：“我作的许多结论中，今后将发现有若干点大概会是、乃至几乎可以肯定会是错了的。一个题目第一次有人承当下来，加以处理，这样的前途也是难以避免的。”这并不是白璧微瑕，人类对客观事物的认识总是这样逐步完善的。难能可贵的是像达尔文这样，能适应时代的需要，提出新的问题，予以科学的探讨，而取得对基本规律不可撼摇的认识。这一代科学巨匠和伟大思想家所留下的《人类的由来》一书，一个世纪来毫不减色地称得上是科学研究人类的起点。对达尔文这种贡献的倾心推崇，促使潘光旦先生决心要翻译这本书，使它成为推动中国科学发展的一个力量。他也愿意用这个艰巨的工作来为我国现代化的社会主义建设事业作出一点贡献。

翻译像《人类的由来》这样一本学术上的经典著作，毫无疑问是一件艰巨的工作。没有坚持长期高度脑力劳动的决心是不会敢于尝试的，即使上了马也难于始终一致地毕其功于一生的。潘先生不仅在学术上有担任这项工作的准备，而且具有完成这项工作的修养。从业务上说，达尔文的博学多才，广征博引，牵涉到自然、人文、社会的各门学科，要能一字一句地理解原意，又要能用中文正确表达出来，不是一般专业人才所能胜任的。潘先生之于国学有其家学渊源，他自幼受到严格的庭训，加上一生的自学不倦，造诣过人。他在清华留美预备班学习时即受知于国学大师梁启超，梁在他课卷的批语中，曾鼓励他不要辜负其独厚的才能。学成返国后，他对我国传统学术的研究从来没有间断过。一有余力就收购古籍，以置身于书城为乐。他几经离乱，藏书多次散失，但最后被抄封的图书还有万册。他收书不是为了风雅，而是为了学习。在一生中的最后十年，为了摘录有关中国少数民族史料，他又从头至尾地重读了一遍二十四史。他所摘录和加上注释的卡片积满一柜，可惜天不予时，他已不能亲自整理成文了。

同代的学者中，在国学的造诣上超过潘先生的固然不少，但同时兼通西学者则屈指难计。他弱冠入清华受业，清华当时是专为留美学生作准备的学校，所以对学生的外文训练要求极严。他在校期间，因体育事故，断一腿，成残废，而依然保送出国留学者，是因为他学业成绩优异，学校和老师不忍割爱。据说他英语之熟练，发音之准确，隔室不能辨其为华人。返国后，他曾在上海执教，又兼任著名英文杂志《中国评论周报》的编辑。他所写的社论，传诵一时。文采风流，中西并茂，用在他的身上实非过誉。他自荐担任翻译达尔文这部巨著，是他审才量力的结果，有自知之明。朋辈得知此事，没有不称赞译事得人、文坛之幸。

我常谓翻译难于创作。创作是以我为主，有什么写什么。而翻译则既要从人，又要化人为己，文从己出，是有拘束的创作。信达雅的信，就是要按原文的一字一句地和盘译出，译者要紧跟密随著者的思路和文采，不允许有半点造作和走样。凡是有含混遗漏的，就成败笔；凡是达意而不能传情的，就是次品。翻译的困难就在此，好比山山要越，关关要破，无可躲避。翻译的滋味也就在此，每过一山，每破一关，自得之境，其乐无穷。潘先生每有得意之译，往往衔着烟斗，用他高度近视的眼睛瞪视着我，微笑不语。我知道他在邀我拍案叹服，又故意坦然无动于衷，以逗他自白。师生间常以此相娱。此情此景，犹在目前。先生学识的广博，理解的精辟，文思的流畅，词汇的丰富，我实在没有见过有能与他匹敌之人。而这还不是他胜人之处，卓越于常人的是他为人治学的韧性。他的性格是俗言所谓牛皮筋，屈不折，拉不断，柔中之刚；力不懈，工不竭，平易中出硕果。

潘先生喜以生物基础来说人的性格，我们也不妨以此道回诸夫子。他这种韧性和他的体残不可能不存在密切的联系。以他这样一个好动活泼、多才善辩的性格，配上这样一个四肢不全的躯体，实在是个难于调和的矛盾。他在缺陷面前从不低头，一生没有用体残为借口而自宥；相反的，凡是别人认为一条腿的人所不能做的事，他偏要做。在留美期间，他拄杖爬雪，不肯后人。在昆明联大期间，骑马入鸡足山访古，露宿荒野，狼嚎终夜而不惧。在民族学院工作期间，为了民族调查偕一二随从，伏马背，出入湘鄂山区者逾月。这些都表示他有意识地和自己的缺陷作斗争的不认输的精神。但是另一面，他也能善于顺从难于改变的客观条件来做到平常人不易做到的事，那就是身静手勤脑不停。他可以日以继夜地安坐在书桌前埋头阅读和写作，进行长时间的高度集中的脑力劳动而不感疲乏。我常说，他确实做到了出如脱兔，静如处女。所以能如是者体残其故欤？没有这种修养，要承担翻译这一本难度很高、分量极重的科学巨著是决不能胜任的。事实确是如是，即以潘先生这样的才能和韧性，在这件工作上所费的时间，几近十年。现在还有多少学者能为一项学术工作坚持不懈达十年之久的呢？

潘先生从事翻译这本书的十年并不是风平浪静的十年。文章憎命达，平地起风波。1957 年，他承担翻译这巨著的翌年，反右扩大化的狂潮累及先生。我和他比邻，从此难师难徒，同遭这一历史上的灾难。可是我们的确没有发过任何怨言，这不能不说是出于先生循循善诱，以身作则的缘故。他的韧性在这种处境里又显出了作用：对待不是出于自己的过失而遭到的祸害，应当处之坦然；不仅不应仓皇失措，自犯错误，而应顺势利导，做一些当时条件所能做的有益之事。他等狂潮稍息，能正常工作时，就认为这是完成翻译达尔文这部巨著的机会到来了。我当然还记得曾有人提醒他，这书即便翻译了出来，还会有出版的可能么？这似乎是一个现实的问题，但是先生一笑置之。我体会到在他的心目中，乌云是不可能永远掩住太阳的，有益于人民的事不会永远埋没的。司马迁著《史记》岂怕后世之不得传行？只有视一时的荣辱如浮云的人才能有这种信心，而我则得之于先生。

他从戴上右派帽子后，十年中勤勤恳恳做了两件事，一件就是上面提到的重读二十四史，一件就是翻译本书。这两件事都是耗时费日的重头工作，正需要个没有干扰可以静心精磨细琢的环境，政治上的孤立正提供这种条件。当然，他之能利用这个条件来完成这些工作，正说明了他胸怀坦白，心无杂念。

在着手翻译时，他就约其长婿胡寿文同志参预其事。翻译这样的名著，一般是不宜别人插手的，凡从事过翻译工作的人必然懂得最怕是校阅别人的译稿。认真地校阅别人的译文，不仅要摸透原文，还要摸透需要校阅的译文，多此一番手脚，何如自己动手之便？各人行文笔法总是不同，如果多人执笔，势必使全书笔调驳杂，降低质量。先生不避此忌而约胡共译，目的当然不在减轻自己的工作量，而实在于培养青年人。以我目击而言，他先是对胡就原文反复讲解，然后对胡所交译稿逐字逐句地修改，又要向胡逐一讲明修改的原因，再发回重抄。先生所费之力倍于自译。他循循善诱，不厌其烦地进行面对面的教育者，除对下一代的培养外，岂有他哉？他在胡寿文同志身上用这工夫，当然不能说其中没有亲属之谊的成分，但是与他对其他学生的态度并无不同。以他对我来说，我们长期比邻，以致我每有疑难常常懒于去查书推敲，总是一溜烟地到隔壁去找“活辞海”。他无论自己的工作多忙，没有不为我详细解释，甚至拄着杖在书架前，摸来摸去地找书作答。这样养成了我的依赖性，当他去世后，我竟时时感到丢了拐杖似地寸步难行。

邀胡参预译事，加以培养，主要是因为胡原在清华学生物学，后来留北京大学执教。先生认为一个学生物学的人，对这门学科的历史如果心中无底，必然难于深造。在生物学中像达尔文的著作那样丰富的智力宝库更有熟读的必要。他希望于胡寿文同志那样的青年，不应满足于成为一个已有知识的传递者，而应当以一个继往开来的学术环节自任。要培养这样的学者，就得要让他重复一次这门学科前人所走过的道路，才能懂得什么叫推陈出新。胡寿文同志这一代人在校期间所得到的营养不如前一代，特别于外文缺少工夫，所以先生用参预译事的机会，亲自指导他补足其短缺。这番用心，其意深远。

先生平素主张通才教育，那就是认为做任何学术领域里的专业研究必须具备广泛的知识基础。他本人能游刃于自然、人文、社会诸学科之间，而无不运用自如者，正得力于基础较广的学术底子。这种主张在建国初年正与当时流行的专业训练相左，他也因此受到批判。30年后，这种理工分离、文理分离的教育体制已成了必须通过实践进行检验的对象，到了我们有必要破除成见重新对通才教育加以认真考虑的时候。先生之译达尔文名著，推其意当不在仅仅传播一些100年前达尔文得到的科学知识，而是瞩望于我们国家的新一代中能产生自己的达尔文。达尔文正是他所说的通才教育的标本。

1966年初，潘先生和我一起瞻仰革命圣地井冈山返京。他干劲百倍地急忙整理抄写他业已基本译成的这部译稿。他的文章原稿都要自己誊写。蝇头小楷，句逗分明。他高度近视，老来目力日衰，伏案书写，鼻端离纸仅寸许。最后除了一些有待请教专家协助的原著中的拉丁文和法文引文外，全稿杀青。敝帚自珍，按他的习惯，必定要亲自把全稿整整齐齐地用中国的传统款式分装成册，藏入一个红木的书匣里，搁在案头。他养神的时候，就用手摸摸这个木匣，目半闭，洋洋自得，流露出一种知我者谁的神气。

晴天霹雳，浩劫开始。1966年9月1日，红卫兵一声令下，我们这些所谓“摘帽右派”全成阶下囚。潘先生的书房卧室全部被封，被迫席地卧于厨房外的小间里。每日劳改不因其残废而宽待。到翌年6

月 10 日因坐地劳动受寒，膀胱发炎，缺医无药，竟至不起。我日夕旁侍，无力拯援，凄风惨雨，徒呼奈何。

先生既殁，其住所将启封作另用，其女入室清理，见遗稿木匣被弃地下，稿文未散失，但被水浸，部分纸张已经破烂，急携归保存。当是时，林江妖氛正浓，潘氏一门全被打成“黑帮”，批斗方剧。这部遗稿能存于世，实属侥幸。1972 年胡寿文同志从江西返京，才有机会于劳动之余着手整理这部遗稿，破烂部分重新翻译补足。1974 年又参照德文和俄文两种译本加以对校，作了一些订正。然后发动在京亲属，重予抄写。劫后存稿，终予复全。

1976 年粉碎“四人帮”之后，胡寿文同志来商此书出版事宜。诸友好为此奔走，到 1979 年三中全会后才取得商务印书馆的同意，恢复早年的合同，安排出版。1982 年见到清样，果然实现了潘先生动手翻译时的信念。这是一场保全文化和摧残文化的大搏斗。乌云终究是乌云，不会永远遮住光明的。此书的出版，至少对于我，是这个真理的见证。我相信一切善良的人们一定能从中取得启发。

1982 年 5 月 19 日于东方红 37 号长江轮

曾著《东行日记》重刊后记

民盟中央王健同志转来曾昭抡同志所著1936年由天津大公报馆出版的《东行日记》的复制本，并说湖南人民出版社要把这本书收入《现代中国人看世界》丛书，重予出版，叫我写一篇序言。作为曾昭抡同志生前的战友，这个任务我是义不容辞的，写序言则不敢，只能写一篇后记，主要是说一说本书作者是怎样一个人。可是事隔半年多，久久下不了笔，直到“年关”在即，出版社派人坐索，我不得不坐下来想一想为什么这篇后记老是写不出来？

说是年来太忙乱，静不下心，这是实话但不是实情；实情是我对曾公（他生前我总是这样称呼他的）是这样一个人一直不甚了了。可以说：既熟悉，又陌生；既亲切，又隔膜；既敬慕，又常笑他迂阔、怪谲；以致我对他的形象的线条总是不那么鲜明。这又是不是由于我们两人辈分上有长幼之别，他长我11岁，而存在着“代沟”？是不是由于我们两人专业上有文理之分，他学化学，我学社会，而存在着“业差”？我想都不尽然。

曾公平时拘谨持重，岸然似老，但一接近他就会感到他那么平易、和蔼，没有半点高高在上的神气。而且他喜和青年人结伴，在从长沙步行到昆明的“长征”队伍里，他和联大的学生混在一起，表面上谁也看不到这里有一位“教授”。我们年龄上确有接近于一个干支的差距，但是我们也说得上是“忘年”之交。专业不相同当然是事实，我所学的化学，尤其是有机化学，早已回了老师。但是他却曾经深入凉山，对彝族社会进行过观察和记录，跟我在瑶山的调查前后相隔不过五六年，怎能说我们在求知的对象上没有相同的领域呢？

其实我和曾公近30年的往来，实在不是一般人们的友谊，也不是专业上的师从，而是出于在同一时代追求同一理想而走上了相同的道路，用老话来说也许够得上“志同道合”四字。“志同”是我们都爱我们的祖国，要恢复它在国际上的独立地位。“道合”是我们都想从智力开发的路子来达到上述的目标。既然我们志同道合，那么为什么我又不能从他为人处世的具体事实上来说清楚他是怎么样的一个人呢？

我被这个问题困惑着，使我每次动笔要为这本《东行日记》写后记时，总是欲写还止，执笔难下。一天晚上我在电视的《祖国各地》介绍某一名山的节目里看到：当镜头从山上俯视取景时，丘壑起伏，田野交错，清晰如画，一览无余。但每当镜头从山下仰视取景时，云雾飞绕，峰岚隐现，飘渺无形，难于刻画。我突然醒悟：识人知心，亦复如是。我写不下这“后记”不正是出于我仰视之故欤？于是我定下心来，细细读了王健同志送来给我参考的文章：王治浩、邢润川在《化学通报》1980年第九期发表的“知名学者、化学家曾昭抡教授”。这篇文章一路把我头脑里储存下的对曾公的许许多多零星杂碎的印象串联了起来，证实了我过去确是没有全面认识清楚我这位曾为同一目标而走过相仿道路的战友。识不清的原因既非“代沟”，又非“业差”，而是我们两人的境界还有高下，曾公之为人为学，我叹不如。超脱陈见，重认老友，似觉有所得，因写此记，附在曾公旧著之后。

我初次见到曾公是在昆明潘光旦先生家里。潘先生介绍说：“这位就是和一多一起从长沙徒步3000里走到云南来的曾昭抡先生。”我肃然起敬地注视着这位我心目中的“英雄”。可是出乎我意料的，这句介绍词却并没有引起他面部丝毫的表情，若无其事地和我点了点头，转首就继续和潘先生谈话，絮絮地说着，话不多，没有我所期望的那种好汉气概。我有点茫然，一个传说中敢于不顾生命危险进行炸药试验的勇士，竟有点羞涩到近于妇道的神气。这是我对曾公最早的印象。

曾公和潘先生是一辈，他们都是早年的清华留美学生，老同学，原来一在北大，一在清华执教。抗战时两校和南开在昆明合并为西南联大，他们住到一地，往来也就密了。我是潘先生的学生，常去潘家，因而有机会与曾公接触；特别是抗战后期，我们都对当时国民党抗战不力，一心打内战感到气愤，所以气味相投，先后参加了民主同盟。可是我记不得那时有什么小组生活之类的集会，会上要轮流发言那一套，只是有时不约而同地在那一家碰了头，谈上半天一晚。闻一多先生一向是激昂慷慨的，而曾公却常常默默地听着，不太作声，有时插上几句话，不是讲什么大道理，而常是具体的建议该做些什么事；凡是要他承担的，他没有推辞过。

尽管我们来往了多年，但是在路上碰到时，他除非有事要和我说，否则经常是熟视无睹，交臂而过，若不相识。起初我不太习惯于他这种似乎不近人情的举止。有一次曾和潘先生谈起，潘先生大笑说：“这算什么，曾公的怪事多着哩。”关于曾公的怪癖传说确是不少。比如，有人说，有一次天空阴云密布，他带着伞出门，走了不久，果然开始下雨，而且越下越大，衣服被淋湿了，他仍然提着那把没有打开的伞向前走，直到别人提醒他，才把伞打开。还有一次在家里吃晚饭，他不知怎地，心不在此，竟拿煤铲到锅里去添饭，直到他爱人发现他饭碗里有煤炭，才恍然大悟。至于晚上穿着衣服和鞋袜躺在床上睡觉是常事，而他所穿的鞋，在昆明学生中几乎都知道，是前后见天的。

这些我过去总认为是曾公怪谲之行。但是我也知道，他却是非常关怀别人。他知道同事和学生中有什么困难，解囊相助看作是自己的责任。他总是先想到别人再想到自己，甚至想不到自己。记得1957年反右斗争开始，他先知道我要被划为右派，一次见面，他不仅不和其他有些人一样避我犹恐不及，而很严肃又同情地轻轻同我说，“看来会有风浪，形势是严重的”，我在握手中感到一股温情，如同鼓励我说：做着自己认为正当的事是不用害怕的。他在这一场没头没脑的事件中，还是这样关心我。谁料到他竟和我被结在一伙里，被推下水，而没有见到改正就弃世的是他而不是我呢？在他，我相信不会觉得这是遗憾，因为我在那一刹那间感受到他的那种自信正直之心，已透露了他对以后的那段遭遇必然是无动于衷的。

他确是个从不为自己的祸福得失计较的人。名誉地位没有左右过他人生道路上的抉择。早年他在美国麻省理工学院毕业，获得科学博士学位，而且赢得老师的赏识，要留他在本校教书做研究，在科学界中成名成家。但是他没有犹豫，毅然归国。这是1926年，那时国内各大学里设备完全的化学实验室都没有。他宁愿接受十分艰苦的条件立志为祖国奠定科学的基础。他回国到南京中央大学任教，看到学生从书本上学化学，很少做实验，教师满足于教室里讲化学，黑板上算公式，很少从事研究。他为了扭转这种风气，千方百计地创立化学实验室。1931年转到北京大学当化学系主任。到任三把火，就是添设备，买药品，扩建实验室。中国大学里做实验，搞研究的风气至少在化学这门学科里可以说是从曾公开始，即使不能这么说，也是因曾公的努力而得到发展的。就是这种学风，使这门学科人才辈出，才有今天的局面。

曾公对科学事业着了迷。没有知道他这样着迷的人会和我早年一样，因为他见面不打招呼，穿着破鞋上门而见怪他。他对化学着迷并非出于私好，而是出于关心祖国的前途。科学落后的情况和因此而带来对祖国的危险，他知道得越深刻，就会觉得自己的责任越重。他一心扑在科研上，科研上的问题占满了他的注意力，走路时见不到熟人，下雨时想不到自己夹着雨伞，盛饭时分不出饭匙和煤铲，睡觉时想不到宽衣脱鞋，这些岂能仅仅列入怪癖的范畴？知道他的人果然也笑他，却是善意和赞叹的笑。

如果回头计算一下，他一生单是在化学这门学科中所做出的创业工作，就会领会到他怎样把生命一寸光阴一寸金地使用的了。开创一门学科，首先要进行这门学科的基本建设。他前后担任中央大学和北京大学的化学系主任，不仅如上所述大力扩建实验室，打下结实的物质基础，而且还紧抓充实图书资料，要把这门学科中前人已有的知识，有系统地引进国内。他亲自动手购订国外有关这学科的重要期刊，凡是不成套的，千方百计地设法补齐。这一点的重要性至今还有些学科的负责人不能理解。这并不足奇，凡是自己没有亲自做过研究的人，不论地位多高，也决不会懂得曾公为什么这样重视期刊。在他看来，这正是重实验、抓研究的先行官。

他对学生的训练是十分严格的。当一个学生快毕业时，要像快出嫁的女儿要学会独立当家一样，必须学会一套自己钻研的本领。所以他在1934年规定了北大化学系学生必须做毕业论文的制度。规定写毕业论文就是要使学生在走出校门之前能学会运用已学得的知识，就专题在教师指导下进行独立的研究。现在我国各大学大多已实行的毕业论文制度可能就是在北大化学系开始的。

曾公所日夜关心的，并不只是自己能教好书，而是要在中国发展化学这门学科，为中国的建设服务。曾公在转到北京大学任教的翌年(1932年)，感到当时所有从事化学教学研究和工程的人必须团结起来才有可能发展中国的化学事业。所以他联合了一些同行发起组织中国化学会。他认为学会最重要的工作就是发行学术刊物，学会一开始他就担任《中国化学会会志》(即今《化学学报》的前身)的总编辑，前后达20年之久。他省吃俭用，衣鞋破烂，别人不明白，当年教授的工资不低，他又无家庭负担，钱花到哪里去了呢？原来这个刊物就是他私人的一项重大负担。究竟为此他花了多少钱，现在谁也算不清了，这数目他从来也没向人说过。他为这刊物花钱有点像父母为孩子交学费那样甘心情愿，他看到化学这门学科在中国逐年成长，心里比什么都感到安慰。

他胸怀全局，总是关心这门学科要使它能在中国土里成长起来。这可不容易。我记得20年代末在大学里念化学时，用的还是英文课本，老师还得用英语讲授。当时化学元素和化学作用都还没有中国名词。这样下去这门学科在中国是生不了根，结不了果的。早在30年代曾公就关心化学名词的命名和统一。他一直为此努力了20多年，到1953年，在曾公主持下的一次中国科学院的会议上，才通过1.5万个汉文的化学名词。这是一项艰巨和繁重的工作，他为此花费的时间和精力又有谁能估计得清楚呢？

曾公是个认真负责的教师。他从不按现成的课本宣读，强调自编讲义，跟着这门学科的进展而更新。他一生开讲过的课程颇多，既有通论如“普通化学”、“有机化学”，又有专论“物理化学”、“有机合成”。他反对填鸭式的方法。着重培养学生结合实际、独立思考的能力。例如早年他讲“有机分析”时，就分给每个学生十个未知化合物和五个未知混合物，让学生按课程进展，自己去分离、鉴定。他亲自教出来的学生，有好几代，其中著名的高分子化学家王葆仁、有机化学家蒋明谦、量子化学家唐敖庆等都是出自他的门下。可是我和他相交几十年，从来没有看到过他对人以老师自居。他是个勤恳的园丁，满园桃李花开，人们见到的是花朵；花朵有知当然不会忘记栽培人的辛劳。曾公在研究和教学工作上，事必亲躬，从来不掠人之美；别人由于他的指导和帮助取得的成绩，他又从不居功。他不抢在人前自耀，又不躲在人后指摘。因为他不是以学科来为自己服务，而是以自己的一生能贡献给学科的创建和发展为满足。他的功绩铸刻在历史的进程里，不是用来在台前招展的。

曾公对化学的爱好和对这门学科的贡献是熟悉他的人都清楚的。但是如果把他看成是个封锁在小天地里的专家，那就贬低了曾公的胸襟了。容许我坦白的话，我早年对他确曾有过这种偏见。但是自从1942年我和他一起去云南西部鸡足山旅行后，我开始注意到他兴趣之广和修养之博。《东行日记》可以作我这种印象的佐证。即以该书十五节对东宝剧场的记述和评论来说，不是个对西方音乐舞蹈有爱好和修养的人是写不出来的。他在这些方面没有表现出他的造就，并不是表明他没有这种才能，只是他的时间和精力顾不到。偶一涉足，还是放出光彩。他旅行凉山回来所发表的社会调查必须肯定是这个地区最早的民族学资料。

一个人的高贵品格不到最困苦的时候别人是不容易赏识的。积雪中才显得青松的高节。曾公一片为国为民的真诚，不蒙明察，竟然在反右斗争中被划成右派，撤消了高教部副部长等职务，受批判，受凌辱，真可说一夜之间，个人的处境翻了一个身，这是常人所难以忍受的。但是曾公却能处之泰然。在他，这一切都不过是工作条件的改变而已。在教育部领导岗位上可以为开发智力作出贡献，撤了职，换个岗位不还是一样能为同一目的出力么?

1958年，他应邀去武汉大学执教，他感觉到的是兴奋和鼓舞，绝不像其他人一样心存贬谪之苦。他高兴的是，他又回到了熟悉的讲台上，能为国家培养这门学科的接班人了。有人称赞他能上能下，能官能民，其实这话用不在曾公的身上。在他，什么是上，什么是下决不在官民之分。凭什么说一个行政领导是高于一个为国家直接创造和传播知识的教师呢?社会地位的上下高低应当决定于一个人在工作上是否称职。

曾公这时已年近花甲，一回到教师的岗位，他的干劲又来了。他立刻成了学生敬爱的老师。他亲自讲课，下实验室，指导学生实验和查阅资料。不管严寒酷暑，不顾风雨霜雪，他每天步行到实验室，而且到得最早，离得最晚。有一次因为天黑，他又高度近视，看不清道路，深夜回家时，撞在树上，碰得血流满脸，但是他毫无怨言，不久就继续上班，若无其事。

曾公受到的考验却还没有结束，不但没有结束，而且更加严酷。到武汉后三年，1961年医生发现他患了癌症。癌症对他发出了在世时间不长的讯息。他的反应是加紧工作，在有限的时间里做出最大可能的成就来。1964年，他向武汉大学领导的思想汇报里，向死神发出了挑战。“我虽年老有病，但精力未衰，自信在党的领导下，还能继续为人民服务10年、20年，以至更长的时间。”他这样说，也这样做。他觉得在生命停止之前有责任把中国的化学事业带进世界先进的领域里去。所以在武汉大学他开讲“有机合成”“元素有机”等专门课程，编写了200多万字的讲义，而且先后建立了有机硅、有机磷、有机氟、有机硼和元素高分子等科研组。他顶住了癌症的折磨，组织撰写《元素有机化学》丛书，自己执笔写第一册《通论》。当他听到同行一致肯定他这本《通论》是我国第一本元素有机化学方面的成功著作时，他感到的是和死神斗争得到了胜利的喜悦。

患病期间，学校领导让他到北京治疗，他还是坚持每年回校两次，每次3个月，指导教学和科研，自己又写出了几百篇论文，有100多万字。更感动人的是他在这期间刻苦自学日文，看来他下定决心不完成早年给自己规定的计划是不离开人世的。我在读《东行日记》里就看出那时他已感到不能直接和日本学者对话的苦恼。事隔30多年，他不考虑这个工具学到了手还能使用多久，竟学会了这个语言。有这种境界的人才够得上是个真正的学者。获取知识，就是认识客观世界，不仅是个手段，也是个目的，因为这不是件个人的事，而是为社会、为后代积累共同的财富，为人类不断发展做出努力。个人在这个意义上应当说是个更大更高的实体的手段，这个实体借着一个个人去完成它自身的发展。从求知之诚上才能看出曾公在死神威胁下决心学通一门过去不能掌握的语言的境界。

历史似乎太无情，正在曾公体力消磨到接近不支的时刻，人为的打击又降到他的精神上。十年动乱一开始就残酷地夺去了他夫人的生命。这是1966年9至10月间的事。曾公当时所受的折磨，我实在不忍再去打听，也没有人愿意再告诉我。让这些没有必要留给我们子孙知道的事，在历史的尘灰中埋没了吧。但是我想不应当埋没的是像曾公这样一个人，中国学术界最杰出的人才，在他一生奋斗的最后一刻，必然会留下令人怀念的高风亮节。这些只能让最后和他一起的朋友们去写了。曾公是 1967 年 12 月 9 日在武汉逝世的，后于潘光旦先生的逝世大约半年。哲人其萎，我有何言。

读曾公的旧著，想见其为人。“高山仰止，景行行止”，义在斯乎？写后记以自勉焉。

1984 年 1 月 30 日

怀念母校

去岁晚秋，五访江村，返京途中，经苏州故里，走访母校振华女校。我1918年以男生入女校有四年，距今已60多年矣。当年的师长俱已下世，在苏老同学尚能聚首一堂者也只有六七人。欢忆童年往事，纵谈难已。此情此景，一如定盦诗句："一种春声忘不得，长安放学夜归时。"将散，朱援青同志拿出1982年1月18日手抄我1957年春，反右前夕，过苏谒见老校长王季玉先生后为纪念母校40周年所写的小文，篇名《爱的教育》。展页重温，感慨倍深。近苏州报社来函，为编《我与苏州》一栏征文。抄旧作相应，并志经过如上。

每逢有人问起我最喜欢读的是什么书时，我总是毫不犹豫地回答：《爱的教育》。有时我也自觉奇怪，为什么这书对我会这样亲切？当我经了多年远别，重返苏州，踏进母校的校门时，这问题的答案蓦然来到心头。这书里所流露的人情，原来本是我早年身受的日常经验。何怪我一翻开这本书，一字一行，语语乡音那样熟悉。我又怎能不偏爱这本读物？

25年前，我和几个小朋友在操场角落里，浪木旁的空地上闲谈。那时振华校址还在严衙前。住宅改成的校舍里，孩子们下了课，只有这一角空地可供他们奔跑或闲坐。这些孩子们中间有人拍着胸脯大声说："我长大了要做一番惊天动地的事业，我不喜欢张良，项羽才是英雄。"

"我不希罕这些，我要发明个飞机，一直飞到月亮上去探险。"

另外一个孩子却说："我想做个像三先生这样的人。"（我们那时称王季玉先生为三先生。）

有人接口："教孩子们书，我不干，有什么意思。"

"可是三先生为什么不去发明飞机，不去做项羽和张良，而天天给我们上课呢？她留学回来，就在这里看着我们这些孩子们拼生字，你真的愿意她离开我们么？"

没有再说话了。的确，谁也不能想象三先生会离开我们这些孩子的。我们要她看我们拼拼法，不愿她去月亮上探险。我们当时谁也说不出为什么。虽则我至今还不敢说应当怎样去衡量人生的价值，我每想到王季玉先生时，心头总是感到读《爱的教育》时的温暖。

苏州的冬天是冷冽的，在艰苦中撑住的学校，当然更不会有保温的设备。孩子们穿得像泥菩萨般供在课桌旁，有太阳时晒太阳，没有太阳时捧着手炉取暖。

"拜拜天，今天不要上黑板罢。"孩子们在私语。

果然，三先生没有叫我们上黑板，她自己在黑板上抄字给我们读。这天的字可写得特别大，而且没有往日整齐了。再看时，三先生的手肿得像一只新鲜的佛手。

"三姨每天早上自己洗衣服，弄得这一手冻疮。"她的侄女偷偷地和我说，话里似乎责备这位老师不知自惜。我听着也觉得这是大可不必的。第一是不必在大清早在冷水里洗衣服。第二是既洗了衣服，生了冻疮，又大可不必在黑板上写字。我是知道生了冻疮的手提起来在黑板上写字时的痛劲的。学生们袖着手，老师却忙着抄黑板，这又何苦呢？

那天放学，她的侄女和我一路回家，又告诉我说：“人家请三姨到上海去做事，她不肯去。”

“去了上海，不是可以不必自己洗衣服了么？”我还没有忘记那只生冻疮的手。

“可是三姨不肯去。”她侄女又加重的说了一句。

三先生在孩子们心目中总是个不大容易了解的老师。我们那时不知怎么的想要出一张壁报。我们去告诉三先生，三先生点点头，在书架里拿出了一叠纸给我们。大家觉得有一点喜出望外，因为三先生是从来没有允许我们浪费过一张纸的。

壁报贴在小学部进门处的走廊里。走廊相当窄。我们那时通行着一种“捉逃犯”的游戏，一个人逃一个人追。我有一次正当着“逃犯”，一直从操场那边冲进走廊，想绕进小学部回“窠”。这一冲却正冲在站在廊里转角处看我们壁报的三先生的怀里。我站住了，知道闯了大祸。可是在我面前却并不是一个责备我的脸，而是一堆笑容：“孝通，你也能做诗，很好。”她拍着我的小肩膀。“留心些，不要冲在墙上。”我笑了一笑，一溜烟地跑了。一直到这次又回到母校里，看见季玉先生的笑容时，才重又想起了这一段往事。25 年了，时间似乎这样短，还是这个笑容，还是这个孩子。

振华是 40 年了，我离开振华已经 20 多年了，其间又经过了抗战的八年。原已经成长的振华，经此打击、破坏，也似乎停顿了一期。但是我再来时，季玉先生却还是 20 多年前的三先生。她伸着手拉住我说：“孝通，你还是这样。”我也说：“季玉先生，你也还是这样。”

她笑了，笑里流露出了她的愉快，笑里也告诉我25年前所不能了解的一切。我明白为什么我爱读《爱的教育》了。

1983年10月

我看人看我

日前接到香港中文大学一位朋友寄来的一张贺年卡片，片后附着一段话：

“最近在日本发行的《辅仁学志》请我就 Arkush 所作先生的传记作一书评，但不知如何着手。先生有何高见否?”

这是他要看我如何看人看我。踌躇良久，想到我今年春末曾给那本传记的作者去过一封信。后来接到他邮寄来的这本书后，就抄在该书的扉页后面。我把它复制了一份寄给香港的朋友。现在我把这信抄在下面：

阿古什教授：

谢谢你 3 月 30 日来信。

最近我去日本访问，住在国际文化会馆。有朋友从该会馆的图书馆里借到你所写的那本关于我的传记给我看。我就在旅途中把这本书读了一遍，得益匪浅。一个人很少有机会对自己的一生作一次全面的回顾。你给了我这样的机会，不能不向你表示感谢。长得不那么好看的人，不大愿意常常照镜子。但照照镜子究竟是必要的，不然怎样能知道旁人为什么对我有这样那样的看法呢？

你当然不会忘记，二年前，你特地从Iowa开了半天车到Chicago来看我。我当时怎么会不明白你的心情，但是你却可能还不一定能理解我为什么不愿意答复你提出的有关这本书里的许多问题。我记得很清楚，我曾对你说：“我将以一个历史学者来对待你和尊重你，不把你看成一个新闻记者。”我对一个历史学者的要求是要他靠自己的本领去找材料，并断定材料的真伪和取舍。一个历史学者要对一个还活着的人作传必须避开那个研究对象的本人，否则就成了报纸或杂志上的“访问记”了。那是新闻记者所做的事。我也考虑到，如果我替你校核书中的记事是否确实，那就会渗入我对我自己的看法，而且会使你处于相当窘的地位，就是，如果我说了一些和别人所说不同的话，你相信我说的呢，还是相信别人说的呢？再进一步，你写的传又怎样和我可能写的自传相区别呢？所以最好还是采取我当时所采取的态度。我曾把我和你在Chicago见面的事告诉了Wilma，她认为我这样做是对的。

我也告诉了她我对你这项研究工作的评价。我祝贺John培养出像你这样的一个学者。他们可能已经把我的话告诉过你。今天你这本书已经出版，我可以直接告诉你了。你这几年刻苦用功，认真为学，收到了很好的成果。你达到了我认为一个历史学者应具的水平，而且我明白这是得来匪易的。你能读懂我所写的书和文章，一个外国学者能做到这一点，不下多年的工夫不成。你尽力收集到了在国外能收集到的有关我的资料，当然我明白你在书中所写下的许多事是从哪处和从哪人得来的，因之我能够说，你对这项工作是十分认真的，具备一个学者应有的精神。我虽则没有把现在出版的这本书和前几年得到的你的初稿核对过，但只凭我的记忆说，你对原稿又进行了一番琢磨，许多地方是见工夫的。

我不应当对你所写下的对我这个人的评价再作评论。我必须尊重每一个认真研究过我的学者对我评论的权利，而且应当从中取得教益。如果容许我说一句表达我内心感受的话，我想说，不少地方你对我是过誉了。“过誉”是说，你对我的评价比我对自己的评价偏高了一些。这也好。我还活着，把过誉的部分作为对我的鼓励，在今后的日子里补足就是了。你对我的批评，所指出的缺点，我认为是恰当的。

我这一生所处的时代是个伟大的时代，对每个人提出了很高的要求，而又给人很苛刻的条件，像一个严格的老师在考验一个学生。我到目前为止，取得的分数是不高的，当然我还有不太多的时间，可以争取再增加几分。看来这也是你对我的希望。希望我不辜负你的好意。

费孝通 1982 年 4 月 26 日

这封信有些地方要加一点说明。

“阿古什”是英文 R. David Arkush 的译名。他是美国人，哈佛大学博士，现在 Iowa 大学任副教授。上述的传记的初稿是他的博士论文。他的导师是费正清，即信中提到的 John，费的夫人是 Wilma，和我相熟。

1972 年我结束了干校生活，返京后不久，费正清夫妇来华访问，约我见面。当时中央民族学院领导叮嘱我不得用英语交谈。来客也就领会了我当时的处境。交谈中没有提到阿古什写我的传记事。不久我听到传说，哈佛有人为我“树碑立传”。杯弓蛇影，令人心悸。随后，民院领导叫人交来了一个从美国寄来的邮包，面上并没有我的名字。打开一看就是这本传记初稿打字本。当时我的心情凡是受过和我相同经历的人是可以想象得到的。“树碑立传”，罪恶滔天，何况又是出于洋人之笔，其祸大矣。我提心吊胆地过了一阵，没有人来追究，总算混了过去，直到粉碎“四人帮”后才敢示人。

这本传记稿本我曾偷偷地读过几遍。它主要是写我的学术思想，正是被搞臭了十多年的“毒草”。所以出版时这书的全名是《费孝通和在革命的中国的社会学》，书面右角印上中文《费孝通传》。我从30年代初进入了社会学的领域，由于性喜写作，发表的文章实在不少，在人生道上一路留下了收不回的脚印。我自己闷头闷脑地向前赶路，从来没有回头看看这些脚印划出了一条怎样的轨迹。想不到，这些脚印却引起了异国历史学者的兴趣，阿古什是其中的一个。不用去捉摸他写我这个人的传记的动机。在他作出这个决定的时候，我是否尚在人间在美国还是个疑案。我也根本没有想过会有人为我写传这种事情发生。这个稿本引起我的兴趣的倒是在别人笔下看到的“自己”，看到了人家怎样在看我。经历了多年的“批判”，读到此稿，真是另有一番滋味。什么滋味呢？我明白了为什么儿童们喜欢花了钱去“大世界”照哈哈镜。我后来曾把这种滋味写信告诉一位蛰居多年比我年长的老朋友。他在复信里引了李白的一首诗：“众鸟高飞尽，孤云独去闲。相看两不厌，只有敬亭山。”鸟会飞，云会去，一生的事迹，却和敬亭山一样是客观存在的，丑恶的抹不了，秀丽的也搞不臭。童叟相加，境界始全。

1979年我重访美国。没有见到阿古什。1980年又去美国，他预先听到了我的行踪，特地约我在芝加哥相见。Iowa在芝加哥之北，高速公路上驾车赶来也要半天。他准时赶到我的寓所，手里提着一大包资料，除了他那本有一英寸厚的原稿外，还有我外祖父早年出版的著作。我们初次见面，各怀不同的心情。他方坐定，就说他有一系列问题要请我解答。我这个人对他来说应当是他最熟悉的人物了，多少年就在研究我。为了要知道我是怎样的一个人走遍了世界各地，访问了多少认识我的亲戚朋友。但是他显然没有料想到我对他所提的要求会作出出于他意外的反应。有关他所写那本传记内容的真伪问题我一概没有置答。我很诚恳地向他说了我在上引信中的话：我将以一个历史学者而不是以一个新闻记者接待他。

也许我应当对这句话说明一下。我并不是重视历史学者而轻视新闻记者。在我看来，这两种人任务不同，方法有别。历史学者的任务是在反映客观存在的历史事物。他用种种方法去搜集资料，如书本上的记载，地下发掘出来的文物，被访问者的谈话等等。他的第一步工作就是审核这些资料在什么程度上真正反映了实际。史学的训练首先是在培养辨别真伪的能力。顾颉刚先生之所以为史学家所推崇，就由于他在《古史辨》里所表现的才能。阿古什在考证真伪上是有所表现的。比如说，他考证了一个日本学者（Muramatsu）提出的我是否出生于吴江的大地主家庭的问题。他并不是经过实地调查而用其他材料证明了那个大地主虽则也姓费，但并不是我家里的人。说到这里不妨顺便提到一事，不久前我在《读书》发表的《英伦杂感》一文里说在伦敦有位画家是我的表弟。有位读者也认识这位画家，知道他姓费，所以说我应改表弟为堂弟。而事实上他恰好不是我同族的人，而是我姨母的儿子。我在十年内乱期间，由于我这个姓而受到外调的逼供更不胜枚举了。从这样一个小问题上也可以说明史学中考据的艰难和重要了。

阿古什在这方面也还是有尚未到家之处。比如说，他一再说我的姊姊是基督教的虔诚信徒。这是和事实不合的，现在我姊姊还健在，她的许多熟人也能为她作证，她并不是个基督徒。阿古什这样说，并不是他无中生有，而是轻信了我一位当时还活着又在国外居住的姨母。我那位虔信基督教的姨母可能确是相信我的姊姊是个基督徒的。阿古什究竟是外国人，要明白中国人亲属之间那样的复杂关系，还得下更深的工夫。

上面两个例子可以说明，我不替阿古什校核稿本中的史实，正是要保存他作为历史学者的真正面貌。他的造诣，如我对费正清所表示的，是够格的，够格的意思就是达到了取得美国博士学位的资格。如果我动笔替他修改，他的一部分弱点固然可以得到掩盖，而他真正的水平也就显不出来了。

如果阿古什在决定写这本传记时估计到我还可能活着而断然动笔，不能不承认他是有勇气的。为一个活着的人作传，而且能把活人当作死人来写，写了出来还能给活人自己来看，没有自信在历史学基本训练上过了关的人是不敢尝试的。

新闻记者的任务是在社会中沟通信息。他有他的职业道德：要如实报道，要从社会公众的利益出发等等。他可以访问各种对社会有影响的人物，如实地报道他采访的结果。如果被访问者不说实话，这不是记者的责任。所以我们不能用对历史学家的要求去要求新闻记者。新闻记者有自己的要求和标准，我在这里不多说了。

阿古什和我在芝加哥见面的当天不免有点扫兴而返，所以我在上引信中说他当时可能还不一定能理解我的意思。但是在收到我这封信后，复信中很诚恳地说，他完全能理解我的用心。我见过阿古什之后，在Cambridge见到费正清夫妇时，把这件事告诉了他们。他们认为我这样做是对的。

今年3月我去日本讲学，国际文化会馆的加藤先生在向听众介绍我时，兴冲冲地举起他刚刚收到的这本书。阿古什多年劳动的成果出版了。他这样认真地进行学术工作是值得我学习的。对这本书的内容我不应当多作评论。这是别人的事，而我则将从人我相看中吸收教益。现在我正在等待看《辅仁学志》上中文大学这位朋友的评论。

1982年12月31日

《美国和美国人》旧著重刊前言

三联书店要把我过去所写有关美国和美国人的三本小册子合在一起重行出版，称《美国和美国人》。这三本小册子是《初访美国》(1945 年)、《美国人的性格》(1947 年)和《访美掠影》(1980 年)，前两本是解放前由生活书店出版的，后一本是十年动乱之后由三联书店出版的。

自从抗日战争时代起，我就养成了“整篇零写”的习惯，就是就一个题目，分成若干连环画式的一回一回分篇写出，随写随发表，写完一题，合为一册，成一集子。经过抗战生活的朋友大家都明白其中的原因。那时后方的粮食一天是一个价钱，我们这些教书匠，钞票一到手立刻要去换成实物，写好了文章积在桌上同样是会贬值的。从这个经济条件中养成的写作习惯，日子一久，也就难改，直至今日。这次似乎这老模式又发展一步，不仅积篇成册，而且积册成本了。当然这样做的原因是与前大相径庭了。

我猜测书局要把前后相隔 35 年的旧著合在一起重新出版，可能是在于让读者通过前后对照看到美国和美国人在这段时期里的变化。美国和美国人在这战后的 35 年里确是发生了重大的变化，有人称之为“第四次技术革命”，为了应付它，对这个变化我们是应当有所了解的。如果我猜中书局的用意，而且如果有些读者抱着这个目的来阅读这本书，我不能不预先向书局和读者表示歉意，因为我相信这本书答复不了这种要求。

这三本小册子虽则题目上都有美国或美国人的字样，但都不是对美国和美国人进行科学研究的成果，并不能，也没有全面真实地反映出美国和美国人的实际。《初访》和《掠影》是我前后两次访美的随感录，记着我个人在旅行中的一些见闻和感想。《性格》是我的读书札记，读了一本美国作者写的分析美国人性格的书，按原书的论点加上我的发挥而写成的。当时就声明这本书里所讲的美国人只是美国人中的一部分，不能认为所有美国人都有这种性格。这三本小册子联串起来阅读固然可以看到一些美国和美国人在这段时期里的变化，但是从这本书里所可能得的印象必然是过于简单、浅薄、片面甚至还有失实之处。

我之所以没有能在这几本小册子里更充分、深入全面和真实地把前后两个时期的美国和美国人的实际情况写出来，首先是我当时并没有对自己提出这个要求，其次是主观上和客观上并不具备这样做的条件。我这两次访问，有一点相同，都是应美国政府或所谓“官方”的邀请而去的。《初访》是1943年的事。1941年美国对日本宣战，成了我们抗日的盟国。1942年美国政府向我国十个大学发出邀请，要它们分别派出一位教授去美访问。云南大学派我应邀，1943年夏出国，在美国住了一年，名为“文化交流”。我在美期间并没有去调查美国社会，而埋头编写 *Earthbound China* 一书；只在休息期间到过附近各地观光，得到一些美国人生活的印象。当时昆明风行一种“小报”，云南大学的学生办了一张《生活导报》，要我给他写访美通讯，随感随写，随写随寄，有十多篇。返国后，加以整理，以《初访美国》的书名，最初由美国新闻处出版，后来才给生活书店重版。既然这本小册子是以一般通讯为底子写成的，当然谈不上科学水平。

《掠影》是 1980 年参加中国社会科学院作为和美国学术交流的代表团出国访问后回来写的。这次访问一共只有一个月，走了十个城市，有点像蜻蜓点水，浮光掠影，比走马看花还要仓促。这样的条件下，不可能写出结实的东西。在介绍美国和美国人在战后的变化上，这几本小册子既然不可能满足读者的要求，我又为什么同意书店把它们合在一起重版呢?

在这件事上我确曾犹豫过一番，但是等我在校阅时从头把这几本小册子读了一遍之后，却发现如果从另一些角度，或另一些层次里去阅读这一本书，可能会另有一种味道和另有一种收获的。所以我想不妨印出来试试，是否有些读者能领略这种味道和取得这种收获。

我校阅时，站在第三者立场上看到了：一个在清朝末年出生，小城镇里长大，在当时的教育体制中循级而进，“正途出身”，在国内和国外大学里学过所谓社会学和社会人类学，在抗日战争时期，在大学里当了教授，而且在艰苦的条件下坚守岗位工作的人，在他初次访问美国时他是怀着什么样的一种心情去看那个和他本国不同的世界的。我固然在字里行间看到通过他笔下写出的他所见到的当时的美国，但也许更有意思的是却在字行之外可以看到了他本身站在什么立场和怀着什么心情在看这个在他还是初次接触的世界。他的立场，他的心情又不是凭空得来的，而是在中国一定的历史条件下形成的，于是又可以更进一个层次，看到当时中国的这一部分知识分子的立场和心情，以及形成他们的立场和心情的历史条件了。

经过了 35 年，同是这个作者，经过了一段坎坷不平的遭遇，又到了同一个国家去访问，又写下了一本访问记。这一本访问记和前一本访问记情调有什么不同呢？这个变化和他所看的美国和美国人的变化是两回事。所以在他所写出的东西中就存在着这两个变数，主观和客观各自的变化。作者主观方面的变化又在多少程度上反映了他所在的国家和他所处的社会客观上的变化呢？这是第三个变数。单从变的一面看还是不够的，变中又存在着将变未变，变得不透的成分。而且这三个变数各有其未变的底子：美国还是美国，看美国的这个人还是这个人，影响着这个人的中国还是中国。像剥笋壳一般，一层一层的剥进去，一层有一层的境界，也一层有一层的味道，所以我说读这本书可能得到的收获也是可以层层不同的。

读书的味道也许只有读者自己去品尝，别人不应代口。我在这本旧著重版之前作此短言，无非是要交代一下我为什么同意书店做这件事罢了。其他的话也就是多余的了。

1984 年 1 月 21 日

武夷曲

谁说造化心无计？武夷山水如此奇。
兀兀独石成千峰，涓涓细流汇曲溪。
溪浅筏轻浮石过，峰高拔地与天齐。
人生难比九曲险，眼望东来筏向西。
仰叹危岩飘仙舟，千年古骨壁上栖。
传说从来多情意，仙境幻象亦可哂。
可羡玉女并肩立，鬓花丛丛从不稀。
笑我此生真短促，白发垂年犹栖栖。

1984年11月17日从福州到闽北武夷山，住两晚，19日离山。游旅匆匆，但确是多年难得的憩息。年来奔波大江南北，所见名山胜地亦不少，但形势逼人，任务维艰，实无闲情逸致，贪看景色。日前写毕《苏中篇》，江苏小城镇第一轮的调查告一段落，心情稍觉舒畅。老友王艮仲先生连续来电，召往福建，以赴会为名，实是想引我放慢步伐，张弛合节。我领会他的好意，偕女同行。福建主人款待尤殷，为我屏挡应酬，送我与王老父女同作武夷之行。避世有门，心实感焉。

到山已暮，天阴，住幔亭山房，形式古雅，别有风韵。旁有招待室，里壁作扇形明窗，窗外天井植竹；微风拂动，室内外望，俨然板桥手法。室中有一大卵石，石面刻郭老手书《游武夷诗》，其末句是“不会题诗也会题”，是为招待所主人向游客索墨作先容。我一看深惧误入文网，此番难逃矣。岂知郭老系写实之笔，进得此山，像我一样不会吟诗的人，也会不待人索，油然入韵。诗情画意，逼人而来，非为酬酢，舒敞胸怀也。离山，取道南平，乘火车去厦门。轮声助睡，怡然入梦。清晨披衣起，诗兴未尽，上面这一首武夷曲就是这样写下的。

武夷之名，我早有所闻。钱伟长同志赴闽讲学返，力促我循其行迹入武夷，否则虚此生矣。我颔首而未置可否。今番入闽，抵山，始信伟长之论并非夸张。至于有人喜欢对天下名山作评比，说“桂林山水甲天下，不如武夷一小丘”。那就落得偏颇之嫌了。但是评而不比则无妨，因为名山之所以得名必有其引人入胜的特色。人各异趣，领会角度又可不同。清代随园老人袁枚，就从文体论武夷：“无直笔故曲，无平笔故峭，无复笔故新，无散笔故遒紧。”因而“别树一帜”。我不习音韵，不事绘画，但好为文，因之对随园之评颇觉得神。如果要综合一字，奇而已矣。武夷应是大块奇文，造物无心，岂能有此！

武夷诸峰大多独石构成，被称为武夷第一胜地的天游峰就是一块巨岩，天衣无缝，拔地几百米，延伸二、三里。从岩底溪涧仰望，行人如米粒，蠕蠕在岩边上移动，观者为之提心吊胆，惟恐其下落。其它如雄壮的大王峰，优美的玉女峰，凶猛的狮子峰，暴厉的铁板峰等等，全山三十六峰、九十九岩，莫不如是。现在看来真是鬼斧神工的杰作，其实却是日久天长自然形成的。据地质考察，七千万年前，这里是一片低洼盆地，洪水把大小砾石堆积于此，经过成岩作用，凝成石层。后随地壳上升，日晒雨淋，风化剥蚀，水流冲击，坚硬者留，细弱者去，造下了今日这片景色。我在九曲溪涧的竹筏上，得了一句：

神工鬼斧不足奇，溪峰布塑何长期。

回头仰望，正看到小藏峰上的绝壁悬舟，接下去吟：

岩壁架木岂仙术，虹桥见证古人技。

关于这两句，我得多说一段话。

从书本上，从别人的口头，我早就晓得武夷山有船棺葬的遗迹，但是没有见过船棺。前年出川，过巫峡，有人遥指绝壁上隐约可见的几个长方形洞穴，说这些是搁置船棺的地方。山高雾重，未窥其详。直到这次来武夷山，急欲一察。进入三曲到小藏峰，才见半山峭壁上的虹桥板和架壑船。再查看《武夷山水》里的插图，始得其概貌。

虹桥板是支架船棺的木板，架壑船就是船棺，都是这地方古代居民的葬具。观音岩洞穴船棺中的遗物，经过科学测定，据说已经历了3800多年，在中原正当夏代的晚期。这里确有一个至今还没有人能作出满意解答的难题，那就是，试问人们怎样能把一具具沉重的船形棺木安置在几乎无法攀登的悬崖绝壁上去呢？既非人力之所及，莫非神为？后来有人看到了这些船棺里留有人骨，结合很早就在这地方流行的道家思想，很容易产生这些船棺正是得道的人用以蜕化升天的仙舟的传说了。

道家是我国本土的宗教，它和其他的宗教不同。依我的了解，原始道家并没有幻造出一个人们身后超自然的世界，而只是想在这个世界里找出一套为个人谋多福多寿的妙道。妙就妙在它贪恋人间的福禄，舍不得死，要求长生不老，就叫成仙。仙字以人为旁，并未摆脱人的范畴。《康熙字典》中仙字条下释为："老而不死曰仙"。仙人还是人，但是凡人都有副臭皮囊，免不了要衰老、要死亡。要求长生就得像脱去衣衫那样脱去这个肉体。于是道家产生了"升真"的说法。据说凡人经过修炼，自能离形出神，"羽化而登仙"，成为真人。真人者其实就是有特异功能，做得到普通人不能做的事，而且长生不老的人。人怎能上天呢？这似乎没有人看见过，但是飞上了山壁的船里却见到了人骨。于是有人会想，这不就是真人的"遗蜕"么？也许因为武夷山留下的船棺特多，所以又有传说，凡是修炼得道的人都得到武夷山来"升真"，武夷山是凡人变真人的最后一站。

武夷山可能是道家的策源地之一，早在汉代已见于史籍：应劭《风俗通义》里有"武帝时，迷信鬼神，尤信越巫"。武夷山古属越地。汉武帝和秦始皇一样，统一了天下，尊荣富贵，就怕死了，千方百计寻求长生之术。道家之说正投其所好。武夷山这个道家根据地也就受到帝王的青睐，在此建宫观，立官奉祀。到了宋代，武夷宫还是一个有名的道教中心，依旧由朝廷赐田，并派官去主持宫事。以诗词著名的陆游和辛弃疾都当过这个宫的主管。其实这是个闲差，用来安排不受重用的人物，略胜于贬谪。

据民间传说，武夷之名得之于一个得道成仙的人家。太古之世，有个老汉姓篯名铿，亦名彭祖。他在殷代末年已有八百岁，与观音洞的船棺年纪却相近。他隐居在深山里，生了两个孩子，一名武，一名夷，后来人们就把这两个儿子的名字联起来称此山作武夷。这个传说听来很牵强，但用彭祖来代表高寿作古典，却由来已久。他和武夷山发生联系在我还是初闻。武夷君这个名字则初见于《史记·封禅书》：汉武帝令人祀“武夷君，用干鱼”。用干鱼符合于当时居民越人的习惯。至于彭祖两子是否就是武夷君那就不可考了。

传说是会滋生的，越说也越通俗近人。据说秦始皇二年八月十五日，中秋佳节，武夷君在这山的幔亭峰下大摆筵席，主客据说是皇太姥和魏王子骞等仙人。当晚有个渔人在梅溪渡口逢到一位要去赴宴的老翁前来搭渡。老翁上了船，这船就带了渔人一起腾空而起，停在幔亭峰的岩巅。渔人张眼一看，幔亭峰前，灯火辉煌，群仙毕集。不久，悬崖上一座虹桥跨空而起，桥上走下了二千多乡人，席间大为热闹，直到兴尽席散，乡人们循桥回去，一阵急风骤雨，卷走了虹桥，留下了丹崖翠壁，依然如故。有人还说，那个渔人的小船至今还搁在小藏峰的岩洞里。

我这次在武夷山就住幔亭山房，山房背靠幔亭峰，红色的岩石上刻着“幔亭”两字。四周苍松环簇，俨然是一座翠屏。翻阅《武夷山志》，辛弃疾写过一首咏景的诗反映了这里人间仙境混为一体的境界：

山上风吹笙鹤声，山前人望翠云屏，
蓬莱枉觅瑶池路，不道人间有幔亭。

这样的景色怎么会不在人们的感受上引出上述的传说来呢？

武夷山的传说是说不完的，曾经有一度作为四旧来破，作为迷信来批，而我却爱其意，品其味，欣赏它所孕育的民间愿望。归来写了一绝：

九曲涧溪知何从，神劈千仞山万重。

武夷云雾迷离处，人间仙境两朦胧。

武夷山和道家的因缘说得不少了。可奇的就是这个武夷山它和儒家也结下不浅的关系，在这里不补一笔也就显不出它的丰富多彩、兼容并蓄了。南宋偏安江左，处于浙赣闽交接的山区，成了重要的后方。在朝廷上呆不住的文人，不少就退居到这山清水秀的胜地。武夷山一时竟成了儒家的中心。这个中心是南宋理学祖师朱熹开创的。他幼年丧父，博览群书，自成一家言。因主张抗金而受到打击，仕途受阻，“立朝不两月，住山逾十年。”年老不得志，又回到武夷山区，讲学于“紫阳书院”，至今废址犹存。

我对于宋代的理学没有研究，只知道朱熹继承了二程理气之说，成为一代大师，并集注了“四书”，历代流行，直到我的幼年。他的哲学一直被归入客观唯心论的一类里。我对他自幼没有好感。因此不应以成见去批评他的学说。但是也许可以说，朱熹的理学之所以受到他身后历代帝王的推崇，甚至封他作“文公”，在孔庙里受到祭祀，是出于它对封建社会起了巩固的作用。他强调“天理”和“人欲”的对立，把人们封闭在封建道德的牢笼里，多少妇女冤屈地死在贞节牌坊之下，至少在这方面，他在老百姓里是不得人心的。何以知之呢？在他紫阳书院的对门就有被人们称作玉女峰的三块并立的巨岩，淳厚朴实的农民利用这个胜景编出了一个反映朱熹卫护孔教的传说。

传说是这样：很久以前，武夷山是个洪水泛滥的地方，老百姓无法安居。这时远方来了一个有为的青年，姓王，人们称他作大王，带领群众治服了水患，开山种茶，建成了个繁荣优美的乐园。天上玉皇大帝的女儿玉女，私自出游，被武夷山的奇峰秀水迷住了，和大王一见倾心，依依难舍。但好事多磨，有个铁板鬼侦知此情，报告了玉皇，下令捉拿玉女上天，玉女对大王一往情深，宁死不返。铁板鬼施法把他俩点化成石，分隔在九曲两岸。铁板鬼自己又怕玉皇问罪，变成了巨石，堵在玉女和大王两峰之间，使他俩永远不能相见。所以至今这一块铁青的岩石，被称为铁板嶂，永远受人奚落。

这个传说有意义的是正在所谓“道南理窟”的儒家圣地，群众却公然把这些拥护礼教的理学家们当作铁板鬼来奚落一阵，保卫了武夷山的灵秀气息。

入晚，我从九曲涧溪回幔亭山房憩息。窗外阵阵桂香扑人。时已入冬，想不到我一个月前在家乡没有赶上的“三秋桂子”却不意在这里相逢。武夷山果真是别有天地，连花谱都不同寻常。我记得在浮荡九曲的竹筏上惊异地看到溪边盛开的杜鹃花。如果这里的桂花是秋花冬开，那么杜鹃应说是春花冬放了。峭壁上的兰花，更不知何时将息。我一觉醒来得句如下：

溪边冬初杜鹃开，兰垂崖岩峭难攀，
武夷山幽花无忌，桂香十月入诗来。

是写实也。

1984年11月22日于厦门

两篇文章

我一生有两篇文章都是30年代写起，至今还没写完。我1935年从清华研究院毕业后，才25岁，年华正茂，一股劲想搞社会调查。调查社会不那么容易，我想先从一个比较简单的社区开始，所以到广西大瑶山去调查。进行到一半出了事，这第一篇《少数民族的社会调查》文章没有做完。

1936年我回到家乡休养，家乡有个女子蚕业学校，校长很有远见。他从20年代就搞科技下乡，把现代养蚕缫丝的科学技术送到乡下给农民。学生们到一家家农户去推广怎么改良养蚕，把中国的土法缫丝改成机器制丝。不但这样，他们又看到，把生产技术提高了，农民并没有得到多少好处，好处全被中间剥削搞走了。他们想到科学技术的提高应当使千家万户都富起来。这思想是很好的。为了消除中间剥削，他们教农民自己制丝。学校送了农民一台机器，办了一个小型丝厂。农民自己当老板，是个合作社。大概是在1933年成立的。从种桑树、养蚕、制丝到出售，成为“一条龙”。我的姊姊费达生就在吴江县开弦弓村做这件事。我去探望她，在村里住了一个月。我对周围发生的事觉得很有意义，问东问西，把材料记了下来。秋天我到英国去留学，就写了一本关于中国农民生活的书。这是第二篇文章的开始。

我从英国回来抗战已开始了。我到了昆明，后来闻一多先生遇难的事件发生了，我才离去。我在云南期间调查了几个农村，写了一本《禄村农田》。解放后，土地改革，合作社成立之后，1957 年我才又到开弦弓去了一次。

30 年代我提出八个字“人多地少，工农相辅”。这是说在我们家乡这个地区的农民，单靠农业富不起来，必须搞副业和工业。农工要相辅。男耕女织是传统的农村经济模式。我们家乡农业加上了蚕丝副业，农民生活比其他地方好。所谓“上有天堂，下有苏杭”。但是在“三座大山”高压下，天堂保不住了。尽管有远见之士想通过科技下乡使千家万户富起来，搞合作性质的集体工业，但杯水舆薪，无济于事，在抗战中这一点乌托邦式的小试点也被摧毁了。解放后，我们有条件做这些事了，可是没有做，而开始向单一经济发展。要农民单纯搞粮食。忽视了“工农相辅”的原则，把当时的副业几乎都搞掉了。因此我在 1957 年下去的时候看到农业发展了，农民没有富起来，手里没钱。人这么多，机械化进不去。农村经济问题长期不得解决。《重访江村》没有发表完，我被划成了右派。这第二篇《中国农村经济的发展》文章没有写完。

1980 年我得到改正时，在统战部召开的一次座谈会上，我许下了一个心愿：把这两篇没有写完的文章写下去。可是人生几何，来日苦短。心里盘算一下，当时年已 70，我假定自己的脑筋能工作到 80 岁，我在座谈会上说，我身边只有十块钱了，这十块钱怎么花？应该多想一想：是集中使用呢还是随意零花？这一想，我就决心把这十块钱用来接着写上面所说的两篇未完成的文章。这句话，言犹在耳，一转眼已花去了一半。前几天刚刚过了我 75 岁生日，离 80 岁只有 5 年了。我手上只有五块钱了，这五块钱打算怎么花？

先说第一篇文章。少数民族地区的开发：解放前我在广西大瑶山的调查，半途而废。所取得的人体测量材料保存到昆明，在一多事件后，我匆匆离滇时丢失了，很可惜。当时我在山区搞调查连路都没有，马都不能骑，就靠自己天天爬山，从一个山头爬到另一个山头。1980 年后，我带了几个学生又去大瑶山，一则老了，二则胖了，跑不动了。换句话说，我要去上山调查的条件实际上已经不存在了。我们搞调查不像当官的人去视察，只听别人汇报，而要亲自去观察人们的生活，那就要爬山涉水，我现在是做不到了。因此我很失望。这一篇文章怎么写下去呢？虽然已经有几个学生去大瑶山继续我的调查，但总不如我自己动手痛快。这篇文章怎样写下去，还得另想办法了。

第二篇文章呢，到家乡去串门访友，比较容易些，1980 年我三访江村，正是三中全会以后，下去一看，这地方虽则还没有开始实行联产责任制，可是“社队工业”蓬勃发展，变化很大，问题也很多。最大的一个问题是：我们的孩子都长大了，都有孙子了，一个人变成二个，二变四个了，加倍了。家家户户人丁都增加了。全国就增加了一倍。这些人都生活在原来这一片土地上，30 年代我就讲过“人多地少”，80 年代呢，人更多，地却更少。造房子，开公路，总的耕地面积减少了，而要吃饭的人更多了。住在农村里的人又不许出来，一个农村户口要变成城市户口，吃商品粮比上天还难。在这种情况下，我们的人口问题怎么办？有人说假如当时听了马寅初老先生的话，人口可以少四亿，现在我们就轻松多了。可人已经生出来了，不能不养起来，不但养起来，他们还要生孩子。一家只生一个，很不容易做到。结果是人口“长”、“挤”、城乡又不通，成了一盘“僵”局。

我们不能不承认：我国人口这盘棋没有做活。要做活，必须有二个“棋眼”。哪二个“棋眼”？我说：农民必须从土地上解放出来，可以离土不离乡。不要都从事农业，要农工相辅。除了传统的一家一户的手工业外，更重要的是要发展一村或几个村子联合起来搞的集体性质的现代工业。这个出路实际上并不是我想出来的，而是农民在没办法的时候自己想出来的。70 年代，在江苏一带正在搞“文化大革命”，城里停产闹革命，打派仗，很多工厂停工。但是人民还是要“吃、穿、用”，东西从哪儿来呢？农民办起工厂来了，你不做我做；城市里一些工人不愿打派仗，回到了家乡，加上一些干部下放农村，帮着农民搞起了小工业。

1980 年我们到小城镇一看，过去冷冷清清，现在热闹起来了。我是小镇上生长大的，早年镇上有茶馆，有小吃店，有五金、百货、布匹、买卖粮食的、加工的，热闹得很。可是自从五十年代统购统销，后来反对贩运，流通渠道单一化。民办变官办，割资本主义尾巴，这样一搞，搞的镇上冷冷清清。胡耀邦同志 1980 年初到云南保山一看，他就发言了。这样不成，小城镇要恢复。小城镇不恢复农村就没有一个中心，也发展不起来，知识分子就留不住。

的确，小城镇人口一般都下降了。30 年来从全国讲，人口加了倍，小城镇上的人口却比解放前还要少。所以，假定能恢复、发展小城镇，农村的人口压力就可以减少，农村里多余的人口有了出路。所以我说这是一个“棋眼”。在小镇上工作的人不用离开家，住在农村，到镇上去做工作。这些工厂不用办食堂，也不用办宿舍，成本低，便于竞争。我们如果能发展乡镇工业，农民进厂不进城、离土不离乡，这样一搞，我们的人口这盘棋就活了一半。

去年我们在吴江县调查了七个小城镇，提出：“发展小城镇是可以解决我们人口问题的一条出路”。经过各级领导部门进行研究，今年四号文件完全肯定了这一条。多办乡镇企业成了我们社会主义工业化的一条道路。当然对乡镇工业不可避免地存在不同看法，新事物必然带上不少不太好看的面貌出现。过去上面不许它抛头露面，它只能偷偷摸摸地去做，阴暗处就不免有些歪风邪气。今年在北京开了一个江苏省乡镇企业工业展览会。我去参观，讲解员对我讲：过去我们不敢见人，现在光明正大，大摇大摆进京城了。这个变化很大，这样一来，江苏乡镇企业生产总值很快发展起来了，去年乡镇工业占全省工业产值的1/4，今年占1/3，增长速度从30%上升到40%。乡镇企业不仅提高了生产力，更有意思的是我们这样搞法，避免了走西方工业化的道路。西方工业革命初期是以牺牲农民为代价的。我们不同，我们工业的发展是在农村繁荣的基础上发展起来的。我们的工业不仅不去破坏农村经济而且正在帮助农村经济的发展。30年代讲的“人多地少，工农相辅”的原则提高到一个新的水平上并以新的形式出现了。这是只有在社会主义条件下才能实现的大事。它是具有中国特色的工业化的道路。小城镇工业能吸收多少人呢？从全国来算，到2000年时，12亿人口中可有40%放在农村，40%放在小城镇，20%放在大中城市和工矿大企业里。

农村经济结构的变化是中国农村工业化的标志。我在江苏调查到，在苏北，从工农业生产总值上说，北边徐州是工三农七，工业少于农业。到扬州北部才工农各半。苏南一般是工业超过农业，以中等地区的吴江县来说已是工七农三。到了上海附近的几个县是工八农二，到沙洲有几个乡已是工业占了九成，这样的农村可以说已经工业化了。苏南经济发达的农村里，农民的生活比我们这些教书匠好得多。有些事简直听了不敢相信。我到农民家去参观，上楼时，他看看我的鞋，鞋太脏，要脱了鞋，穿上拖鞋上楼去，楼上是油添地板，我自己家里也没有这样干净。我过去也不知道什么叫“立体声”，我想音乐还有什么立体？“立体声”我是在农民家里初次听到的。现在江苏农村里的房屋可以分三代，第一代茅草房，第二代砖房，第三代是楼房化，别墅式。苏北正在由第一代变为第二代，苏南是正在由第二代变为第三代。穿的就更不用提了，苏南农村里看不到打补丁的衣服。现在小姑娘的头发全都曲了，曲头发不简单，这不光是形式的变化，而表示她自己有了独立使用钱的权力了，过去是不成的，小姑娘出去做工，钱都要交给父母。现在还是交，但奖金都不交了。奖金拿去烫头发，作零用花。这是因为乡镇企业发展了，女孩子当了工人，在家里取得了部分的经济自主权。这是一个大变化，很深入的，从经济结构的变化到了家庭结构的变化，到了人们思想意识的变化，到了价值观念的变化。这几年来，一年一个样子，我尽管一年下去几趟还是感到赶不上形势的发展。

我这篇文章越写越有劲了，现在已写到小城镇。这篇文章已不是我单枪匹马地写了。我们和江苏省的研究机关、大学，特别是发动了基层干部，协力同心地一起搞。没有大家热情的帮助，这篇文章我是不可能以这样快的速度写下去的。这个办法我认为也在社会科学研究的领域里闯出了一条新路子。我们的研究成果，不是研究人员关着门在书本里翻出来的，而是同群众一起，同各级干部一起，到基层去直接观察中总结出来的。

这是第二篇文章，写到昨天，关于小城镇部分已有四篇：《大问题》、《再探索》、《苏北篇》和《新开拓》。昨天离开南京时，把《新开拓》初稿交了出去，工作相当紧张，但味道很浓，吸引力很大。

这篇文章怎样写下去？我同江苏省委研究了一下，开始要“卷地毯”，就是制定志标，设计问卷，在一定范围里进行普查，然后利用电子计算机进行数量分析。我过去的调查是微型定性调查，就是所谓“解剖麻雀”。可是究竟多少小城镇像我所解剖的麻雀呢？我说不出来，所以要采取计量的分析。像地毯一样把整个领域卷一卷。这样会卷出什么结果来呢？我想至少可以卷出一幅江苏社会经济区域的分划和各区的面貌来。

过去这篇文章写得太急，只抓了些容易观察到的现象。比如工农业产值等等，对人们头脑中打的什么主意却讲得不多，只在最后一篇《新开拓》里把人讲出来了，也只讲到哪些人在办哪些工业，也没有深入到他们头脑里去。也就是还没有钻进意识形态、思想领域。我希望明年春天能得到领导上的支持，照顾，给我一个月的时间住到过去调查过的农村里去，写一篇《江村五十年》。因为我 1936 年开始去调查，1957 年又去调查，到 1986 年，刚是五十年，写篇文章作个纪念，回个心愿。这是第二篇文章的构思。

第一篇文章呢？瑶山我爬不动了，写不下去了。可是我还可以跑点平原地区。所以从去年开始开展了“边区开发”这项课题。黑龙江、内蒙、甘肃我都去了，重点放在内蒙。现在搞现代化中存在的二个差距问题：第一个差距，是我国同先进国家之间经济科技等方面的差距；还有一个是国内的边区同沿海地区的差距。国内东西差距的问题怎么办？这里还有民族问题，比较复杂。这次到甘肃定西，我写了一个报告给政协，提出 16 个字：“以东支西”，东部以三个力量：智力、财力、人力去支援西部地区。“以西资东”，因为我国主要的自然资源都在西部，沿海地区很少。西部就可以用得天独厚的资源去支持东部的工业。东西双方的交流必须“互利互惠”，做到双方都有好处，不能把我们自己国内的少数民族地区单纯作为“原料基地”来看，只要它原料，不给它发展。东部必须支援西部发展本地的工业，使西部也走上工业化的道路。这十六字的方针，实际上现在正在做。定西地区很苦，但是他们有黄豆，他们同江苏一个县合作，用黄豆换了一条豆品加工生产线，以黄豆换技术。“互利互惠”的结果是“共同繁荣”。这是第二篇文章，今年刚刚开始下笔。

我把广西瑶山的这篇文章扩大了，不在瑶山做了，做到大边区去了。但是再一想我已来日不长，1980 年所说的身边的十块钱，只剩五块钱了。我希望在今后五年里，第二篇文章要结合上培养一批研究生。使五块钱变成几十、几百块钱。这还得看领导上能否给我招收几个博士研究生，培养出几个中国的博士来，同外国比比。哥伦比亚大学要派一个博士生来请我培养，我说可以，但是要中国人。我们国内的大学也可以给我人，委托我培养，可是要听我话，不三不四的我不要。不好就可以出示“黄牌”、“红牌”，导师要有这个权。这就算是我今后的打算吧。

最后，我有一副对联。我到梅兰芳故乡泰州参观时，一位陪同我去的同乡，出了一个上联给我对：“早春前后，大江南北，一例前生事”，我花了一个晚上才对出来，下联是：“千秋功罪，文章高下，尽付后人论”。平仄不太妥，但表达了我的心怀。

1984 年 11 月 8 日整理

海　南　曲

天涯仅咫尺　海角非极边
沙细白且洁　水遥深自碧
自古多骚客　直言南天贬
椰林掩墓门　巨岩留文笔
荒凉成故事　繁花写今篇
海阔又天空　老骥频自鞭

这是1985年11月24日我在三亚市天涯海角试写的海南小曲。天涯海角是个地名，坐落在海南岛的南端，一片形象奇特的岩石群，浸立在汹涌澎湃的海湾里，面对蔚蓝的大海，越远水色越深，澄碧一线，直贴天际。车停在公路旁，跨越铁路，拾级下坡，步入沙滩。岩石群即在滩外。沙细洁白，踏上去柔软细腻，步武着印。环视诸巨大岩石，前人刻铸手迹，均加红漆，遥远可辨：有“天涯”、“海角”、“南天一柱”、“海阔天空”等。还有郭老所写诗篇，迫近才能摩认。

“天涯海角”言其遥远偏僻。这已成了过去的历史事实。现在从首都到三亚，如果安排得紧凑些，确已可早发夕至。说是近在咫尺也不过分。同样的距离，在一千二百年前的唐代曾被写成“鸟飞犹用半年程”；用现有的喷气铁鸟来载送，直飞的话，年字应改作日字了。这个海角在今天我国的版图上与南部国境线上的南沙群岛还远隔着一个广阔的南海，不再带有极边之意了。

人们对海南岛的空间概念看来还不容易迅速地赶上事实的变化。像我一样的人，提起海南岛，还是会引起苏东坡诗里所传达的“杳杳天低鹘没处，青山一发是中原”的意境，是一片离开中原多么遥远的荒凉之地！文艺的魅力竟使我们忘了这是近九百年前诗人的感受。我站立在白沙滩上，不免望洋兴叹：历史的痕迹为什么那么亲切，而历史的运转又为什么那么逼人！

时间和空间本来是那么混然一体难解难分的，人们最习惯地是用人和事来划分它、记认它。因而海南岛总是和苏轼、海瑞等名字紧紧地织合在一起，而这些人特别容易引起人们同情的是他们的“硬骨头”。硬骨头也者，就是不考虑个人得失而不肯作违心之论的人，直言之士是也。为什么这些人又很多和这片土地结下因缘呢？这是出于海南是个岛屿，容易划地为牢，也就是说在交通不发达的时代，是个天然的监狱。这岛屿又处于亚热带，所谓瘴疠之区，用现代语言来说，地方性传染病特多，缺乏抵抗力的外来人不易生存。历代封建帝皇就看中这块可以借天杀人之地，作为对付反对他的直言之士的“牛棚”。远在唐宋，海南岛就成了贬谪放逐之所。得罪了皇帝或掌权的大臣的官员们被派遣到这个天然监狱里来当“官”。能生存到“平反”“改正”回归大陆的人不多，苏东坡固然是其中之一，但是在赦归途中，到了常州也就与世长辞了。

对像苏东坡那样在仕途上一生坎坷的人来说，贬谪的过程固然值得后世的同情和为他的遭遇不平，但是也应当看到东坡的成就未始不是得之于这种遭遇。正如陈老总过海口时写的“满江红”词里所说的“逆境应知非不幸，南迁每助生花笔。”我爱苏文诗词，在其神韵境界。他这支笔能像“行云流水”、“泉源涌地”、“行于所当行，止于所不可不止”那样地自由豪放，只靠他的天赋是做不到的。神韵境界来自经历。36 岁起就开始贬谪生活的人才会把酒问青天，不知天上宫阙今夕是何年。他热爱这个纯朴的孤岛，所以说“他年谁作与地志，海南万古真吾乡。”

暴君恶毒的手段固然应当受到万世的谴责，但从海南岛上的人民来说却真是坏事变成了好事。戍谪的陋规正是中原文化向边区传播的渠道。今天在海口市纪念东坡的苏公祠的正堂供着三个牌位，除了苏轼及其子苏过外还有一个是追随苏氏的学生羌唐佐，从姓名上就可以看出是个当地的少数民族。海南的文化就是靠不断送上门来的文人学士所培育起来的，到了明代才有可能出现海瑞这样称得上“南天一柱”的人杰。

海南人民饮水不忘掘井人。他们很早就采用建庙筑祠的方式来纪念这些开发海南文化的人物。现在的苏公祠，在南宋时就以“东坡读书处”的名义作为重点文物保存了下来。元代就在此处开设“东坡书院”，到明代建成苏公祠。东坡在海南岛的三个年头（1097—1100）主要住在现在的儋县，我们这次访问没有到这个地方。苏公祠是在海口市，当年东坡渡海后，在此憩息，北归时又在此暂住，一共约二十余天，而海口人民却念念不忘这位文化传播者。人民的向往是有选择的。

与苏公祠相连的是五公祠。五公是唐朝的李德裕、宋朝的李纲、赵鼎、李光和胡铨。楼上大厅圆柱有一副楹联，上联总结了五公的共同特点：“只知有国，不知有身，任凭千般折磨，益坚其志。”人民建祠纪念他们的就是他们一生所表现的这点“正气”。

我从五公祠出来，就去拜谒海瑞墓。海瑞是海南岛琼山县人，别号刚峰。他反贪污，平冤狱，在民间有“包公再世”之誉，由于他刚直不阿，上疏敢谏，被罢官入狱，后平反复职，归葬海口。他的一生构成封建时代树立清官的模式。事情已过了四百多年，他的墓地早已列入供人凭吊的故迹。过去谁会预料到海瑞在 20 世纪 60 年代竟会成为家喻户晓的人物？历史上这样的事似不常有，说是离奇的偶然性却也不易服人。无论怎样，事实确是发生了。吴晗的《海瑞罢官》一剧不仅引起了三家村的冤狱，甚至成了神州一度失常的引子。我到达海瑞墓前，感到抑郁的倒不是四百年前的故迹，却是十年前的回忆。

海瑞墓是最近重修的。《海瑞罢官》一剧所引起的罡风，把安息了四个世纪的海瑞遗体从地下刨出，带上高帽，陈尸街头。这种暴行的结果却反而证实了海瑞廉洁的品德，因为从他棺木里找得到的殉葬品只有几个明代的铜币。清官毕竟是清官，历史还是歪曲不了的。

谒墓回来，在车内我又写了一首诗：

南海多忠骨　令名身后昭
五公谪贬日　早在唐宋朝
粤岭梅花白　琼岛野卉娆
地灵育刚峰　清风万民招
孰料百年后　神州出人妖
海瑞罢官剧　天震地动摇
冤起三家村　挚友烈火蹈
氛尽谒祠墓　呜咽听晚涛
蛮荒成天府　视兮怨应消

1986 年 1 月 27 日

《费孝通社会学文集》自记

这本《社会学文集》是我从1978年到1984年所写自认为带一点学术性的文章的汇编。用《社会学文集》这个书名，严格说也许不够确切的，除非从比较宽广的观点来理解社会学，把它看成是一门研究人际关系的学科。这本文集实际包括了已经出版的四本小册子：《民族与社会》(1981)、《从事社会学五十年》(1983)、《社会学的探索》(1984)、《论小城镇及其他》(1985)。这四本小册子书名虽异，性质相同，都是短篇文章的汇编。我从1981年起，每过一年或较长的时间，就把这段时间里所发表的文章编成小册子出版。大体上分成两类：一类是我所谓带一点学术性的文章，一类是杂写。上述四册是前一类，杂写也出了甲、乙、丙三集。

我从小喜欢写作。自从1924年在《少年》杂志上发表了我的第一篇习作后，到1957年实际上并没有间断过。特别是从40年代开始，我在抗战后方执教时，为了维持艰苦的生活，不得不卖文来补充收入，经常投稿各种刊物和报纸，真有点饥不择食。抗战结束后，我曾把那一时期的文章归类集成若干小册出版。这无非是当时的穷书生多得一些稿费的办法。同时却养成了我勤于笔耕和喜欢发表的习惯。

我这种随写随发表的习惯，严格说来并非著作的正道。但也有一个好处，那就是比较率直的暴露作者的思想。在这个变革迅速的社会里，这些作品倒为历史过程留下一些真实的痕迹，反映这个时代知识分子的思想。把这些文章里所表达的思想作为一个时代的社会意识形态来看待，它们是有其存在的价值的。尤其是把历年的文章联串起来，就容易看得清楚当时一些思想观念的来龙去脉。我希望读者也不妨采取这种态度去阅读我这本文集。如果能多想一想：在这个时代怎么会有这样的人？这样的人又怎么会有这些思想？会说这些话？那就很有味道了。至于这些文章对作者本人会引起什么毁誉，那是不足挂齿的。

也许还应当提到的是 1957 年到 1979 年之间这段时间，除了一些翻译之外，我没有发表过什么表达本人思想的文章。原因是众所周知的。1979 年以后我的旧习惯又有复萌的条件了。这对我是件快事。像我这样一个人又能仰首伸眉，论长说短，这件事从时代的变化来说也不能说是件小事。这本《文集》能够出版问世，自有其值得深思的意义。

这本文集挂上社会学的牌子固然是不完全确当，但我这段时期里主要的工作是在重建社会学这门学科。我的命运和社会学的命运多少是联结得比较密切的。1957 年我发表了“为社会学说几句话”之后不久，社会学进一步被贬入了冷宫。我在 1978 年能发表“为社会学再说几句话”正因为社会学的合法地位重被肯定了。到 1980 年我在答《中国青年报》问时，已有机会向青年读者讲一讲我从事社会学 50 年的经过。到 1982 年，社会学的重建已有眉目，使我能发表《建立我国社会学的一些意见》。这些对我是一种安慰。把这经过列入文集的内容也为历史留下这一值得回忆的记录。

社会学的重建也带来了我一生的第二次的学术生命。这段生命开始，我的年龄却已经过了七十。1981 年我“三访江村”，重又接上了中断了 28 年的农村调查。我初访江村是 1936 年，重访江村是 1957 年。学术工作脱离了实际也就会丧失活力。一旦我又有机会重返农村里去调查，我的思想也就像草木把根插入了土中，从此又得到了滋养。就是在江村的调查中我看到了研究作为农村经济、政治、文化中心的小城镇的重要性，1982 年我正式提出开展这项研究工作的倡议。1983～1984 年我也就有条件发表四篇论小城镇的文章。这一条发展的线索在这本文集里表现得很具体。

如果可以说社会学是这本文集的主干，那么民族问题和知识分子问题是两个同本的旁枝。自从 50 年代开始我曾有机会参与民族工作，做过民族调查，直到 1957 年才告中断。但是这一段时间里和少数民族同胞的亲密接触，使我和他们结下了深切的感情。我第二次学术生命恢复之初，如这本文集一开始所表白的，还是从民族学起步的。接着几年由于时间和精力的限制，重点转移到了社会学的重建和农村及小城镇的调查，民族研究成了旁枝。但是 1983 年我发表了“做活人口这块棋”，把小城镇联上了边区开发，重又拾起了民族研究的线索。1985 年我自己提出了研究工作重点的转移，从东南转到西北，从农村、小城镇转到边区少数民族地区。以后的文章已越出这本文集的时限了。

另外一个旁枝是知识分子的研究。这里包含着我的一段辛酸回忆。如果不是我的误解，1957 年我被错划为右派，直接的导火线是我那篇“知识分子的早春天气”。时过境迁，到了 80 年代，为了振兴中华，重视知识和重视人才已成必要的社会态度。知识分子问题也进入了另一深度，而提出了智力开发这一项当前急务。这本是我的老课题，又因为我在中国民主同盟工作，它是一个知识分子的民主党派，我对这方面的问题也就缄默不了，在这本文集里占了一定的分量。

一个人活着一天总得工作一天。我除了能写写文章以外，一无所长，看来也将以此终生。如果天假以年，当然希望能为这本文集出版补编，以飨读者。

1985年7月7日记

中华民族的多元一体格局

我想以这次香港中文大学邀请我发表 Tanner 讲演的机会，提出我多年来常在探索中的关于中华民族多元一体格局的问题向各位学者请教。请容许我坦率地说我对这个格局的认识是不够成熟的，所以这篇讲演只能说是我对这问题研究的起点，并没有构成一个完整的见解。

为了避免对一些根本概念作冗长的说明，我将把中华民族这个词用来指现在中国疆域里具有民族认同的十一亿人民。它所包括的五十多个民族单位是多元，中华民族是一体，它们虽则都称“民族”，但层次不同。我用国家疆域来作中华民族的范围并不是很恰当的，因为国家和民族是两个不同的又有联系的概念。我这样划定是出于方便和避免牵涉到现实的政治争论。同时从宏观上看，这两个范围基本上或大体上可以说是一致的。

中华民族作为一个自觉的民族实体，是近百年来中国和西方列强对抗中出现的，但作为一个自在的民族实体则是几千年的历史过程所形成的。我这篇论文将回溯中华民族多元一体格局的形成过程。它的主流是由许许多多分散孤立存在的民族单位，经过接触、混杂、联结和融合，同时也有分裂和消亡，形成一个你来我去、我来你去，我中有你、你中有我，而又各具个性的多元统一体。这也许是世界各地民族形成的共同过程。中华民族这个多元一体格局的形成还有它的特色：在相当早的时期，距今三千年前，在黄河中游出现了一个由若干民族集团汇集和逐步融合的核心，被称为华夏，像滚雪球一般地越滚越大，把周围的异族吸收进入了这个核心。它在拥有黄河和长江中下游的东亚平原之后，被其他民族称为汉族。汉族继续不断吸收其他民族的成分而日益壮大，而且渗入其他民族的聚居区，构成起着凝聚和联系作用的网络，奠定了以这个疆域内许多民族联合成的不可分割的统一体的基础，成为一个自在的民族实体，经过民族自觉而称为中华民族。

这是一幅丰富多彩的历史长卷，有时空两个坐标，用文字来叙述时有时难于兼顾，所以在地域上不免有顾此失彼、方位错乱，时间上不免有前后交差、顺序倒置的缺点。让这篇论文作为我在这个学术领域里的一次大胆的尝试吧。

一、中华民族的生存空间

任何民族的生息繁殖都有其具体的生存空间。中华民族的家园坐落在亚洲东部，西起帕米尔高原，东到太平洋西岸诸岛，北有广漠，东南是海，西南是山的这一片广阔的大陆上。这片大陆四周有自然屏障，内部有结构完整的体系，形成一个地理单元。这个地区在古代居民的概念里是人类得以生息的、唯一的一块土地，因而称之为天下，又以为四面环海所以称四海之内。这种概念固然已经过时，但是不会过时的却是这一片地理上自成单元的土地一直是中华民族的生存空间。

民族格局似乎总是反映着地理的生态结构，中华民族不是例外。

他们所聚居的这片大地是一块从西向东倾侧的斜坡，高度逐级下降。西部是海拔 4000 米以上的号称世界屋脊的青藏高原，东接横断山脉，地势下降到海拔 1000～2000 米的云贵高原、黄土高原和内蒙古高原，其间有塔里木及四川等盆地。再往东是海拔千米以下的丘陵地带和海拔 200 米以下的平原。

东西落差如此显著的三级梯阶，南北跨度又达 30 个纬度，温度和湿度的差距自然形成了不同的生态环境，给人文发展以严峻的桎梏和丰润的机会。中华民族就是在这个自然框架里形成的。

二、多元的起源

生存在这片土地上的人最早的情况是怎样的？这个问题涉及了中华民族的来源。任何民族都有一套关于民族来源的说法，而这套说法又常是用来支持民族认同的感情，因而和历史上存在的客观事实可以出现差错。关于中华民族的起源过去长期存在着多元论和一元论、本土说和外来说的争论，直到本世纪 50 年代，特别是 70 年代以来，由于中国考古学的发展，我们才有条件对中华民族的早期历史作出比较科学的认识。

在中华大地上已陆续发现了人类从直立人（猿人）、早期智人（古人）、晚期智人（新人）各进化阶段的人体化石，可以建立较完整的序列。说明了中国这片大陆应是人类起源的中心之一。

这些时代的人体化石又分布极广，年代最早的元谋人（距今约 170 万年）是在云南发现的。其他猿人的化石已在陕西蓝田县、北京周口店、湖北郧县及郧西县、安徽和县有所发现。生活在 10 万至 4 万年以前的古人化石，已在陕西大荔县、山西襄汾县丁村、山西阳高县许家窑、辽宁营口金牛山、湖北长阳县、安徽巢县及广东曲江县马坝等处发现。生活在距今 4 万至 1 万年以前的新人化石已在北京周口店山顶洞、山西朔县峙峪、内蒙古乌审旗、辽宁建平县、吉林延边州安图县、黑龙江哈尔滨市、广西柳江县、贵州兴义县、云南丽江县、台湾台南县左镇有所发现。我列举这许多地名目的是要指出在人类进入文化初期，中华大地上北到黑龙江，西南到云南，东到台湾都已有早期人类在活动，他们并留下了石器。很难想象在这种原始时代，分居在四面八方的人是出于同一来源，而且可以肯定的是，这些长期分隔在各地的人群必须各自发展他们的文化以适应如此不同的自然环境。这些实物证据可以否定有关中华民族起源的一元论和外来说，而肯定多元论和本土说。

即使以上的论断还不够有说服力的话，考古学上有关新石器时代的丰富资料更有力地表明中华大地上当时已出现地方性的多种文化区。如果我们认为同一民族集团的人大体上总得有一定的文化上的一致性，那么我们可以推定早在公元前 6000 年前，中华大地上已存在了分别聚居在不同地区的许多集团。新石器时期各地不同的文化区可以作为我们认识中华民族多元一体格局的起点。

三、新石器文化多元交融和汇集

近年来，我国各省区发现新石器文化遗址总共有 7000 多处，年代从公元前 6000 年起延续到公元前 2000 年。根据考古学界的整理和研究，对各地文化区的内涵、演进、交融和汇聚，已有比较明确的轮廓，尽管有不少专题还有争论。我在这里不可能详细介绍这方面的研究成果，只能就中原地区的有关资料择要一述。

新石器时期黄河中游和下游存在东西相对的两个文化区：

黄河中游新石器文化的序列是前仰韶文化（前 6000～前 5400

年)—仰韶文化(前 5000～前 3000 年)—河南龙山文化(前 2900～前 2000 年)。继河南龙山文化的可能是夏文化。因仰韶文化以彩绘陶器著名，曾被称为彩陶文化。仰韶文化分布以渭、汾、洛诸黄河支流域的中原地区为中心，北达长城沿线，南抵湖北西北部，东至河南东部，西达甘青接壤地区。但在河南龙山文化兴起前它在黄河中游地区已经衰落了。

黄河下游则另有一序列的文化和黄河中游的文化不同。它们是青莲岗文化(前 5400～前 4000 年)—大汶口文化(前 4300～前 2500 年)—山东龙山文化(前 2500～前 2000 年)—岳石文化(前 1900～前 1500 年)。继岳石文化的可能是商文化。龙山文化以光亮黑陶著名，曾被称为黑陶文化。

公元前 3000 年当仰韶文化在黄河中游地区突然衰落时，黄河下游的文化即向西扩张，继仰韶文化出现的是河南龙山文化。虽则考古学者认为河南和山东的龙山文化具有地区性的区别，但中游地区在文化上受到下游文化的汇聚和交融是明显的。

长江中下游在新石器时代同样存在着相对的两个文化区。长江下游的文化区是以太湖平原为中心，南达杭州湾，西至苏皖接壤地区。其文化序列大体是河姆渡文化(前 5000～前 4400 年)—马家浜·崧泽文化(前 4300～前 3300 年)—良渚文化(前 3300～前 2200 年)。良渚文化大体和河南龙山文化年代相当，文化特征也与山东龙山文化有密切的联系。

长江中游新石器文化以江汉平原为中心，南包洞庭湖平原，西尽三峡，北抵河南南部，其文化序列分歧意见较多，大体上是大溪文化(前 4400～前 3300 年)—屈家岭文化(前 3000～前 2000 年)—青龙泉文化(前 2400 年)，因其受中原龙山文化的影响亦称湖北龙山文化。

长江中游和下游相同的是在后期原有文化都各自受黄河下游龙山文化的渗入，而处于劣势地位。

关于新石器时代北方的燕辽文化区，黄河上游文化区及华南文化区留待下面讲到这些地区时再说。

上面所述新石器时代中原两河流域中下游这个在生态条件上基本一致的地区的考古发现，已可以说明中华民族的先人在文明曙光时期，公元前5000年到前2000年之间的3000年中还是分散聚居在各地区，分别创造他们具有特色的文化。这是中华民族格局中多元的起点。

在这多元格局中，同时也在接触中出现了竞争机制，相互吸收比自己优秀的文化而不失其原有的个性。例如，在黄河中游兴起的仰韶文化，曾一度向西渗入黄河上游的文化区，但当其接触到了比它优秀的黄河下游山东龙山文化，就出现了取代仰韶文化的河南龙山文化。考古学者在龙山文化前加上各个地方的名称表示它们依然是从当地原有文化中生长出来的，实际上说明了当时各族团间文化交流的过程，从多元之上增加了一体的格局。

四、凝聚核心汉族的出现

中国最早的文字史料现在可以确认的是商代的甲骨文，而相传由孔子编选的《尚书》还记载一些夏商文件和上古传说。早年的史书中，把上古史编成三皇五帝的历史系统。这些文字史料已有部分可以和考古资料相印证，使我们对新石器时代末期到铜器时代的历史能有较可靠的知识，特别是80年代初期发掘的河南登封王城岗夏代遗址一般认为即是夏王朝初期的“阳城”遗址，夏代历史已从神话传说的迷雾中得以落实。商代历史有甲骨文为据，周代历史有钟鼎文为据，相应的后世的文字记载都可得而考。而夏商周三代正是汉族前身华夏这个民族集团从多元形成一体的历史过程。

河南夏代“阳城”遗址所发现的文物显示了它是继承了新石器时代河南龙山文化发展到了铜器时代。从黄河中下游遗留的文物中也可以看到这些地区都早已发展了农业生产，这和夏禹治水的传说(河南龙山文化的中晚期)可以联系起来，表明了这地区早期居民当时生产力的发达水平。我们还记得河南的龙山文化正是在仰韶文化的基础上吸收了山东的龙山文化而兴起的。所以可以说华夏文化就是以黄河中下游不同文化的结合而开始的。

传说的历史中在禹之前还有尧、舜和神话性的始祖黄帝。留下的传说大多是关于他们向四围被称为蛮夷戎狄的族团的征伐。黄帝曾击败过蚩尤和炎帝，地点据说都在今河北省境内。据《史记》所载，舜又把反对他的氏族部落放逐到蛮夷戎狄中去改变后者的风俗，也可以说就是中原居民和文化的扩张。到禹时，如《左传》所载：“禹会诸侯于涂山，执玉帛者万国。”《禹贡》将这时的地域总称为“九州”，大体包括了黄河中下游和长江下游的地区，奠定了日益壮大的华夏族的核心。

继夏而兴起的是商。商原是东夷之人，而且是游牧起家的。后来迁泰山，再向西到达河南东部，发展了农业，使用畜力耕种。农牧结合的经济使它强大起来，起初臣属于夏，后来取得了统治九州的权力，建立商朝，分全国为中东南西北五土。《诗经·商颂》有：“邦畿千里，维民所止，肇域彼四海。”商代疆域包括今河南、山东、河北、辽宁、山西、陕西、安徽以及江苏、浙江的一部分，可能还有江西、湖南及内蒙古的某些地方。

继商的是周。周人来自西方，传说的始祖是姜嫄，有人认为即西戎的一部分羌人，最初活动在渭水上游，受商封称周。它继承了商的天下，又把势力扩大到长江中游。《诗经·北山》称："溥天之下，莫非王土，率土之滨，莫非王臣。"它实行宗法制度，分封宗室，控制所属地方；推行井田，改进农业，提高生产力。西周时松散联盟性质的统一体维持了约300年，后来列国诸侯割据兼并，进入东周的春秋战国时代。这时的统一体之内，各地区的文化还是保持着它们的特点。直到战国时期，荀子还说："居楚而楚，居越而越，居夏而夏。"夏是指中原一带的一个核心，不论哪个地方的人，到了越就得从越，到了楚就得从楚，可见楚和越和夏还有明显的差别。

无可否认的是，在春秋战国的500多年里，各地人口的流动，各族文化的交流，各国的互相争雄，出现了中国历史上的一个文化高峰。这500年也是汉族作为一个民族实体的育成时期，到秦灭六国，统一天下，而告一段落。

汉作为一个族名是汉代和其后中原的人和四围外族人接触中产生的。民族名称的一般规律是从"他称"转为"自称"。生活在一个共同社区之内的人，如果不和外界接触不会自觉地认同。民族是一个具有共同生活方式的人们共同体，必须和"非我族类"的外人接触才发生民族的认同，也就是所谓民族意识，所以有一个从自在到自觉的过程。秦人或汉人自认为秦人或汉人都是出于别人对他们称作秦人或汉人。必须指出，民族的得名必须先有民族实体的存在，并不是得了名才成为一个民族实体的。

汉族这个名称不能早于汉代，但其形成则必须早于汉代。有人说：汉人成为族称起于南北朝初期，可能是符合事实的，因为魏晋之后正是北方诸族纷纷入主中原的十六国分裂时期，也正是汉人和非汉诸族接触和混杂的时候。汉人这个名称也成了当时流行的指中原原有居民的称呼了。

当时中原原有的居民在外来的人看来是一种“族类”而以同一名称来相呼，说明了这时候汉人已经事实上形成了一个民族实体。上面从华夏人开始所追溯的2000多年的历史正是这个民族诞生前的孕育过程。

汉族的形成是中华民族形成中的一个重要阶段，在多元一体的格局中产生了一个凝聚的核心。

五、地区性的多元统一

秦始皇结束战国时代地方割据的局面在中国历史上是一件划时代的大事，因为从此统一的格局成了历史的主流。当然所统一的范围在秦代还只限于中原，就是黄河长江中下游的平原农业地区，而且这个统一的格局也是经过长时期逐步形成的。在春秋战国时代各地方的经济都有所发展，他们修筑道路，发展贸易。战国时的列国通过争雄称霸已把中原这片土地四通八达地基本上构成了一个整体。秦始皇在这基础上做了几件重要的事，就是车同轨，书同文，立郡县和确立度量衡的标准，在经济、政治和文化上为统一体立下制度化的规范。

车同轨和度量衡的标准化是经济统一的必要措施。传统的方块字采用视觉符号把语和文分离，书同文就是把各国的通用符号统一于一个标准，也就是把信息系统统一了起来，在多元语言上罩上一种统一的共同文字。这个信息工具至今还具有生命力。废封建、立郡县，建立了中央集权的政体，这个政体延续至今已有2000多年的历史。关于中原地区的统一我不再多说。在这里要指出的，这只是形成中华民族多元一体格局的又一步。第一步是华夏族团的形成，第二步是汉族的形成，也可以说是从华夏核心扩大而成汉族核心。

我说秦代的统一还只是中华民族这个民族实体形成的一个步骤，

因为当时秦所统一的只是中原地区，在中华民族的生存空间里只占一小部分，在三级地形中只是海拔最低的一级，而且还不是全部。中原的周围还有许多不同的族团也正在逐步分区域地向由分而合的统一路上迈前。让我先讲北方的情况。

到目前为止，我国考古学的工作主要还是集中在中原地区，因此我们对中原周围地区的上古历史相对地说还是知道得很少。陈连开教授提出过一个值得重视的观点，我的另一位同事谷苞教授经过几十年在西北的实地考察，也提出了同一观点，他们都认为和秦汉时代中原地区实现统一的同时，北方游牧区也出现了在匈奴人统治下的大一统局面。他们更指出，南北两个统一体的汇合才是中华民族作为一个民族实体进一步的完成。我同意这个观点。

南北两大区域的分别统一是有其生态上的基础的。首先统一的中原地区是黄河长江中下游的平原地区，从新石器时代起就发生了农业文化。黄河中下游的新石器遗址中已找到粟的遗存，长江中下游的新石器遗址中已找到稻的遗存。从夏代以降修水利是统治者的主要工作，说明了灌溉在农业上的重要地位。小农经济一直到目前还是汉族的生活基础，至今还没有摆脱汉族传说性的祖先神农氏的阴影。

这一片平原上的宜耕土地在北方却与蒙古高原的草地和戈壁相接，在西方却与黄土高原和青藏高原相连。这些高原除了一部分黄土地带和一些盆地外都不宜耕种，而适于牧业。农业和牧业的区别各自发生了相适应的文化，这是中原和北方分别成为两个统一体的自然条件。

划分农牧两区的地理界线大体上就是从战国时开始建筑直到现在还存在的长城。这条战国秦汉时开始修成的长城是农业民族用来抵御牧畜民族入侵的防线。农民站于守势而牧民处于攻势。这也是决定于两种经济的不同性质。农业是离不开土地的，特别是发展了灌溉农业，水利的建设更加强了农民不能抛井离乡的粘着性。农民人口增长则开荒辟地，以一点为中心逐步扩大，由家而乡，紧紧牢守故土，难得背离，除非天灾人祸才发生远距移动。

牧业则相反。在游牧经济中，牲口靠在地面上自然生长的草得到食料，牲口在草地上移动，牧民靠牲口得到皮、毛、肉、乳等生活资料，就得跟牲口在草地上移动，此即所谓"逐水草而居"。当然游牧经济里牲口和人的移动也是有规律的，但一般牧民不能长期在一个地方定居，必须随着季节的变化，在广阔的草原上转移。牧民有马匹作行动的工具，所以他们的行动也比较迅速，集散也比较容易。一旦逢遭灾荒，北方草原上的牧民就会成群结队，南下就食农区。当双方的经济和人口发展到一定程度，农牧矛盾就会尖锐起来，牧民成为当时生活在农区的人的严重威胁。对这种威胁，个体小农是无法抗拒的，于是不能不依附于可以保卫他们的武力，以及可以动员和组织集体力量来建筑防御工程的权力。这也是促成中央集权政体的一个历史因素。长城表现了这一个历史过程。

牧区经济的发展同样需要有权力来调处牧场的矛盾，需要能组织武力进行自卫或外出夺取粮食、财物和人口。我们对于北方草原上民族的早期历史知道得很少。当在汉代的史书中看到有关匈奴人较详细的记载时，他们已经是北方的强大力量，拥有长城之外东起大兴安岭，西到祁连山和天山这广大地区，就是这里所说北方的统一体。到汉初已形成"南有大汉，北有强胡"的局面。

实际的历史过程不可能这样简单。考古学者从 30 年代起已陆续在长城外的内蒙古赤峰(昭乌达盟)发现了新石器时代的红山文化，这地区的先民已过着以定居农业为主，兼有畜牧渔猎的经济生活，近年又发现了距今5000年前的祭坛和“女神庙”，出土的玉器与殷商玉器同出一系。铜器的发现更使我们感到对东北地区早期文化的认识不足，而且正是这个东北平原和大兴安岭及燕山山脉接触地带，在中国历史上孕育了许多后来入主中原的民族。关于这方面的情况，下面再提。

中原和北方两大区域的并峙，实际上并非对立，尽管历史里记载着连续不断的所谓劫掠和战争。这些固然是事实，但经常性相互依存的交流和交易却是更重要的一面。

把游牧民族看成可以单独靠牧业生存的观点是不全面的。牧民并不是单纯以乳肉为食，以毛皮为衣。由于他们在游牧经济中不能定居，他们所需的粮食、纺织品、金属工具和茶及酒等饮料，除了他们在大小绿洲里建立一些农业基地和手工业据点外，主要是取给于农区。一个渠道是由中原政权的馈赠与互市，一个渠道是民间贸易。

贸易是双方面的，互通有无。农区在耕种及运输上需要大量的畜力，军队里需要马匹，这些绝不能由农区自给。同时农民也需牛羊肉食和皮毛原料。在农区对牧区的供应中，丝织物和茶常是重要项目。因而后来把农牧区之间的贸易简称为“马绢互市”和“茶马贸易”。在北方牧区的战国后期及汉代墓葬中，发现很多来自中原地区的产品，甚至钱币。

在日益密切的相互依存和往来接触中，靠近农区的那一部分匈奴牧民于公元一世纪已逐步和附近的汉族农民杂居混合，进入半农半牧的经济。公元前一世纪中叶这些匈奴人在汉武帝的强大压力下南北分裂后被称为南匈奴的，他们后来并没有跟北匈奴远走中亚，而留原地，即今内蒙古境内，并且逐渐进入关内和汉人杂居混合。

在战国到秦这一段历史时期里，农牧两大统一体之争留下了长城这一道巨大的工程，这是表示了早期牧攻农守的形势。但是当农业地区出现的统一体壮大后，从汉武帝开始就采取了反守为攻的战略。这个战略上的改变导致了汉族向西的大扩张，就是在甘肃西部设置河西四郡：敦煌、酒泉、武威、张掖，移入28万人，主要是汉族。

河西四郡是黄土高原通向天山南北的走廊。这个地区的平原地带降水量是很少的，但是祁连山山区降水量较多，而且有积雪融化下流，供水较足可以灌溉农田。这是汉族能大量移入开荒种田的经济基础。这条走廊原来是乌孙和月氏的牧场，匈奴把他们赶走后占领其地，并和羌人联合起来，在西方包围了汉族。汉武帝于公元前122年迫降该地区的匈奴，置四郡移汉人实边，把这个包围圈打出了一个缺口，即所谓“隔绝羌胡”。这条走廊也给汉代开辟西域铺下通道。后来汉代又利用这条通道，联合天山以南盆地里的被匈奴欺压掠夺的农业小国和被匈奴放逐到中亚的乌孙，形成了对匈奴的反包围，并且击败匈奴。

从蒙古高原经天山北路直到中亚细亚是一片大草原，这对游牧民族来说是可以驰骋无阻的广场。游骑飘忽，有来有去。牧场的争持，你占我走，你走我占，所以这个地区的民族是时聚时散的。哪个部落强大了就统治其他部落，而且以其名称这广大草原上的牧民。所以在史书上所见的是一连串在北方草原上兴起的族名：匈奴之后有鲜卑、柔然、突厥、铁勒、回鹘等等。他们有时占领整个大草原，有时只占其中的一部分，最后是蒙古人，其势力直达西亚。

曾在这片草原上崛起的民族，许多还有其后裔留在这个地区，但又多和其他民族结合，其杂其混、其分其合，构成很复杂的历史过程，我们在此毋庸细述。大体上说，新疆现有民族中有五个少数民族所说的语言属于突厥语族。他们是维吾尔、哈萨克、乌孜别克、塔塔尔、柯尔克孜。他们都是早期就在这片大草原上活动过的民族的后裔。

六、中原地区民族大混杂、大融合

汉族形成之后就成为了一个具有凝聚力的核心，开始向四周围的各族辐射，把他们吸收成汉族的一部分。紧接汉魏在西晋末年黄河流域及巴蜀盆地出现了“十六国”，实际上有二十多个地方政权，大多是非汉民族建立的。在这大约一个半世纪(304～439 年)里正是这个地区民族大杂居、大融合的一个比较明显的时期，是汉族从多元形成一体的一幕台前的表演，而这场表演的准备时期早在汉代开始，匈奴人的“归附”即是其中的一幕。

在这些地方政权中，匈奴人建立的有三个，氐人建立的有四个，羯人建立的有一个，鲜卑人建立的有七个，羌人建立的有一个，汉人建立的有三个。它们所占的地区遍及今陕西、山西、河北、河南、甘肃、宁夏及四川、山东、江苏、安徽、辽宁、青海、内蒙古等省区的一部分。实际上是中原地区的全部都曾波及。

北方及西方非汉民族在上述地区建立地方政权表明有大量的非汉人进入了这个地区，由于混而未合，所以这时“汉”作为民族标记的名称也就流行，而且由于汉人的政治地位较低，“汉人”也成为带有歧视的称呼，但是进入华北地区的非汉人，一旦改牧为农，经济实力最终还是要在社会地位上起作用。在这个时期就开始有关于“胡人改汉姓”的记载，到了统一华北的北魏还发生了改复姓为单姓的诏命，也就是要胡人改从汉姓。有人统计《魏书》“官氏表”中 126 个胡姓中已有 60 个不见于官书。杂居民族间的通婚相当普遍，甚至发生在社会上层。非汉族的政治地位又不易持久，你上我下，我去你来，结果都分别吸收在汉人之中。汉族的壮大并不是单纯靠人口的自然增长，更重要的是靠吸收进入农业地区的非汉人，所以说是像滚雪球那样越滚越大。

经过南北朝的分裂局面，更扩大了的中原地区重又在隋唐两代统一了起来。唐代的统治阶级中就有不少是各族的混血。建国时，汉化鲜卑贵族的支持起了举足轻重的作用，因之他们在统治集团中一直处于重要地位。有人统计，唐朝宰相369人中，胡人出身的有36人，占1/10。《唐书》还特辟专章为蕃将立传。沙陀人在唐末颇为跋扈，在继唐而起的五代中后唐、后晋、后汉三朝都是沙陀人建立的，以中兴唐朝出名的庄宗本身就是出自沙陀人。所以有唐一代名义上是汉族统治，实际上是各族参预的政权。从唐到宋之间的近六百年的时间里，中原地区实际上是一个以汉族为核心的民族熔炉。许多非汉族被当地汉人所融合而成为汉人。当然融合的过程是复杂的，但结果许多历史有记载的如鲜卑、氐、羯等族名逐渐在现实生活中消失了。

唐代不能不说是中华文化的一个高峰。它的特色也许就是在它的开放性和开拓性。这和民族成分的大混杂和大融合是密切相关的。

七、北方民族不断给汉族输入新的血液

如果北宋可以说经过了五代的分裂局面，中原又恢复了统一，它的力量究竟是微弱的。它的北方，今内蒙古巴林左旗，在公元916年兴起了一个强大的民族契丹，作为中国的一个王朝称辽，它的疆域从黑龙江出海口到今蒙古人民共和国中部，南面从今天津，经河北霸县到山西雁门关一线与北宋对峙。统治了210年才为另一北方民族女真所灭。发源于白山黑水的女真人，公元115年立国称金。1125年灭辽，接着灭北宋，先后在今北京和开封建都，疆域包括辽的故土并向西扩张到陕西、甘肃与西夏接界，向南扩张达秦岭和淮河与南宋接

界。北宋只有300年的历史，这期间给中原北部这个地区混杂居住的许多民族成分有一个消化和融合的阶段，并为汉族向南扩张积聚了力量。这是后话。

这里应当讲一讲大兴安岭以东的松辽平原。这个平原和广大草原之间当时存在着一个大兴安岭的屏障，广阔的森林可能挡住了游牧民族的东进。看来有一些游牧民族可以溯源于这个森林里的狩猎民族。

最近我到大兴安岭林区实地观察，在呼盟阿里河镇西北10公里见到林区里的一个山洞，称嘎仙洞，洞里还保留着公元443年北魏太武帝拓跋焘遣使树立的用以纪念他祖先的石刻祝文。这表明鲜卑族早期曾居住在大兴安岭的森林里。鲜卑族后来从山区西南迁到呼伦池的草原上，然后继续向西南迁，徙居阴山河套之间，形成鲜卑拓跋部，其中一部分进入青海，大部分则在4世纪初活动在今内蒙古和山西大同地区。公元386年建立魏国，439年统一中原北部地区。

建辽国的契丹人原是活动在辽河上游的游牧民族，曾臣服于唐，916年阿保机称帝。建国前后都有大批汉人迁入，农业和手工业得到发展，但被金灭后，契丹人多与汉人及女真人相融合。

建立金国的女真人也是在松辽平原上兴起的，他们走上与契丹人由弱到强，由强而亡的同样道路。当他们占有中原北部地区后，曾把所征服的地区的居民用汉人、燕人、南人等名称和女真人相区别，但是后来也有许多女真人开始改用汉姓，见于《金史》记载的有31姓，而且他们的改姓并非出于诏令，而是民间的自愿。尽管改用汉姓并不表示他们已完全成了汉人，只能表明他们已不再抗拒汉化了。

不论是契丹人还是女真人，尽管在中原北部政治上取得优势，但都没有统一中国。北方民族囊括中国全部版图成为统一的政权是从蒙古人建立的元朝开始。其后还有女真人的后裔满人建立的清朝。元朝统治了 97 年(1271～1368 年)，清朝统治了近 267 年(1644～1911 年)。蒙古人和满人是非汉民族，而且至今还是有人口百万以上的少数民族，但是在他们的统治时代，汉族还是在壮大，当他们的王朝灭亡后，大量的蒙古人和满人融合在汉族之中。

元代蒙古人统治下的人分四等：蒙古、色目、汉人和南人。这时的女真人、契丹人、高丽人都被包括在汉人之中，与汉人的待遇是一致的。又据《元史》记载：“女直(即女真)、契丹同汉人。若女直、契丹生西北不通汉语者，同蒙古人；女直(其下当遗契丹二字)生长汉地，同汉人。”①看来女真人和契丹人中已有分化，或融合于汉族，或融合于蒙古族。元代把汉族分化为汉人和南人两类，以宋、金疆域为边界。凡是先被蒙古人征服的原属金的区域里的汉人仍称汉人，后来征服了南宋，曾属南宋的人称南人或宋人、新附人或蛮子。看来其中也包括长江以南的各非汉民族。这样也加强了这些非汉民族和汉族的融合。

继蒙古人之后统治中国的是汉族，称明朝，初期曾下令恢复“唐代衣冠”，禁止胡服胡语胡姓。用行政命令来改变民族风俗习惯和语言都是徒劳的。据《明实录》引用公元 1442 年的一奏折中有当时“鞑装”盛过唐服的话。但是民间交流却起作用。明末清初的顾炎武在他的《日知录》里关于当时民族混杂的情况曾说：“华宗上姓与毡裘之种相乱，惜乎当日之君子徒诵‘用夏变夷’之言，而无类族辨物之道。”又说：“今代山东氏族其出于金、元之裔者多矣。”这表明在当时的社会上层各族间的通婚已经通行，而且大量的汉化了。

蒙古人融合于汉族的具体例子见于梁漱溟先生最近出版的《问答

① 《元史·世祖纪十》。

录》。他说："我家祖先与元朝皇帝同宗室，姓'也先帖木耳'，蒙古族。元亡，末代皇帝顺帝携皇室亲属逃回北方，即现在的蒙古，而我们这一家未走，留在河南汝阳，改汉姓梁。……说到种族血统，自元亡以后经过明清两代，历时500余年，不但旁人早不晓得我们是蒙古族，即自家人如不是有家谱记载也无从知道了。但几百年来与汉族通婚，不断融合两种不同的血统，自然是具有中间的气质的。"①在看到这段话之前，我从来不知道梁先生的祖先是蒙古人，他并没有报过蒙古族，而安于自认及被认为汉族，但是有意思的是他这500年前的血统渊源还看成是他的"中间气质"的根源。可见民族意识是很深的。解放之后，原来已报汉族而后来改报蒙古族的人数还是不少的。

这里可以提一下，由于蒙古人先统一了北方地区，后来才西征中亚，然后回师从甘肃，经四川，入云南，沿长江而下，灭亡南宋。在这一场战争中却在中华民族的格局中增添了一个重要的少数民族，即回族。1982年普查人数达722万，在少数民族中仅次于壮族，而且是其中分布最广的民族。主要聚居于宁夏和甘肃，并在青海、河南、山东、云南等省及全国各大城市有大小不等的聚居区。

大约在7世纪中叶，从海路有大批阿拉伯和波斯的穆斯林商人在广州、泉州、杭州、扬州等沿海商埠定居，当时称蕃客。13世纪初叶蒙古人西征，中亚信仰伊斯兰教各国被征服后，大批商人、工匠签发为远征军，称"探马赤军"，后随军进入中国征伐南宋，其中有汉人称他们为"回回军"的。回族就是在蕃客和回回军基础上大量和汉族通婚后，形成包括所有在中区各省信仰伊斯兰教的人。除了随蒙古军队在大城市落户的中亚商人和工匠外，还有大量中亚军人分驻各防区，

① 《问答录》第2页。

主要在甘肃、云南，奉命屯垦，“上马则备战斗，下马则屯聚牧养”①，定居了下来，他们在元代列入色目人中享有较高的政治和社会地位。明代他们在政府和军队中还保持了较高地位。其时在甘青宁一带人口众多，曾有“回七汉三”的说法。在云南大理一带其人数也很多。但由于后来清代的民族仇杀使西北和云南的回族人口大为减少。

由于这个民族具有商业传统，早在唐代丝绸之路上的来往商人，蕃客就占重要地位。回族形成后，在黄土高原上北和蒙古、西和青藏牧区接壤地区，即甘青宁黄河上游走廊地带，依靠农牧产品贸易，即所谓“茶马贸易”，善于从商的回族得以发展，所以现在最大的回族聚居区还是在宁夏回族自治区和甘肃的临夏回族自治州。

回族现在通用汉语。海上和从中亚移入的穆斯林什么时候和怎样失去他们原来的语言已经难说。有人认为商人和军队中妇女较稀少，所以为了繁衍种族，势必和当地妇女通婚，由母传子，改变了民族语言。经商也应当是他们必须掌握当地语言的一个原因，何况回回一般是小聚居、大分散的格局和汉人杂居。在语言和生活各方面和汉族趋同是很自然的社会结果。但是他们坚持伊斯兰教信仰，用以在汉族的汪洋大海中保持和加强自己的民族意识。他们一般的习惯是回族可以娶汉族妇女，嫁后须信仰伊斯兰教。回族妇女不嫁汉人，除非汉人改信伊斯兰教，成为回族成员。

清代满族并没有轶出过去进入中原的北方民族的老路。这是大家记忆犹新的历史，可以不必在此多说。我在解放前的确没有听到过语言学家罗常培、文学家老舍是满族，他们都是在解放之后才公开他们的民族成分的。当然，我们这些汉人和他们相处时并不会感到我们之

① 《元史·兵志》。

间有什么民族差别。在没有公开他们的民族成分之前，他们都知道自己是满族。这又说明了在一体的格局中多元还是顽强地存在。

北方诸非汉民族在历史长河里一次又一次大规模地进入中原农业地区而不断地为汉族输入了新的血液，使汉族壮大起来，同时又为后来的中华民族增加了新的多元因素。这些对中华民族多元一体格局的形成都起了重要的作用。我在本文中只能作出上面简单的叙述，指出它的梗概而已。

八、汉族同样充实了其他民族

在我国古代民族中，除了月氏、乌孙、匈奴、突厥等民族的大部或部分迁居他国外，绝大多数的民族都长期在中华大地上居住，他们之间的交流和融合是经常的。上节里我着重讲了在不同时期汉族曾融合进了为数众多的其他民族成分。在这一节里，我要略述汉族融合到其他民族里去的情况。

汉族被融合入其他民族主要有两种情况：一种是被迫的，有如被匈奴、西羌、突厥掳掠去的，有如被中原统治者派遣去边区屯垦的士兵、贫民或罪犯；另一种是由于天灾人祸自愿流亡去的。这两种人为数都很多，有人估计“匈奴有奴隶约 30 万，约占匈奴人口的七分之一或五分之一”①，有人估计“匈奴有奴隶 50 多万，占匈奴人口的三分之一”②，这些奴隶主要是汉人，也有西胡、丁零等族。永初三年(109 年)南匈奴曾一次“还所钞汉民男女及羌所掠转买入匈奴中者合

① 《匈奴史论文选集》，第 12 页，北京，中华书局，2000 年版。

② 同上书，第 10 页。

万余人”①。

西汉时，侯应曾列举十条理由反对罢边塞、毁长城，其中的第七条是：“边人奴婢愁苦，欲亡者多……时有亡出塞者。”可见当时时有汉人自愿逃亡匈奴游牧区。东汉末年，仅逃亡到乌桓地区的汉人就有10万多户。西晋亡后，中原板荡，汉族人民逃亡辽西、河西、西域和南方的人很多。据《晋书·慕容廆传》：“时二京倾覆，幽冀沦陷，廆刑政修明，虚怀引纳，流亡士庶众多襁负归之。廆乃立郡以统流人，冀州人为冀阳郡，豫州人为周郡，青州人为营丘郡，并州人为唐国郡。”流人之多可以想见。

移入其他民族地区的汉人很多就和当地民族通婚，并且为了适应当地社会生活和自然环境，也会在生活方式、风俗习惯等方面发生改变，过若干代后，就融合于当地民族了，比如，在公元399年在吐鲁番盆地及邻近地区建立的麹氏高昌国原是一个以汉人为主体建立的国家。这些汉人是汉魏屯田士兵和晋代逃亡到这地区的人的后裔。正是《魏书·高昌传》所说的“彼之氓庶，是汉魏遗黎，自晋化不纲，因难播越，世积已久”。当时这个高昌国的人胡化已深，如《北史·西域传·高昌传》所说：“服饰，丈夫以胡法，妇人裙襦，头上作髻。其风俗政令与华夏略同。……文字亦同华夏，兼用胡书，有《毛诗》、《论语》、《孝经》，……虽习诵之，而皆为胡语。”麹氏高昌国存在了141年，曾先后臣属于北方游牧民族柔然、高车及突厥。公元640年为唐朝所征服，设西州。公元866年回鹘占领西州，从此长期受回鹘统治，当地汉人的后裔就融合于维吾尔族了。同时生活在天山以南各个绿洲操焉耆—龟兹语(吐火罗语)和于阗语的属于印欧语系诸民族也先

① 《后汉书·南匈奴传》。

后融合于维吾尔族。

又比如：在战国时，楚国的庄跻曾率数千农民迁居于云南滇池地区，自称滇王。其后，汉晋时期均曾派汉人进入云南，但明朝以前迁入云南的汉人大都融合于当地各民族了。迁居于大理洱海地区的汉人成了白族中的一个重要部分。

我们过去对于历史上民族之间互相渗透和融合研究得不够，特别是对汉人融合于其他民族的事实注意不够，因而很容易得到一种片面性的印象，似乎汉族较杂而其他民族较纯。其实所有的民族都是不断有人被其他民族所吸收，同时也不断吸收其他民族的人。至于有人认为经济文化水平较低的民族必然会融合于经济文化较高的民族，也是有片面性的，因为历史上确有经济文化水平较高的汉人融合于四周的其他经济文化较低的民族。民族间相互渗透和融合过程还是应当实事求是地进行具体分析。我在这里特地加上这一节，目的就是要指出，在看到汉族在形成和发展过程中大量吸收了其他各民族的成分时，不应忽视汉族也不断给其他民族输出新的血液。从生物基础，或所谓“血统”上讲，可以说中华民族这个一体中经常在发生混合、交杂的作用，没有哪一个民族在血统上可说是“纯种”。

九、汉族的南向扩展

早在春秋战国时代，作为汉族前身的华夏族，其势力已经东到海滨，南及长江中下游，西抵黄土高原。这个核心的扩展对周围的其他民族，即当时所谓夷蛮戎狄，采取了两种策略，一是包进来“以夏变夷”，一是逐出去，赶到更远的地方。匈奴分南北两部，北匈奴走了，南匈奴化了，是具体的例子。北匈奴沿着直通中亚和东欧的大草原走出了后来中华民族的范围，其他民族能走出这个范围的不多。很可能早期居住在山东半岛上的“东夷”，有部分渡海出走，或绕道东北进入今朝鲜半岛和日本群岛。但绝大多数的非汉民族不受融合的只有走到汉族所不愿去居住的地方，大多是不宜耕种的草原和山区。有些一直坚持到今天，在中华民族的一体中保留了他们的民族特点，构成多元的格局。

这个过程如果要作历史的回顾，一直可以推到三皇五帝的传说时代。被认为是汉族祖先的黄帝，就曾在黄河北岸和炎帝和蚩尤作过战。炎帝后来被加入了汉族祖先之列，所以现在通常认为中华民族是“炎黄子孙”。蚩尤在传说中却一直被排斥在“非我族类”之中。但是他所率领的“三苗”却还有人望名构吏地和现在的苗族联系了起来。这固然是牵强的推测，但蚩尤之后有一部分被留在汉族之外却可能是事实。

从考古的资料来说，如上所述，长江中下游在新石器时代和黄河中下游一样存在着东西不同的文化区。从山东中南部到徐淮平原的青莲岗—大汶口文化(前 5300～前 2400 年)是有近 3000 年历史的相当发达的农业文化，这使人联系到史书上所称的东夷。在东夷中无疑还包含着不同的族团。东夷是殷商的先人，当他们被西方来的羌人之后的周人击败后，一部分和周人一起融合进入了华夏族团，也有一部分是被驱逐出走他方。这一部分中可能有上面说到过出海的和绕道东北去朝鲜半岛和日本群岛的人，但大部分却走向南方。

我这个假说的根据是我在 30 年代对朝鲜族人体类型的分析。在我的硕士论文里，我曾在朝鲜人体质资料中看到有大量和江苏沿海居民相同的 B 型，即圆头体矮的类型。这种类型又见于广西大瑶山瑶人的体质测量资料中。如果这些资料的分析是可信的话，就容易作出把这三个地方的人在历史上联系起来的推想。由于我自己的体质类型分析的研究工作中断已久，资料又都遗失，只能凭记忆作出上述的提示。

我这种推论受到我的一位老师潘光旦教授的支持。他根据文字史料和在福建畲民地区的实地观察，曾提出过一种见解，凭我的记忆曾经简述如下：

我们可以从徐、舒、畲一系列的地名和族名中推想出一条民族迁移的路线。很可能在春秋战国时代的东夷中靠西南的一支的族名就是徐。他们生活在黄河和淮河之间，现在还留下徐州这个地名。据《新中国的考古发现和研究》，徐国在西周时期曾是一个较强的国家，春秋时仍然不衰，公元前 512 年被楚灭亡。近年在江西西北部接连出土春秋中期徐国铜器，应该不是偶然，或许与徐人的迁徙有关。[①] 从这一时期的文献中可以看到这块地区居民被称作舒。潘先生认为畲字和徐是同音，徐人和舒人可能即是畲人的先人。他又以瑶畲都有盘瓠传说，这个传说联系到了徐偃王的记载，认为过山榜有它的历史根据，只是后来加以神话化罢了。这一批人，后来向长江流域移动，进入南岭山脉的那一部分可能就是瑶。从南岭山脉向东，在江西、福建、浙江的山区里和汉族结合的那一部分可能是畲，另外有一部分曾定居在洞庭湖的一带，后来进入湘西和贵州山区的可能就是苗。潘先生把苗和瑶联系了起来，是因为他们在语言上同属一个系统，称苗瑶语族，表明他们可能是从一个来源分化出来的。

如果东夷中靠西的那部分经过 2000 年的流动，现在还留着一些后裔。保留了他们的民族特点，成为瑶、苗和畲，那么东夷中靠东的

① 中国社会科学院考古研究所编：《新中国的考古发现和研究》，第 317 页，北京，方志出版社，1900 年版。

那一部分又怎样了呢？这一部分可能联系上苏北青莲岗文化直到长江下游的河姆渡—良渚文化，也就是春秋战国时期吴、越人的活动地区。这地区在三国时期经常使得统治这地区的孙氏政权头痛的是山区里到处都有的越人。这些不能不使我联想到这一系列新石器时代的文化就是吴越文化的底子。

浙江南部直到广东沿海考古资料还不够完整。但是广东石硖文化的发现，使考古学者得出一种见解，它和赣江流域、长江中下游甚至远达山东沿海等地诸原始文化，不断发生直接、间接的交往和相互影响，并且越到后来联系越广越远，而断定这沿海地区始终是紧密相联的。① 这些线索使我产生一种设想，这种相联不仅是民族间的交往，而且有相近的种类的底子，就是说，从山东到广东的整个沿海地带曾经是古代越人或粤人活动的区域。三国时吴国有山越，其先浙南有瓯越，福建有闽越，广东在汉代建有南越(粤)国，其西到广西还有骆越，都以越或粤名其人，可以认为是一个系统的人。

许多民族学者把古代的越人联系到现在分布在西南各省壮侗语族民族，直到东南亚，如广西的壮族，贵州的布依族、侗族、水族，云南的傣族。如果这个历史联系是可信的话，则可以把他们联上历史上沿海的越人。现在沿海的越人已经都融合成了汉族，而这个越人系统至今还保住了西南一隅，主要是居住在山区的盆地里从事农业，这些地区的山腰和山上却住有苗瑶和其他山地小民族。这样一个分布颇广，人数又众的越人系统究竟怎样形成的历史，我们还没有具体材料来予以说明。

---

① 中国社会科学院考古研究所编：《新中国的考古发现和研究》，第 166 页，北京，方志出版社，1900 年版。

以上是长江下游、沿海和带到一点西南边境上的情况。现在让我们看一看长江中游的情况。

从新石器时代江汉平原的大溪—屈家岭—青龙泉文化之后，从地区上说，接下去就是楚文化了。春秋战国时代的楚国还保留着相当强烈的地方色彩。著名的屈原《楚辞》还是“书楚语，作楚声，记楚地，名楚物”。楚在中原人眼中还是南蛮，连楚建国后五代孙熊渠自己还说：“我蛮夷也，不与中国之号谥。”在楚国统治下有许多小邦，有人计算达60个之多，也就是说它曾是一个与中原华夏并峙的多元统一体。它的地域很广。《淮南子》里有言：“昔者楚人地南卷沅湘，北绕颍泗，西包巴蜀，东裹郯邳，颍汝以为洫，江汉以为池……中分天下。”楚还派人西进云南，占有滇池地区。

楚是一个农业经济发达，文化高超的文化。但是秦灭楚后，楚汉相争事实上还是存在，项羽是在四面楚歌之中，无面目见江东父老而自杀的。楚汉合并在统一体中也是经过一个相当长的过程的。

早在秦代，汉人已越南岭进入珠江流域，广西桂林还有秦渠留作见证。但是汉族文化越岭入粤尚在汉代，当时的南越王事实上还是一个强大的地方政权。但是南岭山脉以南地区要成为以汉人为主的聚居区，还需要近千年的时间。从海南岛的民族结构可以看得到这地区的历史层积。最早在该岛居住的是黎人，语言属壮侗语系，自成一语支，表示和同一语族的其他语支早已分开。由此可以推测在沿海还是越人居住的时代，有一部分已越海居住到了这岛上。继着黎人迁入的是另一部分说壮侗语系的人定居在海岛北部，称临高人，语言和今壮人相同，至今自认是汉人。其后，大约在明代，又有说瑶语的人移入，他们被人称为苗人，至今也自称苗人。按我上述的推测，他们是向南走得最远的瑶人了。其后到了宋元才有大量汉人移入，主要是在该岛的沿海地区。

十、中国西部的民族流动

让我们回到中华大地的西部，至今是少数民族聚居的地方，即黄土高原、青藏高原和云贵高原，加上天山南北的新疆。这个广大地区考古资料比中原及沿海地区为少，远古的历史还不太清楚。但是已经知道的是在中国找到最早的猿人遗骨化石是在云贵高原(云南元谋县)，加上上面已说过的旧石器及新石器的遗留，可以断定在这些西部高原上很早已有人类居住。

从史书的文字记载中，早期在中原之西居住的人统称戎。贴近中原，今宁夏、甘肃这一条黄河上游的走廊地带，正处在农业和牧业两大地区的中间，这里的早期居民称作羌人，牧羊人的意思。羌人可能是中原的人对西方牧民的统称，包括上百个部落，还有许多不同的名称，古书上羌氐常常连称。它们是否同一来源也难确定，可能在语言上属于同一系统。《后汉书》说他们是“出自三苗”，就是被黄帝从华北逐去西北的这些部落。商代甲骨文中有羌字，当时活动在今甘肃、陕西一带。羌人和周人部落有姻亲关系，所以周人自谓出于姜嫄。在周代统治集团中羌人占重要地位，后来成为华夏族的重要组成部分。

从历史上看，作为一个保持着民族特点的集团来说，羌人和中原一直维持着密切关系，是甘陕一带夷夏之间的强大集团。其中党项羌在1038～1227年间曾建立过西夏国，最盛时包括今宁夏、陕北和甘肃、青海、内蒙古的一部分，与辽、金先后成为与宋代鼎峙的地方政权，从事农牧业，有自己的类似汉文的方块文字。自从西夏政权被蒙古人击溃后，羌人的下落在汉文的史料中就不常出现了。可能大多数已和当地汉人及其他民族融合。至今仍自认是羌人的有约100万人

(1964 年普查时只有约 50 万人)，聚居在四川北部，有一个羌族自治县。

羌人在中华民族形成过程中起的作用似乎和汉人刚好相反。汉族是以接纳为主而日益壮大的，羌族却以供应为主，壮大了别的民族。很多民族包括汉族在内从羌人中得到血液。

让我从西端的藏族说起。据汉文史籍记载，藏族属于两汉时西羌人的一支。西藏有“发羌”，发古音读 bod，即今藏族自称。发羌是当时青藏高原上许多部落之一，而且和甘青诸羌人部落有来往。藏语支有三种语言，即藏语、嘉戎语、门巴语。有些语言学者把羌语、普米语、珞巴语都归入藏语支，也有把嘉戎语归入羌语支。一说四夏语实际是嘉戎语，即羌语。这说明在藏语和羌语间存在着密切关系。嘉戎语主要分布在四川的阿坝藏族自治州，说嘉戎语的人都被认为是藏族。

藏语本身还分三种差距较大的方言：卫藏方言主要分布在西藏自治区大部分地方，康方言主要分布在四川的甘孜、云南的迪庆及青海的玉树等藏族自治州；安多方言分布在甘肃的甘南、青海的一些藏族自治州。藏族的复杂性反映了这个民族的多元格局。即使不把羌人作为藏族的主要来源，羌人在藏族形成过程中的重要作用也是无可怀疑的。

藏族在历史上是一个强大的民族，它不仅统一过青藏高原，而且北面到达帕米尔高原，占领过新疆南部，东面到达过唐代的首都长安和四川的成都平原，南面在滇北和当时的南诏国对峙。在他们的强大时期，当地各族人民受到他们的控制。这些人也就被称为藏人。现在阿坝地区还有一种被称为白马藏族，他们既不说藏语也不信喇嘛教。在解放前曾被称为“黑番人”，有些学者认为他们是古代氐人的后裔。

在六江流域的走廊里还发现出门说藏语，回家说另一种语言的藏人。这些显而易见的是融而未合的例子。

如果语言的系统能给我们一些民族间历史关系的线索，汉语和藏语的近亲关系也支持了我在上面所提到的羌人是汉藏之间的联结环节的假设。从这个线索再推一步，我们又看到了和藏语近亲的彝语。而彝族的来源有许多学者也认为是羌人。胡庆钧教授在《中国大百科全书》彝族条目里是这样说的："约在 4～5 千年以前，羌人早期南下支系与当地土著部落融合为僰(濮)。僰系'羌之别种'，……公元 4 世纪初，羌人无弋爰剑之后自甘、宁、青一带河湟地区南下，到岷山以东，至金沙江畔，发展为武都、广汉、越嶲诸羌……是羌人南下的较晚支系。"

彝族在 1982 年人口普查时有 545 万人，如果加上彝语支的哈尼、纳西、傈僳、拉祜、基诺等族，将有 755 万人，则少数民族中仅次于壮族，超过了回族。彝语支各族所居住的横断山脉，山谷纵横，构成无数被高山阻隔的小区域，其间交通不便，实际上属于同一族类的许多小集团，分别各自有他们的自称，也被他族看成不同的民族单位。现在说彝语支语言的人已被认为是属于不同名称的五个民族。即使是包括在彝族范围之内的人，也还有诺苏、纳苏、罗武、米撒泼、撒尼、阿西等不同自称。

当蒙古军队进攻南宋，道出四川、云南、贵州时，彝语系统的各集团大多联合起来进行抵抗，出现了一个统一的名称：罗罗。这个名称在民间一直沿用到解放时。但因为被认为是一种歧视的辱称所以被废止了，而采用彝这个名称。

彝族在云贵高原长期在各地掌握过地方权力。元明两代均利用彝族本族的统治者作为臣属于中央政权的土司，是一种间接统治的方式。清代通过“改土归流”，进行直接统治，部分交通方便的地区，由于大量的汉人移入，在1746年有人记载在东川、乌蒙等地已经是“汉土民夷，比屋而居……与内地气象无异”。

彝族的社会发展是很不平衡的，即使在解放前夕，在城镇上还自认是彝族的社会上层和汉人往来中表面上已辨不出有什么差别，而且在地方政治和经济上还掌握着实权。但在偏僻的山区如四川的凉山，却还保持着其特有的奴隶制度，并成为独立的“小王国”，不受区外权力的控制。

从客观上看，云贵高原的民族格局中实际上存在着六种民族集团。一是在南部及西南边境上多属壮侗语族的民族，主要是傣族。他们是早就住在这地方的土著，还是由东方沿海地区移入这山区的人，现在还难说。二是从北方迁入的彝语支的民族。三是早在这地区居住的土著民族。按考古学上的遗留来看，这是一块人类的发源地，不大能想象没有遗留人种。但是现存的知识，还不能明确他们和现在的民族有什么关系。很可能大多已淘汰，或是和外来的移民同化了。有人认为现有的仡佬族和仫佬族，散居于贵州、广西一带，系旧称僚人的后裔，可能是这地区较早的居民。四是早在春秋战国时代已开始从中原来的移民，见之于历史的最早有楚国的庄蹻带兵进入滇池地区。到汉代从四川进入云贵高原的交通已经开辟，《史记》的作者司马迁就到过云南，滇池附近还发现了汉代的金印。明代及以后大批汉人移入云贵各省是有史可稽的。五是以上各种人的混血。白族可能是其中之一。六是一些跨境的说南亚语系的民族，如佤、德昂、布朗等族，很可能是从境外移入的。

为了提供西南部分更完整的面貌，还得简单一说处在青藏高原、黄土高原及云贵高原之间的那个四川盆地。这个盆地适于农业，很早就有蜀人和巴人在此生息。根据现有的历史知识说，早在商代的甲骨文中已见到“蜀”字，那是四川盆地的古国。在周人伐商的战争中已有蜀人的参预。蜀人主要活动地区在四川西部。建立过地方政权，后来被秦所灭，而且据说置蜀郡后中原有大量移民入蜀，蜀人也就并入了汉族。

巴人的来源历史上没有明确记载，传说是廪君之后，起源于“武落钟离山”，有人考证在今湖北境内。他们的活动地区是在四川东部、陕西南部、湖北和湖南西部。西周初期在汉水流域建立巴国，被秦灭后，巴人作为一个民族集团也就湮没无闻了。50 年代潘光旦教授考察湘西土家族，认为是巴人的后裔。土家族在中华人民共和国初期，并没有被列入少数民族中，因为当时被认为是汉族的一部分。他们在生活和语言上和汉人已极相近。但是自从承认他们是一个民族单位后，湘、鄂、黔接壤地区很多过去自报汉族的，申请改正为土家族。1964 年人口普查时自报土家族的只有 52 万人，1982 年普查时达 280 万人，在 18 年中增长了 5 倍。这说明有许多已长期被吸收入汉族中的非汉民族，在意识上还留有融而未合的痕迹。

十一、中华民族格局形成的几个特点

以上我把中华民族多元一体格局形成的过程择要勾画出一个草图。中华民族在近百年和西方列强的对抗中成为自觉的民族实体，但是作为一个自在的民族实体是经过上述的历史过程逐步形成的。说到这里，我可以把从这个格局里看到的几个应注意的特点简述如下：

1. 中华民族多元一体格局存在着一个凝聚的核心。它在文明曙光时期，即从新石器时期发展到青铜器时期，已经在黄河中游形成它的前身华夏族团，在夏商周三代从东方和西方吸收新的成分，经春秋战国的逐步融合，到秦统一了黄河和长江两大流域的平原地带。汉继秦业，在多元的基础上统一成为汉族。汉族的名称一般认为到其后的南北朝时期才流行。经过 2000 多年的时间向四方扩展，融合了众多其他民族的人，到目前人数已超过 9 亿 3667 万(1982 年)，占中华民族总人口的 93.3%。其他 55 个少数民族人口总数是 6720 多万，占 6.7%。

汉族主要聚居在农业地区，除了西北和西南外，可以说凡是宜耕的平原几乎全是汉族的聚居区。同时在少数民族地区的交通要道和商业据点一般都有汉人长期定居。这样汉人就大量深入到少数民族聚居地区，形成一个点线结合，东密西疏的网络，这个网络正是多元一体格局的骨架。

2. 同时值得重视的是，少数民族聚居地区占全国面积一半以上，主要是高原、山地和草场，所以少数民族中有很大一部分人从事牧业和汉族主要从事农业形成不同的经济类型。中国的五大牧区均在少数民族地区，从事游牧业的人都是少数民族。

我们所谓少数民族聚居地区这个概念是指有少数民族聚居在内的地区，所以并不排斥有汉族居住在内，甚至在人数上可以占多数。少数民族占当地人口 10%以上的有八个省(区)：内蒙古(15.5%)、贵州(26%)、云南(31.7%)、宁夏(31.9%)、广西(38.3%)、青海(39.4%)、新疆(59.6%)、西藏(95.1%)，其中占一半以上的只有两个民族自治区。在这些地区，有些是汉族的大小聚居区和少数民族的聚居区马赛克式地穿插分布；有些是汉人占谷地，少数民族占山地；有些是汉人占集镇，少数民族占村寨；在少数民族的村寨里也常有杂居在内的汉户。所以要在县一级的区域里，除了西藏和新疆外，找到一个纯粹是少数民族的聚居区是很不容易的，即在乡一级的区域里也不是常见的。在这种杂居得很密的情形下，汉族固然也有被当地民族吸收的，但主要还是汉族依靠这深入到各少数民族地区的这个队伍，发挥它的凝聚力，巩固了各民族的团结，形成一体。

3. 从语言上说，只有个别民族，如回族，已经用汉语作为自己民族的共同语言外，少数民族可以说都有自己的语言。有些民族，如满族，在日常生活中还经常用满语通话的已经很少，认得满文的普通老百姓则更少了，他们都用汉语汉文来表达自己的思想，杰出的，有我在上面提到的语言学家罗常培和文学家老舍。还有些民族自称有自己民族语言，但经研究原属已经使用汉语方言，如畲族。有自己语言的民族中有10个民族有自己的文字，但群众里用文字的则只有几个民族，如藏文、蒙文、维文、傣文、朝鲜文等，有些虽有文字，但识字的人很少。少数民族中和汉人接触多的大多已学会汉语。我50年代初到广西和贵州访问少数民族时，当地各族的男子大多能和我用当地汉语方言通话。但是他们和同族的人通话时则用自己的语言。80年代我去内蒙古访问，就遇到有不会汉语的蒙族，也有不会蒙语只会汉语的蒙族。在不同少数民族间通话的媒介也多种多样，有以汉语交谈，有各用自己语言交谈，也有用对方的语言交谈，也有用当地通用的某一种少数民族语言交谈。这方面还缺乏具体的调查，但一般来说，汉语已逐渐成为共同的通用语言。解放后，人民政府的政策是各民族都有使用自己语言文字的权利，并列入宪法。

4. 导致民族融合的具体条件是复杂的。看来主要是出于社会和经济的需要，虽则政治的原因也不应当忽视。即在几十年前的民国时代，在贵州还发生强迫苗族改装剪发的事，但是这种直接政治干预的效果是不大也不好的，因为政治上的歧视、压迫反而会增强被歧视被压迫的人的反抗心理和民族意识，拉开民族之间的距离。从历史上看，历代王朝，甚至地方政权，都有一套对付民族关系的观念和政策。固然有些少数民族统治者，如北魏的鲜卑族，入主了汉族地区后奖励和甚至用行政手段命令他们自己的民族和汉族同化，但大多数的少数民族王朝是力求压低汉族的地位和保持其民族的特点。结果都显然和他们的愿望相反。政治的优势并不就是民族在社会上和经济上的优势。满族是最近也是最明显的例子。

在历史上，秦以后中国在政治上统一的时期占三分之二，分裂的时期占三分之一，但是从民族这方面说，汉族在整个过程中像雪球一样越滚越大，而且在国家分裂时期也总是民族间进行杂居、混合和融化的时期，不断给汉族以新的血液而壮大起来。

如果要寻找一个汉族凝聚力的来源，我认为汉族的农业经济是一个主要因素。看来任何一个游牧民族只要进入平原，落入精耕细作的农业社会里，迟早就会服服帖帖地主动地融入汉族之中。

重复提一下，现在那些少数民族聚居的地方，大都是汉人不习惯的高原和看不上眼的草原、山沟和干旱地区，以及一时达不到的遥远的地方，也就是“以农为本”的汉族不能发挥他们优势的地区。这些地区只要汉族停留在农业时代对他们是不发生吸引力的。在农业上具备发展机会的地方，汉族几乎大都占有了，甚至到后来还要去开垦那些不适宜农业的草原，以致破坏牧场，引起农牧矛盾和民族矛盾。这一切能不能作为农业经济是汉族得到壮大的主要条件的根据呢？看来正是汉族的两腿已深深地插入了泥土，当时代改变，人类已进入工业文明的时候，汉族要从泥土里拔出这两条腿也就显然十分吃力了。

5. 组成中华民族的成员是众多的，所以说它是个多元的结构。成员之间大小悬殊，汉族经过 2000 年的壮大，已经有 9 亿 3667 万人，是当今世界上人数最多的民族。但是其他 55 个成员人口总共

6720 万，其中还包括“未识别”的大约 80 万人，所以把他们称作少数民族。其中超过 100 万人口的一共 15 个民族，最大的是壮族(1300 万人)，人数不到 100 万而超过 50 万人口的有 3 个民族，人数在 50 万以下 10 万以上的有 10 个，10 万以下 1 万以上的有 15 个，1 万以下 5 千以上的有 1 个，5 千以下的有 7 个，其中在 2 千人以下的有 3 个，人数最少的是赫哲族(1489 人)。高山族因缺乏台湾部分的统计，没有列入计算。

各民族人口从 1964 年普查到 1982 年普查均有增长，少数民族总人口增长 68.42%，平均年增长率 2.9%，高于汉族(分别为 43.82% 及 2.0%)。增长最多的是土家族，18 年中增长 4.4 倍。这很明显，并不是出于自然增长，而是由于在这几十年中大批以前报作汉族的改报了土家族。这种情形，在其他少数民族同样发生。汉族原是有许多非汉民族融合进来的。如果推溯其祖先所属的民族来规定自己的民族，那就可以有大量人口从汉族中划出去。当然问题是在怎样来规定“所属民族”的标准了。

同样的难题出现在所谓“未识别”的民族，意思是这些人的民族成分还不明确。这类人总数约有 80 万。其中包括两类，一类是不能确定是汉人或不是汉人；一类是他们属于哪个少数民族没有确定。这种辨别工作我们称为“民族识别”。这并不是指个人而言，而是指：一些集团自称不是汉族，但是历史资料证明是早期移入偏僻地区的汉人，但因种种原因不愿归入汉族。又有一些集团是从某些非汉族中分裂出来，不愿接受原来民族的名称。这些人就归入“未识别民族”的总类里。这说明，民族并不是长期稳定的人们共同体，而是在历史过程中经常有变动的民族实体。在这里我不能从理论上多加发挥了。

6. 中华民族成为一体的过程是逐步完成的。看来先是各地区分别有它的凝聚中心，而各自形成了初级的统一体。比如在新石器时期在黄河中下游都有不同的文化区，这些文化区逐步融合出现汉族的前身华夏的初级统一体，当时长城外牧区还是一个以匈奴为主的统一体和华夏及后来的汉族相对峙。经过多次北方民族进入中原地区及中原地区的汉族向四方扩散，才逐步汇合了长城内外的农牧两大统一体。又经过各民族流动、混杂、分合的过程，汉族形成了特大的核心，但还是主要聚居在平原和盆地等适宜发展农业的地区。同时，汉族通过屯垦移民和通商在各非汉民族地区形成一个点线结合的网络，把东亚这一片土地上的各民族串联在一起，形成了中华民族自在的民族实体，并取得大一统的格局。这个自在的民族实体在共同抵抗西方列强的压力下形成了一个休戚与共的自觉的民族实体。这个实体的格局是包含着多元的统一体，所以中华民族还包含着 50 多个民族。虽则中华民族和它所包含的 50 多个民族都称为“民族”，但在层次上是不同的。而且在现在所承认的 50 多个民族中，很多本身还各自包含更低一层次的“民族集团”。所以可以说，在中华民族的统一体之中存在着多层次的多元格局。各个层次的多元关系又存在着分分合合的动态和分而未裂、融而未合的多种情状。这就提供了民族学研究者富有吸引力的研究对象和课题。

十二、瞻望前途

放眼未来，中华民族的格局会不会变？它的内涵会不会变？这些问题只能作猜测性的推想。

首先应当指出，中华民族在进入 21 世纪以前已产生了两个重大的质变。第一，过去几千年来的民族不平等的关系已经不仅在法律上予以否定，而且事实上也作出了重大的改变。自从 1949 年新中国成立以后，民族平等已成为了根本性的政策，而且明确地写入了宪法。为实现民族平等制定了民族区域自治法。凡是少数民族聚居的地方都实行区域自治，建立自治地方的自治机关，由各少数民族自己管理自己民族的事务。少数民族的语言和风俗习惯要受到其他民族的尊重，改革与否由各族人民自己决定。少数民族由于历史原因一般说来经济文化过去缺乏发展的条件，所以国家制定一系列对少数民族的优惠政策。这些政策的落实，使很多过去隐瞒自己民族成分的人敢于和乐于公开要求承认他们是少数民族。

第二，中国开始走上工业化和现代化的道路。开放和改革成了基本国策，闭关锁国的局面已一去不能复返，从“以农立国”转变到工业化的过程中，对各民族的发展提出了新的问题。如果我以上的叙述和分析是符合历史事实的话，依靠农业上的优势而得到壮大起来的汉族首先遭到了必须改变经济结构的挑战。在他们聚居的地方原本多是在适宜于发展农业的地区。这些地区工业所需的原料是比较贫乏的。而过去对汉族缺乏吸引力，一向是少数民族聚居的地方却正是工业原料丰富的地区。同时，工业的发展需要科技和文化知识，而在这方面少数民族一般说来低于汉人的水平。要由少数民族自己利用本地区的资源去发展本地区的工业是有很大困难的。这些具体情况会怎样影响民族的格局呢？

如果我们要坚持在中华民族里各民族平等和共同繁荣的原则，那就必须有民族间互助团结的具体措施。这正是我们当前必须探索的课题。

如果我们放任各民族在不同的起点上自由竞争，结果是可以预见到的，那就是水平较低的民族走上淘汰、灭亡的道路，也就是说多元一体中的多元一方面会逐步萎缩。我们是反对走这条路的，所以正在依“先进帮后进”的原则办事，先进的民族从经济、文化各方面支持各后进的民族的发展。国家对少数民族地区不仅给优惠政策，而且要给切实的帮助，现在我们正在这样做。

第三，还可以提出一个问题：少数民族的现代化是否意味着更大程度的汉化？如果是这样，各民族共同繁荣是否指向更大的趋同，而同样削弱多元一体格局中多元这一头呢？这固然是存在的一种可能性，但是，我是这样想的：一个社会越是富裕，这个社会里的成员发展其个性的机会也越多；相反，一个社会越是贫困，其成员可以选择的生存方式也越有限。如果这个规律同样可以用到民族领域里的话，经济越发展，亦即越是现代化，各民族间凭各自的优势去发展民族特点的机会也越大。在工业化的过程中，各民族人民生活中共同的东西必然会越来越多，比如为了信息的交流，必须有共同的通用语言，但这并不妨碍各民族用自己的语言文字发展有自己民族风格的文学。通用的语言可以帮助各民族间的互相学习、互相影响而促进自己文学的发展。又比如，各民族都有其相适应的生态条件。藏族能在海拔很高的高原劳动和生活，他们就可以发挥这项特点成为发展这地区的主力，并通过和其他地区的其他民族互通有无来提高各民族的经济水平。我想到这些情况，使我相信只要我们能及早注意这个问题，我们是有办法迎接这个挑战的。在现代化的过程中，通过发挥各民族团结互助的精神达到共同繁荣的目的，继续在多元一体的格局中发展到更高的层次。在这层次里，用个比喻来说，中华民族将是一个百花争艳的大园圃。我愿意用这个前景鼓励自己和结束这篇论文。

1988 年 8 月 22 日

参考文献

1. 中国社会科学研究院考古研究所：《新中国的考古发现和研究》，文物出版社，1984年版。

2. 陈连开：《关于中华民族的含义和起源的初步探讨》，载《民族论坛》，1987年第3期；《中华新石器文化的多元区域性发展及其汇聚与辐射》，载《北方民族》，1988年第1期；《我国少数民族对祖国历史的贡献》，北京书目文献出版社，1983年版。

3. 徐杰舜：《汉民族历史和文化新探》，广西人民出版社，1985年版。

4. 贾敬颜：《汉人考》，载《中国社会科学》，1985年第6期。

5. 谷　苞：《论正确阐明古代匈奴游牧社会的历史地位》，载《民族学研究》1985年第3期；《论中华民族的共同性》，载《新疆社会科学》1985年第6期；《再论中华民族的共同性》，载《新疆社会科学》，1986年第1期；《论西汉政府设置河西四郡的历史意义》，载《新疆社会科学》，1984年第2期。

6. 国家民委民族问题五种丛书编委会《中国少数民族》编写组：《中国少数民族》，人民出版社，1981年版。

7. 国家民委财经司：《民族工作统计提要(1949—1986)》，1987年。

8. 《中国大百科全书·民族卷》，中国大百科全书出版社，1986年版。

9. 费孝通：《民族研究文集》，民族出版社，1988年版。

四年思路回顾

1984年的七八月间，我参加中国民主同盟中央组织的“暑期多学科学术讲座”，对我过去的社会学调查作了一番回顾，一共十讲。后来以《社会调查自白》为书名出版，又收入《边区开发与社会调查》这本文集里。时间过得真快，转眼又是4年多了。1989年新春，我应日本友人鹤见和子教授之约写这《自白》的续篇，追述这4年来我在社会学研究中思路上的开拓，以参加中日两国学者合编的一本有关农村和小城镇研究的文集。

从“江村”走向“小城镇”

我早期社会调查的对象是中国农村。30年代我所调查的只是一个坐落在太湖边上约360户的小村子，我称它作“江村”。以这个小村子作窗口，我想去观察中国农民社会生活各方面的基本情况。尽管当时的农村在社会生活上自给自足的程度很高，但是它绝不是一个和四周脱离的封闭社区。它在各方面都和外界有联系，特别在经济上依靠着附近那个农产品和工业品交流的集镇。我在江村调查时虽已明白这个情况，并已看到城乡联系的重要性，但限于时间和条件，我的实地观察还只能自限于这个小小村子，没有跟踪寻源到集镇。直到80年代初我恢复了学术工作后才有机会走出农村，进入集镇，把我的研究领域逐步扩大。

由于我是从农村出发去研究集镇的，因而我的着眼点一开始并没有限于集镇本身，而首先把它看作是城乡的结合部。从这个角度我提出"类别、层次、兴衰、分布、发展"的十字研究课目。我还是主张采取实地观察，"解剖麻雀"，由点及面，从定性到定量的研究方法。这次调查不像30年代那样单枪匹马地一切都由个人操作，而组成了一个可以实行分工合作、集体讨论的研究队伍。我们先从江村所在地的吴江县的各集镇调查起。根据各集镇功能上的特点分出了五种不同类型。又从商品流通及行政系统上分出三层五级。然后注意到它们的分布和兴衰过程，最后探索农村经济发展的模式。

80年代初期，正是中国各地小城镇开始复兴的时刻。我们注意到吴江县的这些集镇人口无不在迅速增加。追究过去，了解到它们都曾在50年代进入过一个衰落时期，人口下降；70年代后期陷入谷底，出现了冷冷清清的局面。嗣后前前后后出现了生机。当我们去调查时，这些集镇的面貌正在发生明显的变化，出现了欣欣向荣的势头。

各地方的集镇怎么会兴旺起来的呢？这个问题吸引我们注意到当时正在有如异军突起般发展着的乡镇企业，当时因为这些是公社和生产队所办的工业，所以一般都称作"社队工业"。集镇是社办工厂集中的地方。这时集镇上新办的工厂纷纷到农村里去吸引农民出来当工人，集镇的人口也就多起来了。工业带来了繁荣，集镇上新的建筑一座座盖了起来，面貌大变。农村里也由于生产大队或生产队办了工厂，收入增加了，农民生活改善了。这种令人兴奋的景象，很自然地吸住了我们的研究兴趣。

这里也不应当忽略我私人的因素。我 30 年代调查江村的兴趣是被当时该村举办的生丝产销合作社引起来的。我在江村调查里得出了“人多地少，工农相辅”这个对当地农村经济结构的概括。从此也得出了发展农村工业是提高农民生活水平的必由之路的观点。这种观点我又在 30 年代后期和 40 年代初期的云南内地农村调查里得到支持。时隔 30 年，事实证明我早年的主张并没有错，我对此自然十分激动。这股出自内心的动力很容易把我推向这个研究课题。

回顾从 1982 年到 1984 年这三年，我的调查活动几乎全部放在江苏境内，从吴江一个县开始，扩大到包括吴江县在内的苏南四市(苏州、无锡、常州、南通)，接着从北向南，访问了苏北四市(徐州、连云港、盐城、淮阴)；再从南京沿江而下，访问了苏中三市(南京、镇江、扬州)。这样，对江苏这个沿海省份有了一个比较全面的概观。在这三年的调查里，我看到当时江苏各地的发展是快的，但也不是平衡的。而且可以看出经济水平由北而南逐步提高的趋向，并可以用各个地区总产值中的工农比例在数量上表示出来。北部经济发展水平较低地区的工农比例是“工三农七”；逐步向南，经济水平逐步提高，工农比例也随着发生变化，工升农降。接近长江北岸，工农比例持平；过江偏东，已达到“工七农三”；靠近上海一些乡村，当时已出现“工九农一”的比例。综合这些情况来看，发展乡村工业确是农村经济由贫致富的有效途径。这对我这三年的思路有深刻的影响，表现在我这个时期发表的《小城镇四记》(《小城镇·大问题》、《小城镇·再探索》、《小城镇·苏北初探》、《小城镇·新开拓》)里。

1984 年我结束了对江苏的初步调查后，除了继续在江苏各地跟踪观察外，我的研究重点跳出了江苏。一路是沿海南下，经浙江、福建到两广；一路是进入边区，从东北过内蒙古入甘肃、青海，并访问了新疆和宁夏。此外还在沿海和边区之间中部地区的河南、湖南和陕西了解一些情况。到 1988 年底的足足 4 年多里，我东西穿梭，南北奔走，使我的思路得以开拓和提高。真觉得行万里路胜读万卷书。接触不同的人和事才能有所比较。有比较认识才能深入。我在这调查过程里，也不断把所见的情况和苏南比较，因而对“苏南模式”有了较深入的认识，突破了原来的一些观点。下面我将择要一述我的思路。

苏南模式的再认识

“苏南模式”这个词是我在 1983 年所写的《小城镇·再探索》中提出的。那时我刚从苏北四市调查回来，感觉到苏南这个地区在农村经济发展上自成一格，可以称为一个“模式”。至于其特点是什么，和其他地区有什么不同等等，在我的认识上还不很明确，所以也没有具体地交代明白。

由于当时我对“经济发展模式”这个概念不明确，甚至还认为其他农村在今后会走上苏南一样的路子，所以“模式”一词包含了模范的意思，甚至带着“样板”的味道。这是不正确的。其实苏南农村由于其特有的历史和地理条件，它们在发展过程中既有和其他农村相同之处，又有其独具的特色。把它看成一种模式主要是在显示它的特点，不同于其他地区的个性。模式在概念上应当和样板区别清楚，不然会带来不良的后果。因为今后中国农村的发展，应当避免强制不同条件的农村仿效一个样板。“文革”期间的“学大寨”是一个不应当忘记的教训。1986 年当我在温州看到了和苏南不同的另一种在农村里发展工业的路子时，就警觉到我所提出的“苏南模式”的概念不够明确，而且带有成为“样板”的危险性，所以着重提出“因地制宜、不同模式”的主张。

我所说的“模式”，是指在一定地区、一定历史条件下具有特色的经济发展过程。苏南和温州是两个地区，具有相同和相异的历史条件，而在经济发展上走出了两条不同的路子。我们这些研究工作者有责任把这两条路子有什么不同，为什么不同，作出具体分析。分析的结果可以突出各自的个性，称之为不同模式。下面可以简单地以苏南模式和温州模式的比较来作说明。

这两个地方有相同的背景。从50年代后期都实行了公社制度和“以粮为纲”的政策。这是全国农村基本一致的历史事实。这两个地方都是地处沿海，人口密集。人多地少是它们的共相。但是两地的历史条件却有区别，苏南历史上是个农村手工业发达的地方，以“工农相辅”来维持农民生活。即在计划经济下还曾有过一段时期为了外贸的需要，维持了一定限度的传统家庭副业。温州则是个侨乡。这地方的农民一向到海外去经营小商业，用侨汇补贴家用。解放后，国门封锁，外出受阻，大量人口到全国各地去卖工卖艺度日。两地的传统因而相异。也同样在人口压力日益增长下，苏南农民抓住“文革”时期大中城市工业停顿、大量技工回乡的机遇，在原有“工农相辅”的传统下，由公社和生产队办起了小型工业。农业体制改革中农村里的大量剩余劳动力解放了出来，吸收进了社队工厂。这就是我在80年代初期看到的情形。温州没有办工业的传统，也不靠近工业城市，没有发展社队工业的条件。在“文革”期间大量外流的人口分布在全国各地，起初是卖工卖艺并偷偷地按他们经商的传统本领在地区间进行贩运。1984年改革的政策承认了长途贩运的合法化。这一大批流动的人口摇身一变竟成为一支公开的流通大军，在国内开辟了大市场。就是这支流通大军回乡来分别开办家庭工厂，制造小商品以供应已开辟的市场，在短短的两年里在温州一市出现了有名的十大小商品市场。两个地方由贫致富是一致的，但是境遇不同，所走的路子也不同。结果两地的经济结构也各有特色。

先说苏南模式。苏南模式的初期是社队工业。社队工业产生在农业体制改革之前。当时这种社队工业究竟是什么性质的企业呢？这些小型工厂实际上是公社或生产队经济结构中的一部分，由公社的书记或生产队长领导和管理。这种工厂里的工人是从本社或本队的社员家中招收的，记工分不拿工资。工厂的利润到年终结算，除了一部分作为公社或生产大队的财政和公益开支外，归入生产队的工分基金，平均分配给社员，这种工厂如果有利可图，上级政府还可以上调作为自己一级政府的企业。

当时牌子最硬的是国营企业，属全民所有制，有属中央各部管的，有属省、市管的。县办企业有的还够不上称地方国营，就称作“大集体”，于是就把公社或生产大队办的企业称作小集体。我当时也跟着把社队企业视作集体所有制的企业。新生事物的称呼难免含糊不清。事实上苏南的乡镇企业初期是公社体制胎生的产物，它应当说是社队所有制，所以最初都叫它社队工业。

在苏南，公社体制改革后，农工分了手。农业经营承包到户，而社队办的企业却没有分，照原样办下去。公社名称改成了乡，生产大队改成了村，社队企业的名称也得改。一般称作乡镇企业。这些乡镇企业还是由乡长或村长领导和管理。一直到现在一些村办企业，还是由村长说了话才算数。在这个变动中，由于取消了工分制，工厂不能不按工人发工资了。但是一般工资还不是直接发给工人本人，而发给工人的家长。后来加发奖金时，在厂的工人才真正有现钱分到手上。我曾把这种在改革中常见的情况比喻作蝌蚪变青蛙的过程，脱掉尾巴要有一个过程。到目前苏南的乡镇企业里还可以看到公社制留下的尾巴，乡办企业利润归乡政府支配，村办企业的利润归村里支配；管理上还是乡长和村长掌权。实事求是地说，我想这种乡镇企业可以称作地方干部经营的社区所有制。社区是指一定地区里共同生活的人。社区所有制是指名义上所有权是属于这个乡或这个村全体居民的，而事实上由于利润由管理这个社区的行政机构所支配，所以性质和“地方国营”相类似，它跟国营企业不同只是一是全民所有，一是乡村居民所有。在当前阶段不论是全民所有或乡村居民所有，实际管理权都握在各级行政领导手上，政企还没有分。

这一点说明白后，苏南模式就可以和温州模式在所有制上作出区别了。温州当然也有和苏南类似的乡镇企业，但是主要是家庭企业，就是所谓个体户，属个体所有制。严格说，如果个体的意思是指个人，温州街上的作坊也并不真是个人所有的，而是家庭所有的。家庭里有不少成员，而且通常并不限于直系亲属组成。许多是已婚的兄弟甚至亲亲戚戚合组成的家庭作坊。如果我们仔细观察，各人的责任和收入都有事实上的规定，有时甚至可以说是股份制的雏形。但是通常我们却说这是“个体所有制”或私有制。

当我在温州调查的时候，这些家庭作坊已出现“走向联合”的趋势。我用“联合”一词，是为了避免用那个可能会引起心有余悸的人反感的“合作”这个词。其实在外文里称“联合”不如称“合作”为确切。不同的个体企业联合起来按“合作社”的原则来经营，这是一种合作性质的集体所有制。这种合作组织常是以“亲戚”或街坊关系组成的作坊，也可以说是家庭所有制顺理成章的发展。在这里我们可以体会到个体所有制和集体所有制只在概念上可以有严格的界限，这种界限在现实中是相当含糊的。家庭企业和各级政府所办的企业基本的不同是在一般所谓官民之别。

如果允许我在这一点上再作一些发挥，我想说在苏南模式中的社区所有制在一定意义上也是家庭所有制的发展。公社和生产队一般都认为是社会主义时期的新事物。在历史过程中确是应当这样认定的。但是如果再一想，为什么公社这个制度能这样容易为中国农民所接受，而且运行了20多年？过去很少人敢于提出这个问题，但是我想是值得加以思索的。在生产队的具体运作中，我看到了传统大家庭的影子。家长作主，统一指挥，有福同享，有难同当，岂不是一个家庭或家族的根本组织原则么？从这个角度看去，社队企业的发生，它的经营方式，招工和分配原则，无处不能从传统的大家庭模式里找到对应。社队企业是社队的副业。我并不想贬低新生事物新的一面，只是想指出新生事物似乎都不能和传统模式相脱节，而且常常是脱胎于传统模式的。我指出这一点体会，很可能和鹤见和子教授的"内发型的发展论"有相通之处。对中国社会的发展，从乡土社会发展到工业化后的现代社会，这条道路上传统文化会起什么作用，消极的和积极的两个方面，都值得我们平心静气地加以分析和评估。要能做到这一点，我们不宜从概念到概念地作理论上的纠缠，而应当从活生生的一个个人的具体生活、思想和精神状态中去观察和体会，以求得深刻的理解。

珠江模式的冲击与联想

沿海各省这十年里农村的发展，总的说来都是走兴办小型工业的路子，但各有各的办法。办法之所以不同都和各地特有的具体条件相关，真是"八仙过海，各显神通"。其中最引人注目的就是我上述的苏南模式和温州模式。可是在最近三四年里，珠江三角洲又出现一种和上述两种模式不同的发展路子，不妨称之为珠江模式。对这个模式虽则还没有深入调查，但这个模式对我的思路又起了有力的冲击和推动。

我到广州附近的东莞去访问是在1988年底。但是在和这个发展模式接触之前，1985年我在访问香港时已有所感觉。我在访问回来所写的《港行漫笔》中有这样一段话："从观塘的蜂窝厂家出来后，我突然产生一个奇特的念头：如果我有孙悟空的本领，真想一口气把这密密麻麻挤在多层大厦里的那许多工厂，吹散到内地广大的农村去。那么，这些蜂窝厂家不就成了无数的乡镇企业了么？我们除了无需建筑多层工业大厦之外，香港的小型工业在经营上确实是我们乡镇企业的一个范本。这范本里写着乡镇企业下一个发展阶段的文章。"(《外访杂写》194页)

香港原来是个国际港口，在过去20年里利用大陆上移入的劳动力和世界各地的原材料和市场发展了多种多样劳动密集型的小型工业。这些小型工业在我去访问时已有4.7万家，一家工厂是一个核算单位，职工达85.5万人，平均一家只有20人。这些工厂都挤在多层大厦里，一层楼里可以有好几家小工厂。一个老板可以有好几家以至几十家工厂，所以我称之为"蜂窝厂家"。当时就想大陆上的乡镇企业如果能像香港这样办，原料、市场两头在外，农村里的劳动力加上先进技术和管理，不是可以又跨上一层台阶了么？

我当时只想摇身一变，变成个孙悟空，把香港工业大厦里的蜂窝厂家一口气吹到大陆上去。没有定下神来再思考一下，怎样吹起这阵风来。时过三年到东莞一看，我那时的奇特之感却已成了事实。是哪一阵风把这些小工厂从香港吹来的呢？并不是真的出了个孙悟空，而是香港和大陆两地工资和地价的差额所构成的那一个气流，当隔着两地的政治屏风一撤走，不可避免地刮起了这阵经济风，在短短的两年里，珠江三角洲大大变了样。香港工业正在扩散。

我去访问东莞是应一位亲戚之邀去参加他办的一个成衣工厂的开张典礼。这个厂就设在东莞专为外资办厂的工业区里，从签约到开工只有半年。这位亲戚原来就在香港观塘办有一个成衣工厂，我访问香港时曾去参观过，也就是我发生奇特念头的地方。事情是够巧的，也因之对我思路的启发特别强烈。

更有意思的是就在当天，我在香港的报纸上看到一条报道。说是香港有一家工厂的职工静坐在厂房里不让老板把机器运走。至于这个老板为什么要搬走机器，把机器搬到哪里去，报道里没有说明，只说是这个工厂的职工怕失业，反对把机器搬走。我那位亲戚在香港的工厂并没有关闭，但他和我说，香港工人的工资一个月要 3000 港币，而在东莞只要 300 元人民币。他加了一句说，大概相差 10 倍。这是风源。这阵风会不会把他在香港的厂刮走，我不敢预料。香港怎么变，我们暂时可不管，值得我们注意的是这阵港风在大陆上吹起的变化。

从香港吹来的这阵风，也唤起了我的记忆。我记起了前几年我曾请那位亲戚到吴江去参观，目的是想在江苏和香港之间搭座桥。我建议他在我们家乡开个分厂。他看我的面子，把办厂计划都搞了出来，可是快要签约前，他的几个合伙的朋友却退缩了，原因是吴江离香港太远，能不能按期交货没有把握。失信事小，赔钱事大。我的面子毕竟大不过经济规律，这个项目吹了。不料事过几年，原来可能在吴江见到的这个工厂却在东莞出现了。这件事实说明了人情世界已经过时，面临的是个我还不熟悉的、也不习惯的由经济规律决定的社会经济秩序，一个韦伯所阐述的理性世界。我所看到的这种珠江模式的出现看来谁也挡不住的。

令人深思的是上述三种模式的差别。如果我们可以说苏南模式多少带着浓厚“内发型”的意味，珠江模式应当可以说是“外向型”了。当然苏南模式中也包括接受从上海这个大城市扩散出来的技术和信息，但是在程度上和珠江模式相比却大有区别。珠江模式的主要特点是不仅两头在外，而且可说是主体也部分在外，因为掌握着经营管理权的并不脱离它原来的中心，而且利润主要部分是吸收到外在的中心里去的。苏南模式是当地农民利用城市的协力自己创造出来的企业，而珠江模式则是以外地力量在当地农村自愿接受的条件下输入的企业。对珠江模式的认识，还有待以后进行深入的调查。这里我只记下一些初步接触时思想上所发生的启示。

从“因地制宜、多样模式”到“随势应变、不失时机”

自从我接触到了“珠江模式”后，我对发展模式的概念又有了深化，在多少带着一种静态意味的“因地制宜、多种模式”上加了个“随势应变、不失时机”的动态观点。

我在比较苏南和温州这两个模式时，已注意到前者背靠上海这个大城市和苏、锡、常、通四个中等城市，而温州却背山面海，是个被备战形势封闭的港口，没有大中城市可以依靠。这个区别可能是这两种发展模式分道扬镳的起点。当我接触到珠江模式时，心里不得不想到它和苏南模式之间的区别是不是出于各自的靠山不同，一是上海，一是香港？上海在抗战前原本是个仅次于日本东京的东亚港。那时香港只是国际航运线上的一个船只靠岸、加水、加煤的码头，在这里上下的旅客和装卸的货物是有限的。当时中国的南大门还在广州，所以广州的市面比香港更为繁荣。自从新中国成立，大门紧闭，对外实际上只留了香港这一个借道的出口，香港却因此发迹了。

香港在近10多年简直是像张开了满帆，在顺风中破浪前进。香港现在的大亨们有多少不是这些年头靠地价上涨而发起来的？香港已成了个东亚可以和东京并立的现代化国际商业和金融中心了。近年来又发展了近5万家工厂。看来香港的工业基本上和温州模式一样是由商业带出来的，相同的是都属小型制造业，不同的是温州的市场在国内而香港却面向世界，小巫见大巫。珠江模式是抓住了香港和内地工资差和地价差，不失时机地兴起的，是香港经济的扩散。

苏南靠近上海。而上海，30年来已是个封闭性的工业城市。上海的工业主要是按计划经济经营的国营企业。国营企业原材料供应和产品分配都由国家包办，自身不会发生向外扩散的作用。上海的经济扩散力因此不能和香港相比。长江三角洲在这方面比珠江三角洲也就相形见绌。如果不是“文革”把上海这种封闭状态打开了一点缺口，在“停产闹革命”中大批老职工回乡，苏南当时的“社队工业”也成不了。“异军”也不会突然兴起的。

近年来在改革开放政策下，苏南企业才逐渐靠上这个比较开放的大城市。后来居上的昆山县乡镇企业在近两年里的发展，就是例证。苏南乡村企业发展还得紧靠上海这样的工商中心。但是上海却比不上香港，因为它自身还需要转轨，而转轨不是容易的，何况现代世界经济中心已经不以工业为主，而是以信息为主了。上海恢复它原来的国际地位，要补的课是十分艰巨的。上海发展得慢，扩散力量小，它对苏南的带动作用现在还是有限的，这匹老马已拉不动更远的车了。在苏北就能见到上海力所不及的情况。

香港在经济扩散上有多大能耐呢？我带了这个问题前年到了海南岛，去年去广州西北的梅县，最近又去了广西的桂东。我看到的是这股港风在吹向珠江三角洲的外围。翻开地图来一看就可以明白：从香港这个中心向大陆扩散，像波浪般形成了若干层次的同心的环形地带。第一环是深圳和珠海，这些地方现已成立了经济特区。再向里，第二环是广州附近的东莞、中山、顺德、南海这四个县。它们已被称为突飞猛进的“四小龙”。以年纪论，还不出两三岁，它们都是两年前广东列入沿海开发区之后兴起的。香港的这阵风已经吹进了第二环，但是会不会吹遍全省呢？我的看法：继续扩大是可以肯定的，至于扩大得多快和多大，看来并不决定于香港的实力，而决定于我们的政策和投资条件。香港是个国际金融市场，资金是唤之即来，挥之即去的，其来其去决定于利润的高低和风险的大小。如果我们国内安定，开放政策不发生变动，最后限制这阵港风的将是具体的投资环境，其中水电和交通是决定性的条件。这个机遇能否抓得住，那要看我们自己是否有随势应变的能力。

我在广东的梅县和广西的玉林及梧州都已微微地感到这阵扑面而来的港风。梅县在粤东山区，过去是早年从中原移来的被称作“客家”人的中心。由于土地贫瘠，很多人不得不出海谋生，所以成了有名的侨乡。客家人爱乡观念很强，过去是用侨汇来接济留在故乡的亲人，现在很积极地想投资开发家乡的山区。但是，由于地处偏僻，离开广州、厦门和汕头都有相当距离，他们心有余而条件不够。去年集资开辟广州到梅县的航空交通，极力争取香港工业的扩散。但到目前为止，这里还只能说是香港工业扩散区的西部边缘。

香港工业如果会进一步扩散，看来从广州沿西江西去较为便利。从梧州出发的轮船，顺西江东下，当天可以过广州到香港，而且梧州正在积极筹建机场。在接受投资条件上比梅县为优越。后来我听说港风已吹到了处在广州和梧州之间的肇庆市。可惜我交臂错失了去现场参观的机会。无论怎样，西江可能具有迎接香港工业扩散的有利条件。但目前看来还没有形成第三个环形地带。

围绕香港的三个环形带的形成和构想

上节所讲围绕香港这个中心的三个环形地带只是从香港工业扩散的角度来说的。如果进一步分析这些地带的产业结构，还有各自的特点和相互的关系。目前这个地区各种产业正在发生地域性的分化。我们已看到的是香港把许多劳动密集型的工厂或车间向珠江三角洲转移，因而引起了珠江三角洲原来用在农业上的劳力和土地在向这些新兴工业转移。同时也引起了珠江三角洲附近地区农村的变化。由经济中心向四周的辐射，波浪形地一层层扩大，已到了广东的邻省，构成了我们的研究新课题。

1988 年底我曾从广西的南宁，经玉林、梧州北上，从恭城入南岭山脉，穿过湖南、粤北回到广州。这个地区正处在上述工业扩散区的外围，看到了不少值得注意的变化，使我感觉到这里正在形成一个为香港和珠江三角洲这个经济中心服务的农副产品的供应地带，将发生独具一格的发展模式。先说我产生这个想法的经过。

当我坐的车离开南宁不久，公路旁有一个很惹眼的新建的村子，村子四周丘陵两侧全是成片的菠萝田。同行的人告诉我这是个安置从高山上迁移下来的瑶胞的村子。自从引进了菠萝这项“一村一品”的拳头产品，现在这里瑶胞平均收入正在逐年上升，目前每人超过 500 多元。我追问之下，知道了这里培植的菠萝产量高、质量好，而且近年来发展了商品经济，打开了销路，供不应求。最近发展了加工工业，生产便于运输的菠萝罐头和菠萝饮料，大量供应香港。这番话不仅打破了瑶胞不愿下山定居的传说，而且显示了只要沟通香港这个市场，像南宁这样的地方都能大量培植经济作物了。

我带着这个印象到了玉林。在席间尝到了这里著名的三黄肉鸡。主人又告诉我，这几年来农村家家户户饲养这种肉鸡，每天有汽船拖着一串串装满了肉鸡的木船运往香港。香港人就爱吃玉林的肉鸡，一年要收购500万只。这番话使我回忆起四年前在苏北考察时看到的“百万雄鸡下江南”，长江北岸里下河地区近年来盛产的粮食，农民自己吃不完，发展了饲养业，为上海居民提供肉鸡，每天成百上千辆自行车载着鸡笼向上海进发，形成奇观。

我从广西恭城出境进入湖南，在江永县边境下车休息。一望公路旁全是橘林，村里有一家瑶胞正在办喜事。主人对我这个不速之客分外殷勤，而且告诉我，他们全靠引进了夏橙，这个村子的瑶胞已经全成万元户了。夏橙是一种在树上挂果长到一年的橙子，在夏季收获。它不仅质量优良，而且赶在秋橘的前面，市场畅销。近年来几乎全部被香港商人包下了，有多少要多少，价钱又高。不到四五年，这个穷山沟里的瑶村，家家户户住上了砖房。

我在南岭山脉里，一路上就看到了一旦抓住供应城市市场的机遇，大搞对路的种植和养殖业，不消几年就脱贫致富了。这个规律是很容易明白的。香港和随着兴起的深圳、珠海，以及珠江三角洲新兴的“小龙”，有近千万人口已完全脱离了农业，他们日常所需的粮食和副食品均需市场供应。这个市场随着工商业的发展正在迅速扩大。珠江三角洲原来是供应广州和香港的粮食和副食品基地，现在发展了工业，农田面积每年缩小，农业劳动力逐步减少，而且依靠市场供应粮食和副食品的人数大增。这种产业结构的改变，给外围地区提供了机遇。正和每个都市近郊都有个蔬菜供应区一样，这样一个大香港经济区必须有一个庞大的粮食及副食品基地为它服务。这个以种植和养殖为主的供应地带的位置，将按它和经济中心区的交通条件来决定，而且将随着经济中心区的扩大而向外延伸。现在正在由珠江三角洲沿西江和北江延伸出去，前哨已达到粤北和桂东地区，对桂东和粤北来说就应当不失时机地改变自己的产业结构，向生产瓜果、蔬菜、禽蛋、肉乳发展，充分发挥它作为经济中心区的副食品供应基地的作用。

我带着这个想法，进入湘南的南岭山脉，这是瑶族的主要聚居区。瑶族分布在山地居住，所谓“无山没有瑶”。但是出乎我意料的是在江永县看到在都庞岭和萌渚岭之间，沿公路有大片的荒地，据说有几万亩之多。联系到南宁附近种菠萝而定居下来的瑶村，不由得我不产生让瑶胞下山来开辟这片平地的设想。如果这片大荒地变成了良田，不就成了珠江三角洲工业发展区的供应基地么?

瑶族是善于农耕的民族，他们在上千年前就住在像我在江永看到的千家峒那样四周高山的小盆地里，过着“有良田、美池、桑竹之属，阡陌交通，鸡犬相闻”的生活。30 年代我自己在广西金秀瑶山里，曾尝到过平生最可口的粳米。这是说在农业技术上，瑶族同胞是有基础的。还必须看到这个山区由于地形的落差大，有充分发展水电资源的条件。现在广西的恭城县已经是农村电气化的先进县。如果能利用潇水上游的水和电，建设水库和灌渠，发展水电，这个地区无疑可以开辟成粮油禽畜的农业基地。

我穿过湘南一角进入广东，在这个有近百万瑶族聚居的南岭山脉里，遍山林木，正适宜于培植果树，上面所提到的夏橙就是一例。而且有山必有水，山谷里都有培植蔬菜的坡地。我在日本东京附近山区曾参观过他们培植山地蔬菜的作业，这种蔬菜在欧美称没有污染的自然食品，价高而畅销。这段山区里，公路业已修通，今年底从连南到广州走高级公路只有四小时路程。具备了这样的交通运输条件，成为香港和珠江三角洲的供应基地应当是可以实现的前景。

要实现经济中心区外围的供应地带，由于地域广阔，必然会越出现有省区的行政界限，政策上不加以调整，就会出现困难。前年我去湖南访问时，就知道当时广东和香港对粮食和副食的需要大、价格高，湖南的郴州地区的粮食和生猪大量外流，提高了当地的米价和肉价，甚至外流人口的增加引起了湘南各县农业劳动力不足，怨言很多。去年因湖南粮食歉收，这些问题更为严重，导致湖南用行政手段封锁粮食输出。但是行政手段每每挡不住价格差的冲击力，徒然增加了边境上的纠纷。这里可以看到随势应变的必要，政策必须灵活，才能不失时机。广东由于吸收香港的工业扩散开辟为开放省，那是随势应变的例子，结果出现了珠江三角洲的“四小龙”。广东的经济发展就会辐射到靠近广东的几省的边缘地区，也必须及时制定配套政策，才能转变消极影响为积极影响。这是客观规律决定的事，迟做不如早做。

被省、区行政界线分割的这条南岭山脉，地形、生态甚至民族构成，基本上是一致的，在经济发展上又是处境相同、休戚相关，所以我认为首先应进行密切合作，为将来联合发展的前景作出准备。

边区开发——以牧为主，农牧结合

1984 年我扩大研究范围，除沿海诸省外，还包括了西北边区，主要是内蒙古、宁夏、甘肃和青海，两个民族自治区和两个省。我在开发边区这个课题里开始着重做了农牧结合和城乡结合这两个题目，进而产生了“全国一盘棋”的观点。

西北边区的一个特点就是它拥有广阔的牧区。我国牧区草原一共约 43 亿亩，占国土面积约 1/3，主要就在西北边区。历来牧业是这个地区的经济基础，而且具有极大的潜力。从事牧业的又都是少数民族，从发展少数民族经济的角度看去，牧业的现代化更有重要的意义。因此我认为要研究边区开发问题，应当从牧区入手。

以整个内蒙古来说，牧业是当地蒙族及其他少数民族的主要传统经济基础，但是它的南部又是与汉族杂居的地区，引进了农业，草原在退化，牧业也在衰落。这里存在着农牧矛盾，同时也正是过去发生民族矛盾的地带。因此我这次打算从农牧交错的地区入手去研究该地区社会经济发展问题。我选择了现称赤峰市的昭乌达盟为观察的对象。

从赤峰的历史上我们发现这个地区曾是个农牧民族拉锯的地带。从考古学者发掘到的古代遗物来看，有理由相信在春秋战国之前这里曾经有过较发达的农业文化，但是后来被北方的游牧民族所占领，农业荒废，成了林草丰美的牧业地区。它地处燕秦长城和明长城之间，留下了南方农业民族逐步南迁的记号。这里在宋代，还有“平地松林”之称，并不是一片荒凉的草原。自从 18 世纪初，清朝允许汉人出关之后，200 年来，赤峰成了蒙汉杂居的地区，也是农牧并存的经济。

农业和牧业原本都是从采集经济里发展出来的，一是驯养了牲畜，一是培植了农作物。不同民族因自然条件的差别，因地制宜地分别以农或以牧为主导生产方式。但事实上没有一个民族的农业或牧业能成为单一性的经济。农民需要肉食和畜力，牧民需要粮食和日用品，所以农牧总是相互补充的。农业和牧业在一定条件下才发生矛盾，那就是粗放型的农业向牧区扩张，破坏了牧民生存空间的草原。

赤峰西拉木伦河流域广大的草原就是一例。在清末开始有汉人移入这个地区，到民国初年军阀割据时，当时盘踞在这里的军队，强占了这片草原，招募关内农民进行开垦。当时的所谓开垦实质是一种广种薄收的对土地的掠夺。开垦几年，地力耗尽，就丢荒另开。这片被丢的土地不久就沙化，严重的寸草不生，成为流沙，进一步侵入附近的草场，形成难以抗拒的破坏力量。同时人口增加，建屋、取暖和起炊，都需要木材。由于只砍不植，年久日长，原来森林茂密的草原，到近几十年已成了一片树木稀少的旷地。森林破坏，引起水土流失，加速了沙化。西拉木伦河和老哈河所形成的三角地带的草原一半已经沙化，赤峰市的其他地方情况更为严重。这是粗放农业和自然牧业碰在一起所发生的“农牧矛盾”。从外地进入开垦的人都是在本乡不能谋生，在这里又受到军阀苛刻剥削的穷苦农民，但因为他们是汉人，而牧民是蒙古人，因而农牧矛盾转化成了民族矛盾。

上述民族矛盾从 50 年代起，在实行民族平等团结的政策下是结束了。但是滥砍、滥牧、滥垦、滥采等破坏森林和牧场的现象并没有根本扭转。我在访问赤峰的旅程中，才初次看到沙化了的草场和移动中的沙丘，深刻地意识到如果要开发边区首先必须用大力来恢复自然生态平衡，治沙、防风、种草、种树是最基本和最迫切的措施。

解放以来，在恢复自然生态平衡上是做出了成绩的。但至今还是属于小面积的实验性质，只能说在扭转生态恶化上已找到了有效办法。但科研成绩要成为一个个地区成龙配套的治理方案，还有待创造各种必要的条件才能实现。

从已有的种种实验中，我得到了启发，认识到开发边区必须走以牧为主、农牧结合的道路。在像内蒙古那样广阔的草原上，如果能大力发展现代化的牧业，在国民经济中的贡献是难以估计的。要认识到这一点首先须破除汉族传统的“以农为本”的狭隘观点。历史上的汉人确是个墨守神农氏传统的民族，每到一地就想法开垦种植。要知道粮食只是人类得到营养的一种来源，肉类不一定是“副食品”，也可以成为主食的。如果占有国土 1/3 的草原能充分利用，成为全国人民肉食供应基地，就可以减少对粮食的需求，而使农业地区的土地能从粮食的压力下解放出来，向培植经济作物转移。从宏观上去看，这是一项提高国民生产力的大战略。

像内蒙古一样的有牧业传统的草原，要提高畜产量，看来必须逐步改变让牲畜自己在草地上找草吃，人跟着牲畜移动的原始性游牧方式，而把牲畜固定在一定的地方，由人去找适合牲畜生长的饲料来喂它们。简单说是由放牧改变成饲育。

我在赤峰的巴彦他拉看到过去因开垦而破坏的草场已开辟成牧草生产基地，每年提供大量牧草给其他地方去饲养牲畜。又在黑塔子听到“退农还牧”的计划。他们打算建立奶牛基地，把原来开垦成的农田改种牲畜的饲料，做到一头母牛有“一亩青贮、一亩草料”。我在这里得到了“发展为牧业服务的农业”的概念。用来说明“农牧结合”的具体内容。

我又去参观了韩丁创建的接受联合国援助的翁牛特旗示范牧场。这个牧场利用现代化机耕设备种植青饲料，为各地送来的牲畜催肥，然后外运出售。这是一种放牧和舍饲相接力的方式。放牧的牲畜长到一定阶段，送到这个“催肥工厂”里实行舍饲。看来这是牧业改革的一个重要试验。

现在国内的牧场一般发生了草场退化的现象，主要是出于超载的原因。一块土地上的草是有定量的，如果供应过多的牲畜，必然会影响到次年的草产量，年复一年草场就退化了。现在通行的对策是设置“草库伦”，就是用铁丝把一块草场围起来，防止牲畜进入，使草场有休息生长的时机。如果再加上放牧和舍饲接力的方式，草原超载的问题是可以解决的。这就是说，把一段时间里供应牲畜饲料的负担，由草场转移到“催肥工厂”，由这工厂的精耕青饲料去饲育牲畜，使草场有休养生息的机会，不致退化。

我后来到甘肃临夏去调查，看到了当地传统里就有和联合国协助的示范牧场一样的放牧和舍饲接力方式。临夏靠近青海的牧区，每年秋末从青海有大批羊群赶到临夏来出卖给临夏的农民。临夏的农民种玉米作青饲料，分别在自己家里喂养买来的架子羊，喂肥了，趁古尔邦节出售给当地回民。这不就是放牧和舍饲的接力方式么？

从接力方式再进一步就是结合方式。我去年去访问呼伦贝尔，参观了几个定居的牧民点。他们所有的牲畜已改以舍饲为主，只在附近地区放牧作补充。他们用拖拉机到远处收割草料回来喂养圈在住所旁的牲畜，他们许多家聚居在一处，奶粉厂收购牛奶就方便了。同时这些定居的牧民已开始在奶粉厂的协助下，开办小型的自负盈亏的加工车间。他们从培养草料实行舍饲，已发展到自己建厂进行原料加工。这些定居的牧民由于有了聚居的村落，村落里有公共的社会化的服务带业，包括小学和医院。这里看到了牧业改革带来牧区的新气象。这也许是牧区通往现代化的一条有效道路。在这里，我看到了少数民族发展的前途，开拓了我的思路。

开放三线企业——释放出西北储存的巨大潜能

内蒙古幅员辽阔，经济上地区差别很大，概括地说是东林、西铁、南农、北牧。我在赤峰着重了解农牧的情况。接着，1985 年到包头，想继续了解西铁的情况。如果说赤峰调查看到了该地自然生态的失调，在包头的初步调查却看到了过去在边区建设的大工业所产生的人文生态的失调。人文生态是指一个社区的人口和社会生产结构各因素间存在着适当的配合，以达到不断再生产的体系。人文生态失调是指这种配合体系中出了问题，劳动生产率日益下降，以致原有生产结构不能维持人口的正常生活和繁殖。在整个西北边区，人文生态失调和自然生态失调同样值得注意。

我们都明白西北边区在经济发展上现在是落后于沿海地区，而且这个差距还在扩大。但是说来不大能令人相信的是，自新中国成立以来，从50年代到80年代的30年中，国家工业建设的重点曾经放在中部和西部之间的走廊地带，从内蒙古经陕西、甘肃到四川，投资达3700亿元。在我们这样一个工业不发达的国家，这个数目是不算小的。用这笔钱建成了9条铁路和几千个大中型国营企业。但是这几千个大中型企业，却并没有成为这个地区社会经济发展的启动力。至今西北地区的人民生活还停留在人均年收入400元以下的水平，“老少边”地区还有几千万人在贫困线以下生活。这是为什么呢？

我从这几年的实地观察中才了解到西北地区的工业建设，可以分两个时期：最初是第一个五年计划里苏联协助的建设项目，这类项目大多是大型的国营企业，并以重工业为主，有些就建设在西部和北部的少数民族地区。当时还希望通过这批重点项目的建设在开发这些地区资源的同时，使少数民族的社会经济得到发展。接着，60年代起由于备战需要，国家工业建设还是集中在西北地区，并采取了“散、山、洞”的方针，就是把工厂分散到山区，机器放在山洞里。这些工厂一般称之为“三线建设”，主要是国营的军工企业。不论早期或后期这些工厂都不是在当地社会经济的基础上生长出来的，而是从上而下，由外投入的。

我们如果从社会学的角度去看这些企业，就能见到它们的特点，首先是“企业办社会”，也可以说是“社企不分”。企业的从业人员和他们的家属组成了一个在社会生活各方面力求自给自足，对外很少联系的封闭性社区。这在少数民族地区更为突出。这些人员绝大多数是从外地招集来的，他们和当地居民原来不存在社会关系。他们的生活需要，又是大多由企业负责调运供应。所以企业不仅要管理工厂里的生产，还要管从业人员的生活，从吃到住，从壮到幼，从生到死，企业都得管。

这种国营企业又都是直属于中央或省的政府部门，它们按所属上级调拨的原材料，指定的计划进行生产，产品上缴并由上级分配。这叫产品经济，不是商品经济。它们和所在地的基层地方政府没有从属关系，当地基层政府管不着它们。具体情况当然要复杂得多，基本上这种企业是个独立于当地基层行政系统之外的“小王国”，因而时常发生“条条和块块”的矛盾。企业的上级政府部门又都是专业性的经济部门，它们也管不了各企业从业人员复杂的社会生活，于是产生了“企业办社会”的结果。一个厂长同时是一个“市长”。这种社企不分的封闭社区，人文生态关系就容易失调。让我举个具体的例子来说明这种现象，那就是 1985 年我去调查的内蒙古包头钢铁厂。

包头在解放前是一个人口不到 7 万的“水旱码头”，黄河上游牧区产品的集散地。1953 年在苏联帮助下，我们国家在这里建立了一个大型的钢铁联合企业，简称“包钢”。它利用包头附近白云鄂博的铁矿，生产钢铁，供应国家的需要。接着国家又在包头兴办了 3 个重工业性质的大中型企业。这些企业的成员，从工程师、管理人员和技术工人，甚至到一般工人，很少原来是包头地方的居民。30 年里包头市人口已经达到 157 万，其中在这几个企业为中心的市区约有 80 万人，形成了蒙古草原上解放后出现的一个新兴城市。

当初建厂时为了争取时间，所以定下了“先生产、后生活”的原则。在设计这些企业时，对从业人员的生活设施并没有预先打在规划之中。比如开工之后才发现工人大多是外地来的青年男子，他们在当地解决不了婚姻问题，于是不得不办一个纺织厂，在内地招收女工。男女结了婚就要生孩子，于是这些企业又要为孩子办托儿所，办幼儿园。孩子长大了，又要办小学、中学。1985 年包钢所提供的教育经费达 400 万元。办了学校还不够。中学毕业生只有少数能到内地去升大学。于是约在 70 年代就已发生了青年就业问题。这些待业青年要企业自己“消化”。包钢不仅要包“钢”，而且还要包人。

包钢自从中苏关系发生变化后，这几十年是在艰苦中维持下来的。它们的物质条件还是 50 年代的，但是人文条件却不同了，单以人口来说已经翻了几番。现在已是个有几十万人的社区，而这个社区并没有和当地的社区融合，还是“两张皮”贴不拢。50 年代的生产力却要背上 80 年代的社会包袱。即以“消化”这些待业青年来说，他们先是采取“顶替”的办法。工人的人数是有限额的，编制由上级规定，企业本身无权增减。他们只能让老工人退休，由他们自己的儿子来填补，这叫“顶替”。“顶替”显而易见不是个好办法，因为这等于是用“生手”去代替“老手”，必然影响生产效率。而且顶替也解决不了每年要增长的待业队伍。于是不得不又采用了编外增员的办法，把这些青年作为“集体工”即临时工，分到各车间去做工。各车间人员太多时，只能另辟规划外的车间，巧立名目，扩大人员。于是出现了“大集体”、“二集体”、“三集体”各个层次的附属体。形式尽管不同，都是为了“消化”这个封闭性社区里的一代代增长的劳动力。这些“集体”都依附着这个大企业，是断不了奶的孩子。总之，这个企业像个大家庭，不能不一代一代地养活不断增长的子子孙孙。而这个大家庭却并不是个不断生长中的母体，而是个生产力受限制的封闭社区，所以不可避免地进入了恶性循环，包袱越来越重，母体越来越弱，这就是我说的人文生态失调现象。

80年代，又出现另一种使母体亏耗的情况。这些像包钢这样的企业，过去历年是亏损的，靠国家补贴维持，原因且不去说它，结果是技术人员的实际收入和社会福利很难提高。到了80年代，沿海各省乡镇企业发展很快，由于缺乏技术人员，愿出重价招聘。结果在西北这些老大的国营企业里舒展不开手脚、待遇又微薄的技术人员就像春江水发大批东流。这等于是企业里的水土流失，又成了一种严重的人文生态失调现象。

人文生态失调形成了对企业的压力，这些企业不得不进行改革以求生存。首先是以开放代替封闭。在社会方面说，就是企业的小社区和所在地的大社区这两张皮，必须贴在一起，向社企分离的目标迈进。第一步是大企业以它技术管理的优势去协助当地政府办各种企业，增加当地政府的财政力量，使其有能力接管大企业过去所包下的种种社会服务工作，为大企业卸下包袱。这也就是使这些大企业开放出来促进广大地区的经济发展。大企业的开放不但发挥了西北工业化的启动作用，而且也是自己解放自己的唯一办法。对地区经济和企业本身是两利的。这个改革过程已经开始，但是必须根据具体情形采取不同形式进行。应当承认这并不是一个轻易的过程，也为我们的社会调查提出了一个值得研究的课题。

我在包头看到的问题，实际是西北地区共同的问题。这促使我1988年去西安和宝鸡访问时特别注意了解“三线”企业的情况。“三线企业”就是上边所说的分散在山区，把机器装在山洞里的那些军工企业。自从政府进行经济体制改革以来，这些原来不计盈亏，不愁市场的国营企业，就面临一种没有经历过的要自负盈亏的新情况。它们必须转型以求适应。适应之道主要是以开放代替封闭，从产品经济走向商品经济。

国营大企业和远近乡镇企业联合起来是开放代替封闭的一个路子。我在宝鸡看到了许多具体例子。联合的方式是多种多样的，值得注意的是在西北地区国营大企业所含蓄的巨大科技潜力，形成了发展乡镇企业的启动力。我曾经在前面讲过，苏南模式的启动力得之于公社时期乡村的农业积累和“文革”时期的技工回乡，温州模式的启动力是得之于劳动输出所形成的国内流通网络和商业积累，珠江模式的启动力是得之于香港和内地工资差和地价差所造成的港风登陆，那么“三线地区”社会经济发展的启动力是否可以说应当着眼于20年来国家在这地区投入的巨额资金和集中的大量科技人才上去寻找呢？关键是怎样使已经存储在西北的巨大经济能量释放出来，使其成为西北这个多民族地区共同发展的推动力。这个问题开拓了我在西北的研究思路。

缩短西、东部差距的思考

怎样缩短、消除西部与东部之间在社会经济上的差距的问题，把我带向西北去进行观察和思考。1984年我除了去内蒙古调查外，还去访问了甘肃的定西地区。从那年起，我连续3年到定西追踪观察。我挑这个地点去调查的原因在于它是扶贫工作的重点区之一。历史上就有“陇中之苦甲天下”之说，定西就在陇中的中心。

陇中高寒干旱，水土流失，生态恶化，三年两荒，每逢灾年，这里的居民能走的就外出打工、讨饭，留下来的挖草根当柴烧，爬几十里山路去背水喝，靠救济粮糊口，长期以来摆脱不了半饥饿状态。

我下乡进行家访时初次看到老百姓家里的水窖，一家人一年用水就靠这窖里储存的雨水。一个窖大约有几十立方米的容量。一家有两窖水的就算是当地的富户。天旱窖竭就得远出背水，否则就住不下去。近年来干旱严重时得用汽车送水来救济。这种苦景对我这个在水乡长大的人来说是无法想象的。

干旱原来是自然现象。定西地区年降雨量只有480毫米，如果植被丰满，蓄得住雨水，还是能经营农牧生产的。不幸的是在相当长的历史时期里，生态平衡业已破坏。许多地方不仅树木伐光，甚至草根都被挖尽，成了赤地千里，一片黄土。再经雨后激流冲刷，条条沟壑把大地割裂成高坡深谷。远远望去活像是剥光了皮，赤裸裸地撅起背脊的大爬虫，令人恶心难受。定西这样地方的居民就在这些山沟里过生活。靠近河流的还能种一些水浇地，面积很有限。大多是靠雨水长庄稼的梯田和坡地。据估计这地区无灾之年亩产在100公斤以上的农田，只占耕地面积的1/3。本地所产粮食不能养活本地的人口。

定西这样的地区如果坚持粮食自给，必然会进一步破坏自然生态平衡，导致灾难。从自然条件来说，大部分不宜种粮的土地却可以种草。只有发挥该地种草的优势去恢复生态平衡，所以从1983年提出了种草种树的政策方针后，加上一连三年雨水好，定西大力发展了畜牧业，使这地方有了脱贫的起色。

三次访问定西，我一直被“怎样脱贫”这个问题占住了心思。我深切感到逢灾放赈的办法是不能解决根本问题的，所以一再呼吁扶贫工作要改“输血”为“造血”的方针，就是说要扶助贫困地区恢复生态平衡，自力更生地建立有发展前途的经济基础。但是怎样才能建立起造血机能呢？我开始时总是鼓励定西发展乡镇企业，但是在这个既缺资金，又少企业传统的地区，即便办了一些工厂，也难于发育扩散。在这里我才认识到经济发展中启动作用的重要性，也因而使我回头分析沿海各种模式不同的启动饥遇和凭藉的力量。怎样启动贫困地区的发展，成了我极想探索的问题。

1986年我有机会去河南东部商丘地区的民权县访问。自从黄河改道后，给这个地区留下一片贫瘠的沙土。到了60年代，当地干部惨淡经营，绿化了黄河故道，使这片土地恢复了活力。70年代农民发现这里的沙土适宜种葡萄，很快在农村里推广开了。但是经济作物必须有市场作依托。葡萄熟后，保鲜期很短。在交通不便的商丘一带，不久就发生了大批葡萄运不出去而烂掉的情况，农民连成本都收不回来。这时，当地政府做了件好事，集资办了一个葡萄酒厂。为了易于在短期间收购葡萄及时榨成果汁，贮存起来供应酒厂酿造，各乡不久又建立了自办的加工车间，兴起了乡村企业。当我去访问时，已经形成了一个从果农、乡办加工厂、县办酒厂一条龙的生产线，使几万户农民可以安心种葡萄。酿造出的民权葡萄酒成了名牌商品。从户、乡到县，各个层次都得到了相当优裕的收入。把这个穷乡变成了殷实地区。

那年我再去定西时就了解到这地方盛产亚麻，他们种亚麻是为了麻籽可以榨油，留下麻秆却用来当燃料烧掉。我碰巧见到一位麻纺专家，知道亚麻纤维纺织的技术问题在近10年来已经解决，国际市场上需求量更旺，麻纺的前景比较乐观。我立即想到如果能按民权模式在定西办麻纺厂，不就可以使现在当燃料烧掉的麻秆得到了利用？这不是一个千家万户可以脱贫的路子么？

在一个刚刚基本上解决了温饱问题的地区，民间没有能力积累足够的资金来兴办乡镇企业。地方政府同样缺乏这种能力。过去西北地区实际上是个向外地工业提供原材料的基地。过去，原材料的价格偏低，和外地输入的工业品之间存在着相当大的剪刀差。这种差额一向是用中央补贴的办法来弥补的，而事实上财政补贴只够用来维持行政机构的开支。西北地区的工业历来是依靠国家投资，地方的乡镇企业沾不上边。资金不足显然是西北地区社会经济发展的一大困难。其次，还缺乏一个有辐射力的工商业中心能为民间的企业提供技术力量。现有的技术还封闭在大中型的国营企业里，要经过一个相当复杂的过程才能开放出来。

面对西北地区广大城乡发展上所遇到的困难，我不由得不联系到沿海地区的情况。一相对照，就不难看到双方正可以互补短长。东部沿海地区的乡镇企业经十多年的发展，原材料和能源越来越跟不上，成了进一步前进的瓶颈。西北的资源如果开发出来，正可满足东部的需要。如果能动用东部的资金和技术来开发西北资源，在互惠互利的原则下应当是可以两厢情愿，共同合作的。我看到了这一种可能，所以提出了“以东支西、以西资东，互惠互利，共同繁荣”的说法。“支”是指资金、技术上的支持，“资”是指原材料和能源的供应。

这个思路使我产生“全国一盘棋”的观点。1988 年我提出“黄河上游多民族开发区的设想”是从这个观点中发展出来的。

黄河上游多民族开发区设想的提出

在内蒙古和大西北进行的社会调查，使我感觉到沿海和内地，特别是边区的不平衡发展会给我国现代化的进程带来越来越多的困难。从全国一盘棋的观点看来，我们有必要重视这个有关大局的东西差距。同时也想把我从 50 年代中叶起中断的民族研究工作在大西北的调查中继续下去。

中国的少数民族大部分聚居在中国的西部。西部和东部的差距包含着民族的差距。西部的发展战略必须考虑民族因素：一方面要动员这地区少数民族参与这地区的开发事业，另一方面要通过这地区的经济开发使这地区的少数民族发展成为现代民族。这个观点在过去实际上常被忽视，以致“三线”建设只在西部增添了一些“新兴城市”，而没有使西部人民的生活有显著的提高。不少在少数民族地区兴建的大型国营企业根本没有考虑到和当地少数民族的联系，甚至眼中只有这地方的资源，而忘记了还有生活在这地方的人。我看到这些现象，心里总是觉得十分难过，认为这是过去政策上的失误。

为这种失误辩解的人说，少数民族缺乏现代科技知识，没有力量自己来开发本地区的资源，而且他们现有的生活习惯，也不适宜于现代工矿企业里的生活。不是不让他们参与而是他们参与不进来，我在呼伦贝尔访问伊敏煤矿附近的蒙族聚居点时也听说，这个煤矿曾按政策招收过附近一部分蒙古族居民进矿山作工人，但是不久几乎全部告退了。这些从小骑着马在广阔草原上放牧的小伙子，不愿意钻到地下去挖煤，请他们作职员则文化程度又不够。我相信这些都是事实，但是并不应当以此来否定少数民族参与西部地区现代化建设的重要性，只是提出了怎样才能把西部的少数民族吸收进开发西部的事业里去的问题。同时也说明了像伊敏煤矿那样想直接把牧民一下子变成工人是做不到的。应当怎样办呢？对少数民族的发展问题还值得我们深入思考。

我在甘肃临夏回族自治州的调查中得到了一些启发。要促进少数民族的现代化，看来必须从他们所有的民族特点出发，循序渐进地向前发展才能见效。我这点认识的形成经过是这样的：我在从广河县通往临夏市的公路上，一路停车访问了近十家新兴的富户。我一家家访问他们是怎样脱贫致富的。其中绝大多数是这几年到青藏高原牧区贩运起家的。例如有一家筹得了一小笔款子，去市集上买了几张羊皮，回来把羊皮缝成袍子。坐公共汽车去四川的甘孜藏区，把羊皮袍卖给藏民，得到了比成本高好几倍的利益，赚了钱再买羊皮，制成袍子去藏区出售。就这样“滚雪球”不到两年，已经有力量造了一座楼房。一家男女老少共同操作，俨然是一个小作坊。还有些人家租车贩运啤酒到拉萨出卖，赚了钱自己买辆卡车往返拉萨做买卖。他们告诉我，一辆卡车跑一趟拉萨，昼夜开车，五天可以打个来回，净挣 5000 元。我在 1987 年第三次访问临夏时，据说这个地区已有上千辆卡车奔驰在青海和西藏的公路上。有几个原来很破烂的穷村，已焕然一新。这样快的脱贫致富，给我极深的印象。

我这次访问的近十家新兴户，一问竟全是回族。沿着这个线索，我发现了回族善于经商的特点。我又把这个特点联系上了回族的历史，找到了这个民族特点的历史根源。回族所信奉的伊斯兰教起源于阿拉伯，扩散到西亚和中亚。早年通过“丝绸之路”和海道，有不少信伊斯兰教的阿拉伯和中亚商人进入中国。他们被称为“番客”，一部分就定居在沿海和西部商路上的城市里。到了 13 世纪，蒙古人入侵中亚，掳掠了大批信伊斯兰教的商人和工匠编入军队，为他们作后勤工作。后来蒙古人带了这些人回师中国，灭了南宋，建立元朝。这些人的子孙就留在各地，和早先来的番客结合而成回族。从这个民族的形成中可以看到他们的祖先不仅信伊斯兰教而且是有经商传统的人。他们在和汉族接触中虽然部分已接受了农业生活，但不同程度地保留了善于经商的特点，直至今日。

回族的经商传统可以用来说明他们分散聚居在全国各大城市里的原因。但是为什么他们最大的聚居区却落在黄河上游的宁夏和临夏呢？这个问题的提出使我注意到了这个地区在经济地理上的地位，它们正处在广大牧区和中原农区的交接地带。

这条农牧贸易走廊正是回族可以发挥其特点的用武之地。这可能是上述问题的答案。临夏旧称河州，历代是一个农牧贸易的内陆商埠。它是丝绸之路上的一站，宋代是茶马司的所在地。看到临夏目前商业比较发达，使我联想到了沿海的温州，因而可说“东有温州，西有河州。”当然两地是有区别的。但是它们近几年都是自发地从参与商品流通而致富的。温州走在前面，已经“以商带工”，形成了众多的家庭作坊式的乡村工业。临夏还正在扩大流通网。直到去年我再去访问时，才看到有不少小型工业正在起步建厂，有可能走上温州这个模式而发展起来。临夏这个标本给我的启发主要是在进一步认识到少数民族的发展必须抓住它们的特点作为起点，在牧区则要像上面已提到的海拉尔附近的牧民那样，从改良牧业出发，使放牧和舍饲结合，并进而利用畜产品作原料发展加工工业。我认为这个原则同样适用于林区和农区。

在内蒙古呼伦贝尔大兴安岭的林区里，我看到一个反证的例子。大兴安岭原始森林里原来住着以狩猎为生的鄂伦春族，解放前只有几个人。解放后，由于开发林业，外来的人口大量涌入林区，几千人的小镇在原来荒凉的森林里一个个建立起来。鄂伦春人的生活环境起了变化。按民族政策的规定成立了鄂伦春自治旗，国家拨款为他们建立了新村。这几千人改变了过去狩猎为生的经济，而在不同的名目下，从小到老得到国家的津贴。他们的生活是有保障的。但是失去了传统的生产手段后，却没有能找到靠自己劳动来从事生产的新路子。结果是物质生活的保障反而引起了精神生活的衰颓。因此，我建议及早发挥他们饲养驯鹿的传统本领，帮助他们在林区里建立新的养鹿场，让他们自食其力，发展起来，不然，这个几千人的小民族的前途是十分可虑的。大兴安岭里的鄂伦春族和临夏回族的强烈对比，无疑深刻影响了我的思路，能不能这样概括地说：一个民族的发展主要靠善于发挥自己的传统优势，利用一切可以利用的外在条件，提高自身的社会生产力和发挥自身的精神文化。

临夏商业的繁荣不仅给我提供一个怎样利用传统优势来脱贫致富的例子，而且也使我看到这是个促进青藏高原现代化的重要环节。我在上节提到了黄河上游多民族开发区的设想。这个开发区包括从青海的龙羊峡至内蒙古的托克托段黄河上游沿岸地区，正处在西藏、新疆和内蒙古、宁夏四个民族自治区的中心。这个中心地区可以利用黄河上游的落差，建立一系列的水电站；再利用这巨大的能源，开发黄河两岸的矿产。这里开发的原材料，不仅可以支援沿海工业地区，而且可以用来发展西部地区的中小型加工企业，使之分散在各乡各村，让千家万户都富裕起来。

这个中心地区工业的发展需要广大市场。这个市场首先应当是西部的牧区，也就是三面围绕着这中心的四大少数民族自治区。西部牧区的发展成为广阔的市场正是这个多民族开发区能够繁荣起来的一个重要条件。我们有条件可以利用这条介于牧区和农区之间的走廊地带，发展畜产品和工业品之间的贸易。过去曾在这里进行过的“茶马贸易”只是用农产品去向牧区交换畜产品，规模是有限的。如果多民族开发区建成了工业基地，就可以用加工后的生活日用品和发展牧业所需的生产资料去向牧区交换畜产品，从而促进牧业生产，把占1/3国土的广大草原的巨大潜力发挥出来。这并不是个主观的空想，因为在目前临夏的回族商人已经自发地进行这项探索活动。他们已成了沟通这地区的工业和少数民族的牧业的前哨队伍。

中国西部的牧区直到目前基本上还是停止在封闭的自给经济水平上。牧业的现代化必须从封闭的经济改革成开放的经济。商品流通是促成这种改革的基本力量。只有把牧民喜爱的日用品运到牧区，才能使他们乐于把畜养的牲口拿出来进行交换。这就是牧业的商品化。牧民所饲育的牲口变成了供应市场的商品时，牧业在技术上也会顺利地走上改革的道路。畜产品的发展不仅为工业中心提供了毛、皮、奶等原材料，而且为工业中心开辟了广大的市场。这正是我心目中发展西部民族地区的前景。面对这个前景，我们作为研究工作者，看到了许多富有意义的课题正在等待我们去钻研，心情难免有些紧迫。

1989 年 7 月

费孝通主要著作目录

（一）中文版书目

《社会变迁》(上海，上海商务印书馆，1935)

《禄村农田》(重庆，重庆商务印书馆，1943)

《人文类型》(重庆，重庆商务印书馆，1944)

《内地农村》(上海，上海生活书店，1946)

《乡土中国》(上海，上海观察社，1948 年；上海，生活·读书·新知三联书店，1985 年再版)

《乡土重建》(上海，上海观察社，1948)

《生育制度》(北京，商务印书馆，1948)

《论说呼伦贝尔草原》(北京，通俗文艺出版社，1956)

《工厂文明的社会问题》(北京，商务印书馆，1964)

《访美掠影》(上海，生活·读书·新知三联书店，1980)

《民族与社会》(天津，天津人民出版社，1981)

《非洲的种族》(北京，商务印书馆，1982)

《重访英伦》(长沙，湖南人民出版社，1983)

《从事社会学五十年》(天津，天津人民出版社，1983)

《杂写甲集》(天津，天津人民出版社，1983)

《杂写乙集》(天津，天津人民出版社，1984)

《社会学的探索》(天津，天津人民出版社，1985)

《杂写丙集》(天津，天津人民出版社，1985)

《社会调查自白》(北京，知识出版社，1985)

《美国与美国人》(上海，生活·读书·新知三联书店，1985)

《小城镇四记》(北京，新华出版社，1985)

《论小城镇及其它》(天津，天津人民出版社，1986)

《杂写丁集》(天津，天津人民出版社，1986)

《江村经济》(南京，江苏人民出版社，1986)

《边区开发四题》(杭州，浙江人民出版社，1987)

《边区开发与社会调查》(天津，天津人民出版社，1987)

《沿海六行》(南京，江苏人民出版社，1987)

《文化论》(中国民间文艺出版社，1987)

(二)英文版书目

Peasant Life in China. London:Rputledge,1939.

Earthbound China. Chicago:Chicago Univ. Press, 1945.

Chinese Gentry. Chicago:Chicago Univ. Press,1945.

Toward a People's Anthropology. Beijing: New World Press, 1981.

Chinese Village Close-up. Beijing:New World Press,1983.

Small Towns in China. Beijing:New World Press,1986.